구속사의 관점에서 본

로마서 파노라마(하)

유도순 지음

머릿돌

로마서 파노라마

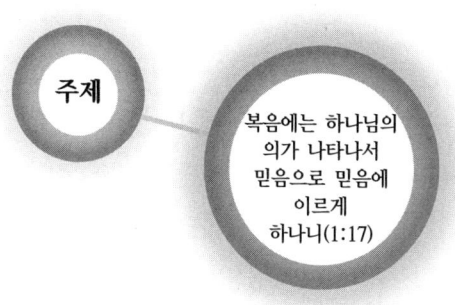

로마서는 교리적으로는 두 부분 (1-11장, 12-16장)으로 나누어지고, 내용상으로는 세 부분(1-8장, 9-11장, 12-16장)으로 분류할 수가 있습니다. 1-8장까지의 중심주제는 이신칭의(以信稱義)의 구원론이고, 9-11장은 이스라엘과 이방인을 향한 하나님의 섭리를 말씀하는 내용이고, 12-16장은 그리스도인들이 행해야 할 실천윤리입니다. 성경 전체를 반지에 비한다면 로마서는 보석 부분에 해당한다고 말합니다. 그러면 성경에 있어서 무엇이 보석과도 같은 말씀일까요?

1장

바울은 자신의 사명(使命)을, "하나님의 복음을 위하여 택정함을 받은"(1) 자라고 소개합니다. 그리하여 "로마에 있는 너희에게도 복음 전하기를 원하노라"(15) 하고 말씀합니다. 그러면 바울이 전하기를 원하는 "복음"(福音)이 무엇인가? "복음에는 하나님의 의가 나타나서"(17) 하고 정의합니다. 3:21절에서도, "이제는 율법 외에 하나님의 한 의가 나타났으니" 합니다. "하나님의 의"란 루터가 처음에 오해했듯이 하나님의 공의(公義)가 아닙니다. 만일 공의를 가리킨다면 그것은 복음이 아니라 심판이 되고 맙니다.

죄를 범함으로 불의한 자가 되어서 의로우신 하나님 존전에서 추방을 당한 아담의 후예들의 가장 절박한 숙원은 "의롭다 함"을 얻는 것입니다. 왜냐하면 그래야만 의로우신 하나님 앞으로 돌아갈 수가 있기 때문입니다. 그러므로 "하나님의 의가 나타났다"는 것은, "온 백성에게 미칠 큰 기쁨의 좋은 소식"(눅 2:10)인 것입니다. 하나님이 마련해주신 것이기에 "하나님의 의"입니다.

구속사(救贖史)에 있어서 가장 큰 난제(難題)는 전적타락, 전적무능 한 인간이 어떻게 하나님 앞에 의롭다함을 얻을 수가 있느냐 하는 문제입니다. 이점만 해결이 되면 다른 것은 저절로 풀리게 되는 것입니다. 그런데 성경은 "율법의 행위로는 그의 앞에 의롭다 하심을 얻을 육체가 없나니"(3:20), 즉 인간의 노력으로는 불가능하다고 단언합니다. 그러므로 유념해야할 점은 사람이 할 수 있는데도 하나님께서 마련해주신 것이 절대로 아니라는 점입니다. 그런 절망적인 상황에서 의롭다함을 얻는 방도가 나타났다는 것보다 더 기쁜 소식이 무엇이 있단 말인가?

그런데 사람들이 "하나님의 의"의 귀중 성을 모르고 있는 것입니다. 왜냐하면 자신이 죄인임을 모르기 때문입니다. 그래서 사도는 복음을 전하기에 앞서서 먼저 "죄론"(罪論)을 말씀합니다. 죄들에는 수만 가지가 있다 하여도, "하나님의 진노가 경건치 않음과 불의에 대하여 하늘로 좇아 나타나나니"(18) 하고, "경건(敬虔)치 아니함과, 불의(不義), 두 가지로 요약을 합니다. 경건치 아니함은 하나님과의 관계에서의 죄인데 하나님을 경외하지 않는 죄요, 불의는 이웃과의 관계에서의 죄입니다.

먼저 이방인들의 죄를 말씀하는데 한마디로 "썩어지지 아니하는 하나님의 영광을, 우상으로 바꾸었느니라"(23) 하고, 우상 숭배의 죄를 꼽습니다.

2장

2장은 "그러므로 남을 판단(判斷)하는 사람아"(1) 하고 시작이 됩니다. 이는 자칭 의롭다고 여기는 자들을 가리키는데, 도덕군자연하는 사람들과, 유대인들이 이 범주에 드는 자들입니다. 그래서 "다른 사람을 가르치는 네가 네 자신을 가르치지 아니하느냐"(21) 하고 저들의 외식(外飾)을 지적합니다. 이들의 특성은 "남을 판단"하는 일입니다. 그런 자들을 향해서, "네가 하나님의 판단을 피할 줄로 생각하느냐"(3) 하고 책망합니다. 그러므로 "표면적(表面的) 유대인이 유대인이 아니요 표면적 육신의 할례가 할례가 아니라"(28) 하고 말씀하면서, "신령(神靈)에 있고 의문(儀文)에 있지 아니한 것이라"(29) 합니다.

표면적 그리스도인이, 그리스도인이 아니요, 이면적 그리스도인이 참 그리스도인이라는 뜻이 됩니다.

3장

그러면 유대인이 이방인보다 나은 점이 아무것도 없단 말이냐? 범사에 많다고 말씀하면서 첫째로 꼽는 것이 "하나님의 말씀을 맡았음이니라"(2), 즉 구약성경을 기록하여 전해준 것이라고 말씀합니다. 그런데 구약성경을 통해서 언약(言約)하시고 예언(預言)하신 메시아가 오셨는데도 정작 유대인들은 믿지 않다니, "어떤 자들이 믿지 아니하였으면 어찌 하리요 그 믿지 아니함이 하나님의 미쁘심을 폐하겠느뇨"(3), 즉 하나님의 구원계획(救援計劃)을 무산시킬 수가 있단 말이냐? "그럴 수 없느니라 사람은 다 거짓되되 오직 하나님은 참되시다 할지어다"(4) 합니다.

그리고 3번의 "아래"가 등장하는데 첫째가, "율법(律法) 아래"(19상)입니다. "아래"란 하나님이 율법을 통해서 보신다면 어떻게 되는가 하는 뜻입니다. 그러므로 둘째는 다 "죄(罪) 아래"(9) 있게 되어, 셋째는 "심판(審判) 아래"(19하) 있게 된다는 것입니다. 바로 유대인들이 이런 처지에 있다는 것입니다. 그리하여 죄론이 도달하게 되는 결론(結論)은, "그러므로 율법의 행위로 그의 앞에 의롭다 하심을 얻을 육체가 없나니 율법으로는 죄를 깨달음이니라"(20) 합니다.

이처럼 죄론을 마친 후에 1:17절에서 제기(提起)했던 복음으로 돌아가, "이제는 율법 외에 하나님의 한 의가 나타났으니"(21) 하고, 본격적으로 복음(福音)을 증거하기 시작합니다.

㉠ 복음이 무엇인가? "하나님의 의가 나타났다"(21), 즉 이 의를 받아 입기만 하면 하나님 앞으로 돌아갈 수가 있다는 소식입니다.

ⓒ 어떻게 받을 수가 있는가? "곧 예수 그리스도를 믿음으로 말미암아 모든 믿는 자에게 미치는 하나님의 의니 차별이 없느니라"(22) 합니다. 다만 믿느냐? 믿지 않느냐는 차별이 있을 뿐이라는 것입니다.

ⓓ 이 의가 왜 필요하게 되었는가? "모든 사람이 죄를 범하였으매 하나님의 영광(榮光)에 이르지 못하기"(23) 때문이요,

ⓔ 의롭지 못한 자들에게 하나님의 의를 주시는 것이 어떻게 가능하단 말인가? "그리스도 예수 안에 있는 구속(救贖)으로 말미암아"(24) 라고 답변합니다.

ⓜ "하나님의 의"가 임기응변으로 주어진 것이 아니라, "율법과 선지자들에게 증거를 받은 것이라"(21하), 즉 구약성경을 통해서 미리 계시하신 바라고 말씀합니다. "하나님의 의"는, "내가 벗었으므로 두려워하여 숨었나이다" 하는 아담과 하와에게, "가죽옷을 지어 입시니라"(창 3:10, 21) 하셨을 때에 이미 예표로 나타났던 것입니다. 그들은 무화과나무 잎(인간의 노력)으로 해결해보려고 했으나 실패하고 말았습니다. "그런즉 자랑할 데가 어디뇨 있을 수가 없느니라 무슨 법으로냐? 행위로냐 아니라 오직 믿음의 법으로니라"(27) 합니다.

4장

4장에서는 유대인들이 가장 존경하는 구약의 두 인물(人物), 즉 아브라함과 다윗을 들어서 "이신칭의"(以信稱義) 교리를 견고하게 세웁니다. "만일 아브라함이 행위(行爲)로써 의롭다 하심을 얻었으면 자랑할 것이 있으려니와", 하나님 앞에서는 없다는 것입니다. 아브라함도 "하나님을 믿으매 이것이 저에게 의로 여기

신바 되었느니라"(2-3) 합니다.

다윗도 "일한 것이 없이 하나님께 의로 여기심을 받는 사람의 행복(幸福)에 대하여 다윗이 말한바 그 불법을 사하심을 받고 그 죄를 가리우심을 받는 자는 복이 있고 주께서 그 죄를 인정치 아니하실 사람은 복이 있도다 함과 같으니라"(6-8) 합니다.

이는 시편 32:1-2절의 인용인데, 다윗은 밧세바 사건을 통해서 자신이 죄악 중에 출생한 전적타락, 전적부패 한 죄인임을 깨닫고, 하나님께서 죄를 덮어주시는 칭의(稱義)외에 달리는 소망이 없음을 고백하기에 이르렀던 것입니다. "가려주심"이라는 점이 중요합니다. 만일 하나님의 의로 가려주심을 받지 못한다면 심판 날에, "산과 바위에게 이르되 우리 위에 떨어져 보좌에 앉으신 이의 낯에서와 어린양의 진노에서 우리를 가리우라, 그들의 진노의 큰 날이 이르렀으니 누가 능히 서리요"(계 6:16-17) 하고, 버림을 당할 수밖에 없는 것입니다.

자기 행위로 그의 앞에 설 자는 아무도 없습니다. 이는 아브라함과 다윗의 이야기가 아니라, "의로 여기심을 받을 우리도 위함이니 곧 예수 우리 주를 죽은 자 가운데서 살리신 이를 믿는 자니라 예수는 우리 범죄(犯罪)함을 위하여 내어 줌이 되고 또한 우리를 의롭다 하심을 위하여 살아나셨느니라"(24-25) 하고 말씀합니다.

5장

5장은, "그러므로 믿음으로 의롭다 하심을 얻었은즉"(1) 하고 시작이 되는데, 의롭다 함을 얻은 자에게 주어지는 축복(祝福) 3가지를 말씀합니다.

㉠ "하나님과 더불어 화평을 누리자"(1), 즉 하나님과 화목하게 되고,

　㉡ 추방당했던 자들이 "믿음으로 서 있는 은혜(恩惠) 안에 들어감을 얻었으며"(2상), 즉 하나님의 은혜 보좌 앞에 들어갈 수가 있게 되었다는 것과,

　㉢ 궁극적으로는 "하나님의 영광을 바라고 즐거워하느니라"(2하), 영원한 영광에 참여하게 된다고 말씀합니다.

　그리고 하는 말씀이 "소망(所望)이 부끄럽게 아니함은"(5상), 즉 우리의 바라는 소망이 우리를 실망(失望)시키지 않는다는 것입니다. 왜냐하면 "우리에게 주신 성령으로 말미암아 하나님의 사랑이 우리 마음에 부은바가 되었기"(5하) 때문이라는 것입니다. 그러면 하나님의 사랑이 우리 마음에 어떻게 부어졌는가?

　이점을 6-10절에서 설명하고 있는데,

　㉠ "우리가 아직 연약(軟弱)할 때에"(6),

　㉡ "우리가 아직 죄인(罪人)되었을 때에"(8),

　㉢ "곧 우리가 원수(怨讐)되었을 때에"(10), 그런 우리를 위하여 하나님이 어떻게 행해주셨는가?

　㉮ "그리스도께서 경건치 아니한 자들을 위하여 죽으셨도다"(6),

　㉯ "그리스도께서 우리를 위하여 죽으심으로"(8),

　㉰ "그 아들의 죽으심으로"(10) 하고, 하나님의 아들 그리스도께서 우리를 위하여 죽어주셨다고 말씀합니다. "죽으셨다"는 점을 3번이나 강조하고 있는데, 우리의 구원(救援)은 오병이어로 된 것이 아닙니다. 심지어 산상수훈이라는 교훈(敎訓)으로 가능해진 것도 아닙니다. 죄 값은 사망이라고 선고하신 죽음을,

그리스도께서 대신 죽어주셨다는 십자가로만 가능하여졌다는 점을 강조하고 있습니다.

이렇게 행해주심으로, "하나님께서 우리에게 대한 자기의 사랑을 확증(確證)하셨느니라"(8하) 합니다. "내가 너를 얼마나, 어디까지 사랑하는지 이만하면 믿겠느냐" 하시는 셈입니다. 하나님의 사랑을 이 이상 어떻게 더 보여주실 수가 있단 말인가? 성령께서는 이를 믿는 "믿음"을 우리에게 주시고, 동시에 "하나님의 사랑을 우리 마음에 부어주셨다"는 것입니다. 그러므로 우리의 소망이 결코 실망을 시키지 않는다는 것입니다.

6장

어느 시대나 복음은 두 가지 위험(危險)에 직면하게 되는데, "율법폐기론 자들과, 율법주의"가 그것입니다. 6장은 "율법폐기론"에 대해 논증을 하고, 7장에서는 "율법주의"에 대해 그 불가능성을 말씀합니다. 복음을 복음답게 전하면 "행위(行爲)는 아무래도 괜찮고, 죄를 지어도 괜찮단 말이냐?" 하는 오해를 받게 됩니다. 그래서 "그런즉 우리가 무슨 말하리요 은혜를 더하게 하려고 죄에 거하겠느뇨"(1) 하면서, "그럴 수 없느니라 죄에 대하여 죽은 우리가 어찌 그 가운데 더 살리요"(2) 하고, 단호하게 부정합니다. 그러면 죄에 대하여 죽었다는 말이 무슨 뜻인가?

4-8절 안에는 "함께"라는 말이 4번 등장하는데, 하나님이 우리를 택(擇)하셔서 "그리스도 예수 안에"(고전 1:30) 집어넣어 주셨다는 것입니다.

㉠ 그래서 주님께서 십자가에 못 박히셨을 때에 "우리 옛 사람도 예수와 함께 십자가에 못 박히고"(6),

ⓛ "함께 죽었고"(8상),

ⓒ "함께 장사되었다가"(4),

ⓔ "함께 살리심을 받았다"(8하)는 논리가 성립이 되는 것입니다. 그래서 새 사람이 된 우리가 어떻게 죄에 거하겠느냐는 것입니다. 6장은 "죄의 삯은 사망(死亡)이요 하나님의 은사는 그리스도 예수 우리 주 안에 있는 영생(永生)이니라"(23) 하는 결론으로 마치고 있습니다.

7장

7장에서는 6장과는 반대로, "율법주의"로 치우치는 것을 바로 잡아주고 있습니다. 바울은 "율법의 의로는 흠이 없는 자로라"(빌 3:6) 하고, 자부하던 율법주의(律法主義)자였습니다. 그런 그가 어떻게 해서 "죄인 중에 내가 괴수니라"(딤전 1:15) 하고, 죄를 깨닫게 되었는가? "율법이 탐내지 말라 하지 아니 하였더면 내가 탐심(貪心)을 알지 못하였으리라"(7) 하고 말씀합니다. "탐내지 말라"는 말은 10계명 중 맨 마지막 계명인데, 하나님이 주신 율법이 의문(儀文)에 있는 것이 아니라 "탐심"(貪心), 즉 마음의 문제라는 점을 깨닫게 되었던 것입니다.

그 후로 바울은 마음과 생각을 지키려고 몸부림을 칩니다. 그러나 "내가 원하는 바 선은 하지 아니하고 도리어 원치 아니하는 바 악은 행하는도다(19), 오호라 나는 곤고한 사람이로다 이 사망(死亡)의 몸에서 누가 나를 건져 내랴"(24) 하고, 절망을 하게 됩니다.

이는 바울만의 문제가 아니라, 율법으로 의롭다함을 얻으려고 하는 자면 누구나 도달하게 되는 절벽인 것입니다. "이러므로 우리가 영(靈)의 새로운 것으로 섬길 것이요 의문(儀文)의 묵은 것으로 아니할 지니라"(6) 하는 것이, 7장을 해석하는 열쇠인 것입니다. "영의 새로운 것"이란, "이제는 율법 외에 하나님의 한 의가 나타났으니"(3:21) 한 복음(福音)인 것입니다. 그래서 7장은 "우리 주 예수 그리스도로 말미암아 하나님께 감사(感謝)하리로다"(25) 하고, 마치고 있습니다.

8장

8장은 구원의 확실성과, 죄에 대한 승리(勝利)의 개가(凱歌)라 할 수가 있습니다. 사도는 1장에서 "복음은 모든 믿는 자에게 구원을 주시는 하나님의 능력(能力)이라"(1:16) 하고 시작을 했습니다. "능력"이란 표현은 우리로 하여금 구원을 얻지 못하도록 대적(對敵)하는 자를 염두에 두고 한 말인 것입니다. 그런데 8장에 이르러, "그러므로 이제 그리스도 예수 안에 있는 자에게는 결코 정죄(定罪)함이 없나니"(1) 하고 선언합니다.

㉠ "만일 하나님이 우리를 위하시면 누가 우리를 대적(對敵)하리요"(31),

㉡ "누가 능히 하나님의 택하신 자들을 송사(訟事)하리요"(33),

㉢ "의롭다하신 이는 하나님이시니 누가 정죄(定罪)하리요"(34),

㉣ "누가 우리를 그리스도의 사랑에서 끊으리요"(35) 하고, 도전적으로 말씀합니다.

그런 후에 "그러나 이 모든 일에 우리를 사랑하시는 이로 말미암아 우리가 넉넉히 이기느니라"(37) 합니다. 그리고 8장은

"내가 확신(確信)하노니, 우리 주 그리스도 예수 안에 있는 하나님의 사랑에서 끊을 수 없으리라"(39) 하는, 확신으로 마치고 있습니다. 형제도 "로마서 파노라마"를 통해서 확신 중에 확신을 얻게 될 것입니다.

9-11장

하나님께서는 "세계가 다 내게 속하였나니 너희가 내 말을 잘 듣고 내 언약을 지키면 너희는 열국 중에서 내 소유가 되겠고 너희가 내게 대하여 제사장 나라가 되며 거룩한 백성이 되리라"(출 19:5-6) 하고, 이스라엘을 선민(選民)으로 택하셨습니다. 이처럼 선민으로 택하신 의도는 "내게 대하여 제사장(祭司長) 나라가 되며" 한 말씀에 나타나 있듯이, 선민 이스라엘을 통하여 천하만민을 구원하시려는 계획을 갖고 계셨기 때문입니다.

그런데 9-11장의 구조는,
　㉠ 선민 이스라엘이 그리스도를 배척함,
　㉡ 구원이 이방인에게로 옮겨짐,
　㉢ 시기 나게 하여 이스라엘이 구원에 이르게 된다는 구조로 되었습니다.

이제도 이스라엘의 구원문제는 풀리지 않는 숙제로 남아 있습니다.

12-16장

　실천윤리 편은 "그러므로"(12:1) 하고 시작이 됩니다. 이제까지 내가 증거한 교리(敎理)를 알아들었느냐? 그렇다면 우리는 어떤 삶을 살아야만 하는가 하고 말씀하는 셈입니다.

　이를 한마디로 요약한 것이, "그러므로 형제들아 내가 하나님의 모든 자비하심으로 너희를 권하노니 너희 몸을 하나님이 기뻐하시는 거룩한 산제사로 드리라 이는 너희의 드릴 영적 예배니라"(12:1) 하는 말씀입니다. 그리스도인들이 하는 모든 것이 하나님께 대한 "예배"라는 것입니다.

　"산제사"라고 말씀합니다. 순교는 한 순간에 끝이 나는 것이지만, "산제사"는 평생을 계속해야하는 지속적인 예배인 것입니다. 그리하여 "우리 중에 누구든지 자기를 위하여 사는 자가 없고 자기를 위하여 죽는 자도 없도다 우리가 살아도 주를 위하여 살고 죽어도 주를 위하여 죽나니 그러므로 사나 죽으나 우리가 주의 것이로다"(14:7-8) 하는 고백에 이르게 되는 것입니다. 이것이 그리스도인의 실천윤리의 대강령(大綱領)입니다.

CONTENTS

로마서 파노라마 ·· 3
82 결코 정죄함이 없나니 ························· 8:1 ················· 20
83 그리스도 예수 안에 있는 자 ··············· 8:1 ················· 27
84 하나님께서 해결해 주셨습니다. ············ 8:2-3 ················ 33
85 율법의 요구 ·· 8:4 ················· 41
86 추구하는 생각이 다릅니다 ··············· 8:5-8 ················ 49
87 칭의와 중생 ·· 8:9 ················· 57
88 중생에 대한 바른 이해 ····················· 8:9 ················· 66
89 죽을 몸도 살리라 ······························· 8:10-11 ············· 74
90 영으로써 몸의 행실을 죽이면 ··········· 8:12-13 ············· 81
91 하나님의 아들이라 ····························· 8:14 ················· 89
92 종의 영과 양자의 영 ·························· 8:15 ················· 95
93 성령이 친히 증거하신다 ····················· 8:16 ················ 102
94 하나님의 후사 ····································· 8:17 ················ 107
95 고난 후에 주어지는 영광 ··················· 8:18 ················ 114
96 고난이 닥쳤을 때 ······························· 8:18 ················ 120
97 만물의 탄식과 고대함 ······················· 8:19-22 ············ 129
98 성도의 탄식과 기다림 ······················· 8:23-25 ············ 136
99 우리 연약함을 도우시는 성령 ··········· 8:26-27 ············ 142
100 합력하여 선을 이루시는 하나님 ········ 8:28 ················ 149
101 끊어질 수 없는 연결고리 ··················· 8:29-30 ············ 157
102 하나님의 능력에 도전할 자가 있느냐 · 8:31 ················ 163

103 하나님의 사랑에 도전할 자가 있느냐 · 8:32 ··················168
104 하나님의 공의에 도전할 자가 있느냐 8:33-34 ······················173
105 그리스도의 중보사역 ·················· 8:34 ··················179
106 넉넉히 이기느니라 ·················· 8:35-37 ··················188
107 내가 확신하노니 ·················· 8:38-39 ··················195
108 9-11장의 서론적 고찰 ·················· 9:1-3 ··················200
109 동족을 위한 바울의 근심 ·················· 9:1-5 ··················207
110 약속의 자녀 ·················· 9:6-13 ··················213
111 하나님의 선택의 자주성 ·················· 9:14-18 ··················221
112 하나님의 선택의 정당성 ·················· 9:19-23 ··················228
113 남은자의 구원 ·················· 9:24-29 ··················233
114 하나님의 선택과 인간의 믿음 ·········· 9:30-33 ··················237
115 율법의 마침이 되신 그리스도 ·········· 10:1-4 ··················244
116 율법의 의와 믿음의 의 ·················· 10:5-10 ··················250
117 이스라엘의 불순종 ·················· 10:11-17 ··················258
118 종일 손을 벌렸노라 ·················· 10:18-21 ··················265
119 자기 백성을 버리지 아니하셨다 ·········· 11:1-6 ··················269
120 시기나게 하심 ·················· 11:7-12 ··················275
121 이방인인 너희에게 말하노라 ·········· 11:13-24 ··················281
122 측량 못할 하나님의 지혜 ·········· 11:25-32 ··················289
123 찬송과 영광을 돌림 ·················· 11:32-36 ··················298
124 하나님의 자비하심으로 권하노니 ········ 12:1 ··················305

125 거룩한 산제사 ·············· 12:1 ··············311
126 하나님의 뜻을 분별하라 ·············· 12:2 ··············316
127 믿음의 분량대로 행하라 ·············· 12:3-5 ··············322
128 받은바 은사대로 ·············· 12:6-8 ··············328
129 이것이 사랑입니다. ·············· 12:9 ··············334
130 서로 우애하고 서로 존경하라 ·············· 12:10 ··············342
131 열심을 품고 주를 섬기라 ·············· 12:11-13 ··············347
132 좋은 이웃이 되어라 ·············· 12:14-16 ··············352
133 선으로 악을 이기라 ·············· 12:17-21 ··············359
134 기독교와 정치 ·············· 13:1-7 ··············367
135 빚 지지 말라 ·············· 13:8-10 ··············374
136 자다가 깰 때입니다 ·············· 13:11-14 ··············380
137 받아 주어라 ·············· 14:1-6 ··············387
138 하나님 중심의 신앙 ·············· 14:7-12 ··············394
139 사랑으로 행하라 ·············· 14:13-18 ··············400
140 스스로 믿음을 가지고 있으라 ·············· 14:19-23 ··············407
141 예수 그리스도로 본을 삼으라 ·············· 15:1-4 ··············417
142 인내와 안위의 하나님 ·············· 15:5-7 ··············424
143 감사와 찬양으로 충만한 열방교회 ·············· 15:8-13 ··············432
144 바울의 선교 정신 ·············· 15:14-21 ··············441
145 바울의 선교 계획 ·············· 15:22-29 ··············448
146 기도로 함께 싸우자 ·············· 15:30-33 ··············452

147 뵈뵈를 천거하노니 ······················· 16:1-2 ······················459
148 브리스가와 아굴라 ······················ 16:3-5 ······················464
149 숨은 일꾼들 ····························· 16:5-7 ······················470
150 그리스도의 심장으로 ···················· 16:8-16 ·····················475
151 거짓 교사에 대한 경계 ·················· 16:17-20 ····················481
152 지혜로우신 하나님께 영광을 ············ 16:21-27 ····················488

로마서 8:1-17절 개관도표
주제 : 영의 새로운 것으로 섬기는 삶

하나님이 해주셨다

1-4
1 그러므로 이제 그리스도 예수 안에 있는 자에게는 결코 정죄함이 없나니
2 이는 그리스도 예수 안에 있는 생명의·성령의 법이
   죄와 사망의 법에서 너를 해방하였음이라
3 율법이 할 수 없는 그것을 하나님은 하시나니 육신으로 말미암아 연약하여
   곧 죄를 인하여 자기 아들을 죄 있는 육신의 모양으로 보내어
   육신에 죄를 정하사
4 육신을 좇지 않고 그 영을 좇아 행하는 우리에게
   율법의 요구를 이루어지게 하려 하심이라

육신과 영을 좇는 자

5-9
5 육신을 좇는 자는 육신의 일을,
   영을 좇는 자는 영의 일을
6 생각하나니
   육신의 생각은 사망이요
   영의 생각은 생명과 평안이니라
7 육신의 생각은 하나님과 원수가 되나니
   이는 하나님의 법에 굴복치 아니할 뿐 아니라 할 수도 없음이라
8 육신에 있는 자들은 하나님을 기쁘시게 할 수 없느니라
9 만일 너희 속에 하나님의 영이 거하시면 너희가 육신에 있지 아니하고
   영에 있나니
   누구든지 그리스도의 영이 없으면 그리스도의 사람이 아니라

죽을 몸도 영화됨

10-11
11 또 그리스도께서 너희 안에 계시면 몸은 죄로 인하여 죽은 것이나
    영은 의를 인하여 산 것이니라

11 예수를 죽은 자 가운데서 살리신 이의 영이 너희 안에 거하시면
    그리스도 예수를 죽은 자 가운데서 살리신 이가
    너희 안에 거하시는 그의 영으로 말미암아 너희 죽을 몸도 살리시리라

자녀면 하나님의 후사

12-17
12 그러므로 형제들아 우리가 빚진 자로되 육신에게 져서 육신대로 살 것이 아니라
13 너희가 육신대로 살면 반드시 죽을 것이로되
    영으로써 몸의 행실을 죽이면 살리니
14 무릇 하나님의 영으로 인도함을 받는 그들은 곧 하나님의 아들이라
15 너희는 다시 무서워하는 종의 영을 받지 아니하였고
    양자의 영을 받았으므로 아바 아버지라 부르짖느니라
16 성령이 친히 우리 영으로 더불어 우리가 하나님의 자녀인 것을 증거하시나니
17 자녀이면
    또한 후사
    곧 하나님의 후사요
    그리스도와 함께한 후사니 우리가 그와 함께 영광을 받기 위하여
    고난도 함께 받아야 될 것이니라

첫째 단원(1-4) 하나님이 해결해주셨다

82
결코 정죄함이 없나니

『그러므로 이제 그리스도 예수 안에 있는 자에게 결코 정죄함이 없나니』(8:1).

우리는 영광스러운 8장으로 접어들게 되었습니다. 성경 전체를 반지에 비한다면 로마서는 보석에 해당하고, 8장은 보석 중에서도 반짝 빛나는 부분이라고들 말합니다. 8장은, "그러므로" 하고 시작이 됩니다. 이 "그러므로"가 어느 부분과 연결되는 접속사인가에 대해서 학자들은 고심하고 있습니다.

7장 마지막 부분과 연결시키기에는 자연스럽지 못하기 때문입니다. 이미 말씀 드린바와 같이, 6장과 7장은 바울이 5장까지 전한 복음에 대한 오해를 해명하기 위해서 기록이 된 것입니다. 이런 맥락에서 8장을 "그러므로" 하고 시작하는 것은, 가까운 문맥으로는, "이러므로 우리가 영의 새로운 것으로 섬길 것이요" 한, 7:6절과 결부가 되고, 로마서의 구조(構造)상으로는 5장 마지막과 결부가 되는 접속사인 것입니다. 왜냐하면 "그러므로 그리스도 예수 안에 있는 자에게 결코 정죄함이 없나니" 하는 선언은, "죄가 더한 곳에 은혜가 더욱 넘쳤나니" 하고 선언한 5:20절과 연결이 되는 선언이기 때문입니다.

① 사도는 8장에 들어오자, "그러므로 이제 그리스도 예수 안에 있는 자에게는 결코 정죄(定罪)함이 없나니"(1) 하고, 또다시 폭탄적(爆彈的)인 선언을 하고 있습니다.

㉠ 저는 감히 폭탄적인 선언이라고 표현하고 있습니다. "결코 정죄함이 없다"는 말은 실은 그 이상의 선포인 것입니다. 이 선언은 비유컨대 원자폭탄보다도 더 위력이 큰 "사랑의 폭탄이요, 은혜의 폭탄"이라 할 수가 있습니다.

㉡ 왜냐하면 7장에서 "죄 아래 팔려, 사로잡혀 가면서, 오호라 나는 곤고한 사람이로다, 이 사망의 몸에서 누가 나를 건져 내랴" 하고 몸부림을 치는 사람을 보았기 때문이요, 그 사람이 바로 나 자신이었기 때문입니다.

㉮ 그래서 "복음은 모든 믿는 자에게 구원을 주시는 하나님의 능력(能力)이요"(1:16),

㉯ 하나님의 능력 중에서도, "우리에게 베푸신 능력의 지극히 크심"(엡 1:19)이라고, 최상급의 능력이라고 말씀했던 것입니다.

㉢ 8장의 나머지 부분은, 이 한 절에 대한 해설이라고 해도 과언이 아닙니다. 다시 한번 강조해서 말씀드립니다만, 8:1절의 말씀이 얼마나 엄청난 말씀이며, 폭탄적인 선언인지 아셔야할 만큼 알고 계신지 궁금합니다.

② "결코 정죄(定罪)함이 없나니" 하고 말씀합니다. "정죄함이 없다"는 말은, 결코 유죄판결을 받지 않는다는 말입니다.

㉠ 심판대 앞에 서게 될 때에 유죄판결을 받게 되면 감옥에 끌려가듯이, 지옥에 떨어지게 됩니다. 그런데 사도는 "정죄함이 없다, 결코 없다" 하고 선언하는 것이 아닌가? 그렇다고 아무나 다 그렇다는 것이 아니라, "그리스도 예수 안에 있는 자"만이 결코 유죄판결을 받지 않는다고 말씀합니다. 정죄함이 없습니다. 결코 없습니다.

③ 이는 바울 사도의 창작이 아닙니다. 주님께서는 "정죄함이 없다"는 말에서 한걸음 더 나아가, "저를 믿는 자는 심판을 받지 아니하는 것이요(요 3:18), 믿는 자는 영생을 얻었고 심판에 이르지 아니하나니 사망에서 생명으로 옮겼느니라"(요 5:24) 하고, 정죄라는 말 대신에 심판(審判)이 없다고 선언하십니다.

㉠ 이점에서 조심해야할 점은 "정죄함이 없다"는 이 선언이, 죄를 밥 먹듯 하는 "죄에 거하는"(6:1) 자에게 면죄부(免罪符)를 주는 말씀이 아니라는 점입니다. "내가 원하는바 선은 하지 아니하고 도리어 원치 아니하는바 악을 행함으로"(7:19) 탄식하며 몸부림치는 그런 자에게 자유(自由)함을 주는 말씀이라는 점을 유념해야만 합니다.

④ 오늘날 그리스도인들이 "정죄함이 없다"는 말씀에 대해서 분명치가 못하고, 확신이 없는 듯이 보입니다. 정죄함이 없다면 언제까지 없는 것이냐? 그 범위는 어디까지냐?

㉠ 예를 들어 신앙생활을 잘하고 있는 한 성도가 있다고 합시다. 그에게는 정죄함이 없습니다. 그런데 그 사람이 그만 실수하고 죄를 범하게 되었습니다. 그렇다면 그는 정죄되는 것인가? 아닌가? 정죄되었다가 그가 회개(悔改)하면 다시 정죄되지 않다가, 다시 넘어지면

정죄되고, 그래서 사망(死亡)으로 갔다가 다시 생명(生命)으로 옮겨지는, 왔다 갔다 하는 그렇게 되는 것인가요? 그렇지가 않습니다. 결코 정죄함이 없습니다. 영원이 없습니다.

ⓛ 이점에서 조심해야할 점이 있는데, 실수하여 죄를 범한 자에게는, "정죄 감"이 있어야 마땅하다는 점입니다. 그리하여 상한 마음으로 통회해야만 합니다. 그런데 "정죄함이 없다"는 뜻은 그를 사탄의 영역인 "사망"으로 추방하시지는 않는다는 것입니다. 다시 말하면 하나님의 자녀 삼으신 구원이 취소가 되고 지옥으로 떨어지게 되는 것은 아니라는 말씀입니다.

ⓒ 그러면 하나님은 어떻게 다루시는가? "저가 만일 죄를 범하면 내가 사람 막대기와 인생 채찍으로 징계하려니와"(삼하 7:14) 한 징계입니다. 죄를 범한 장본인은 상한 심령이 되어, "상하고 통회하는 마음"(시 51:17)이 있어야 마땅합니다. 그리고 "징벌"을 감수해야만 합니다. 그러나 그가 "생명에서 사망"으로 돌아가는 것은 아니라는 말씀입니다. 그는 매를 맞아도 아버지에게 매를 맞는 것이요, 내 죄를 위하여 자기 아들을 화목제물로 내어주신 하나님 아버지의 망극하신 사랑에 대해 죄를 범한 것인 것이 됩니다.

⑤ 그렇다면 어째서 정죄함이 없는가?

㉠ 첫째는 그리스도께서 우리 대신 정죄를 받아주셨기 때문입니다. 좀더 구체적으로 말씀드린다면 우리는 그리스도 안에서 정죄를 이미 받은 것입니다. 이것이 "옛사람이 예수와 함께 십자가에 못 박혔다"(6:6)는 뜻입니다.

ⓒ 둘째로 예수 그리스도의 구속으로 말미암아 하나님께서 우리를 의롭다고 인정해 주셨기 때문입니다. 정죄의 반대는 칭의(稱義)이지, 성화(聖化)가 아니라는 점에 확고해야만 합니다. 의롭다함을 얻었

기 때문에 정죄가 없는 것이지, 성화되었기 때문에 정죄가 없는 것은 아닙니다.

⑥ 이점에서 하나님께서 우리를 의롭다고 여겨주신 칭의(稱義)의 근거가 어디에 있는가를 생각해 보시기 바랍니다.

㉠ "일한 것도 없고, 경건치도 않은 자"(4:5)를 그 "믿음"을 보시고 의롭다고 여겨주신 것입니다. 그리고 "믿음"의 내용은, "그리스도 예수 안에 있는 구속으로 말미암아"(3:24)입니다. 그런데 그가 실수하고 넘어졌다고 그 칭의가 취소된단 말입니까? 취소(取消)될 수 있는 유일한 가능성(可能性)은 그리스도께서 담당해주신 대속적인 죽음을 철회하는 경우입니다. 그런데 이것이 상상이나 할 수 있는 일입니까? 그래서 의롭다함을 얻은 자에게는 결코 정죄함이 없는 것입니다.

㉡ 간교한 사탄은 우리를 정죄함에 빠뜨리려 무진 애를 쓸 것입니다. 그래서 무력화(無力化)시키려 합니다. 이에 대한 예가 스가랴 3장에 있습니다. 사탄이 대제사장 여호수아를 대적(對敵)하고 있습니다. 왜냐하면 그가 "더러운 옷을 입고" 있기 때문입니다. 그런데 하나님께서는 사탄을 책망하시면서 "더러운 옷을 벗기고, 아름다운 옷을 입혀" 주셨습니다. 그러자 사탄은 간곳없이 사라지고 천사가 수종을 드는 것(슥 3:1-5)을 보게 됩니다.

⑦ 사탄이 형제를 송사하거든, 8:1절을 가지고 대적하십시오. "그리스도 예수 안에 있는 자에게는 결코 정죄함이 없느니라", 그렇게 하면 이 말씀이 성령의 검이 되어 사탄의 궤계를 물리치게 될 것입니다.

㉠ 말씀을 마치기 전에 형제에게 묻고 싶은 두 가지 질문이 있습니다.

㉮ 첫째는 형제의 마음속에 혹시라도, "그러면 죄를 범해도 괜찮겠구나" 하는 생각이 고개를 쳐들고 있지는 아니합니까? 그렇다면 다시 로마서 6장으로 돌아가서, "그런즉 우리가 무슨 말하리요 은혜를 더하게 하려고 죄에 거하겠느뇨 그럴 수 없느니라 죄에 대하여 죽은 우리가 어찌 그 가운데 더 살리요"(6:1-2) 한 말씀을 깊이 음미해 보아야만 합니다.

㉯ 둘째로 묻고 싶은 것은, 이 말씀을 듣고서도 아직도 정죄감에서 해방되지 못한 형제는 없습니까? 만일 있다면 그는 로마서 7장으로 돌아가야만 합니다. 그래서 좀더 정죄당하고, 결박당하고, 지옥에까지 떨어져 보아야만 합니다.

ⓒ 형제가 제아무리 힘쓰고 애쓴다 해도 결국은, "오호라 나는 곤고한 사람이로다 이 사망의 몸에서 누가 나를 건져내랴"(7:24) 하고 항복하고, 건져주실 그리스도를 찾게 될 것이기 때문입니다.

⑧ 그렇다면 성도들이 실수하고 넘어졌을 경우는 어떻게 되는 것입니까? 그것은 율법에 대해서 죄를 범한 것이 아니라, 하나님의 사랑에 근심을 끼치고 죄를 범한 것입니다.

㉠ 정죄란 법이 있어야만 선고하는 것인데, 그리스도인은 "법아래 있지 아니하고 은혜 아래" 있는 사람들입니다. 그 은혜(恩惠)에 대해서 죄를 범한 것입니다. 나의 죄를 대신하여 죽어주신 은혜를 망각하고, 하나님의 아들 예수 그리스도를 또다시 십자가에 못 박는 행동을 한 것입니다.

㉡ 그 아들을 대신 내어주기까지 사랑하여 주시고 죄를 용서해 주신 것만이 아니라, 나 같은 죄인을 의롭다고 여겨 주시고, 하나님의 자녀로 맞이해 주신, 망극하신 그 사랑에 대해서 죄를 범한 것입니다. 이를 알기 때문에 율법 하에 있을 때보다도 은혜 아래 있을 때가

더욱 성화(聖化)를 촉진하게 되는 것입니다.

ⓒ 우리 주님은 이사야 선지자로 예언케 하신, "주의 성령이 내게 임하셨으니 이는 가난한 자에게 복음을 전하게 하시려고 내게 기름을 부으시고 나를 보내사 포로 된 자에게 자유를, 눈먼 자에게 다시 보게 함을 전파하며 눌린 자를 자유케 하고 주의 은혜의 해를 전파하게 하려 하심이라"(눅 4:18-19) 한 말씀을 읽으시고 "이 글이 오늘날 너희 귀에 응하였느니라" 하고 말씀하셨습니다.

ⓓ 형제여, "그러므로 이제 그리스도 예수 안에 있는 자에게는 정죄함이 없습니다", 결코 없습니다. 그러나 그리스도 예수 밖에는 아닙니다.

묵상해 봅시다.

1. 어찌하여 정죄함이 없습니까?
2. 정죄의 반대는 무엇입니까?
3. 성도가 죄를 범하면 어떻게 되고, 무엇에 대한 죄입니까?

83

그리스도 예수 안에 있는 자

> 『그러므로 이제 그리스도 예수 안에 있는 자에게는 결코 정죄함이 없느니라』 (8:1).

사도는 로마서를 통해서 복음을 말씀하기에 앞서 "죄"(罪)부터 다루었습니다. 그리고 죄 론의 결론(結論)은 모든 사람이 "죄 아래, 심판 아래" 있다(3:9)는 정죄(定罪)로 끝을 맺었습니다. 그랬던 사도가 8:1절에 와서는, "결코 정죄함이 없느니라" 하고 선포한 것입니다. 그러면 이 진리가 누구에게 해당된다는 것입니까? 결코 정죄함이 없다니 누가 그렇다는 겁니까? 이점을 좀더 상고하고자 합니다.

① "그리스도 예수 안에 있는 자"(1)에게 그렇다는 것입니다. "그리스도 예수 안에" 라는 말은 한 마디에 불과합니다.

㉠ 그러나 이 작은 한 마디에 속에 모든 축복과, 영광스러움과, 죽고 사는 문제가 걸려 있다는 점을 인식하기 때문에 좀더 말씀드리기를 원하는 것입니다. 바울 신학은 한 마디로 "엔 크리스토, 즉 그리스

도 안에" 라는 이 한마디 속에 다 들어 있다 해도 과언이 아닙니다.

② 온 인류는 "아담 안에" 있었습니다. 그러므로 아담이 하나님께서 금하신 실과를 따먹을 때에, 온 인류는 아담 안에서 함께 범하였던 것입니다.

㉠ 이 원리(原理)는 마지막 아담인 예수 그리스도에게도 그대로 동일합니다. 예수 그리스도 안에 있는 사람들은, 예수께서 십자가에 달리셨을 때에 그리스도 안에서, "함께 못 박히고, 함께 죽고, 함께 장사지낸바 되었다가, 함께 살리심을" 받은 사람들입니다. 이 진리를 6장에서 "연합교리"라는 최고의 신비(神秘)를 통해서 설명한바 있습니다.

㉡ 우리 몸은 십자가에 못 박힌 적이 없습니다. 이 일은 "그리스도 안에서" 일어난 은혜로운 사건이었습니다. 우리 중 아무도 창세전에 있지 아니하였습니다. 그러나 성경은 우리를 창세전에, "그리스도 안에서" 택하여 주셨다고 말씀합니다.

㉢ 예수 그리스도께서 승천하셔서 영광을 얻으셨을 때에, "그리스도안에 있는" 우리도 그리스도 예수 안에서 함께 하늘에 앉힌바 되었다(엡 2:6) 하고 말씀합니다. "자녀이면 또한 후사 곧 하나님의 후사요 그리스도와 함께 한 후사니"(8:17) 합니다. "그리스도 예수 안에" 있는 사람들은 주님 계시는 곳에 그들도 있고, 주님 가시는 곳에 그들도 가며, 주님이 받으시는 것은 그들도 받으며, 주님의 것은 모두가 그들의 것이 됩니다.

③ 그러므로 "그리스도 예수 안에 있다"는 이 말씀보다 더 복스러운 말씀은 없습니다. 이보다 더 영광스러운 말씀은 없습니다.

㉠ 그렇다면 인류의 시조 아담의 후예들은 모두가 하나님과 단절이 된 자들인데 어떻게 해서 "그리스도 안에" 있는 자들이 있게 되었단

말인가? 사도는 고린도전서 1:30절에서, "너희는 하나님께로부터 나서 그리스도 예수 안에 있고" 하고 대답합니다. 하나님께서 아담의 후예들 중에서 얼마를 택하셔서 "그리스도 예수 안에" 있게 하셨다는 것입니다. 직설적으로 표현하면 그리스도 안에 집어넣어주셨다는 말씀입니다.

④ 주님께서도 대제사장적인 기도에서, "저희는 아버지의 것이었는데 내게 주셨으며"(요 17:6) 하십니다.

㉠ 이 사람들 곧 "그리스도 예수 안에 있는 자에게는 결코 정죄함이 없다"(1)는 것입니다. 왜냐하면 그리스도 예수께서 그들을 위해서 대신 정죄를 받으셨기 때문입니다. 우리는 한 걸음 더 나아가야만 합니다. 그리스도인들이란, "내가 그리스도와 함께 십자가에 못 박혔나니 그런즉 이제는 내가 산 것이 아니요 오직 내 안에 그리스도께서 사신 것이라"(갈 2:20) 하고 고백하는 사람들입니다. 다시 말하면 아담 안에 있던 옛 사람이라는 "나"는 이미 "그리스도 예수 안에서" 죽었다는 것입니다.

⑤ 누군가가 저에게 기독교를 한마디로 요약해서 말해보라 한다면 저는 확신을 가지고 이렇게 대답할 것입니다. "나는 그리스도 안에, 그리스도는 내 안에", 이것이 기독교의 진리다 하고요.

㉠ 아담 안에 있던 "나"라는 옛 사람은 오래전에 "그리스도 안에서" 십자가에 못 박혀 죽었습니다. 이제는 그리스도께서 내 안에 오셔서 나를 의의 병기로 삼아 역사하시기를 원하시는 것입니다. 그 순서에 주목해야만 합니다.

㉮ 먼저는 "내가 그리스도 안에" 있는 것입니다. 이것은 창세전에 하나님에 의해서 되어진 일입니다.

㉯ 다음에 "그리스도는 내 안에"가 가능해지는 것입니다. 즉

옛사람이 그리스도 안에서 죽은 자 안에만 주님이 내주(內住)하신다는 말씀입니다.

  ② 사도 바울은 자신이, "그리스도 안에" 있다는 점을 확신했기에, 마치 엄마 품에 안긴 어린이처럼 언제나 평안할 수가 있었습니다. 에베소서 4:1절에서, "주 안에서 갇힌 내가", 이렇게 말씀합니다. 바울의 몸은 지금 로마 옥중에 갇혀 있습니다. 그러나 그는 주님 안에 있었습니다. 주님 안에서 그는 옥 안에 갇힌바가 된 것입니다. 형제가 고난을 당한다 해도 마치 우주인이 캡슐 안에서 안전함과 같이 "그리스도 예수 안에서" 겪고 있다는 확신 가운데 거하시기를 바랍니다.

  ③ 빌립보서 1:1절을 보시기 바랍니다. "그리스도 예수 안에서 빌립보에 사는 모든 성도", 이렇게 시작하고 있습니다. 저는 이 말씀을 묵상할 때마다 가슴이 아릿해 짐을 느낍니다. 빌립보라고 하는 도시는 지금 우리가 살고 있는 고장이나 다름이 없이 문제들이 있는 곳입니다. 우리 주변에서 일어나고 있는 크고 작은 문제들은 그곳에서도 벌어지고 있었을 것입니다. 그런 사람들 가운데 그리스도를 구주로 영접한 사람들이 있었습니다.

  ④ 그런데 말입니다. 그들을 가리켜, "그리스도 예수 안에서 빌립보에 살고" 있는 사람들이라고 말씀하고 있다는 것입니다. 저는 그 형제들을 한번 만나보고 싶은, 만나서 교제를 나누고 싶은 그런 마음에 젖어들곤 합니다. 이것이 "그리스도 안"에 있다는 영광스러움입니다.

  ⑥ 그런가 하면 그리스도인들 안에는 "그리스도께서 내주"(內住)하고 계시는 것입니다.

  ① 이를 확신했기에 사도 바울은 골로새서 1장 마지막 절에서, "나도 내 속에서 능력으로 역사하시는 이의 역사하심을 따라 힘을 다하여 수고하노라" 하고 말씀합니다. 사도 바울이 그토록 위대한

일을 할 수 있었던 것은, 주의 영이 그와 함께 하시고 또 그 속에 계셔서 동역하여주셨기 때문입니다.

ⓒ 먼저 그리스도 안에 있는 자에게만, 주님께서도 그 안에 오십니다. 이는 주님께서 자기 안에 있는 자의 죄를 대속하시고 부활 승천하신 후에, 성령으로 그들 안에 오심이 가능하게 되었기 때문입니다. 주님은 잡히시던 날 밤에 다락방 강화를 통해서, "내가 너희를 고아와 같이 버려두지 아니하고 너희에게로 오리라" 하셨습니다. "저(성령)는 너희와 함께 거하심이요 또 너희 속에 계시겠음이라"(요 14:18, 17) 하고 말씀하셨습니다.

ⓒ 그러므로 형제가 어떤 시련이나 고난을 당할 때에 형제는 혼자 버려진 상태에서, 무방비 상태로 당하는 것이 아니라는 것입니다. 형제는 "그리스도 안에" 안전하게 보존이 되어 있고, 또한 주님은 "형제 안에서" 형제와 함께 고난을 당하고 계심과 같은 것입니다. 그러므로 형제에게 냉수 한 그릇 떠준 것이 주님에게 한 것이 되는 것입니다.

⑦ 이것이 "주님은 내 안에, 나는 주님 안에" 라는 영광스러운 진리입니다.

㉠ 바울 속에는 언제나 그리스도께서 영으로 오셔서 능력으로 역사하고 계셨던 것입니다. 그리고 이 진리는 모든 그리스도인들에게 동일하게 해당되는 진리입니다. 형제여, 지금 우리가 그러하다는 것입니다. 형제가 살고 있는 그곳이 어디든 형제는 그리스도 예수 안에서 그곳에 살고 있는 것입니다. 형제에게도 크고 작은 문제들을 안고 있을 것입니다만, 그래도 형제는 "그리스도 예수 안에서" 그 일에 직면해 있음을 놓치지 마시기 바랍니다.

⑧ 우리들을 그리스도 안에 있게 하신 분은 하나님이십니다. 하나

님께서 우리를 그리스도 안에 넣어 주셨는데 누가 우리를 그 안에서 끌어 낼 수가 있단 말입니까?

㉠ 한 때는 그리스도 안에 있다가, 실수하고 넘어지면 그리스도 밖으로 쫓겨나고, 회개하면 다시 들어가고, 그런 일은 결코 없습니다. 8장 마지막 절에서, "높음이나 깊음이나 다른 아무 피조물이라도 우리를 〈우리 주 그리스도 예수 안에 있는〉 하나님의 사랑에서 끊을 수 없으리라" 하고 선언합니다. 이와 같이 그리스도 예수 안에 있는 자에게는 결코 정죄함이 없습니다.

㉡ 애굽의 장자를 치시던 심판의 밤에, 선민 이스라엘에게는 이러한 명령이 주어졌습니다. "그 피를 문인방과 좌우설주에 뿌리고 아침까지 한 사람도 자기 집 문밖에 나가지 말라"(출 12:22), 유월절 어린양의 피 안에 있는 자에게는 안전(安全)이 보장이 되었으나, 밖에는 아니었습니다. 하나님께서 여리고 성을 심판하실 때에 라합에게 주어진 언약도 동일하였습니다. "이 붉은 줄을 매고 네 부모와 형제와 네 아비의 가족을 다 네 집에 모으라 누구든지 네 집 문을 나서 거리로 가면 그의 피가 그의 머리로 돌아갈 것이요 우리는 허물이 없으리라"(수 2:18-19). 이것이 "그리스도 예수 안에" 라는 진리입니다.

그리스도 예수 안에 있는 자에게는 결코 정죄(定罪)함이 없습니다. 밖에는 아닙니다. 안에만 그러합니다. 아멘.

> **묵상해 봅시다.**
> 1. 아담의 후예들이 어떻게 해서 그리스도 안에 있게 되었습니까?
> 2. "그리스도 안에서" 우리에게 무슨 일이 일어났는지 아는 대로 말해 봅시다.
> 3. "나는 주님 안에, 주님은 내 안에"를 설명해 보십시오.

84

하나님께서 해결해 주셨습니다.

『이는 그리스도 예수 안에 있는 생명의 성령의 법이 죄와 사망의 법에서 너를 해방하였음이라 율법이 육신으로 말미암아 연약하여 할 수없는 그것을 하나님은 하시나니 곧 죄를 인하여 자기 아들을 죄 있는 육신의 모양으로 보내어 육신에 죄를 정하사』 (8:2-3).

사도는 8:1절을 통해서 "그리스도 예수 안에 있는 자에게는 결코 정죄함이 없나니" 하는 폭탄적인 선언을 했습니다. 그렇다면 형제는 이제, "그리스도 예수 안에" 있는 자에게는 어찌하여 정죄함이 없는지 말해 줄 수가 있겠습니까? 왜냐하면 8:1절은 "그러므로"로 시작하고 있기 때문입니다.

이 "그러므로"라는 접속사는, "이제까지 내가 말한 복음을 이해하였다면, 그리스도 예수 안에 있는 자에게는 왜 정죄함이 없는지 확신하게 되었을 것이다", 이런 뜻이 함의되어 있는 것입니다. 그런데 사도는 "이는"(2상) 하고, 또다시 다른 각도에서 설명을 더하고 있습니다. 우리도 이렇게 해야만 합니다. 그래야 "안전하기"(빌 3:1) 때문입니다.

① 첫 절에서 "정죄함이 없다" 하고 선언한 사도는 이어서, "이는 그리스도 예수 안에 있는 생명의 성령의 법이 죄와 사망의 법에서 너를 해방하였음이라" 하고, 설명을 합니다. "이는" 이란 말은, "왜냐하면" 이라는 뜻입니다.

㉠ 사도는 "그리스도 예수 안에 있는 자에게는 정죄함이 없다"는 원리적(原理的)인 선언을 한 다음에, 어째서 정죄함이 없는지 그 이유를 설명을 하고 있는 것입니다. 사도는 정죄함이 없는 이유를 앞에서도 여러 각도에서 이미 말씀을 했습니다. 그런데 가장 좋은 교수법은 반복입니다. 사도는 반복하면서 앞으로 나아가고 있는 것입니다.

㉡ "그리스도 예수 안에 있는 자에게는 결코 정죄함이 없다"는 진리는 그마만큼 중요한 교리인 것입니다. 많은 성도들이 이 진리 위에 굳게 서있지 못하기 때문에 기쁨과 감사와 감격이 없다 하겠습니다.

② 사도는 그 이유를, "이는 그리스도 예수 안에 있는 생명의 성령의 법이 죄와 사망의 법에서 너를 해방하였음이라"(2) 하고 말씀합니다.

㉠ 이 말씀은 어렵게 들리지만 이미 6:14절에서, "죄가 너희를 주관치 못하리니 이는 너희가 법아래 있지 아니하고 은혜아래 있음이라" 한 말씀을 다르게 표현한 것입니다.

㉮ "은혜가, 생명의 성령의 법"이라는 표현으로 바뀌었고,

㉯ "율법이, 죄와 사망의 법"으로 바뀐 것입니다.

㉡ 물론 율법 자체는 "거룩하며 의로우며 선한 것"입니다. 그런데 죄의 권세를 잡은 사탄이 계명을 악용하여 우리를 정죄하고 죽게 만들었기 때문에, "죄와 사망의 법"이라고 표현한 것입니다. 이점을 고린도후서 3:6절에서도, "의문(儀文)은 죽이는 것이요 영은 살리는 것임이니라" 하고 말씀합니다.

ⓒ "죄와 사망의 법"이란 말을 문맥은 무시한 채 문자만을 보고, 7:23절의 "죄의 법"과 혼동(混同)하여 2절을 "성화"로 해석하는 분들이 있는데, 본문의 주제는 성화가 아니라 "정죄함이 없는" 당위성을 설명하는 문맥인 것입니다. 우리가 무엇에 근거해서 정죄를 당했습니까? 율법에 의해서였습니다.

③ 그런데 "너를 해방하였음이라"(2하) 합니다. 여기에 본문을 해석하는 열쇠가 있다 하겠습니다.

㉠ 만일 본문을 "성화"로 본다면 어떻게 되는가? 아직 "해방"되지 못한 것이 됩니다. 왜냐하면 우리는 아직도 실수하고 넘어지는 불완전한 죄인이기 때문입니다. 그런데 "해방하였음이라"는 말은, 이미 해방이 되었다는 과거시제(過去時制)입니다. "해방되었다"는 표현을 7:6절에서는, "이제는 우리가 얽매였던 것에 대하여 죽었으므로 율법에서 벗어났으니" 하고 말씀했습니다. 그래서 율법이 우리를 정죄할 수가 없다는 것입니다. 다시 말하면 "너희가 법아래 있지 아니하고 은혜아래 있기"(6:14) 때문에 정죄할 수 없다는 것입니다.

㉡ 다시 강조합니다만 "정죄할 수 없는 것"은, "의롭다함"을 얻었기 때문이지, "성화"되었기 때문이 아닙니다. 7:14-24절의 사람은 "의문의 묵은 것", 즉 율법을 행함으로 정죄에서 벗어나보려고 몸부림을 치는 사람입니다. 그러므로 그는 "죄와 사망의 법"에서 해방된 사람이 아니라, "오호라 나는 곤고한 사람이로다 이 사망의 몸에서 누가 나를 건져 내랴" 하고, 비명을 지르고 있는, 본문과는 정반대의 사람인 것입니다.

④ 그러면 우리를 "해방"시켜준 "생명의 성령의 법"은 무엇을 가리키는가?

㉠ 다시 강조합니다만 "생명의 성령의 법"이란 말은, "너를 해방하였음이라"는 말씀에 의해서 해석이 되어야 한다는 점입니다. 그렇다면 뜻은 분명해지는 것입니다.

㉮ 우리가 해방될 수 있었던 근거(根據)는, "그리스도 예수 안에 있는 구속으로 말미암아"(3:24)이고,

㉯ 구속의 은총을 나에게 적용을 시켜주셔서 해방시켜주시고 생명을 주신 분은 "성령"이시라는 말씀이 되는 것입니다.

㉡ 그래서 "생명의 성령의 법"이라 한 것입니다. 여기에는 대조(對照)가 나타나는데, "생명과 사망"이 대조되어 있고, "죄와, 성령"이 대조되어 있습니다. 그러므로 "죄는, 죄들"이 아니라, "죄가 기회를 타서 계명으로 말미암아 나를 속이고 그것으로 나를 죽였는지라"(7:11) 한 죄의 권세자를 가리키는 것이 됩니다. 이 외에 본문이 다른 해석을 용납하고 있지 않는 것입니다.

⑤ 그렇다면 "생명과 성령의 법"이 어떤 방법에 의해서 "죄와 사망의 법에서 나를 해방시켜 주셨단" 말인가? 그 대답이 3절인데, "율법이 육신으로 말미암아 연약하여 할 수 없는 그것을"(3상), 여기서 잠시 멈추고,

㉠ 우선적으로 생각해야할 점은, "율법(律法)이 할 수 없는 그것"이 있다고 말씀한다는 점입니다. 그것이 무엇이란 말인가? 이를 알기 위해서는 반대로 율법이 할 수 있는 것이 무엇인가부터 생각해 보는 것이 도움이 됩니다.

㉮ 율법이 할 수 있는 것은 정죄(定罪)입니다.

㉯ 정죄해서 죽이는 일을 할 수가 있습니다.

㉡ 그렇다면 할 수 없는 일은 무엇인가?

㉮ 의롭다고 여겨주는 일을 못합니다.

㉯ 그래서 결국 살리는 일을 못하는 것입니다.

⑥ 그러므로 율법은 우리를 하나님의 영광에 이르게 해주지를 못합니다. 어째서 율법이 이런 일을 못하는 것일까요?

　㉠ 갈라디아 3장에는 "살리라" 하는 말이 2번(갈 3:11, 12) 등장합니다. 즉 살 수 있는 길이 둘이 있다는 것입니다.

　　㉮ 하나는 "믿음으로 살리라" 하는 길이고,

　　㉯ 다른 하나는 "행하는 자는 살리라" 하는 길입니다.

　㉡ 그런데 문제는, "육신으로 말미암아 연약하여 (행)할 수 없는"(3상), 우리에게 책임이 있다는 것입니다. 율법이 우리를 살게 하려고 애를 써보지만, 그러나 연약한 육신으로 말미암아 그 요구를 따라 주지를 못한다는 그런 뜻입니다.

⑦ 그것을 "하나님은 하시나니"(3중) 합니다. 그러니까 살 수 있는 방도는, 하나님이 행해주신 것을 "믿는" 것뿐이라는 것이 됩니다. 그러면 어떻게 행해주셨는지 주목해 보시기를 바랍니다.

　㉠ 하나님께서도 연약한 우리 육신을 통해서 하신다고 말씀하고 있습니까? 아닙니다. 만일 하나님께서 우리를 통해서 이루려 하셨다면 율법처럼 실패하고 말았을 것입니다. 하나님께서 행해주신 것은 우리를 들어서가 아니라, "자기 아들"을 통해서였습니다.

⑧ "곧 죄를 인하여 자기 아들을 죄 있는 육신의 모양으로 보내어 육신에 죄를 정하사"(3하) 하십니다.

　㉠ "자기 아들" 곧 하나님의 아들이라고 말씀합니다.

　㉡ "죄 있는 육신의 모양으로 보내어", 즉 인간의 몸을 입게 하여 보내셨다는 것입니다. 이점을 히브리서 2:14절에서는 "그도 또한 한 모양으로 혈육(血肉)에 함께 속하심은" 하고 말씀합니다. 왜

육신을 입고 오셔야만 했는가?

⑨ "육신의 죄를 정하시기"(3하) 위해서라고 말씀합니다. 영으로 오셨다면 우리의 대표자가 되실 수도 없을 뿐만 아니라, 우리를 대신한 대속제물로 죽어주실 수도 없기 때문입니다. 이렇게 하셔서, "죄와 사망의 법에서 너를 해방하여"(2하) 주셨다는 것입니다.

㉠ "육신에 죄(罪)를 정(定)하사" 한 3절과, "그리스도 예수 안에 있는 자에게는 정죄(定罪)함이 없다" 한 1절을 대조해보시기 바랍니다. "죄와, 정"을 결합하게 되면 "정죄"(定罪)가 되는 것입니다. 하나님의 아들이 우리 대신 정죄를 받아주셨기 때문에 이를 믿는 자들에게는 "결코 정죄함이 없느니라" 하고 선언할 수가 있는 것입니다.

㉡ 한 예를 들어보겠습니다. 주님께서는 간음 현장에서 끌려온 여자에게, "나도 너를 정죄하지 아니하노니 가서 다시는 죄를 범치 말라"(요 8:11) 하셨습니다. 그 여인은 누명을 쓴 것이 아닙니다. 죽어야 마땅한 죄를 범한 현행범입니다. 그런 자를 어떻게 정죄하지 않을 수가 있단 말인가? 대답은 오직 하나, 그 여인과 우리의 죄를 대신하여 정죄(定罪)를 당하러 오셨기 때문에 가능한 것이었습니다.

㉢ 율법이 할 수 없었던 것을 하나님께서는, "자기 아들을 죄 있는 육신의 모양으로 보내어" 우리를 대신해서 그를 정죄하심으로 행해주셨던 것입니다. 하나님께서 이렇게 행하심으로 우리를 해방(解放)시켜주셨고, 율법이 할 수 없는 문제(問題)를 해결해주신 것입니다.

⑩ 오 하나님! 하나님은 누구시오며, 나는 무엇이 관대 이렇게까지 행해주셨나이까!

㉠ "우리가 아직 연약할 때에, 우리가 아직 죄인 되었을 때에, 곧 우리가 원수 되었을 때에 그 아들의 죽으심으로 말미암아 하나님

으로 더불어 화목하게"(5:6, 8, 10) 행해주셨습니다. 송아지나 양과 같은 생축이 아니라, 흠 없으신 자기 아들을 통해서, 우리의 죄를 우리에게 정죄하시지 않고, 죄를 알지도 못하시는 자기 아들에게 정죄하셨습니다.

    ⓒ 하나님이시라도 이 방법 외에는 다른 방법이 없으셨습니다. 만일 다른 방법이 있으셨다면 기꺼이 그 길을 택하셨을 것입니다. 하나님께서 이렇게 행해주시고, "그러므로 그리스도 예수 안에 있는 자에게는 결코 정죄함이 없나니"(1) 하고 선언하시는데도, 그래도 정죄감에 빠진다면 당신은 하나님께서 행해주신 일을 믿지 못한다는 증거입니다. 무효화시키고 있는 것입니다. 형제여 그래도 되는 것입니까?

    ⑪ 사도는 이런 사람들이 있을 것을 알기 때문에, "너희를 해방하였음이라" 하고 말씀하지 않고, 손가락으로 가리키듯 "너"를 해방하였음이라(2하) 하고, 이인칭 단수로 말씀하고 있는 것입니다.

    ㉠ 사도는 결정적인 대목에서는 꼼짝을 못하도록 "너희"라 하지 않고, "너"라고 지적을 합니다. 자신을 의롭다고 여기고 남을 판단하는 자들을 책망할 때에도, "네가 하나님의 판단을 피할 줄로 생각하느냐"(2:3) 하고 육박합니다. 갈라디아서 4장에서는, "너희가 아들인고로" 하고, 말씀하던 사도가 결정적인 순간에서는, "그러므로 네가 이후로는 종이 아니요 아들이니"(갈 4:6, 7) 하고 가슴에 심어줍니다.

    ⓒ 다시 강조합니다만 우리가 율법을 행함으로 할 수 있는데도, 하나님이 자기 아들을 통해서 대신 행해주신 것이 아니라는 점입니다. 하나님이 바라고 원하시는 것은, 도리어 우리가 자력구원의 불가능성을 뼈저리게 깨닫고, "하나님의 의" 외에는 소망이 없음을 인정하

고 이를 감사함으로 받기를 원하시는 것입니다.

　　형제여, "율법이 육신으로 말미암아 연약하여 할 수 없는 그것을 하나님은 하시나니 곧 죄를 인하여 자기 아들을 죄 있는 육신의 모양으로 보내어 육신에 죄를 정하사" 행해주셨습니다.

> **묵상해 봅시다.**
>
> 1. 율법이 할 수 없었던 것이 무엇이며, 누구의 책임입니까?
> 2. 그것을 하나님은 어떻게 행해주셨습니까?
> 3. "너를 해방하였음이라" 말씀하는 의도에 대해서,

85
율법의 요구

『육신을 좇지 않고 그 영을 좇아 행하는 우리에게 율법의 요구를 이루어지게 하려 하심이니라』(8:4).

본문을 해석하는 열쇠는 "율법의 요구"(要求)가 무엇인가를 규명하는데 있습니다. 여기에는 신학적(神學的)인 면과, 윤리적(倫理的)인 면이 함께 들어있다고 보아야만 합니다. 4절이 놓여 있는 위치(位置)가 이를 말해주고 있습니다.

㉠ 4절의 신학적인 면은 3절과 결부시킬 때에 분명해집니다. "율법이 할 수 없는 그것을 하나님은 하시나니"(3) 했는데, 하나님께서는 율법의 요구를 폐하고 행해주신 것이 아니라, 오히려 율법의 요구를 충족시키기 위해서, "자기 아들을 죄 있는 육신의 모양으로 보내어 육신에 죄를 정하사" 행해주셨다는 것입니다.

㉡ 4절의 윤리적(倫理的)인 면은 5절과 결부가 되는데, 우리를 의롭다고 여겨주시기 위해서 이처럼 "하나님이 행해주셨다"면, 이제 우리도 "육신을 좇지 않고 영을 좇아 행하는" 것이 마땅하다는 말씀입니다.

① "육신을 좇지 않고 그 영을 좇아 행하는 우리에게 율법의 요구를 이루어지게 하려 하심이니라"(4) 합니다.

　　㉠ 이는 해석상 쉬운 구절이 아닙니다. 서론에서 언급한 대로 이 말씀에는 신학적인 면과, 윤리적인 면, 양쪽에 다 결부되어 있다고 보아야만 합니다. 먼저 신학적인 의미인데, 율법의 요구", 즉 율법이 무엇을 요구(要求)하고 있느냐 하는 점입니다.

　　㉡ 율법은 "죄 값은 사망"이라 하신 대로 죄인을 법대로 처벌해줄 것을 요구하고 있는 것입니다. 이점에서 4절이 3절의 연속(連續)이라는 점을 유념해야만 합니다. 하나님은 율법의 요구를 묵살하신 것이 아니라, "곧 (우리) 죄를 인하여 자기 아들을 죄 있는 육신의 모양으로 보내어 육신의 죄를 정하심"(3)으로, 율법의 요구를 들어주셨다는 문맥(文脈)입니다.

　　㉢ 이렇게 행해주심으로, "우리에게 율법의 요구를 이루어지게 하려 하심"(4하), 즉 우리를 처벌해달라는 율법의 요구가 충족이 되었다는 것입니다. 이것이 신학적인 면입니다.

　　② 이점에서 어떤 분들은 "율법"도 하나님이 제정하신 것인데, 그런 율법의 요구를 충족시키기 위해서 자기 아들을 대신 죽음에 내어주셨다는 것이 선뜻 이해가 되지 않을 수도 있습니다.

　　㉠ 저는 이점을 어떻게 설명하면 좋을까 고심하다가 그 빛을 다니엘서와 에스더서에게 받게 되었습니다. 다리오 왕은 어떻게 해서라도 다니엘을 구하려고 애를 썼습니다. 그런데 간신배들이 무엇이라고 압박했습니까? "메대와 바사의 규례를 아시거니와 왕의 세우신 금령(禁令)과 법도는 변개(變改)치 못할 것이니이다"(단 6:15) 했습니다. 그래서 법대로 다니엘을 사자 굴에 던질 수밖에 없었던 것입니다.

　　㉡ 아하수에로 왕도, "왕의 이름을 쓰고 왕의 반지로 인친 조서는

누구든지 취소(取消)할 수 없음이라"(에 8:8) 하고 말합니다. 하물며 만군의 여호와께서, "네가 먹는 날에는 정녕 죽으리라"(창 2:17) 하고 세우신 금령(禁令)의 권위이겠습니까? 1:32절에서는 "사형에 해당하다고 하나님의 정하심을 알고도" 합니다. 율법은 하나님이 정하신 법대로 시행해줄 것을 요구하고 있는 것입니다.

③ 의로우신 재판장이신 하나님은 율법의 요구를 묵살하시거나 폐하여 버리실 수가 없는 분이십니다.

㉠ 왜냐하면 하나님은 사랑의 하나님만 되시는 것이 아니라, 공의의 하나님도 되시기 때문입니다. 우리를 구원하시기를 원하시지만, 법은 폐하실 수가 없으십니다. 만일 한번 세우신 말씀을 폐하거나 변개(變改)하신다면, 하나님의 말씀인 성경(聖經)도 언제 변개될지 모르므로 믿을 수가 없는 것이 되고 맙니다. 하나님께서는 율법의 요구에 응하여 주셨습니다. 응하여 주시되 자기 아들을 죄 있는 육신의 모양으로 이 세상에 보내어 우리 대신 죽음에 내어 주셨던 것입니다.

㉡ 이 장면을 한번 영상으로 그려보십시오. 율법이 요구한 것은 죄인(罪人)인 우리들을 처형해달라는 것이었습니다. 그런데 하나님께서는 자기 아들을 죄 있는 육신의 모양으로 보내사 그를 우리 대신 내어 주셨습니다. 그 때 율법이 어떠했으리라고 여겨지십니까? 놀래서 기절했을 것입니다.

㉢ 5:10절에서는, "우리가 원수 되었을 때에 그 아들의 죽으심으로 말미암아" 라고 말씀합니다. 하나님을 배신한 배은망덕한 자, "저희 마음에 하나님 두기를 싫어하는"(1:28) 원수(怨讐)들을 위해서 자기 아들을 대신 내어 주시다니, 율법은 기절초풍을 했을 것입니다. 놀랜 것은 율법만은 아니었을 겁니다. 천사들도 하나님 속에 감추었던 비밀의 경륜(벧전 1:12, 엡 3:10) 앞에 경탄(驚歎)을

금치 못했을 것입니다.

④ 왜냐하면 범죄 한 천사들은 용서치 아니하시고(벧후 2:4), "이는 실로 천사들을 붙들어주려 하심이 아니요 오직 아브라함의 자손을 붙들어주려 하심이라"(히 2:16) 하고 말씀하고 있기 때문입니다. 그리스도께서 십자가를 지신 것은 천사(天使)들의 범죄를 대속하시기 위해서가 아니라, 율법의 요구에 응하여 인간의 죄를 담당하시기 위해서였습니다. 이제 율법의 요구를 이루어지게 하려 하심"(4)이라는 신학적인 의미를 인식하셨습니까?

㉠ 하나님의 사랑의 망극하심을 이제 아시겠습니까? 죄 값은 사망이기 때문에 피 흘림이 없은즉 사유함이 없습니다. 그런데 구약시대에는 인간의 죄를 위하여 그림자로 짐승이 대신 피를 흘리게 하셨습니다. 그러나 이 속죄제로는 율법의 요구에 응하는 바는 아니었습니다. 다시 말씀드리면 하나님의 공의를 만족시켜 드리는 것은 아니었던 것입니다.

⑤ 3:26절에서는 하나님께서 자기 아들을 화목제물로 내어주신, "곧 이 때에" 하나님의 공의도 만족히 여김을 받으셨으며, 또한 예수 믿는 자를 의롭다고 여겨주실 수가 있으셨다고 말씀합니다. 즉 율법의 요구가 이루어지게 하셨던 것입니다.

㉠ 우리의 죄를 사하신 것만이 아니라, 의롭다고 여겨주신 것은 율법의 요구를 폐하시고 행해주신 일이 아니었습니다. 율법의 요구를 이루어지게 하신 후에, 의롭다고 인정해 주신 아주 합법적인 것이었습니다.

㉡ 이점을 3:31절에서는, "그런즉 우리가 믿음으로 말미암아 율법을 폐하느뇨 그럴 수 없느니라 도리어 율법을 굳게 세우느니라" 말씀합니다. 하나님께서는 율법의 권위를 최고로 세워 주셨던 것입니다. 왜냐하면 율법은 다름 아닌 하나님 자신이 제정하신 것이기 때문

입니다. 주님께서 십자가상에서, "다 이루었다" 하신 말씀 속에는 율법의 요구를 다 이루었다, 죄 값이 다 청산이 되었다는 뜻도 함의되어 있는 것입니다.

⑥ 이제 4절의 윤리적(倫理的)인 면을 말씀드려야 하겠습니다. "육신(肉身)을 좇지 않고 그 영(靈)을 좇아 행하는 우리에게 율법의 요구를 이루어지게 하려 하심이니라" 한, 4절이 놓여 있는 위치(位置)는 참으로 절묘합니다.

㉠ 앞으로는 "하나님은 하시나니" 한 3절과 결부가 되어 있고, 뒤로는 "육신을 좇는 자는 육신의 일을, 영을 좇는 자는 영의 일을 생각하나니" 한, 5절과 결부되어 있기 때문입니다.

㉡ 5절에는 "육신과, 영"이 대조(對照)되어 있습니다.

㉮ "육신을 좇지 않고" 한 "육신"은, 3절에서 "육신으로 말미암아 연약하여 할 수 없다" 한, "육신"을 가리킵니다. 그렇다면 이 육신은, "내가 원하는바 선은 하지 아니하고 도리어 원치 아니하는바 악은 행하는 도다"(7:19) 한, 연약(軟弱)한 육신인 것입니다.

㉯ 그런데 이제는 "육신을 좇지 않고 그 영을 좇아 행하는 우리"라고 말씀합니다. 여기서 "영"(靈)은, 우리를 해방시켜주신 "그리스도 예수 안에 있는 생명의 성령"(聖靈)(2)의 "영"이요, "누구든지 그리스도의 영이 없으면 그리스도의 사람이 아니라"(9하) 한 "영"을 가리킵니다. 그러므로 "육신을 좇지 않고 그 영을 좇아 행하는 우리"라는 말은, "우리가 영의 새로운 것으로 섬길 것이요 의문의 묵은 것으로 아니할지니라"(7:6) 한 말씀과 같은 뜻인 것입니다.

㉰ 그러므로 "영을 좇아 행하는 우리"(4중)라 한 "행(行)함"을 주목해야만 합니다. 이 "행함"은 현재시제로, 계속적으로 행하고 있음을 나타냅니다. "믿음과, 행함"이 둘이 아니라 하나이듯이, 하나님이

행해주신 교리(敎理)와, 인간이 행해야하는 윤리(倫理)는 떼어놓아서는 아니 되는 하나인 것입니다. 다시 말하면 "칭의(稱義)와, 성화"(聖化)는 떼어놓아서는 아니 된다는 말씀입니다.

⑦ 우리 주님은 율법의 요구에 응하여 십자가만을 지신 것이 아니었습니다. 성육신하신 생애 전체가 "율법의 요구"를 충족시키는 삶이었다는 점을 명심해야만 합니다.

㉠ "할례 할 팔일이 되매, 모세의 법대로 결례의 날이 차매 아기를 데리고 예루살렘에 올라가니"(눅 2:21, 22) 합니다.

㉡ "내가 당신에게 세례를 받아야 할 터인데" 하는 세례 요한의 말에, "이제 허락하라 우리가 이와 같이 하여 모든 의를 이루는 것이 합당하니라"(마 4:14, 15) 하시고 세례를 받으셨습니다.

㉢ 성자 하나님이신 그리스도께서 결례나 세례를 받으셔야할 분이 아니십니다. 그런데 사도 바울은, "내가 말하노니 그리스도께서 하나님의 진실하심을 위하여 할례의 수종자가 되셨으니 이는 조상들에게 주신 약속들을 견고케"(15:8) 하시기 위해서라고 말씀합니다. 생각해보십시오. 복음전도자들이, "하나님의 의가 나타났습니다" 하고 증거하면서, 이에 상응하는 의로운 삶을 살아가지 않는다면 "칭의" 교리가 어떻게 견고(堅固)하게 설 수가 있겠습니까?

⑧ 하나님께서 우리를 택하셔서 그리스도 안에 있게 해주심으로, "율법에 대하여 죽임을 당하게 하신"(7:4상) 목적은,

㉠ "이는 다른 이 곧 죽은 자 가운데서 살아나신 이에게 가서 우리로 하나님을 위하여 열매를 맺히게 하려"(7:4하) 하심에서입니다. 우리들이 전에는 사망을 위하여 열매를 맺은(6:21) 자들이었습니다. 에베소서 2:10절에서도, "우리는 그의 만드신 바라 그리스도 예수

안에서 선한 일을 위하여 지으심을 받은 자니 이 일은 하나님이 전에 예비하사 우리로 그 가운데서 행(行)하게 하려 하심이니라" 하십니다.

⑨ 이점에서 분명해야할 점은 그리스도인들이 "육신을 좇지 않고 영을 좇아" 행할 수 있는 원동력은, 먼저 예수 그리스도께서 "율법의 요구를 이루어주신", 대속적인 죽으심, 즉 복음으로만이 가능하게 된다는 점입니다.

㉠ "율법이 할 수 없는 것"은 칭의(稱義)만이 아니라, 성화(聖化)도 주지 못한 것입니다. 죄와 사망의 법인 율법에서 해방된 후에야 비로소 성화의 삶도 살수가 있는 것입니다. 이점을 사도는 7:1-6절까지에서, "율법"이라는 남편 밑에서 살 때의 상황과, 율법에서 벗어나 다른 이 곧 죽은 자 가운데서 다시 살아나신 그리스도와 합하여 한 영을 이룬 후의 삶을 대조해서 보여주었던 것입니다. 얼른 생각하기에는 엄한 율법 하에 있을 때에 성화가 이루어 질 것 같지만, 그 상태의 삶은 공포와 두려움과 정죄감에 빠져 있던 지옥 같은 삶이었던 것입니다.

㉡ 남편이 돌아오는 대문 소리만 들어도 가슴이 철렁 내려앉고, 안색이 하얗게 질리는 그런 공포의 생활의 연속이었을 것입니다. 그러나 나를 사랑하시되 죽기까지 사랑하여 주신 주님과 두 몸이 합하여 한 몸을 이루듯이 주와 합하여 한 영을 이룬 후에는 매일매일이 신혼처럼 기쁨과 감사와 감격의 삶이라는 말씀입니다.

㉢ 그러니까 7장의 사람은 자력으로, "율법의 요구"를 이루어지게 하려고 무진 애를 쓰지만 할 수없는 상태를 대표하는 것이라 말할 수가 있습니다. "할 수 없는 그것을" 예수 그리스도께서 인간의 몸을 입고 오셔서 삶과 죽음을 통해서 율법의 요구를 이루어 주심으로, "육신을 좇지 않고 영을 좇아 행하는" 성도들도 비로소 율법의 요구를 이루게 하는 삶을 살아갈 수가 있게 되었다는 말씀입니다.

⑩ 그러므로 칭의와, 성화는 항상 함께 간다는 점을 다시 한번 강조하는 바입니다.

㉠ 의롭다함을 받은 사람에게는 성화가 뒤따르게 됩니다. 이것은 하나님께서 짝지어 주신 것입니다. 고린도전서 1:30절을 보십시오. "예수는 하나님께로서 나와서 우리에게 지혜와 의로움과 거룩함과 구속함이 되셨으니" 합니다. 의로움뿐만 아니라, 거룩함도 함께 가져다주십니다.

㉡ 하나님은 우리의 연약함을 아시고 성령님을 보내주셨습니다. 그리하여 "영을 좇아" 살아가게 해주신 것입니다. 그래서 8:13절에서는, "영으로써 몸의 행실을 죽이면 살리라" 하는 것입니다. 성령께서 도와주십니다. 혹시 실수하고 넘어져도 그분께서는 너그럽게 용서해 주시고 다친 상처를 치료해 주시고 싸매어 주십니다.

㉢ 전에는 잘 하려고 하면 할수록 손이 떨리고 실수연발이었으나, 이제는 주의 영이 계신 곳에는 자유함이 있기 때문에 더 잘할 수가 있는 것입니다. 전에는 의무감에서 벌을 받을까보아 두려워서 행하였으나, 이제는 주를 기쁘시게 할 것이 무엇일까 사모하는 마음으로 하게 되는 것입니다. "육신을 좇지 않고 영을 좇아 행하게" 하는 것은 오직 복음의 능력, "사랑의 강권"(고후 5:14)함뿐입니다.

묵상해 봅시다.

1. 4절이 놓여 있는 위치와 결부에 대해서 말해봅시다.
2. 율법의 요구의 신학적인 면과 윤리적인 면이 무엇입니까?
3. 육신을 좇지 않고 영을 좇아 행한다는 의미가 무엇입니까?

둘째 단원(5-9) 육신을 좇는 자와 영을 좇는 자

86
추구하는 생각이 다릅니다

> 『육신을 좇는 자는 육신의 일을 영을 좇는 자는 영의 일을 생각하나니 육신의
> 생각은 사망이요 영의 생각은 생명과 평안이니라 육신의 생각은 하나님과
> 원수가 되나니 이는 하나님의 법에 굴복치 아니할 뿐 아니라 할 수도 없음이라
> 육신에 있는 자들은 하나님을 기쁘시게 할 수 없느니라』(8:5-8).

    사도는 먼저 원리(原理)를 말씀하고 난 다음에, 그것을 상세히 해설해 나갑니다. 8장에 접어들자, "그리스도 예수 안에 있는 자에게는 결코 정죄함이 없나니"(1) 하고 선언합니다. 어떤 의미에서는 로마서는 이 한 말씀에 대한 해설이라 해도 과언이 아닐 정도로 엄청난 무게를 가지고 있습니다. 그런데 이 진리가 아무에게나 해당되는 것이 아니라, "그리스도 예수 안에 있는 자"에게만 해당된다는 것입니다.

    그렇다면 그 사람이 "그리스도 예수 안에" 있는지 여부를 어떻게

알 수가 있단 말인가 하는 물음이 제기될 수가 있습니다. 사도는 이점을 4절에서는 "육신(肉身)을 좇는 자와, 영(靈)을 좇는 자"로 구분하고 있고, 5-6에서는 "육신의 일을 생각하는 자와, 영의 일을 생각하는 자", 즉 생각하는 바가 다르다고 말씀하면서, 7-8절에서는 육신을 좇는 자의 특성을, 9-11절에서는 영을 좇는 자의 특성을 설명해 줌으로 "그리스도 예수 안에" 있는 자가 어떠한 자인가를 분명히 밝혀주고 있습니다.

① "육신을 좇는 자는 육신의 일을 영을 좇는 자는 영의 일을 생각하나니"(5) 합니다.

㉠ 사도는 4-17절까지의 문단에서 계속적으로, "육신을 좇는 자와, 영을 좇는 자"를 대조(對照)해 가면서, 이들의 특성과 종말에 대해서 설명을 해나갑니다. 그렇다면 최우선적으로 ㉮ "육신을 좇는 자"와, ㉯ "영을 좇는 자"란 각각 누구를 가리키는가 하는 점입니다.

㉡ 이점에서 착각하기 쉬운 점은, "육신을 좇는 자는 어린 그리스도인이고, 영을 좇는 자는 성숙한 그리스도인이다" 하고, 생각하기가 쉽습니다. 그러나 사도의 구분은,

② 신자(信者)와 불신자(不信者), 거듭난 자와 거듭나지 못한 자, 그 안에 그리스도의 영이 있는 자와 없는 자를 구분하고 있는 것입니다.

㉠ 그러므로 "육신을 좇는 자"란, "누구든지 그리스도의 영이 없으면 그리스도의 사람이 아니라"(9하) 한, 거듭나지 못한 불신자(不信者)를 가리키는 말이요,

㉡ "영을 좇는 자"란, "만일 너희 속에 하나님의 영이 거하시면 너희가 육신에 있지 아니하고 영에 있나니"(9상) 한 그리스도인들을

가리키는 말인 것입니다.

　ⓒ 그래서 "육신을 좇는 자, 영을 좇는 자"(5) 하고, "좇는"다는 말이 4-5절 안에 4번이나 등장하고 있는 것입니다. 즉 추종(追從)하는 자가 다르다는 말씀인 것입니다. "영을 좇는 자"란, "무릇 하나님의 영으로 인도함을 받는 그들은 곧 하나님의 아들이라"(14) 한, "성령"의 인도함을 받는 자요, "육신을 좇는 자"란 결국 사탄을 추종하는 자라는 것이 됩니다.

　③ 그러면 "거듭난 자와, 거듭나지 못한 자"의 특성(特性)이 어떻게 다르며, 거듭난 여부를 어떻게 구분할 수가 있단 말인가 하는 점입니다.

　㉠ 분명한 것은 육신의 안목으로는 알 수가 없다는 것입니다. 그런데 사도는 분별(分別)이 가능하다는 것입니다.

　　㉮ "육신을 좇는 자는 육신의 일을",
　　㉯ "영을 좇는 자는 영의 일을 생각하나니"(5) 합니다.

　㉡ 사도는 거듭난 자와 거듭나지 못한 자의 특성은, "생각"하는 바가 다르다고 말씀합니다. 우리는 "행동을 보면 알 수가 있다" 하고 말할 것으로 예상했으나, 사도는 근원적(根源的)으로 그의 "생각"이 어디로 쏠려 있는가를 보면 알 수가 있다는 것입니다. 왜냐하면 "행동"이란 생각의 산물이기 때문입니다.

　④ 그러면 "육신의 일을 생각하고, 영의 일을 생각한다"는 뜻이 무엇인가?

　㉠ "생각"이 누구에 의하여 지배(支配)를 받고 있느냐 하는 뜻입니다. 다시 말하면 자기 안에 내주하시는 성령에 의하여 지배(支配)를 받고 있느냐 아니냐 하는 점을 말씀하는 것입니다.

ⓒ 그러므로 "생각하는바가 다르다"는 말은 다름 아닌 그의 사상(思想)이 다르다는 뜻입니다. 좀더 구체적으로 말하면 그의 세계관, 인생관, 인생의 목적, 가치관 등이 바뀐 사람들이 그리스도인들이라는 말씀입니다. 이점이 14:7-8절에 분명하게 나타나고 있는데, "우리 중에 누구든지 자기를 위하여 사는 자가 없고 자기를 위하여 죽는 자도 없도다 우리가 살아도 주를 위하여 살고 죽어도 주를 위하여 죽나니 그러므로 사나 죽으나 우리가 주의 것이로라" 합니다.

ⓓ 사도는 "나 자신은 이런 사람이다" 하고 말하고 있지 아니합니다. 인칭(人稱)을 "우리"라고 말하고 있습니다. "우리들은 이런 사람들뿐이지, 저런 사람들은 우리 중에 없다"는 논조(論調)입니다. 만일 "자기를 위해 살고 자기를 위해 죽는" 그런 사람이 우리 중에 있다면 그는 그리스도인이 아니라는 그런 의미가 내포되어 있습니다. 이것이 "생각이 다르다"는 뜻입니다.

ⓔ "생각"이란 인격적인 경향을 의미하는 것으로, "행동"은 생각의 산물(産物)일 뿐입니다. 그러므로 잠언에서는, "무릇 지킬 만한 것보다 더욱 네 마음을 지키라 생명의 근원이 이에서 남이니라(잠 4:23), 그 마음의 생각이 어떠하면 그 위인도 그러한 즉"(잠 23:7) 합니다. 그 사람의 "생각"은 그 사람의 됨됨이를 말해 준다는 것입니다.

⑤ 다시 강조합니다만, "육신을 좇는 자와, 영을 좇는 자"의 구분(區分)은 그의 "생각, 마음, 의지, 몸, 영"이 누구에 의해서 지배(支配)를 받고 있느냐에 달렸다는 뜻입니다.

㉠ 형제여, 하나님은 우리의 바지저고리를 요구하시는 것이 아니라, "내 아들아 네 마음을 내게 주며"(잠 23:26) 하십니다. 주님은 예배하는 자가, "입술로는 나를 존경하나 마음은 내게서 멀도다"(마

15:8) 하십니다. "너희 지체를 의의 병기로 하나님께 드리라"(6:13) 하시는 "지체" 속에는 우리의 "생각과 마음"도 포함이 되는 것입니다.

⑥ "영의 일을 생각"하는 사람이라고 그의 생각이 100% 영의 일만을 생각한다고 말할 수는 없을 것입니다. 문제는 어느 쪽으로 더 기울어져 있느냐 하는 경향(傾向)입니다.

㉠ 분별하고, 판단하고, 결단(決斷)을 내려야 할 상황에서, "그의 나라와 세상 나라, 하나님의 영광과 자기의 유익 중" 무엇에 우선순위를 두고 있느냐? 어느 쪽으로 쏠려 있는 경향이 있느냐? 지금 그것을 묻고 있는 것입니다.

㉡ 그러므로 "그리스도인과, 비그리스도인"을 구분하고 있는 본문의 기준은 현대교회에 큰 충격과 도전이 되는 말씀으로 다가옵니다. 왜냐하면 오늘날 "교회 안"에 있는 사람들 중에도 "육신을 좇는 자"의 특성이 다수를 점하고 있는 지배적인 현상으로 여겨지기 때문입니다. 형제는 그 비율(比率)이 어떻게 되리라고 생각이 되십니까?

⑦ "육신의 생각은 사망이요 영의 생각은 생명과 평안이니라"(6) 합니다.

㉠ "육신의 생각은 사망(死亡)이요" 합니다. 사도는 두 부류의 "마지막이 다르다"는 점을 경계하려는 것인데, "육신의 생각", 즉 사망의 권세 잡은 자 사탄에 의해 지배를 받게 되면 결국은 사망(死亡)이라는 것입니다.

㉡ 반면 "영의 생각", 즉 성령에 의해서 지배를 받게 되면 "생명(生命)과 평안(平安)이니라"(6) 하고 말씀합니다. "사망과, 생명"이 대조되어 있는데, 영을 좇는 자에게는 "평안(平安)"을 하나 더 추가하고 있습니다. 오늘날 심령의 "평안"이라는 주제는 너무나 등한히 취급

을 당하고 있습니다. 그런데 사도가 "평안"을 "영의 좇는 자"의 특성으로 꼽을 만큼 중요한 문제인 것입니다. 극단적으로 말한다면 심령에 "평안"이 없다면 "영을 좇는 자"가 아니라고까지 말할 수가 있기 때문입니다.

⑧ "육신을 좇는 자와, 영을 좇는 자"의 구분이 너무나 중요한 문제이기에 문맥을 통해서 좀더 관찰해 볼 필요가 있습니다.

㉠ 2절에 의하면, 육신을 좇는 자는, 죄와 사망의 법아래 있는 자들이요, 영을 좇는 자는 생명의 성령의 법에 의해 해방된 사람들입니다.

㉡ 3절에 비추어 보면, 육신을 좇는 자란 하나님께서 자기 아들을 통해서 행해주신 은혜를 받지도 않고 믿지 않는 사람들이요, 영을 좇는 자란 믿고 감사히 받아들인 사람들인 것입니다.

⑨ 그래서 "육신의 생각은 하나님과 원수(怨讎)가 되나니"(7상) 합니다.

㉠ "원수"가 된다는 말은, 아직 어린아이라는 그런 뜻이 아니라, 극단적인 표현인 것입니다. 이점을 야고보서에서는, "간음하는 여자들이여 세상과 벗된 것이 하나님의 원수임을 알지 못하느뇨 그런즉 누구든지 세상과 벗이 되고자 하는 자는 스스로 하나님과 원수 되게 하는 것이니라"(약 4:4) 하고 말씀합니다.

⑩ "하나님의 법에 굴복치 아니할 뿐 아니라 할 수도 없음이라"(7하) 합니다.

㉠ "굴복치도 아니하고, 할 수도 없다" 말씀하는데, 구체적으로 그들의 무엇이 굴복치도 않고, 할 수도 없다는 말인가? "생각"입니다. 그들의 머리 속에는 세상 생각으로 가득 차 있어서 영의 생각은 머리

둘 곳도, 발붙일 곳도 없다는 것입니다.

㉡ 이점을 사도는 고린도전서에서, "육에 속한 사람은 하나님의 성령의 일을 받지 아니하나니 저희에게는 미련하게 보임이요 또 깨닫지도 못하나니 이런 일은 영적으로라야 분변함이니라"(고전 2:14) 합니다. 기탄없이 말합니다만 오늘날 구속교리를 "도살장의 신학"이라고 비웃는 자유주의 신학자들이 이러한 상태에 있다고 여겨집니다. 어찌하여 굴복치 아니할 뿐 아니라 할 수도 없는가? 그것은 분명합니다. 그들 속에는 하나님의 영이 없기 때문입니다.

⑪ 결국 "육신에 있는 자들은 하나님을 기쁘시게 할 수 없느니라"(8) 하는 결론에 도달하게 됩니다.

㉠ 이 말은 육신에 속한 자들은 모두가 술주정뱅이, 마약중독자, 사기꾼이란 그런 뜻이 아닙니다. 물론 그런 사람들도 포함됩니다만 그들 가운데는 정치인도, 교육자도, 신학자들도 있기 마련입니다. 그러나 한 가지 분명한 것은, 그들 속에는 그리스도의 영이 없다는 사실입니다. 그들은 성령에 의해서 지배를 받고 있지 않습니다. 그들의 생각은 자기 이성(理性)에 의해서 지배를 받고 있는 것입니다.

⑫ 사도가 말씀하고 있는 순서에도 주목해 볼 필요가 있습니다. 4, 5, 6절에서 줄곧 "육신을 좇는 자를, 영을 좇는 자" 보다 먼저 말씀하고 있는 것을 봅니다.

㉠ 왜 그러합니까? 우리에게 그것이 먼저 있었던 일이요, 그럴 가능성이 많기 때문입니다. 우리도 전에는 육신을 좇아 살았던 때가 있었습니다. 그러나 지금은 아닙니다. 그러므로 "너희는 유혹의 욕심을 따라 썩어져 가는 구습을 좇는 옛 사람을 벗어버리고 오직 심령으로 새롭게 되어 하나님을 따라 의와 진리의 거룩함으로 지으심을

받은 새 사람을 입어야"(엡 4:22-24)할 필요성을 절감하게 합니다.

ⓛ "육신의 생각은 사망이요"(6상) 하고, 말씀하는 사도의 관심은 교회 내와, 밖 어디에 있다고 생각이 되십니까? 로마서는 교회에 보내진 서신입니다. 그러므로 "육신을 좇는 쟈"란 교회 밖에만 있는 것이 아니라, 6장의 율법폐기론 자들처럼 행동하는 자들과, 7장의 율법주의에 얽매여 있는 자들에 대해서도 경계가 되는 말씀인 것입니다.

ⓒ "그리스도 예수 안에 있는 자에게는 결코 정죄함이 없느니라"(1) 하고 선언한 사도가 어떤 의도에서 "육신의 생각은 하나님과 원수가 되나니"(7상) 하고, 정반대 방향으로 향하고 있는 것일까요? 신앙의 균형(均衡)을 잡아주기 위해서인 것입니다. 사도는 이렇게 말씀하고 있는 셈입니다.

㉮ "율법이 할 수 없는 그것을 하나님이 자기 아들을 통해서 행해주셨다",

㉯ 이제는 율법으로 이룰 수 없던 성화(聖化)를 너희도 이루어야 한다,

㉰ 왜냐하면 너희 안에, "하나님의 영, 그리스도의 영, 성령"(9)이 내주하고 계시기 때문이다. 형제여, "육신의 생각은 사망이요 영의 생각은 생명과 평안"입니다.

> **묵상해 봅시다.**
>
> 1. 육신을 좇는 자는 누구이며, 그 특성은 무엇입니까?
> 2. 영을 좇는 자는 누구이며 그 특성은 무엇입니까?
> 3. 육신을 좇는 자는 하나님과 어떤 관계에 있습니까?

87
칭의와 중생

> 『만일 너희 속에 하나님의 영이 거하시면 너희가 육신에 있지 아니하고 영에 있나니 누구든지 그리스도의 영이 없으면 그리스도의 사람이 아니라』(8:9).

　사도는 이제까지 "하나님의 의가 나타났다"는 점을 중점적으로 강조했습니다. 이것은 칭의(稱義)입니다. 그런데 8:4-16절에서는 "영"이라는 말을 16번이나 거론을 하면서, "누구든지 그리스도의 영이 없으면 그리스도의 사람이 아니라"(9) 하고, "영"(靈)을 강조하고 있는 것을 보게 됩니다. 이는 "중생"(重生)을 의미합니다. 왜 예수를 믿어야 하는가? 믿는 자에게 주어지는 축복이 무엇인가? 이런 물음을 가능케 하면서 "칭의(稱義)와, 중생"(重生)이라는 주제에 대해서 말씀드리고자 합니다.
　저는 성경을 "문제에 대한 해답이다" 하는 관점으로 접근한 적이 있습니다. 그렇다면 형제는 아담 안에 있는 자들이 당면한 문제가 무엇이며, 그 문제를 하나님이 어떻게 해결해주셨는가를 말해줄 수가 있습니까?

"한 사람으로 말미암아 세상에 죄가 들어오고"(5:12), 죄로 말미암아 3가지 문제가 발생했습니다. ㉠ 첫째는 죄 값은 사망(死亡)이라 한 "죽음"이고, ㉡ 둘째는 "내가 벗었음으로 두려워하여 숨었나이다"(창 3:10) 한 "벌거벗음"이고, ㉢ 셋째는 "그 사람을 쫓아내시고"(창 3:24) 한 "추방(追放)"입니다. 이 문제를 하나님은 어떻게 해결해주셨는가?

① 먼저 "의롭다함"에 대해서 말씀을 드리겠습니다. 왜냐하면 사도가 여기까지에서 역설한 것이 바로 "칭의(稱義) 교리이기 때문입니다.

㉠ 이 심각성을 알기 위해서는 인류의 시조가 타락하던 현장으로 가보아야만 합니다. 하나님께서 "아담아, 아담아" 하고 부르셨을 때에, "내가 벗었으므로 두려워하여 숨었나이다"(창 3:10) 한 것은 육적인 문제가 아니었습니다. 성경은 죄가 들어오기 전, "아담과 그 아내 두 사람이 벌거벗었으나 부끄러워 아니 하니라"(창 2:25) 하고 말씀하고 있기 때문입니다. "벌거벗었다"는 말은, 그런 모습으로는 하나님 앞에 설 수 없다는 죄인의 상태를 나타내는 말입니다.

㉡ 성경이 얼마나 예민한가를 보십시오. 방주(方舟)에서 나온 노아가, "포도주를 마시고 취하여 그 장막 안에서 벌거벗은지라"(창 9:21) 하고, 노아의 벌거벗은 모습을 보여주고 있습니다. 노아는 950세를 산 사람입니다. 그의 많은 사건 중에서 노아의 "벌거벗음"을 통해서 말씀하시려는 바가 무엇이기에 이를 기록케 하셨단 말인가? 방주를 예비한 노아라도 하나님 앞에서는 "벌거벗은 자"에 불과하다는 자력구원의 불가능성입니다. 이것이 원죄 하에 있는 아담의 후예들이 안고 있는 문제(問題)입니다.

② 그런데 하나님은 "아담과 그 아내를 위하여 가죽옷을 지어 입히시니라"(창 3:21) 하고 말씀합니다.

㉠ "벌거벗음"이 육적인 문제가 아니듯이, "가죽옷을 지어 입히셨다"는 뜻도 육적인 의미가 아닌 것입니다. 왜 그렇게 하셨는가? 벌거벗은 수치를 가려주시기 위해서입니다. 그런데 그냥 옷이라 하지 않고 "가죽옷"이라고 특정적(特定的)으로 말씀하고 있다는 점을 주목하시기를 바랍니다. 왜냐하면 가죽을 얻기 위해서는 짐승이 죽어야만 합니다.

㉡ 성령께서는 "가죽옷"이라는 표현을 통해서 "죽음"이 있어야 한다는 점을 인식하기를 원하셨기 때문입니다. 죄는 아담이 범했는데 그들의 벌거벗은 수치를 가려주기 위해서 죽기는 짐승이 죽었다는 말씀이 됩니다. 이것이 배은 망덕한 아담과 하와를 추방하시기 전에 하나님께서 행해주신 해답(解答)이었던 것입니다.

③ "벌거벗은" 노아도 "셈과 야벳을 통해서 가려줌을 받았다고 말씀합니다. 그러나 이것은 예표적인 해답이었습니다.

㉠ 왜냐하면 "가려줌"을 받은 노아가 셈과 야벳을 칭찬하는 것이 아니라, "셈의 하나님 여호와를 찬송"(창 9:26) 하고 있기 때문입니다. 그냥 하나님도 아니요, 그렇다고 "셈과 야벳의 하나님"이 아니라, "셈의 하나님 여호와를 찬송하리로다"를 통해서 우리에게 무엇을 말씀하려는 것인가? 셈의 줄기로 그리스도를 보내셔서 우리의 "벌거벗은" 수치를 가려주실 것을 계시하고 있는 것입니다.

④ 그림자로 보여주신 예표적인 사건들이 신약에 이르러, "이제는 율법 외에 하나님의 한 의가 나타났으니 율법과 선지자들에게 증거를 받은 것이라"(3:21) 하고 "하나님의 의"로 나타난 것입니다.

㉠ "모든 사람이 죄를 범하였으매 (벌거벗은 몸으로는) 하나님의 영광에 이르지 못하더니 그리스도 예수 안에 있는 구속(救贖)으로 말미암아 하나님의 은혜로 값없이 의롭다 하심을 얻은 자 되었느니라"(3:23-24), 즉 하나님은 자기 아들을 십자가에 못을 박으시고 마치 가죽을 벗기듯 하여 "의의 옷"을 마련해주셨다는 말씀입니다.

㉡ 이 의의 옷을 입은 자들에게 주시는 축복이 무엇인가? 이점을 5:1-2절에서는,

㉮ 하나님과 단절이 되었던 자들이 화목하게 되고,

㉯ 추방을 당했던 자들이, "믿음으로 서 있는 은혜 안에 들어감을 얻으며",

㉰ 궁극적으로는 "하나님의 영광을 바라고 즐거워하느니라" 말씀합니다.

⑤ 여기서 "세 가지 문제" 중에서 두 가지 해답(解答)을 얻게 됩니다.

㉠ 첫째는 "내가 벗었으므로 두려워하여 숨었나이다"(창 3:10) 한, "벌거벗음"이 "하나님의 의"로 입혀주심을 받게 된 것입니다. 하나님께서 지어주셨기 때문에 "하나님의 의"입니다. 그리스도인들은 더 이상 벌거벗고 있지 아니합니다.

㉡ 둘째는 추방당하였던 자들이, "믿음으로 서 있는 이 은혜 안에 들어감을 얻었으며"(5:2), 즉 의의 옷을 입고 "은혜의 보좌 앞에 담대히 나아감"을 얻게 된 것입니다. 반면 이 의의 옷을 입지 않으면 어떻게 되는가? "산과 바위에게 이르되 우리 위에 떨어져 보좌에 앉으신 이의 낯에서와 어린양의 진노에서 우리를 가리우라 그들의 진노의 큰 날이 이르렀으니 누가 능히 서리요"(계 6:16-17) 하고, 마치 아담이 "내가 벗었음으로 두려워하여 숨었나이다" 한 것과 같이 된다는 것입니다. 이렇게 해서 두 가지 문제가 해결이 된 것입니다.

⑥ 이제 다시 태어나는, "거듭남"에 대해서 살펴보겠습니다. 이것이 세 문제 중 하나 남은 "사망"(死亡)에 대한 해답(解答)인 것입니다.

㉠ 사도는 에베소서 2:1절에서, "너희의 허물과 죄로 죽었던 너희를 살리셨도다" 하고 말씀합니다. 우리는 죽은 나사로가 살아났다는 것은 중요하게 다루면서도, "허물과 죄로 죽었던 너희를 살리셨다"는 말씀은 너무나 예사(例事)로 취급하는 경향이 있습니다.

㉡ 이에 대한 예표가 에스겔 37장에 나옵니다. 에스겔 선지자가 "본즉 그 골짜기 지면에 뼈가 심히 많고 아주 말랐더라"(2) 합니다. 이 뼈들이 1차적으로는 바벨론에 포로 되어 있는 이스라엘을 백성을 가리키나, 이를 예표로 하여 "허물과 죄로 죽은" 심령상태를 나타내는 것입니다. 하나님은 "이 뼈들이 능히 살겠느냐"(3) 하고 물으십니다. 형제의 답변은 무엇입니까? 저는 이 질문이 마치 "네 능력으로, 네 수단으로, 네 설교"로 살릴 수가 있다고 생각하느냐 하고 도전하는 것으로 다가옵니다.

⑦ 하나님의 답변은 "내가 생기로 너희에게 들어가게 하리니 너희가 살리라"(5) 하십니다. 핵심은 6번이나 등장하는 "생기"(生氣)에 있습니다.

㉠ 첫 창조 때에도 하나님께서 흙으로 사람을 지으시고, 생기를 그 코에 불어 넣으시니 생령(生靈)이 되었다고 말씀하고 있습니다. 그런데 에스겔이 대언을 하자 놀랍게도 사람 모양으로 환원이 되었으나, "그 속에 생기는 없더라"(8) 합니다. 그러면 이 상태는 산 것입니까? 죽은 것입니까? 아니면 에스겔이 실수를 한 것일까요? 이를 통해서 말씀하시려는 바가 무엇인가? 교회 내에도 믿노라 하는 모양은 있으나 성령으로 거듭나지 못한, 즉 "그리스도의 영"이 없는 사람들이 있다는 점을 말씀하시려는 것은 아니겠습니까?

ⓛ "이에 내가 그 명대로 대언(代言)하였더니 생기가 그들에게 들어가매 그들이 곧 살아 일어나서 서는데 극히 큰 군대(軍隊)더라"(10) 합니다. 중생이란 성령의 생기를 사람 속에 불어 넣으심과 같은 것입니다. 이는 설교자라도 해줄 수가 없는 전적인 성령님의 사역인 것입니다.

⑧ 그러므로 "중생"의 문제는 심각하게 고려해야할 문제입니다. 요한복음 3장에는 예수님과 니고데모의 대화가 나옵니다. 니고데모는 바리새인이요, 존귀한 공회원이요, 이스라엘의 선생이었습니다.

㉠ 오늘날 니고데모와 같은 인물이 교회 내에 있다면 아마 장로감이라고 말할 것입니다. 그러나 그를 보시는 주님의 관심은 그가 "거듭나지 못한" 사람이라는 점입니다. 그래서 "사람이 거듭나지 아니하면 하나님 나라를 볼 수 없느니라" 하고 말씀했습니다. 니고데모는 이해할 수가 없었습니다. 그 때 주님은, "육(肉)으로 난 것은 육이요 영(靈)으로 난 것은 영이니 내가 네게 거듭나야 하겠다 하는 말을 기이히 여기지 말라"(요 3:3-7) 하고 말씀하십니다. 아시겠습니까?

⑨ 이를 알았기에 사도 바울은, "내 말과 전도함이 지혜의 권하는 말로 하지 아니하고 다만 성령의 나타남과 능력(能力)으로 하여 너희 믿음이 사람의 지혜에 있지 아니하고 하나님의 능력에 있게 하려 하였노라"(고전 2:4-5) 합니다. 무슨 뜻인가?

㉠ 자신이 대언(代言)할 때에 "성령의 나타남과 능력"으로 역사하여 주셔서, "허물과 죄로 죽었던", 영적으로 마른 뼈와 같은 심령들이 살아나게 되기를 바라는 마음으로 했다는 것입니다. 한 영혼을 거듭나게 하실 때에 역사하신 능력이 어떤 능력인지 아십니까? "그의 힘의 강력으로 역사하심을 따라 믿는 우리에게 베푸신 능력의 지극히

크심", 즉 최상급(最上級)의 능력이라고 말씀합니다.

ⓒ 그래도 실감을 못할 것 같아서 형제를 거듭나게 한, "그 능력이 그리스도 안에서 역사하사 죽은 자들 가운데서 다시 살리시고"(엡 1:19, 20) 하고, 그리스도를 다시 살리신 능력과, 형제를 거듭나게 한 능력이 동일(同一)한 능력이라고 말씀합니다.

⑩ "거듭남", 이것이 "정녕 죽으리라" 하신 사망(死亡) 문제에 대한 해답(解答)입니다. 그렇다면 "중생과, 칭의"가 어떻게 다른지 알고 계십니까? 이 점에 분명하시기를 바랍니다.

㉠ 먼저 칭의, 즉 의롭다고 여겨 주심에 대해서 말씀드리겠습니다. "칭의"는(稱義)는 우리가 의롭게 되었다는 뜻이 아니라, 하나님이 우리를 보실 때에 의롭다고 여겨주신다는 말씀입니다. 그러니까 우리에게 어떤 변화(變化)가 일어난 것이 아니라, 우리를 보시는 하나님의 관점(觀點)에 변화가 일어났음을 뜻합니다.

ⓒ 그러므로 우리를 의롭다고 여겨주시는, "칭의"는 인간 편으로 보면 그 의를 힘입어 담대히 하나님 앞으로 나아가게 해주고, 하나님 편으로 보면 죄인을 받아주심을 가능케 하는 것입니다. 이것이 "벌거벗음"에 대한 문제와 해답입니다.

㉢ 하나님이 죄인인 우리를 받아주심이 어떻게 가능하여졌는가? 6:14절을 가지고 설명해 보겠습니다. "너희가 법아래 있지 아니하고 은혜 아래 있음이니라" 하고 말씀합니다. 하나님께서 우리를 법아래 놓으시고, 법을 통해서 보신다면 어떻게 되겠습니까? 모든 사람이 죄인이요, 심판아래(3:19) 있게 되는 것입니다. 이것이 율법 하에 있을 때의 상태입니다.

㉣ 그런데 "은혜 아래" 있다고 말씀하십니다. 하나님께서 우리를 보실 때에 은혜를 통해서 보신다는 것입니다. 그렇다면 은혜가 무엇

입니까? "율법은 모세로 말미암아 주신 것이요 은혜와 진리는 예수 그리스도로 말미암아 온 것이라"(요 1:17) 하십니다. 은혜 아래 있다는 말은 예수 그리스도께서 십자가에서 흘리신 보혈을 통해서 보신다는 말씀입니다. 그래서 우리를 의롭다고 여겨주시는 것이 가능하여진 것입니다.

㉤ 이에 대한 예표가 "유월절 양의 피"입니다. 유월절 어린양의 피는 문밖에 뿌리라고 명하셨습니다. 그 피는 백성들 보라고 뿌려진 것이 아니라, "내가 피를 볼 때에 너희를 넘어가리니"(출 12:13), 즉 하나님이 보시기 위해서 뿌려진 것입니다. 대문 안에 있는 자들을 뿌려진 피를 통해서 보실 때에 그들은 이미 심판을 받은 것이 되었기 때문에 넘어가실 수가 있으셨던 것입니다.

⑪ 반면 중생(重生)은, "허물과 죄로 죽었던" 심령이 다시 태어나는 우리 안에 변화가 일어난 것을 의미합니다.

㉠ 이점을 9절을 들어서 설명을 하면 "너희 속에 하나님의 영, 그리스도의 영 성령"을 모시게 되었다는 것입니다. 그러면 중생한 자에게 주어지는 축복이 무엇인가? 이점을 11절에서 말씀하고 있는데, "예수를 죽은 자 가운데서 살리신 이의 영이 너희 안에 거하시면 그리스도 예수를 죽은 자 가운데서 살리신 이가 너희 안에 거하시는 그의 영으로 말미암아 너희 죽을 몸도 살리시리라", 즉 영화(靈化)에 참여하게 되는 것입니다.

㉡ 아무나 영화되는 것이 아니라, "예수를 죽은 자 가운데서 살리신 이의 영"(靈)이 있는 자만이, 그의 영으로 말미암아 죽을 몸도 살리심을 받게 된다는 것입니다. 이로 보건대 중생이 얼마나 중요한 문제인가를 깨닫게 됩니다. 그러므로 중생은 우리 안에 변화가 일어나는 것입니다. 이 변화를 5절과 결부시키면 중생한 자만이, "영의

일을 생각하게 된다"는 것이 됩니다.

⑫ 그렇다면 칭의와 중생은 어느 것이 먼저 오는 것입니까?

㉠ "중생과, 칭의", 이 둘은 함께 옵니다. 의롭다함을 받았을 때에 그는 이미 거듭난 것입니다. 하나님께서 짝지어 주신 것을 사람이 나누려 해서는 아니 됩니다. 5:17절에서 "의의 선물을 넘치게 받는 자들이 생명 안에서 왕 노릇한다" 하고, "의롭다함과, 생명"을 함께 말씀합니다. 5:18절이 더욱 분명합니다. "의의 한 행동", 즉 예수 그리스도의 십자가 공로로 말미암아 많은 사람이 "의롭다 하심을 받아 생명(生命)에 이르렀느니라" 하고, "의롭다함과, 생명"을 함께 말씀합니다.

㉡ 형제여, 하나님께서 형제에게 의의 겉옷을 입혀 주신 것을 확신하시기를 바랍니다. 뿐만 아니라 형제 속에는 그리스도의 영을 모셨다는 것도 잊지 마시기 바랍니다. 칭의는 우리를 하나님의 영광 앞에 서게 해줍니다. 그 의를 힘입지 않고는 누구도 하나님 존전에 나아갈 수가 없습니다. 중생은 우리의 낮은 몸을 주님의 부활하신 영광의 몸과 같이 영화하게 해줄 것입니다. 칭의와 함께 중생을 주신 하나님을 찬양하십시다.

> **묵상해 봅시다.**
>
> 1. 칭의는 무엇을 가능케 해줍니까?
> 2. 중생은 무엇을 가능케 해줍니까?
> 3. 칭의와 중생은 어느 것이 먼저 옵니까?

88
중생에 대한 바른 이해

『만일 너희 속에 하나님의 영이 거하시면 너희가 육신에 있지 아니하고 영에 있나니 누구든지 그리스도의 영이 없으면 그리스도의 사람이 아니라』 (8:9).

앞에서 상고한 대로 "허물과 죄로 죽었던" 한 영혼이 하나님의 자녀로 다시 태어난다는 중생이 너무나 귀하고 중요한 사건이기에 이에 대한 바른 이해를 위해서 좀더 말씀을 드리기를 원합니다. 저는 신학자의 입장에서 로마서를 주석하고 있지 않습니다. 강해를 위한 강해를 하고 있는 것도 아닙니다. 저는 설교자로서 하나님의 말씀을 대언하고 있는 것입니다.

사도는 고린도전서 2:16절에서, "누가 주의 마음을 알아서 주를 가르치겠느냐 그러나 우리가 그리스도의 마음을 가졌느니라" 하고 말씀하는데, 목회자의 입장에서, 주의 마음을 가지고 한 영혼의 중생을 생각하며 고민을 하고 있는 것입니다. 이런 심정으로, "누구든지 그리스도의 영이 없으면 그리스도의 사람이 아니라" 하는 9절 말씀을 음미해 본다면 목회자로써 고민하지 않을 수가 없는 것입니다.

① 그리스도인이란 어떤 사람들인가? "만일 너희 속에 하나님의 영이 거하시면 너희가 육신에 있지 아니하고 영에 있나니 누구든지 그리스도의 영이 없으면 그리스도의 사람이 아니라"(9) 합니다.
　㉠ 자기 안에 "하나님의 영"이 거하는 사람,
　㉡ "그리스도의 영"이 있는 사람,
　㉢ 육신에 있지 아니하고 "영"에 있는 사람이라고 말씀합니다.

② 한 절 안에 "하나님의 영, 그리스도의 영, 성령", 삼위 하나님이 다 언급되어 있습니다.
　㉠ 이 영광스러움을 에베소서 1장을 가지고 말씀드린다면 그리스도인이란,
　　㉮ 하나님이 "택하시고"(4),
　　㉯ 그리스도께서 "구속하시고"(7),
　　㉰ "성령으로 인치심을"(13) 받은 사람인 것입니다. 인간이 들을 수 있는 이보다 영광스러운 말씀은 달리는 없습니다. 이것이 그리스도인들의 신분(身分)인 것입니다.

③ 그런데 9절을 다시 관찰해보면, "만일 너희 속에, 누구든지 그리스도의 영이 없으면" 하고, "만일"이라는 조건부(條件附)적인 말과, "누구든지" 하고 무제한(無制限)적인 표현을 하고 있다는 점을 주목하게 됩니다.
　㉠ 이것은 무엇을 의미하느냐 하면 교회 내에 있다고 자동적(自動的)으로 다 거듭난 사람이 아니요, "주여, 주여" 부른다고 무조건적(無條件的)으로 다 그리스도인이 아니라는 뜻이 내포되어 있는 것입니다.

㉡ 사도는 "누구든지 그리스도의 영이 없으면 그리스도의 사람이 아니라"(9하) 하고 단언합니다. "그리스도의 영을 모시지 못한 사람은 아주 어린 그리스도인이다" 하고, 말씀하는 것이 아니라, 그런 사람은 "그리스도인이 아니라"는 것입니다. 그 사람이 "누구든지" 말입니다. 직분이 무엇이냐? 믿은 연수가 얼마나 되었느냐가 문제가 되지 않습니다. 그 속에 그리스도의 영을 모셨느냐? 모시지 못했느냐를 묻고 있는 것입니다.

④ 다시 강조합니다만 사도는 한절 안에서 조건부(條件附)적인 말씀을 두 번이나 반복해서 사용하고 있음을 보게 됩니다.

㉠ 긍정적인 조건부로, "만일 너희 속에 하나님의 영이 거하시면", 그런 사람만이 4절에서 언급한 "영을 좇아 행하는" 사람이라는 것입니다.

㉡ 이번에는 부정적인 조건부로, "누구든지 그리스도의 영이 없으면 그리스도의 사람이 아니라" 합니다. 그 사람이 누구이냐를 묻고 있는 것이 아니라, "그에게 그리스도의 영이 있느냐 없느냐만을 확인해 보아라" 말씀하고 있는 셈입니다.

㉢ 달리 말씀드린다면 이 지구상에는 그리스도의 영을 모신 사람과, 모시지 못한 두 부류(部類)의 사람만이 있을 뿐이라는 것입니다. 그러니까 모든 사람은 둘 중의 어느 하나일 뿐입니다. 그런데 사도는 우리에게 묻고 있습니다. "너희 몸은 너희가 하나님께로부터 받은바 너희 가운데 계신 성령의 전인 줄을 알지 못하느냐!"(고전 6:19), 너는 그렇게 행동하며, 그런 삶을 살아가고 있느냐?

⑤ 저는 지금 이 말씀을 주석하고 있는 것이 아니라, 이렇게 말씀하는 사도의 의도가 어디에 있는가? 왜 이 말씀을 하고 있는가? 나

자신에게 맡겨주신 양 무리들이 어떤 상태에 있는가를 생각하고 있는 것입니다.

㉠ 김선운 목사는 그의 로마서 주석에서, "누구든지 그리스도의 영을 가지지 아니하였으면 그리스도의 사람이 아니니 라고 말한 것은 당시의 그 독자들이 모두 그리스도의 영을 가졌음을 인정하는 말이라고 해석할 수 없다" 합니다.

㉡ 농사를 짓다 보면 어느 해는 쭉정이가 유난히 많은 해가 있습니다. 로마서를 최초로 받은 로마교회에도 쭉정이가 있을 수 있었다면 현대교회에는 그리스도의 영을 모시지 못한 쭉정이가 유난히 많을 수 있지 않을까 하는 것이 본 목회자의 두려움인 것입니다.

⑥ 요한복음 3장에 등장하는 "니고데모"가 예수님을 찾아 왔을 때에 주님의 관심은 그의 신분이나 지위에 있지 않았습니다. 니고데모는 교양적이고 도덕주의적인 사람이었으며 존귀한 공회원이었습니다. 심지어 예수님이 하나님께로 오신 분임을 믿고 있었습니다.

㉠ 그러나 주님의 첫 말씀은, "사람이 거듭나지 아니하면 하나님 나라에 들어갈 수 없느니라"는 말씀이었습니다. 간음하다 현장에서 끌려온 여인, 일곱 귀신을 쫓아냄을 받은 막달라 마리아 같은 사람에게 이런 말씀을 하셨다면 이해가 되었을 겁니다. 그런데 도덕적으로 흠이 없을 정도로 존경을 받던 니고데모에게 주님의 관심은 동일하게 거듭나야 한다는 점에 있었습니다.

㉡ 제게 맡겨주신 양 무리의 얼굴들을 떠올려 봅니다. 그리고 그 위에다가, "누구든지 그리스도의 영이 없으면" 하신 말씀을 포개어 놓습니다. 목회자의 최종적인 목적이 무엇입니까? 바울은 고린도후서 1장에서, "우리 주 예수의 날에 너희가 우리의 자랑이 되고 우리가 너희 자랑이 되는 것이라"(14) 하고 말씀합니다. 지금이 아니라 그날

에, "목사님 우리들을 이렇게 올바로 인도해 주셔서 정말 감사합니다. 목사님이 자랑스럽습니다", 바울은 그 말을 듣기를 원했습니다.

ⓒ 목회자의 "소망, 기쁨, 자랑"이 무엇이겠습니까? 몇 명이나 모이느냐 하는 머리수가 아닙니다. 한 사람도 낙오됨이 없이 주의 영광에 참여하게 됨을 볼 때에, "우리의 소망이나 기쁨이나 자랑의 면류관이 무엇이냐 그의 강림하실 때 우리 주 예수 앞에 너희가 아니냐(살전 2:19) 한 말씀이 아니겠습니까?

㉠ 그렇다면 우리는 어떻게 해야 합니까? 고린도전서 3장을 보면 사도 바울은, "나는 심었고 아볼로는 물을 주었으되"(3:6) 하고 "심는 것"을 물주는 일보다 우선시하고 있습니다.

㉠ "내가 … 터를 닦아 두매 다른 이가 그 위에 세우나"(10)하고, 세우는 것보다 터를 닦는 일이 먼저임을 말씀합니다.

㉡ "그리스도 안에서 일만 스승이 있으되 아비는 많지 아니하니 그리스도 예수 안에서 복음으로써 내가 너희를 낳았음이라"(고전 4:14) 하고, 태어나게 하는 것이, 가르치는 선생보다 우선임을 말씀합니다. 그런데 태어나게 하는 "아비는 많지 않다"고 말씀합니다. 민수기 1장과 26장에는, "20세 이상으로 능히 싸움에 나갈만한 자를 계수하라"는 말씀이 있습니다. 명심하십시다. 최우선은 선민 이스라엘의 가문에 태어나는 일입니다. 태어나야 양육, 훈련, 무장을 시킬 수가 있다는 점입니다.

ⓒ 제가 왜 이처럼 "거듭남"에 대해서 강조하고 있는지 아십니까? 사도가 "내 음성을 변하려 함은 너희를 대하여 의심이 있음이라"(갈 4:20) 한, "의심"이 있기 때문입니다. 왜냐하면, "우리 중에 누구든지 자기를 위하여 사는 자가 없고 자기를 위하여 죽는 자도 없도다 우리가 살아도 주를 위하여 살고 죽어도 주를 위하여 죽나니 그러므로

사나 죽으나 우리가 주의 것이로다"(14:7-8) 한 기준에 너무 어긋난 채, "저희가 다 자기 일을 구하고 그리스도 예수의 일을 구하지 아니하는"(빌 2:21), "육신의 일"만을 생각하는 추세인 것 같기 때문입니다.

⑧ 그러면 언제, 어떻게 거듭남이 일어납니까? 이점을 에베소서 1:13절이 분명하게 말씀해 주고 있습니다. "너희도 진리의 말씀 곧 너희의 구원의 복음을 듣고 그 안에서 믿어 약속의 성령으로 인치심을 받았으니" 합니다. 이를 요약을 하면,

㉠ "너희도 진리의 말씀 곧 너희의 구원의 복음을 듣고",
㉡ "믿어",
㉢ "약속의 성령으로 인치심을 받았으니" 합니다.
㉣ 그런데 듣기 위해서는 "전파하는 자가 없이 어찌 들으리요"(10:14) 한, 전파하는 자가 있어야만 한다는 점입니다.

⑨ 그런데 현대교회는 "진리의 말씀 곧 구원의 복음"을 전파하는 자가 점점 희소하여지고 있다는 점입니다.

㉠ 말씀은 홍수를 이루고 있으나 모든 설교가, "진리의 말씀 곧 구원의 복음"은 아니라는 점입니다. 아무 설교나 듣기만 하면 "약속의 성령으로 인치심", 즉 거듭나는 것이라면 하나님의 아들 그리스도께서 육신을 입고 이 땅에 오셔서 십자가에 달려 죽으시지 않으셨을 것입니다.

㉡ 1500년 동안이나 가로막혀 있던 휘장은 주님께서 십자가상에서, "다 이루었다" 하고 선언하실 때에야 비로소 찢어지고 열려졌다는 점을 명심하시기 바랍니다. 5병2어의 광야에서가 아닙니다. 나사로의 무덤에서도 아닙니다. 오직 "예수는 우리 범죄함을 위하여 내어줌이 되고 또한 우리를 의롭다 하심을 위하여 살아나셨느니라"(4:25)

한, 갈보리 십자가를 통해서였습니다.

⑩ 그러므로 설교자가 할 일은, "진리의 말씀 곧 구원의 복음"을 선포하여 회중들에게 듣게 해주는 일뿐입니다. 믿음은 들음에서 나기 때문입니다.

㉠ 성령님은 선포되는 "구원의 복음"과 함께 역사를 하십니다. 왜냐하면 강림하신 성령의 사명은 주님께서 "다 이루었다" 하신 구원의 복음(福音)을 각 사람에게 적용(適用)을 시키는 사역이기 때문입니다.

㉡ 그러므로 구원의 복음을 먼저, 그것도 자주자주 전해주어야만 합니다. "복음은 모든 믿는 자에게 구원을 주시는 하나님의 능력이 됨이라"(1:16) 하십니다. 그렇다고 구원의 복음을 한두 번 전했다고 모두가 거듭나는 것은 아닙니다. 왜냐하면, "이 세상 신이 믿지 아니하는 자들의 마음을 혼미케 하여 그리스도의 영광의 복음의 광채(光彩)가 비취지 못하게"(고후 4:4) 하기 때문입니다. 설교는 전투(戰鬪)입니다.

㉢ 많은 분들이 교회로 인도되었음에도 불구하고 거듭남의 기회를 잃을 수도 있습니다. 그들은 복음을 듣지도 못한 채 시간만 흘러, 중생하지도 못하고 세례 받고, 직분 자가 됩니다. 그렇게 되면 신앙의 자존심이 생겨, "되지도 못하고 된 줄로 여겨" 겸비한 마음으로 거듭나야 할 시기를 놓치고 마는 것입니다.

⑪ 거듭남을 주는 것은 설교자가 할 수 있는 것이 아니라, 오직 성령님의 전결 사항이라는 점을 명심, 또 명심하십시다.

㉠ 이를 알았기에 사도 바울은, "내말과 내 전도함이 지혜의 권하는 말로 하지 아니하고 다만 성령의 나타남과 능력으로" 하였다

고 말씀합니다. 그는 지혜로운 말로 설득할만한 학문이 많은 사람이었습니다. 그러나 그렇게 하지 않았다는 것입니다. 왜 그랬습니까? 지혜로운 말로는 거듭남을 줄 수 없다는 점을 인식했기 때문입니다. 자신의 임무는 "구원의 복음"을 증거하는 것이요, 거듭나게 함은 성령의 나타남과 역사하심이라는 점을 믿었기 때문입니다. 이점이 "너희 믿음이 사람의 지혜에 있지 아니하고 다만 하나님의 능력에 있게 하려 하였노라"(고전 2:4-5)의 뜻입니다.

ⓛ 한 영혼이 그리스도인으로 탄생한다는 것은 천하를 얻는 것보다도 귀하고도 경이로운 일입니다. 이를 인식하는 설교자라면 사람들을 듣기 좋게 하려고 영합하지도 않을 것이요, 자신의 유식을 뽐내듯이 지혜의 말로 설득하려 하지도 않게 될 것입니다. 오직 성령님의 나타나심과 능력만을 의지하고 구원의 복음을 전하게 될 것입니다.

ⓒ 바울은 자신을, "하나님의 동역자"(고전 3:9)라고 말씀합니다. "우리가 하나님과 함께 일하는 자로서 너희를 권하노니"(고후 6:1) 합니다. 그렇습니다. 우리는 감히 성령님과 동역하고 있는 것입니다. 형제여, 거듭났다는 이 한 가지 사실만으로도 우리는 천하보다 귀한 축복을 받은 것입니다. 기뻐하십시다. 감사하십시다. 반면 모든 회중이 거듭났는가를 고민하십시오.

묵상해 봅시다.

1. 그리스도인과 불신자의 구별이 무엇입니까?
2. 언제 어떻게 거듭납니까?
3. 형제에게는 거듭난 자의 특성이 있습니까?

둘째 단원(10-11) 그리스도인의 현재와 장래의 모습

89
죽을 몸도 살리라

『또 그리스도께서 너희 안에 계시면 몸은 죄로 인하여 죽은 것이나 영은 의를 인하여 산 것이니라 예수를 죽은 자 가운데서 살리신 이의 영이 너희 안에 거하시면 그리스도 예수를 죽은 자 가운데서 살리신 이가 너희 안에 거하시는 그의 영으로 말미암아 너희 죽을 몸도 살리시리라』(8:10-11).

사도는 4절 이하에서, "육신과 영(4), 육신의 일과 영의 일(5), 육신의 생각과 영의 생각"(6) 등을 대조(對照)해서 설명을 했습니다. 이는 성령으로 거듭난 자와, 거듭나지 못한 자의 대조였던 것입니다. 그러므로 4-11절 안에는, "영"이라는 말이 무려 10번이나 강조되어 있습니다.

그런데 본문에서는, "몸은 죄로 인하여 죽은 것이나 영은 의를 인하여 산 것이니라"(10) 하고, "몸과, 영"을 대조시키고 있습니다. 왜냐하면 이것이 그리스도인의 현재(現在)의 상태이기 때문입니다.

그런데 여기서 머무는 것이 아니라, "너희 안에 거하시는 그의 영으로 말미암아 너희 죽을 몸도 살리시리라"(11하) 하고, 더 나아가고 있습니다. 이는 그리스도인들의 장래(將來)의 상태를 나타냅니다. 그리스도의 영을 모셨다, 즉 거듭났다는 것이 어째서 사활적(死活的)으로 중요한가를 말씀하려는 것입니다.

① "또 그리스도께서 너희 안에 계시면 몸은 죄로 인하여 죽은 것이나 영은 의를 인하여 산 것이니라"(10) 합니다.

㉠ 사도는 9절에서, "누구든지 그리스도의 영이 없으면 그리스도의 사람이 아니라" 하고 말씀했습니다. 그러면 그리스도인인가? 아닌가, 즉 거듭났는가? 아닌가 하는 점이 어찌하여 그다지도 중요하단 말인가?

㉡ 이 세상 사람들은, "그리스도인과, 비그리스도인"을 중요시하고 있지 않습니다. 교회 내에서 조차도, "거듭난 자와, 거듭나지 못한 자"를 심각하게 생각하지 않는 듯이 보여지기 까지 합니다. 불신자들도 떵떵거리며 잘 살아가고 있고, 교회 내에서도 헌금 많이 하고 봉사 잘하는 사람을 알아주기 때문입니다.

② 그런데 사도는 돌이킬 수 없는 결정적인 날이 온다는 점을 일깨워주고 있는 것입니다.

㉠ 이런 맥락에서,
㉮ 10절은, 그리스도인의 현재(現在)의 모습이고,
㉯ 11절은 그리스도인의 장래(將來)의 모습입니다.

③ 현재(現在)의 상태는 어떠한가? "또 그리스도께서 너희 안에 계시면"(10상), 이것이 거듭난 사람입니다.

㉠ 그런데 거듭난 사람도, "몸은 죄로 인하여 죽은 것이나"(10중)

합니다. 여기서 말하는 "죄"는, "한 사람으로 말미암아 죄가 세상에 들어오고 죄로 말미암아 사망이 왔나니"(5:12) 한, 원죄(原罪) 하에 있는 상태를 가리킵니다. "몸"은 죽어가고 있다, 즉 "겉 사람은 후패하여"(고후 4:16) 가고 있다는 것입니다.

ⓒ 그런데 10절을 다시 관찰해보면, "몸은 죄로 인하여 죽은 것이나" 하고, 이미 죽은 것처럼 말씀하고 있다는 것입니다. 왜 이렇게 말씀하고 있는가? 실은 몸은 죄로 인하여 "죽어가고 있는" 중인데도 말입니다. 사도는 10절에서 예리한 대조를 보여 주고 있는 중입니다. "몸과 영, 죄와 의, 죽음과 산 것"을 대조시키고 있습니다. 그런데 그리스도인들의 "영"은 현재(現在) 이미 살리심을 받은 것입니다. 이와 대조를 시키려니까, "몸"도 현재(現在) 죽은 것으로 말씀하는 것입니다. 논증을 위해서는 거침이 없는 바울 사도의 대담함에 탄복하지 않을 수가 없는 것입니다. 그러나 사도도 11절에서는, "죽을 몸"이라고 말씀하는 것을 보게 됩니다.

④ 그러나 "영은 의를 인하여 산 것이니라"(10하) 말씀합니다. "몸은 죽을 몸이지만, 영은 산 것", 이것이 그리스도인들의 현재 상태입니다.

㉠ "의(義)를 인하여 산 것"이라한 "의"는, "의의 한 행동"(5:18), 즉 예수 그리스도께서 담당하신 대속적인 죽음을 의미합니다. 앞으로 살게 되는 것이 아니라, 지금 현재 영은 살아 있다는 것입니다.

ⓒ 반면 불신자란 현재 "몸"은 살아 있는 것 같으나, "영"은 하나님에게서 끊어져 있는 상태, 즉 이미 죽어 있는 것이고, 그리스도인들은 "몸"은 죽어가고 있는 것 같으나 "영"은 이미 살리심을 받은 자라는 것입니다. 그렇다면 죽을 몸은 어떻게 되는 것인가?

⑤ 이에 대한 답변이 11절입니다. "예수를 죽은 자 가운데서 살리신 이의 영(靈)이 너희 안에 거하시면 그리스도 예수를 죽은 자 가운데서 살리신 이가 너희 안에 거하시는 그의 영(靈)으로 말미암아 너희 죽을 몸도 살리시리라"(11) 합니다.

㉠ 결론부터 말씀드린다면, "너희 죽을 몸도 살리시리라" 하고 말씀합니다. 이는 성도들이 누리게 될 생명의 부활, 즉 영화를 의미합니다.

㉮ 이점을 23절에서는, "속으로 탄식하여 양자될 것 곧 우리 〈몸의 구속〉을 기다리느니라" 말씀하고,

㉯ 30절에서는, "또 미리 정하신 그들을 또한 부르시고 부르신 그들을 또한 의롭다 하시고 의롭다하신 그들을 또한 영화롭게 하셨느니라" 말씀합니다.

㉰ "영화롭게 하실" 그 때에, "너희 속에 착한 일을 시작하신 이가 그리스도 예수의 날까지 이루실 줄을 확신하노라"(빌 1:6) 한, 구원은 완성(完成)이 되는 것입니다.

⑥ 이 "영화"(靈化)에 대한 언급을 좀더 인용을 해야만 하겠습니다.

㉠ 왜냐하면 그리스도인들 중에도 이에 확고하지 못한 사람들이 많기 때문입니다.

㉮ "나팔 소리가 나매 죽은 자들이 썩지 아니할 것으로 다시 살고 우리도 변화하리니 이 썩을 것이 불가불 썩지 아니할 것을 입겠고 이 죽을 것이 죽지 아니함을 입으리로다"(고전 15:52-53),

㉯ "우리의 낮은 몸을 자기 영광의 몸의 형체와 같이 변케 하시리라"(빌 3:21),

㉰ "사랑하는 자들아 우리가 지금은 하나님의 자녀라 장래에 어떻게 될 것은 아직 나타나지 아니하였으나 그가 나타내심이 되면

우리가 그와 같을 줄을 아는 것은 그의 계신 그대로 볼 것을 인함이니"(요일 3:2) 합니다. 그렇습니다. 그 영광은 아직 나타나지 아니하였으나, 영광의 주님이 다시 나타나시는 날에는 우리도 영화롭게 될 것입니다.

⑦ 이 "영화"는 아무나 참여하는 것이 아니라고 말씀합니다. 여기에는 "예수를 죽은 자 가운데서 살리신 이의 영이 너희 안에 거하시면"(11상) 하는, 조건부(條件附)가 있습니다. 즉 거듭난 사람들만이 참여하게 된다고 조건(條件)을 붙입니다. 거듭나지 못한 사람들에게는 해당이 되지 않는다는 말씀입니다.

㉠ 그러면 "예수를 죽은 자 가운데서 살리신 이의 영"이 누구의 영인가? 9절에서 "만일 너희 속에 하나님의 영이 거하시면" 한, "하나님의 영"입니다. 그러면 사도가 어찌하여 "하나님의 영"이라 하지 않고, "예수를 죽은 자 가운데서 살리신 이의 영"이라고 장황하게 설명을 하고 있는 의도가 무엇인가?

⑧ 우리의 죽을 몸이, "주님의 부활하신 몸"과 같이 영화(靈化)된다는 점을 드러내기 위해서입니다.

㉠ 이점이 얼마나 의도적이고, 아주 세심한 배려로 말씀하고 있는가를 보십시오.

㉮ "예수를 죽은 자 가운데서 살리신 이의 영이 너희 안에 거하시면",

㉯ "그리스도 예수를 죽은 자 가운데서 살리신 이가",

㉰ "너희 안에 거하시는 그의 영으로 말미암아",

㉱ "너희 죽을 몸도 살리시리라" 합니다.

㉡ 사도는 "우리의 낮은 몸을 자기 영광의 몸의 형체(形體)와

같이 변(變)케 하시리라"(빌 3:21)는 소망에 확고하게 서게 되기를 원하고 있는 것입니다. 형제여, 우리 몸도 주님의 부활하신 몸과 같이 영화될 것을 확신하게 되었습니까?

ⓒ "그리스도께서 죽은 자 가운데서 다시 살아나셨다 전파되었거늘 너희 중에서 어떤 이들은 어찌하여 죽은 자 가운데서 부활이 없다 하느냐, 그러나 이제 그리스도께서 죽은 자 가운데서 다시 살아 잠자는 자들의 첫 열매가 되셨도다, 마지막 나팔에 순식간에 홀연히 다 변화하리니"(고전 15:12, 20, 51), 사도는 부활 장에서 말씀한 바를 다르게 표현하고 있을 뿐입니다.

⑨ "한 사람으로 말미암아 죄가 세상에 들어온" 결과는, 영의 죽음만이 아니라, 몸의 죽음까지도 가져왔습니다.

㉠ 그런고로 마지막 아담을 통한 구원도, 영의 구원뿐만이 아니라, 몸의 구원(救援)까지도 이루어져야만 온전한 회복이 되는 것입니다. "예수를 죽은 자 가운데서 살리신 이의 영"을 가진 자만이 이 영광에 참여할 수가 있다는 것입니다. 비유컨대 씨가 있는 계란만이 병아리가 될 수 있음과 같은 것입니다. 시작하신 이가 반드시 완성하신다고 말씀합니다.

⑩ 형제여, 우리 속에 거하시는 성령님은 우리의 영혼을 살려주신 것만이 아니라, 우리의 죽을 몸도 주님의 영광의 몸과 같이 변케 해주신다는 점에 확신을 갖게 되었습니까?

㉠ "우리가 다 수건을 벗은 얼굴로 거울을 보는 것같이 주의 영광을 보매 저와 같은 형상으로 화하여 영광으로 영광에 이르니 곧 주의 영으로 말미암음이니라"(고후 3:18), 얼마나 마음 설레는 기다림입니까? 우리 속에는 이 신비를 간직하고 있습니다. 작은 채송

화 꽃씨 속에 아름다운 꽃잎들이 예쁘게 포장되어 간직하고 있듯이 말입니다. 소망과 용기를 가지십시오.

⑪ 그런데 사도는 지금 독자들인 우리에게 격려와 함께 경계를 하고 있다는 점을 유념해야만 합니다.

㉠ 우리 안에 "하나님의 영, 그리스도의 영, 성령"을 모셨다는 말씀, "너희 죽을 몸도 살리시리라"는 말씀 등은 도무지 꿈만 같은 위로와 격려가 되는 말씀입니다.

㉡ 그러나 "만일 너희 속에 하나님의 영이 거하시면"(9, 11) 한 조건부적인 말씀이나, "누구든지 그리스도의 영이 없으면" 한, 무제한적인 표현들은 경계로 다가옵니다.

㉢ 그리고 "육신의 생각은 사망이요(6), 육신의 생각은 하나님과 원수가 되나니(7), 육신에 있는 자는 하나님을 기쁘시게 할 수 없느니라"(8)는 말씀 등은 오늘의 신앙을 점검하게 합니다. 이것이 "그리스인의 현재와 장래의 모습"입니다.

묵상해 봅시다.

1. 그리스도인의 현재는 어떤 상태입니까?
2. 그리스도인의 장차는 어떻게 됩니까?
3. 우리의 죽을 몸도 살려 주시는 영은 어떤 영입니까?

셋째 단원(12-17) 그리스도인의 영광과 책임

90
영으로써 몸의 행실을 죽이면

> 『그러므로 형제들아 우리가 빚진 자로되 육신에게 져서 육신대로 살 것이 아니니라 너희가 육신대로 살면 반드시 죽을 것이로되 영으로써 몸의 행실을 죽이면 살리니』 (8:12-13).

본문은 "그러므로 형제들아"(12상) 하고 시작되고 있습니다. 바울서신, 특히 로마서에 있어서 "그러므로"를 인식한다는 것은 대단히 중요한 요점입니다. 극단적으로 "그러므로"를 모른다면 다음으로 나아갈 수가 없다 해도 과언이 아닌 것입니다.

왜냐하면 사도는 원리적인 말씀을 하고 난 다음에, "그러므로" 하고, 그 원리에 입각해서 우리에게 적용을 시키고 있기 때문입니다. 그렇다면 본문의 "그러므로"는 어떤 원리와 결부되어 있는가? 한마디로 "율법이 할 수 없는 그것을 하나님은 하시나니"(3) 한, 하나님께서 우리에게 행해주신 것을 받고 있습니다.

하나님께서 우리를 위해서 행해주신 것이 무엇인가? 자기 아들을 죄 있는 육신의 모양으로 보내어 그에게 우리의 죄를 정죄하신 일, 우리를 의롭다고 여겨주신 일, 허물과 죄로 죽은 우리를 거듭나게 해주신 일, 예수 그리스도를 죽은 자 가운데서 살리심과 같이 우리의 죽을 몸도 영화롭게 해주신다는 일 등입니다.

① 이런 은총을 입은 우리들은 필연적으로, "그러므로 형제들아 우리가 빚진 자로되"(12상) 하고 말할 수밖에 없는 것입니다.

㉠ 사도는 "형제들아"하고 부르고 있습니다. 원리(原理)적인 말씀을 하는, 9, 10, 11절에서는 "너희, 너희가, 너희 안에" 하고 불렀던 사도가, 적용(適用)시키는 12절에서는, "형제들아 우리가" 하고 말씀하면서, "우리가 빚진 자로되"(12중) 하는 것입니다.

㉮ 자기 속에 "그리스도의 영"을 모신 사람은 다 한 형제(兄弟)요,
㉯ 그리스도인이 된 "우리"는 다 빚진 자요,
㉰ 너희만 빚진 자가 아니요 나도 빚진 자다, 이렇게 말씀하고 있는 셈입니다.

② "육신에게 져서 육신대로 살 것이 아니요"(12하) 합니다.

㉠ "육신(肉身)에게 빚진 것이 아니라" 하고 말씀하는 의도는, "육신대로 살 것이 아니요" 라는 말씀을 강조하기 위해서입니다. 그리스도인들인 "우리"는 육신에게 빚을 진 사람들이 아닙니다. 사도는, "너희는 너희 것이 아니라 값으로 산 것이 되었으니 그런즉 너희 몸으로 하나님께 영광을 돌리라"(고전 6:19-20) 하는 말을 하고 싶은 것입니다.

㉡ 그렇다면 누구에게 빚을 졌단 말인가? 육신(肉身)의 반대인 영(靈)에게, 즉 하나님께 빚을 졌다는 것이 됩니다. 그러나 사도는

침묵하고 있는 것을 보게 됩니다. "육신에게 진 것이 아니요 영에게 졌나니", 왜 이렇게 말씀하지 않았을까요?

ⓒ 사도는 하나님께서 우리에게 행해주신 것을 "은혜"(恩惠)로 여기고 있지, 빚으로 여기고 있지 않다는 것입니다. 4:4절을 보십시오. "일하는 자에게는 그 삯을 은혜로 여기지 아니하고 빚으로 여기거니와" 하고, "빚과, 은혜"를 구분(區分)을 해서 말씀하고 있습니다. "빚을 졌다"는 표현은 사무적인 거래관계가 연상이 됩니다. 그래서 갚고 나면 청산이 되고, 또한 빚은 아무리 많다 해도 한정적(限定的)인 것입니다.

③ 그러나 하나님의 "은혜"는 무한대(無限大)한 것이요, 갚고자 한다 해도 갚을 길이 없는 것입니다.

㉠ 그래서 분명히 우리는 하나님께 대하여 갚을 길 없는 빚을 졌으면서도, 하나님께서 자기 아들을 통해서 행해주신 망극하신 사랑과 은혜를 빚이라고 표현할 수가 없어서, 사도는 입을 다물고 있는 것입니다. 자식이 부모에게 "빚을 많이 졌습니다" 한다면, 어떻게 되겠는가를 생각해보십시오.

㉡ 사도는 1:14절에서 "헬라인이나 야만이나 지혜 있는 자나 어리석은 자에게 다 내가 빚진 자"라고 말씀했습니다. 하나님께 빚을 졌다 하는 것이 아니라, 도리어 사람들에게 빚을 졌다고 말씀하고 있는 것입니다. 바울이 이방인들에게 언제, 무슨 빚을 졌단 말인가?

㉢ "은혜"를 주신 것은 자신만 받고 묻어 두라고 주신 것이 아니라, 전해주라고 주셨기 때문입니다. 그러므로 사람들에게 전해주기 전 까지는 나는 그 사람에 대해서 빚진 자가 되는 것입니다. 그래서 "만일 복음을 전하지 아니하면 내게 화가 있을 것임이로라"(고전 9:16) 하는 것입니다. 하나님의 은혜를 값없이 거저 받은 사람들에게는

책임(責任)이 따른다는 말씀을 하려는 것입니다.

④ 사도가 이 대목에서 말씀하려는 바가 무엇인가를 정확히 파악해야만 합니다. 그것은 3번 등장(10, 11, 13)하는 "몸"을 어떻게 관리해야 하는가를 경계하려는 것입니다.

㉠ 11절에서 "죽을 몸도 살리시리라", 즉 영화(靈化)된다고 말씀했습니다. 그러나 그리스도인의 현재(現在)의 몸은 죄의 요소가 남아 있는 "죽을 몸"(11)인 것입니다. 이 세상 살아가는 동안 이 "죽을 몸"을 어떻게 관리해야할 것인가?

⑤ 그래서 "너희가 육신대로 살면 반드시 죽을 것이로되"(13상) 하고 경고하는 것입니다.

㉠ "육신대로 산다"는 것은 불신자와 같은 삶을 가리키는 것이고, "반드시 죽을 것이로되" 하는 것은 엄중한 경고인데, 이는 6절에서 언급한, "육신의 생각은 사망이요" 한 경계와 결부된다 하겠습니다. 왜냐하면 믿노라 하는 사람들 중에는 중생하지 못한 사람들도 섞여 있고, 불신자나 다를 바가 없이 살아가고 있는 사람들이 있기 때문입니다.

㉡ 그리스도인들에게 있어서 "몸"은 소중(所重)하면서도, 한편으로는 "이 장막에 있는 우리가 짐 진 것같이 탄식하는 것은"(고후 5:4) 한대로 무거운 짐이 되기도 합니다. 이점을 6:13절에서는, "의의 병기와, 불의의 병기"로도 이용이 될 수가 있다고 말씀했습니다. 지금 우리는 이 두 사이에 끼어 있는 것입니다. 영은 구원 받았음에도 몸은 죽을 몸이기 때문에, 두 사이에서 갈등과 많은 고난을 겪게 되는 것입니다.

㉢ 그러므로 사도는, "너희 지체를 불의의 병기로 죄에게 드리지

말라" 하고, 부정적인 말씀을 먼저 합니다. 이는 우리의 이전 상태가 그러했고, 또한 그럴 가능성이 농후하기 때문입니다. 그런 후에 "너희 지체를 의의 병기로 하나님께 드리라"(6:13) 합니다. 하나님은 형제의 "죽을 몸"을 필요로 하신다는 말씀입니다. 7:5절에서 말씀한, "하나님을 위하여 열매를 맺힐 수 있는 것"은 몸 안에 거할 때뿐이기 때문입니다. 복음 전도자가, "헬라인이나 야만이나 지혜 있는 자나 어리석은 자에게 다 내가 빚진 자라" 한, 빚은 "몸"을 통해서만 갚을 수가 있는 것입니다. 이러한 양면성이 있는 몸을 어떻게 관리(管理)해야만 하는가?

⑥ 사도는 그 비결을, "영(靈)으로써 몸의 행실을 죽이면 살리니"(13하) 합니다.

㉠ 먼저 생각할 점은 이 말씀은 아무에게나 해당이 되는 말씀이 아니라, "만일 너희 속에 하나님의 영이 거하시면(9상), 예수를 죽은 자 가운데서 살리신 이의 영이 너희 안에 거하시면"(11상) 한, 그리스도인들에게만 해당이 된다는 점입니다. 그리스도의 영이 없는 사람에게 "영으로써 몸의 행실을 죽이라"고 말한다면 그것은 무의미하기 때문입니다.

⑦ "몸의 행실을 죽이면"의 뜻이 무엇인가? 그리스도인들이란, 영은 구원을 얻었으나 몸은 아직 죄의 뿌리가 남아 있는 "죽을 몸"입니다.

㉠ 그리하여 그리스도인 내면에서는, "육체의 소욕은 성령을 거스리고 성령의 소욕은 육체를 거스리나니 이 둘이 서로 대적"(갈 5:17)하는 갈등이 일어나고 있는 것입니다. 그러면 어떻게 해야만 하는가? "영으로써 몸의 행실을 죽이면 살리니" 합니다.

ⓛ 여기 중요한 요점이 있는데, "영으로써" 몸의 행실을 죽이라는 말씀입니다. 이점이 7장의 사람과 다른 점입니다. 7장의 사람은 율법 하에 있으면서 자기 힘으로, "몸의 행실을 죽이려고" 몸부림을 치지만 그것은 불가능한 일임이 판명이 났습니다. 그러므로 사도는 "영으로써" 몸의 행실을 죽이라고 말씀합니다.

ⓒ 이일은 성령으로만이 가능한 일이라는 말씀입니다. 의문으로 사는 삶이란, "내가" 해야 하는 것입니다. 그러나 영의 새로운 것으로 섬기는 삶은, 영으로 하는 것입니다. 물론 성화의 삶은 우리의 의지(意志)와 결단에 호소하고 있는 것이 사실이지만, 그러나 사람의 의지력만으로는 이룰 수가 없다는 점을 우리들 보다 사도 바울이 더 잘 알고 있는 것입니다. 만일 자기 노력으로만 하고자 한다면 그는 또다시, "의문의 묵은 것"으로 되돌아가고 있는 것이 됩니다. "이러므로 우리가 영의 새로운 것으로 섬길 것이요 의문의 묵은 것으로 아니할지니라"(7:6) 한 말씀을 놓치지 않는다는 것은 중요한 요점입니다.

⑧ "영으로써 몸의 행실을 죽이는" 구체적(具體的)인 방도가 무엇인가? 한마디로 "영의 일을 생각"(8:5)하라는 말씀입니다.

㉠ 사도는 사분오열한 고린도교회를 향해서, "너희가 하나님의 성전인 것과 하나님의 성령이 너희 안에 거하시는 것을 알지 못하느뇨"(고전 3:16) 하고 묻고 있습니다. 그렇습니다. 교회라는 공동체가 하나님께서 우리와 함께 거하시는 "성전"이라는 점을 잊어버리고 놓치고 있기 때문에, 분열과 혼란을 겪게 되는 것입니다.

ⓛ 문제를 일으키는 성도(聖徒) 개인들을 향해서, "너희 몸이 하나님께로부터 받은바 성령의 전인 줄을 알지 못하느냐"(고전 6:19) 하고 묻고 있습니다. 형제 속에 그리스도의 영을 모시고 있다는 점을 잊지 않고 있습니까? 하루에 몇 번이나 이를 묵상하고 있습니까? 이 영광스

러움을 자주자주 시인하고 인정해 드리십시오. 그 분과 교제를 나누며, 그 분께 도움을 요청하십시오.

ⓒ 또한 "성도가 세상을 판단할 것을 너희가 알지 못하느냐? 우리가 천사를 판단할 것을 너희가 알지 못하느냐? 너희 몸이 그리스도의 지체인 줄을 알지 못하느냐"(고전 6:2, 3, 15) 하는 그리스도인의 정체성을 잊지 않고 명심하는 것 이것이, "영으로써 몸의 행실을 죽이는" 비결(秘訣)입니다.

ⓔ 바울 자신도, "내가 내 몸을 쳐 복종하게 함은 내가 남에게 전파한 후에 자기가 도리어 버림이 될까 두려워함이로라"(고전 9:27) 하고 말씀합니다. 하물며 우리이겠습니까? 예배를 마치고 성도들을 세상에 파송하기 전에 행하는 축도(祝禱)의 내용이 무엇인지 아십니까? "주 예수 그리스도의 은혜와, 하나님의 사랑과, 성령의 교통(交通) 하심이 너희 무리와 함께 있을 지어다"(고후 13:13) 합니다. 이것이 "영으로써 몸의 행실을 죽이라"는 또 다른 표현인 것입니다. 그런데 우리는 이에 대해서 얼마나 둔감합니까?

ⓜ 형제여, "영으로써 몸의 행실을 죽이면"의 반대(反對)의 경우가 무엇입니까? "몸으로써 영의 행실을 죽이면"이 되겠지요. 이것이 성령을 소멸하는 삶인 것입니다. 그런데 우리는 이제까지 얼마나 자주 성령님을 소멸하는 삶을 살았습니까? 그러므로 사도는 "내가 이르노니 너희는 성령을 좇아 행하라 그리하면 육체의 욕심을 이루지 아니하리라"(갈 5:16) 하십니다.

⑨ 말씀을 마치기 전에 "몸의 행실을 죽이라"는 말씀과 결부해서 당부할 말씀이 있습니다.

㉠ 그것은 다시 7장의 사람처럼 정죄감에 빠져 주저앉지 말라는 말입니다. 형제여, "죄의 몸을 멸하여"(6:6), 또는 "몸의 행실을 죽이

면"(13), 그리고 "내가 내 몸을 쳐 복종하게 함은"(고전 9:27) 등은 지난날에 이 말씀들을 붙잡고 얼마나 몸부림 쳤던 말씀들입니까? 금식하며, 철야하며, 기도원을 찾는 등 몸을 괴롭게 하며, 내 몸을 쳐서 복종시키려고 무진 애를 썼던 경험들이 있지 않습니까? 그렇게 해서 복종시키는데 성공하셨던가요? 아닙니다. 형제는 복종시키지 못했습니다. 앞으로도 못할 것입니다. 왜 그렇습니까? 형제는 로마서 7장의 사람처럼 "내가" 그것을 하려고 했기 때문입니다.

ⓒ "영으로써 몸의 행을 죽이라" 하십니다. 형제는 홀몸이 아닙니다. 주님은 "내가 너희를 고아와 같이 버려두지 아니하고 너희에게로 오리라"(요 14:18) 하셨습니다. 약속하신 대로 형제 속에는 "그리스도의 영"이 내주하고 계십니다. 이를 잊지 말고 자주자주 인정해드리십시오. 혹시 실수하여 넘어진다 해도 성령님은 정죄하지 않고, 치료해 주시며 새 힘을 주시며 다시 한번 시도해 보라고 격려해 주십니다.

형제여, 죽을 몸도 구속받을 날이 옵니다. 그 때 까지 "영으로써 몸의 행실을 죽이는" 승리의 삶을 사시기를 축원 드립니다. 그것은 고달픈 것만은 아닙니다. 왜냐하면 남이 알지 못하는 성령님과의 달콤한 교제가 있기 때문입니다. 아멘.

묵상해 봅시다.

1. "그러므로"는 무슨 말씀을 받고 있습니까?
2. 우리는 누구에게 빚진 자입니까?
3. "영으로써 몸의 행실을 죽이면"의 비결이 무엇입니까?

91
하나님의 아들이라

『무릇 하나님의 영으로 인도함을 받는 그들은 곧 하나님의 아들이라』(8:14).

　루터는 본문 말씀을 대했을 때에, "이 말씀은 황금문자로 씌어졌으면 좋을 뻔하였다" 하고 말했다고 합니다. 얼마나 감격스러웠으면 그렇게 말했겠습니까? 무엇을 발견했기에 그렇게 말을 했는가? "하나님의 아들"이라는 말씀 때문입니다. 당신은 "하나님의 아들이요", 이 말씀보다 더 크고 영광스러운 말씀은 달리 없습니다.
　"하나님의 아들,(14) 하나님의 자녀"(16)라는 말이 로마서에서는 여기서 처음으로 등장합니다. 그런데 "하나님의 영으로 인도함을 받는 그들은 곧 하나님의 아들이라"는 말씀에는, 영광과 함께 책임이라는 양면성이 있다는 점을 유념해야만 합니다.
　① "무릇 하나님의 영으로 인도함을 받는 그들은 곧 하나님의 아들이라"(14) 합니다.

㉠ 이제까지는 성도들을, "그리스도 예수 안에 있는 자(1), 영을 좇는 자(5), 그리스도의 사람"(9) 등으로 부르기는 했어도, "하나님의 아들"이라고 부르기는 처음인 것입니다. 우리는 인간이 들을 수 있는 지고지선(至高至善)의 말씀을 듣고 있는 것입니다 결국 다음 절에서, "아바 아버지" 하고 부르짖게 되고, "자녀이면 또한 후사 곧 하나님의 후사요"(17) 하는 말씀을 듣게 됩니다. 이것이 영광스러움입니다.

② 그런가 하면, "하나님의 영으로 인도함을 받는 그들은", 그들만이 하나님의 아들이라고 말씀합니다. 여기에 책임이 있습니다.

㉠ 13절에서 "영으로써 몸의 행실을 죽이면 살리니" 하고 말씀한 후에 왜냐하면, "하나님의 영으로 인도함을 받는 그들은 곧 하나님의 아들이기 때문이다"(14) 하는 문맥입니다. 즉 하나님의 영으로 인도함을 받는 자들만이 "하나님의 아들"이라는 말씀입니다. 반면 하나님의 아들이기 때문에 하나님의 영이 "인도하여 주신다"는 뜻이기도 합니다.

③ 그러면 사도의 논증이 "영광과, 성화" 중 강조점이 어디에 맞춰져 있는가? 사도가 이 대목에서 말씀하고 있는 것은 성화(聖化)임에 틀림없습니다만, 그러나 사도가 지향하고 있는 바는 성화에 머무는 것이 아니라, "그와 함께 영광을 받기 위하여(17), 장차 우리에게 나타날 영광"(18)에 있는 것입니다.

㉠ 어찌하여 "영화"(靈化)가 중요한가? 그리스도인이란 "영"만이 아니라 "몸"도 구원을 받게 된다(11, 23절)는 점과, 그 때에야 비로소 구원은 완성(完成)이 되기 때문입니다. 나아가 "하나님이 저희와 함께 거하시리니"(계 21:3) 하는 하나님의 나라가 회복이 되기 때문입니다.

㉡ 다시 강조합니다만, 사도가 성화를 말하고 있다 해도 그가 확신을 주고자 하는 것은 구원의 완성인 "영화"이지 성화에 있지

않다는 점입니다. 왜 이점을 강조하느냐 하면 많은 분들이 8장의 주제를 "성화"로 보고 있기 때문입니다.

④ 사도는 8장을, "그러므로 이제 그리스도 예수 안에 있는 자에게는 결코 정죄함이 없나니"(1) 하고 선언함으로 시작했습니다. 그런 사도가, 성화문제를 가지고 성도들을 정죄감에 빠지게 하고 어려움을 주려는 것이 아니라는 점을 인식해야만 합니다.

㉠ 왜냐하면 "성화"는 우리가 힘써야할 윤리요, 죽을 몸을 입고 있는 한에는 완전해질 수가 없기 때문입니다. 그러므로 윤리에 머문다면, "율법이 할 수 없는 그것을 하나님은 하시나니(3), 하나님이 우리를 위하시면 누가 우리를 대적하리요(31), 하나님의 사랑에서 끊을 수 없으리라"(39)하는 하나님의 주권적인 은혜와 구원의 확신이 빛을 발하지 못하게 되는 것입니다.

⑤ "무릇 하나님의 영으로 인도함을 받는 그들"이라고 말씀합니다.

㉠ 우리가 예수 그리스도를 믿게 된 "믿음, 칭의, 중생, 구원" 등 모두가 하나님의 영의 인도하심입니다. 성화를 이루어 나감도 하나님의 영의 인도하심이요, 구원의 최종 목표인 "영화"(靈化)도, "그의 영으로 말미암아 너희 죽을 몸도 살시리라"(11하) 하는 영의 인도하심인 것입니다. 그래서 그를 인도하여 줄, "그리스도의 영이 없으면 그리스도의 사람이 아니라"(9) 하고 단정을 한 것입니다.

⑥ 형제여, "무릇 하나님의 영으로 인도(引導)함을 받는 그들"이라는 표현은 더 할 수 없는 영광스러운 장면인 것입니다.

㉠ 생각해 보십시오. 국빈(國賓)이 오면 의장대 사열을 하고 경찰차의 호위를 받는 법입니다. 형제가 나아갈 때에 경찰이나 헌병들이 앞길을 인도해 준다고 생각해 보십시오. 아니 천사(天使)가 인도해

준다고 상상해 보십시오. 본문은 그 차원이 아닙니다. "성령(聖靈)님께서 나를 인도해 주신다" 하고 말씀합니다. 왜냐하면 형제가 "하나님의 자녀요, 후사요, 그리스도와 함께 영광에 참여할" 신분(身分)이기 때문인 것입니다. 이 말씀을 듣는 형제의 심정이 어떠합니까?

⑦ 문제는 성령께서 나를 인도해 주시느냐, 아니냐에 있는 것이 아니라, 인도해 주시는 성령님을 내가 좇아 행하고 있느냐, 그렇지 아니하냐에 있는 것입니다.

㉠ 사도는 에베소서 4:30절에서, "하나님의 성령을 근심하게 하지 말라" 말씀하고, 5:10절에서는 반대로, "주께 기쁘시게 할 것이 무엇인가 시험하여 보라" 하십니다. 인도하여 주시는 성령을 소멸해 버리고 육신의 소욕을 좇아 행하게 되면 성령님은 근심하게 되는 것입니다. 어디에 계시는 성령인가? 형제 안에 내주(內住)하시는 "그리스도의 영, 성령"이십니다. 성령이 근심하시는지, 기뻐하시는지 여부를 어떻게 알 수가 있는가? 성령을 모신 형제의 마음에 기쁨이 있는가 여부를 보면 됩니다.

⑧ 성령님을 근심시키면 어떻게 됩니까? "하나님이 아들과 같이 너희를 대우하시나니 어찌 아비가 징계하지 않는 아들이 있으리요" (히 12:7), 징계를 통하여 연단함을 받게 되니, 이것 또한 성령님의 인도하심인 것입니다.

㉠ 형제는 만군의 여호와 하나님의 자녀임을 명심하시기를 바랍니다. 세상 임금들도 왕자나 공주를 특별한 보살핌으로 양육하며 교육하고 있습니다. 하물며 하나님의 자녀들이겠습니까? 성령님께서는 이들을 양육하시며 인도하시는 것입니다. 천사(天使)들까지도 구원 얻을 후사들을 위하여 섬기라고 보내 주셨다(히 1:14) 하고 말씀합니다.

⑨ 그리스도인들의 최후 목적지는 칭의(稱義)도, 중생(重生)도, 성화(聖化)도 아닙니다. 주님을 만나 뵙고 하나님의 영광에 참예하는 영화(靈化)입니다. 그때까지, 거기까지 성령께서는 우리를 인도(引導)해 주시는 것입니다.

㉠ 이 인도(引導)하심을 그림자로 보여주신 출애굽기에서는, "여호와께서 그들 앞에 행하사 낮에는 구름 기둥으로 그들의 길을 인도(引導)하시고 밤에는 불기둥으로 그들에게 비취사 주야로 진행(進行)하게 하시니 낮에는 구름 기둥, 밤에는 불기둥이 백성 앞에서 떠나지 아니 하니라"(출 13:21-22) 말씀하고, 모세는 노래하기를, "주께서 그 구속하신 백성을 은혜로 인도(引導)하시되 주의 힘으로 그들을 주의 성결한 처소에 들어가게 하시나이다"(출 15:13) 했습니다.

⑩ 우리가 "하나님의 아들이라" 하고 선포하시는 이 정상(頂上)에서, 8장 말씀을 되돌아 볼 필요가 있습니다.

㉠ 9절에 의하면 우리 안에 계신분이 "하나님의 영, 그리스도의 영, 성령(영)"이라고 말씀하고 있는 것을 보게 됩니다. 왜 이토록 다양하게 말씀하고 있는지 아시겠습니까? 우리를 하나님의 자녀로 삼으시고자 하는 구원계획에는 하나님, 그리스도, 성령님 삼위일체 하나님께서 모두 관계하고 계시기 때문입니다.

㉡ 사탄의 노예가 되어 지옥으로 끌려가던 우리를 하나님의 자녀로 삼아주시기 위해서,

㉮ "하나님은 하시나니" 한, 성부 하나님과,

㉯ "자기 아들을 죄 있는 육신의 모양으로 보내어"(3) 한, 성자 예수 그리스도와,

㉰ "성령도 우리 연약함을 도우시나니"(26) 한 성령, 삼위 하나님이 다 관련이 되어 있는 것입니다.

ⓒ 이렇게 해서 우리가 "하나님의 자녀"가 된 것입니다. 얼마나 장엄합니까? 얼마나 영광스럽습니까! 그래도 부족합니까? 그래서 "무릇 하나님의 영으로 인도함을 받는 그들은 곧 하나님의 아들이라"(14) 하시는 것입니다.

⑪ 성령님의 인도하심은 중단(中斷)되거나 포기하시는 일이란 절대로 없습니다. 왜냐하면 성부 하나님이 택하신 자들을, 성자 그리스도께서 피로 사신 자들을 성령께서 잃어버리신다는 것을 상상인들 할 수가 있는 것입니까?

㉠ "하나님의 성령을 근심하게 하지 말라 그 안에서 너희가 구속의 날까지 인치심을 받았느니라"(엡 4:30) 하십니다. 다시 말씀을 드리면 하나님께서 계획하신 것을, 그리스도께서는 구속하심으로 이루어 놓으신 구원을, 성령님은 믿게 하시고 거듭나게 하시고 양육하시며 성화시키시고 기어코 영화롭게 하신다는 말씀입니다.

ⓒ 형제여, "하나님의 자녀"된 우리는 성령님의 인도하심에 민감하십시다. 인도하심을 좇아 행하십시다. 성령님과 인격적인 교통하심이 늘 있으시기를 주님의 이름으로 축원 드립니다.

> **묵상해 봅시다.**
>
> 1. 하나님의 아들을 누가 인도해 줍니까?
> 2. 하나님의 아들이 되기까지 삼위 하나님이 어떻게 역사하셨습니까?
> 3. 인도함을 받는 우리가 해야 할 책임이 무엇입니까?

92

종의 영과 양자의 영

『너희는 다시 무서워하는 종의 영을 받지 아니하였고 양자의 영을 받았으므로 아바 아버지라 부르짖느니라』(8:15).

　본문에는 "종의 영과, 양자의 영"이 있습니다. 사도는 14절에서 "무릇 하나님의 영으로 인도함을 받는 그들은 곧 하나님의 아들이라" 하고 말씀했습니다. 그런데 본문에서는 "무서워하는 종의 영이 아닌, 양자의 영을 받았으므로 아바 아버지라 부르짖느니라", 즉 하나님의 아들이 되었다는 것입니다. 그러면 "종의 영과, 양자의 영"은 무엇인가?

　① "너희는 다시 무서워하는 종의 영을 받지 아니하였고 양자의 영을 받았으므로"(15상) 합니다.

　㉠ 15절 안에는 "종의 영과, 양자의 영"이 대조(對照)되어 있습니다. 그런데 사도가 말씀하려는 의도는 "종의 영과, 양자의 영" 자체를 규명하려는데 있는 것이 아니라, 너희는 이제 "종이 아니라, 양자"로 입적(入籍)이 된 "하나님의 자녀"라는 점을 확신시켜주려는데 있는

것입니다. 종의 영"을 받은 자는 "종"의 신분이요, 양자(養子)의 영을 받은 자는 "아들" 신분이라는 말씀입니다.

② 그러면 "종의 영"은 무엇이고, "양자의 영"은 무엇을 가리키는가?
㉠ 먼저 "종의 영"입니다. "너희는 다시 무서워하는 종의 영을 받지 아니하였고"(15상) 합니다.
㉮ "무서워하는 종의 영"이라고 말씀합니다.
㉯ "다시…받지 아니하였고" 하는 것은, 전에는 종의 영을 받은 때가 있었음을 나타냅니다.
㉡ 그래서 어떤 분은, "양자의 영"이 성령이라면, "종의 영"은 마귀의 영일 것이라고 속단하기도 합니다. 그러나 이것은 피상적인 관찰이요, 자세히 주목해 보면 "종의 영과, 양자의 영"은 상반되는 대조(對照)가 아니라, 종의 영을 받은 단계(段階)에서 양자의 영을 받는 단계로 나아갔다는 진행과정(進行過程)임을 알게 됩니다.

③ "종의 영과, 양자의 영"은 다 같이 "받았다" 하고 말씀합니다.
㉠ 그렇다면 "종의 영"은 무엇이며, 누구로부터 "받은" 것일까요? 대부분의 학자들은 이를 성령께서 율법을 통하여 사람 속에 일으키는 특별한 효과, 즉 회개(悔改)케 하는 과정으로 보고 있습니다. 율법을 주신 목적이 어디에 있다고 했습니까? "죄를 깨닫게 하려 함"이라고 말씀했습니다. 그렇다면 성경을 읽기만 하면 자동적으로 죄를 깨닫게 된단 말인가?

④ 7:9절에서 "전에 법을 깨닫지 못할 때에는 내가 살았더니 계명이 이르매 죄는 살아나고 나는 죽었도다" 하고 말씀했습니다. "계명(誡命)이 이르매"라는 뜻은 바울이 십계명의 마지막 계명인 "탐내지 말라"는 말씀을 이때에 처음으로 알았다는 그런 뜻이 아닙니다. 성령께서

그 계명을 조명(照明)해주심으로 비로소 그 "탐심"과 죄를 깨닫게 되었다는 것입니다. 그러자 무서워하는 영에 사로잡히게 되었다는 것입니다.

㉠ 사도가 7:24절에서, "오호라 나는 곤고한 사람이로다 이 사망의 몸에서 누가 나를 건져내랴" 하는 것은, 인위적(人爲的)으로 되는 것이 아니라, 항거할 수 없는 어떤 영에 의한 것임이 분명합니다. 이것이 바로 "무서워하는 종의 영을 받은" 상태라는 것입니다. 이 사람은 분명히 성령의 활동으로 죄를 깨닫고는 두려움에 사로잡혀 있는 것입니다.

⑤ 성령 강림 후 최초로 행한 베드로 사도의 설교를 듣고는, "저희 마음에 찔려 형제들아 우리가 어찌할고"(37) 하고 부르짖는 장면이 있습니다. 설교를 듣는 자는 누구나 이런 반응을 일으킵니까? 누가 그들 속에 이러한 마음을 일으키게 했습니까? 그들은 "종의 영"을 받은 것입니다.

㉠ 빌립보 옥 사장은 무서워 떨며 바울과 실라 앞에 엎드려서, "선생들아 내가 어떻게 하여야 구원을 얻으리이까"(행 16:30) 하고 탄원하는 것을 봅니다. 기사와 이적을 보면 다 이런 반응을 일으키게 되는 것입니까? 주님의 부활을 목격했던 수직하던 군사들, 소경이 눈을 뜨고, 앉은뱅이가 걷기도 하고 뛰기도 하는 것을 본 제사장들은 그러하지 않았습니다. 옥사장의 마음속에 성령께서 무서워하는 종의 영을 주셨기 때문입니다.

㉡ 바울 자신도 율법의 의로는 흠이 없는 자로 자부하던 때가 있었습니다. 그러했던 그가 "다메섹 도상에서 빛 가운데 주님을 만난 후에 눈을 떴으나 아무것도 보지 못하고 사람의 손에 끌려 다메섹으로 들어가서 그는 사흘 동안을 보지 못하고 식음을 전폐하니라"(행 9:8)

하고 말씀합니다. 말하자면 이런 상태가 사도가 말씀하고 있는 종의 영을 받은 상태가 아닐까요?

ⓒ 넓은 의미에서는 율법(律法) 하에 있을 때가 종의 영을 받는 때요, 좁은 의미에서는 그리스도에게로 인도하기 위한 성령의 특별하신 역사라 할 수가 있습니다. 그러므로 하나님께서 우리를 다루시는 방법과 순서에 주목하게 됩니다.

⑥ 신약을 주시기 전에 구약을 주셨으며, 그리스도를 보내시기 전에 죄를 깨닫는 율법을 먼저 주셨으며, 사도 바울도 복음을 말씀하기에 앞서서 죄부터 드러내고 있는 것입니다. 양자의 영을 받기에 앞서 종의 영을 먼저 경험하게 된다는 말씀입니다.

㉠ 병든 자가 아니면 의원이 쓸데없는 것과 같이, 자신이 죄인임을 깨달은 자가 아니면 구주의 필요를 모르기 때문입니다. 문제는 현대교회가 이런 과정(過程)을 명심하고 있느냐 하는 점입니다. 형제는 "종의 영"을 받고 두려움과 정죄감에 빠져 괴로워 하다가, "아들의 영"을 받고 아바 아버지라고 부르짖게 되었습니까? 형제는 율법을 통과해서 복음에 들어 왔습니까? 율법이라는 몽학선생의 인도를 받아 그리스도를 만나셨습니까?

㉡ 그리하여 "오호라 나는 곤고한 사람이로다 이 사망의 몸에서 누가 나를 건져 내랴" 하는 비명을 지른 후에, 자신의 죄를 가려주실 "복음에는 하나님의 의가 나타나서"(1:17) 하는 복음을 만나게 되었느냐 하고 묻고 있는 것입니다. 율법의 정죄를 당해 본 자만이 의롭다함의 감격을 압니다. 종의 영을 받고 무서워 떨어 본 자만이, 양자의 영을 받고 "아바 아버지" 하고 부르짖는 환희를 맛 볼 수가 있는 것입니다.

㉢ 오늘날에는 이 순서가 무시된 채 "좋으신 하나님, 당신은

사랑받기 위해서 태어난 사람"으로 직행(直行)하고 있는 감이 있습니다. 그들은 예수 그리스도를 나의 주(主)로 고백한 것이 아니라, 자기가 주인(主)이 되어 예수 그리스도를 자기의 필요를 채워줄 종처럼 이용해 보려는 것입니다.

⑦ 그렇다면 "양자의 영"이 무엇을 의미하는가 하는 점은 분명해진다 하겠습니다.

㉠ 사도는 이점을 갈라디아서에서,

㉮ "유업을 이를 자가 모든 것의 주인이나 어렸을 동안에는 종과 다름없어서 그 아버지의 정한 때까지 후견인과 청지기 아래 있나니 이와 같이 우리도 어렸을 때에는 세상 초등학문 아래 있어서 종노릇 하였더니"(갈 4:1-3) 한 것이 "종의 영"의 단계라면,

㉯ "너희가 아들인고로 하나님이 그 아들의 영을 우리 마음 가운데 보내사 아바 아버지라 부르게 하셨느니라"(갈 4:6) 하는 단계가, "양자의 영"의 단계라 할 수가 있습니다.

㉡ 그러므로 "양자의 영(15)과, 아들의 영"(갈 4:6)은 같은 의미의 다른 표현일 뿐입니다. 그러면 "아들의 영"이 우리에게 주어지는 것이 어떻게 가능하게 되었는가? "마지막 아담은 살려주는 영이 되었나니"(고전 15:45) 합니다. "한 알의 밀이 땅에 떨어져 죽음으로 많은 열매를 맺듯이"(요 12:24), 그리스도의 구속으로 말미암아 "살려주는 영"이 되심으로 가능해진 것입니다.

⑧ 그러면 어찌하여 "아들의 영이라 하지 않고, 양자의 영"이라 부르고 있는가? 사도는 로마서 1장부터 8:14절에 이르기까지 예수 그리스도를 하나님의 "아들"이라고 부르기를 6번(1:2, 3, 4, 9, 5:10, 8:3)이나 했습니다. 그랬던 사도가 8:14절에 이르러 "무릇 하나님의

영으로 인도함을 받는 그들은 곧 하나님의 아들이라" 하게 되자, 잠시 생각에 잠겼을 법합니다.

　ⓛ "너희가 아들이다" 하고 말씀하는 사도의 의중에는, "그러나 이것은 잊지 말아라　예수 그리스도는 하나님의 친아들이시고, 너희는 양자로 아들이 되었다" 하고 말씀하는 것으로 여겨집니다.

　ⓒ 또한 당시 로마에서는 노예를 "양자"(養子)로 맞이하는 일이 있었다고 합니다. "양자"가 된다는 것은 그 가문(家門)의 일원으로 입적되었음을 의미합니다. 그러므로 이제부터는 자신만의 문제가 아니라, 가문의 명예에 수치를 돌리지 않도록 책임 있는 삶을 살아야만 한다는 책임이 따르는 것입니다 비천한 노예 신분이었던 자를 양자로 삼아주신 하나님 아버지의 영예를 최우선으로 생각해야만 한다는 뜻이 들어 있는 것입니다.

　⑨ "아바 아버지라 부르짖느니라"(15하) 합니다.

　㉠ 노예로써 상전(上典)으로 섬기던 분을, 양자가 되어 "아버지"라 부르게 된 최초의 감격이 어떠했을 것인가? 그러므로 갈라디아서에는 "부르게 하셨다"(갈 4:6)로 되어 있는데 본문에서는 "부르느니라"가 아닌, "부르짖느니라"로 되어 있습니다. 이것은 폭발적으로 터져 나오는 외침입니다. 과거에 부르짖었던 때가 있었다는 뜻도 아니고, 미래에 그렇게 부를 날이 온다는 것도 아닙니다. 지금 현재 "아바 아버지" 하고 터져 나오는 부르짖음인 것입니다.

　ⓒ 초대교회 예배 시에는 이처럼, "아바 아버지" 하고 부르짖는 소리가 여기저기서 터져 나왔다고 합니다. 형제는 예배 시에 이런 감격을 맛봅니까? 기도할 때에 이러한 외침이 있습니까? "아바 아버지"라는 말씀 속에는 어린이가 아빠를 부르는 것 같은 친근감이 있습니다. 따스함이 있습니다. 사랑스러움이 있습니다. 우리의 예배에

이러한 숨결을 느낍니까? 형제여 어서 "아바 아버지" 하고 부르짖어 보십시오.

ⓒ 하나님의 양자가 되어 생명책에 녹명이 된 형제를 성령님이 인도해주고 계십니다. 이제 후로는 하나님의 자녀답게 영으로써 몸의 행실을 죽이면서, 성령을 좇아 행하여야 하겠습니다. 형제가 하나님을, "아바 아버지"라 부르짖은 최초의 경험이 언제였습니까? 이것이 "종의 영과 양자의 영"입니다.

> **묵상해 봅시다.**
>
> 1. 종의 영을 받으면 어떤 반응이 나타납니까?
> 2. 양자의 영을 받으면 어떤 변화가 일어납니까?
> 3. 형제는 종의 영과 양자의 영 중 어느 단계에 있습니까?

93
성령이 친히 증거하신다

『성령이 친히 우리 영으로 더불어 우리가 하나님의 자녀인 것을 증거하시나니』 (8:16).

　사도는 15절에서 우리가 하나님의 양자가 되었다고 말씀했습니다. 당시 로마에서는 노예를 양자로 삼는 일이 있었다고 합니다. 노예 신분이었던 자가 어느 귀족의 가문에 양자로 입적된다는 사실을 상상 만이라도 해보십시오. 실제로 네로는 "클라우디우스" 황제의 양자로 들어가서, 양 아버지가 세상을 떠나자 뒤를 이어 로마 황제가 되었다고 합니다. 그런데 양자로 입양되는 데는 7명의 증인이 필요했다고 합니다.
　우리가 하나님의 가족의 일원으로 입양되었다는 것은 무엇에도 비할 수 없는 영광스러움인 것입니다. 그러면 우리가 하나님의 양자 되었다는 것을 누가 보증해 주며, 증인(證人)이 누구인가에 대해서 말씀하고 있습니다. "성령이 친히" 증인이 되신다고 말씀합니다.

① "성령이 친히 우리 영으로 더불어 우리가 하나님의 자녀인 것을 증거하시나니"(16) 합니다.

㉠ 사도는 우리가 하나님의 자녀로 입양되는 데는 유한한 인간이 증인(證人)이 된 것이 아니라, 영원하신 성령(聖靈)님이 친히 증인이 되어 주셨다고 말씀하고 있는 것입니다. 이 보다 더 안전하고 확실하고 영광스러운 증인(證人)은 달리 없습니다.

㉮ 하나님은 우리를 양자로 삼으시기 위해서 많은 노예 가운데서 우리를 택하여 주셨고,

㉯ 예수 그리스도께서는 노예 신분에서 자유자가 되도록 속량하여 주셨다면,

㉰ 양자로 입적될 때에 성령님이 친히 증인이 되어 주신다는 것은 너무나 합당한 절차라 하겠습니다.

㉡ 오 형제여, 이 영광스럽고도 감격스러움을 모든 그리스도인들이 다 맛보며 누리게 되기를 진심으로 축원합니다. 예를 들어 보겠습니다. 사람들은 결혼식을 거행할 때에 어떤 분을 주례로 세우기를 원하고 있습니까? 덕망 있고 유명하고 존경할만한 분을 세우기를 원할 것입니다. 그렇다면 당신의 결혼식에 성령님이 주례자가 되어 주신다고 생각해 보십시오.

㉢ 이것은 진실이요, 사실인 것입니다. 주례자 목사님은 부부되었음을, "성부와 성자와 성령의 이름으로 공포"하기 때문입니다. 사도는 지금 우리가 하나님의 양자로 입적되었음을 성령님이 친히 증거 해주신다고 말씀하고 있습니다. 왜냐하면 우리의 양자됨이 확실하고 안전하고 변치 아니하며 취소될 수 없다는 점을 확증하기 위해서입니다.

② 성령님은 성경 여러 곳에서 우리의 보증(保證)이 되어 주십니다.

㉠ 어떤 중요한 문서를 작성할 때에는 보증인이 필요하다는 것을

형제는 알고 계실 것입니다. 그럴 경우 보증인 구하기가 어렵고, 보증을 서지 아니하려고 기피하는 경우를 봅니다. 그런데 성령님은 우리가 간청해서가 아니라 자원(自願)하셔서, 기꺼이 보증이 되어 주시곤 합니다.

㉮ 에베소서 1:13-14절에서, "그 안에서 너희도 진리의 말씀 곧 너희의 구원을 복음을 듣고 그 안에서 또한 믿어 약속의 성령으로 인치심을 받았으니 이는 우리의 기업에 보증(保證)이 되사" 하십니다. 보증인이 도장을 찍듯이 보증이 되시는 성령님이 인(印)을 쳐주셨다는 것입니다.

㉯ 고린도후서 1:22절에서는, "저가 또한 우리에게 인치시고 보증(保證)으로 성령을 우리 마음에 주셨느니라" 합니다.

㉰ 고린도후서 5:5절에서도, "이것을 우리에게 이루게 하시고 보증(保證)으로 성령을 우리에게 주신 이는 하나님이시니라" 하고 말씀합니다.

㉡ 이처럼 성령께서 보증이 되어주시고 인을 쳐주셨으니 우리가 하나님의 자녀가 되었다는 사실에는 추호도 의심의 여지가 없는 것입니다.

③ "성령이 친히 증거하시나니" 했는데, 그렇다면 성령께서 어떤 방법으로 증거 해주시느냐 하는 점입니다.

㉠ "성령의 증거" 하면, 곧바로 어떤 신비(神秘)체험을 떠올리는 경향이 있는데, 첫째는 하나님의 말씀인 성경을 통해서 증거 해주십니다. 왜냐하면 성경은 성령의 감동(感動)으로 기록된 말씀입니다. 그러므로 성경 말씀은 성령님의 보증서(保證書)가 되는 것입니다. 성령님은 오늘도 성경을 통해서 계속적으로 보증을 해주고 있는 것입니다.

㉡ 형제에게 누군가가, "네가 하나님의 자녀라고? 누가 그러더냐?" 하고 묻는다면 무엇이라 대답하시겠습니까? 설마하니 우물쭈물

하지는 않겠지요. 우리는 확신을 가지고 이렇게 말할 수 있어야만 합니다. "하나님께서 말씀해주셨다" 하고 담대히 말하십시오. 여기를 보아라. "영접하는 자 곧 그 이름을 믿는 자에게는 하나님의 자녀가 되는 권세를 주셨으니"(요 1:12) 하고 말씀하고 있지 않느냐, 이것이 성령님의 보증이다 하고 말해주십시오. 천지는 변하고 없어질지라도 내 말은 영원토록 변치 아니하고 이루리라 하신, 가장 믿을만한 증거인 것입니다.

④ 또 우리가 하나님의 자녀 됨을 무엇으로 증거 해줍니까? 성령님이 우리 안에 계셔서 성화된 삶을 살아가게 해주시는 변화된 삶이 증거 해주고 있습니다.

㉠ 열매로 나무를 아는 법입니다. "너희가 음란과 정욕과 술 취함과 방탕과 연락과 무법한 우상숭배를 하여 이방인의 뜻을 좇아 행한 것이 지나간 때가 족하도다. 이러므로 너희가 저희와 함께 그런 극한 방탕에 달음질하지 아니하는 것을 저희가 이상히 여겨 비방하나"(벧전 4:3-4), 이 변화(變化)된 삶이 우리가 하나님의 자녀 됨을 증거 해줍니다. 이 성화(聖化)라는 열매는 성령님이 내주하셔서 맺게 되는 또 다른 증거인 것입니다.

⑤ 또 있습니다. 오늘 본문을 보시면 "성령이 친히 우리 영(靈)으로 더불어 우리가 하나님의 자녀인 것을 증거 하시나니" 합니다.

㉠ 이 말씀은 15절에서 되어진 일을 설명해주고 있는데, 어떤 사람이 하나님을 향하여 "아바 아버지" 하고 부르짖게 됩니다. 어떻게 해서 이런 일이 일어납니까? 이것은 그의 이성의 부르짖음이 아니라, 그 사람에게 양자의 영 곧 성령께서 임하셨기 때문입니다. 성령께서 임하셔서 그의 마음속에 하나님의 자녀 됨을 증거 해주시지 않는다면,

그의 입은 굳게 닫혀져서 하나님을 향해 감히 "아바 아버지"라 부르짖지는 못하는 것입니다.

ⓒ 성령께서 그의 영에게, "너는 하나님의 자녀다" 하고 증거해주셨기 때문에 일어나게 된 내면적인 확신인 것입니다. 그에게 감사가 솟아납니다. 기쁨이 용솟음칩니다. 감격의 눈물이 흐릅니다. 그 때 그의 영은 하나님을 향해서, "아바 아버지" 하고 부르짖는 담력을 얻게 되는 것입니다.

⑥ 때로는 성령의 증거가 특수한 체험으로 따르기도 합니다. 그러나 이런 체험이 없다 해서 "성령의 증거"를 받지 못한 것이라고 말할 수는 없습니다. 왜냐하면 이런 경험은 보편적인 것이 아니기 때문입니다.

㉠ 한마디로 "또 성령으로 아니하고는 누구든지 예수를 주시라 할 수 없느니라"(3하), 즉 "예수를, 주는 그리스도시오 살아계신 하나님의 아들이로소이다" 하고 고백할 수가 없다는 말씀입니다. 이것이 "성령이 친히 우리 영으로 더불어 우리가 하나님의 자녀인 것을 증거하시나니"의 의미입니다.

오, 보증이 되어주시는 성령님이여, 각 심령에 임하셔서 우리 영으로 더불어 우리가 하나님의 자녀인 것을 증거하여 주옵소서. 아멘.

묵상해 봅시다.

1. 형제가 하나님의 양자됨을 누가 증거 해줍니까?
2. 어떤 방법으로 증거 해줍니까?
3. 우리 영으로 더불어 증거하신다는 뜻이 무엇입니까?

94
하나님의 후사

『자녀이면 또한 후사 곧 하나님의 후사요 그리스도와 함께한 후사니 우리가 그와 함께 영광을 받기 위하여 고난도 함께 받아야 될 것이니라』(8:17).

바로 앞 16절에서는 "성령이 친히 우리가 하나님의 자녀(子女)인 것을 증거 하신다" 하고 말씀했습니다. 그런데 "하나님의 자녀" 됨이 끝이 아니라는 것입니다. 뒤이어 17절에서는, "자녀이면 또한 후사(後嗣) 곧 하나님 후사요" 하고, 이어지는 문맥입니다. "후사"라는 말은 인간적인 언어로 표현하는 말인데, 대를 이을 자요, 상속할 자라는 것입니다. 즉 "내 것은 다 네 것"(눅 15:31)이라는 뜻입니다.

① "자녀이면 또한 후사"(17상)라고 말씀합니다.

㉠ "후사"란, "대를 이을 자, 상속자"라는 뜻입니다. "자녀"가 부모의 대를 잇고, 부모의 유산을 상속하게 된다는 것은 일반적인 법칙입니다.

② 그런데 중차대한 점은, "곧 하나님의 후사요"(17중) 하고 말씀

하고 있다는 점입니다.

　㉠ 형제는 중요한 서류나 현금 등을 내어줄 때면 본인인가를 확인하는 것을 보셨을 것입니다 16절과 17절은 마치 그런 장면을 연상케 합니다. 16절에서 우리가 하나님의 자녀임을 성령께서 증거해주십니다. "이 사람은 하나님의 자녀임을 증명함", 그런 후에 17절에서 "오 당신이 하나님의 자녀시군요. 복 받은 분이여, 당신은 후사이십니다. 하나님의 후사란 말입니다", 이렇게 말씀하고 있는 듯이 보입니다.

　㉡ 우리들이 하나님의 "자녀"가 되었다는 것이 끝이 아니라는 것입니다. "자녀(子女)이면, 곧 하나님의 후사"(後嗣)라는 것입니다. 지옥에 떨어져야 마땅한 죄인들이,

　㉮ 하나님의 자녀가 되었고, 자녀이기 때문에,

　㉯ 하나님의 후사요, 상속자가 된다는 말은 인간으로써 들을 수 있는 무한대한 말씀인 것입니다. 이 말씀을 감당할 자가 누구이겠는가?

　③ 주님은 "내 아버지께 복 받을 자들이여 나아와 창세로부터 너희를 위하여 예비 된 나라를 상속하라"(마 25:34) 말씀하십니다.

　㉠ 사도 바울은 갈라디아서에서, "그러므로 네가 이후로는 종이 아니요 아들이니 아들이면 하나님으로 말미암아 유업(遺業)을 이을 자니라"(갈 4:7) 하고 말씀합니다.

　㉡ 사도가 말씀하는 방법을 유념해 보십시오. "자녀이면 하나님의 후사요" 하고, 곧바로 말씀하는 것이 아니라, "자녀이면 또한 후사요" 합니다. 그러면 듣는 자가, "내가 후사라니, 누구의 후사란 말인가" 하고 생각하게 한 다음에야, "하나님의 후사란 말입니다" 하고 말씀하는 것입니다.

④ 본문 17절 한 절속에는 "후사"라는 말이 3번이나 반복되어 대단히 강조 적입니다.

㉠ 탕자의 형은, "내가 여러 해 아버지를 섬겨 명을 어김이 없거늘 내게는 염소새끼라도 주어 나와 내 벗으로 즐기게 하신 일이 없더니" 하고 불만을 토했습니다. 그에 대한 아버지의 답변은, "내 것은 다 네 것이로되"(눅 15:29, 31), 이것이 후사요, 유업을 이을 자라는 뜻입니다.

㉡ 후사에도 여러 부류의 후사가 있기 마련입니다. 대기업을 이어 받을 후사도 있고, 다음 임금 자리에 오를 세자(世子)도 있습니다. 그러나 이런 것들은 비할 바가 못 됩니다. "자녀이면 또한 후사 곧 하나님의 후사요" 하십니다. 그런대도 형제는 놀라지 않습니까? 마음이 덤덤합니까?

⑤ 사도는 하나님의 자녀 된 우리가 하나님의 후사임을 4:16절에서 이미 말씀한바 있습니다.

㉠ "그러므로 후사가 되는 이것이 은혜에 속하기 위하여 믿음으로 되나니"(16상) 합니다. 무슨 뜻인가 하면, 후사가 되는 것이 "행함으로 되느냐, 믿음으로 되느냐? 공로로 되는 것이냐, 은혜로 되는 것이냐"를 말씀하고 있는 것입니다. 만일 후사되는 것이 "행함이나, 공로"로 되는 것이라면, 우리가 "후사"가 된다는 것은 가망이 없는 것입니다. 그러나 "은혜로 되고, 믿음"으로 되는 것이기에 우리에게도 소망이 있다는 것입니다. 이것이 "이는 그 약속을 그 모든 후손에게 굳게 하려 하심이라"(4:16하)의 뜻입니다.

㉡ 사도는 에베소서에서도, "이방인들이 복음으로 말미암아 그리스도 예수 안에서 함께 후사가 되고 함께 지체가 되고 함께 약속에 참여하는 자가 됨이라"(엡 3:6) 하고 말씀합니다.

ⓒ 사도 바울만이 아니라 히브리서 기자도, "모든 천사들은 부리는 영으로서 구원 얻을 후사(後嗣)들을 위하여 섬기라고 보내심이 아니뇨"(히 1:14) 합니다. 천사들이란 하나님께서 자녀 된 형제를 수종들라고 보내신 자들이라는 것입니다. 하나님의 자녀가 되고, 하나님의 후사가 되었다는 이 영광스러움을 어찌 다 표현할 수가 있겠습니까?

　　⑥ "곧 하나님의 후사요" 한 사도는, "그리스도와 함께한 후사니"(17중) 합니다.

　　㉠ 사도는 어찌하여 "하나님의 후사"라는 말씀에서 끝맺지 아니하고, "그리스도와 함께한 후사"라고 말씀할까요? 그렇습니다. 우리가 어떻게 해서 하나님의 자녀(子女)가 되었으며, 하나님의 후사(後嗣)가 될 수 있었단 말입니까? 예수 그리스도로 말미암아 입니다.

　　ⓒ 그런데 우리가 하나님의 후사라는 이 영광스러운 말씀을 하면서 바울 사도가, "그리스도"를 빼놓을 수가 있겠습니까? 잊을 수가 있겠습니까? 그리스도가 없으면, 구원도, 자녀 됨도, 후사도, 그 무엇도 있을 수가 없는 것입니다. 모든 축복들은, "우리 주 예수 그리스도로 말미암아" 주어지는 것입니다.

　　⑦ 또한 "그리스도와 함께 한 후사"라 말씀함은 6장에서 증거한, "함께 못 박히고, 함께 죽고, 함께 장사지낸바 되었다가, 함께 일으키심을 받았다"는 "연합교리"를 염두에 두고 하는 말씀입니다.

　　㉠ 이 진리가 에베소서 2:6절에도 나타나 있습니다. "또 함께 일으키사 그리스도 예수 안에서 함께 하늘에 앉히시니" 합니다. 성도들이 하늘에 앉힌바 되었는데, 그것은 "그리스도 예수 안에서, 그리스도와 함께" 되어진 일이라는 것입니다. 같은 원리로 우리가 하나님의

후사됨도 "그리스도 안에서, 그리스도와 함께" 한 후사라는 말씀입니다.

ⓛ 그리스도와 상관없이, 그리스도 밖에서, 우리 단독적으로 되어진 축복이란 아무 것도 없습니다. 만일 후사가 된다는 엄청난 말씀도 단독적으로 된다고 말씀하셨다면 믿을 수가 없겠지만 "그리스도와 함께 한 후사", 즉 주님 안에서, 주님과 함께 참여하게 될 영광이라고 말씀하시기 때문에 너무나 분명하고 확신할 수가 있는 것입니다.

⑧ 그렇다면 필연적으로, "그와 함께 영광을 받기 위하여 고난(苦難)도 함께 받아야 될 것이니라"(17하) 하는 말씀으로 귀결이 되는 것입니다.

㉠ 고난 받을 때에는 그리스도 밖에 있다가, 영광을 받을 때에는 그 안에 들어가는, 그런 일은 있을 수가 없습니다. 고난에도, 영광에도 우리는 항상 그리스도 안에 있으며, 그와 함께 갑니다.

㉮ 사도는 우리가 하나님의 자녀(子女)임을 "성령이 증거해주신다"(16) 하고 말씀합니다.

㉯ "자녀이면 또한 후사요 곧 하나님의 후사"(17상)라고 말씀합니다.

ⓒ 그럼에도 불구하고 현대교회는 내세의 영광은 모른 채, 현실의 행복에만 집착해 있는 듯이 보입니다. 그리하여 오늘의 성도들은 얼마나 가련하고 무기력해 보입니까? 조그마한 시련과 고난 앞에서도 이내 낙망하고 좌절하는 것은 어찌된 연고입니까? 사도 바울의 증거를 들어 보십시오. "근심하는 자 같으나 항상 기뻐하고 가난한 자 같으나 많은 사람을 부요하게 하고 아무것도 없는 자 같으나 모든 것을 가진 자로다"(고후 6:10) 합니다. 어떤 차이입니까? "위엣 것을 생각하고 땅엣 것을 생각지 말라"(골 3:2) 하신 시각(視覺)의 차입니다.

㉣ 형제 속에는 하나님의 영이 거하십니다. 그리스도의 영이 계십니다. 성령님을 모셨습니다. 금이나 은은 내게 없거니와 내게 있는 것으로 네게 주노니 하고 나누어줄 것이 있는 사람들입니다. 형제는 하나님의 자녀입니다. 자녀이면 곧 하나님의 후사요, 그리스도와 함께한 후사입니다. 그와 함께 영광을 받기 위하여 잠시 고난을 통과하고 있을 뿐입니다.

묵상해 봅시다.

1. "후사"란 무슨 뜻입니까?
2. 형제는 누구의 후사 입니까?
3. "그리스도와 함께한 후사"에 대해 설명해 보십시오.

로마서 8:18-39절 개관도표
주제 : 구원의 최종적인 확신과 승리의 개가

현재의 고난과 장래의 영광

18-25
18 생각건대 현재의 고난은 장차 우리에게 나타날 영광과 족히 비교할 수 없도다
19 피조물이 고대하는 바는 하나님의 아들들의 나타나는 것이니
20 피조물이 허무한데 굴복하는 것은 자기 뜻이 아니요 오직 굴복케 하시는 이로 말미암음이라
21 그 바라는 것은 피조물도 썩어짐의 종노릇 한데서 해방되어
   하나님의 자녀들의 영광의 자유에 이르는 것이니라
22 피조물이 다 이제까지 함께 탄식하며 함께 고통하는 것을 우리가 아나니
23 이뿐 아니라 또한 우리 곧 성령의 처음 익은 열매를 받은
   양자 될 것 곧 우리까지도 속으로 탄식하여
   우리 몸의 구속을 기다리느니라
24 우리가 소망으로 구원을 얻었으매 보이는 소망이 소망이 아니니 보는 것을 누가 바라리요
25 만일 우리가 보지 못하는 것을 바라면 참음으로 기다릴 지니라

최종적인 구원확신

26-30
26 이와 같이 성령도 우리 연약함을 도우시나니 우리가 마땅히 빌 바를 알지 못하나
   오직 성령이 말할 수 없는 탄식으로 우리를 위하여 친히 간구하시느니라
27 마음을 감찰하시는 이가 성령의 생각을 아시나니
   이는 성령이 하나님의 뜻대로 성도를 위하여 간구하심이니라
28 우리가 알거니와 하나님을 사랑하는 자 곧 그 뜻대로 부르심을 입은 자들에게는
   모든 것이 합력하여 선을 이루느니라
29 하나님이 미리 아신 자들로 또한 그 아들의 형상을 본받게 하기 위하여
30   미리 정하셨으니   이는 그로 많은 형제 중에서 맏아들이 되게 하려 하심이니라
   또한 부르시고   또 미리 정하신 그들을
   또한 의롭다 하시고 부르신 그들을
   또한 영화롭게 하셨느니라 의롭다 하신 그들을

승리의 개가

31-39
31 그런즉 이 일에 대하여 우리가 무슨 말 하리요
   만일 하나님이 우리를 위하시면 누가 우리를 대적하리요
32   자기 아들을 아끼지 아니하시고 우리 모든 사람을 위하여 내어주신 이가
         어찌 그 아들과 함께 모든 것을 우리에게 은사로 주지 아니하시겠느뇨
33 누가 능히 하나님의 택하신 자들을 송사하리요
           의롭다 하신 이는 하나님이시니 34, 누가 정죄하리요
           죽으실 뿐 아니라 다시 살아나신 이는 그리스도 예수시니
                    그는 하나님 우편에 계신 자요
                          우리를 위하여 간구하시는 자시니라
35 누가 우리를 그리스도의 사랑에서 끊으리요
             환난이나 곤고나 핍박이나 기근이나 적신이나 위험이나 칼이랴
36   기록된바 우리가 종일 주를 위하여 죽임을 당케 되며 도살할 양 같이
             여김을 받았나이다 함과 같으니라
37   그러나 이 모든 일에 우리를 사랑하시는 이로 말미암아
   우리가 넉넉히 이기느니라
38   내가 확신하노니 사망이나 생명이나 천사들이나 권세자들이나
             현재 일이나 장래 일이나 능력이나 39, 높음이나 깊음이나
   하나님의 사랑에서 끊을 수 없으리라 다른 아무 피조물이라도 우리를 우리 주 그리스도 예수 안에 있는

첫째 단원(18-25) 현재의 고난과 장래의 영광

95
고난 후에 주어지는 영광

『생각건대 현재의 고난은 장차 우리에게 나타날 영광과 족히 비교할 수 없도다』(8:18).

    사도는 우리가 하나님의 자녀로써 하나님의 후사요, 그리스도와 함께 한 후사라고 말씀했습니다. 그리고 그와 함께 영광을 받기 위하여 고난도 함께 받아야 될 것이니라 하고, "영광과, 고난"을 말씀하였습니다.
    그리스도와 함께 영광(榮光)에 참여하게 될 것은 장차 나타날 미래(未來)에 되어 질 일입니다. 그러나 그리스도와 함께 받아야할 "고난"(苦難)은, 현재(現在), 이 땅에서 감당해야할 일인 것입니다. 사도는 영광스러운 "변화산상"에서 고난의 현장으로 내려온 것입니다.

① "생각건대 현재의 고난은"(18상) 하고, 현실로 돌아온 것입니다.

㉠ 왜 이렇게 말씀합니까? 사도는 어떤 학설이나 주장하는 학자가 아니라, "누가 약하면 내가 약하지 아니하며 누가 실족하면 내가 애타하지 않더냐"(고후 11:29) 한대로 그는 목회자였기 때문입니다. 성도들이 현재 당면하고 있는 고난(苦難)에 대하여 위로와 격려를 주어야하고 그에 대한 답변(答辯)을 해야 할 필요를 느꼈던 것입니다.

㉡ 저는 이 대목을 이렇게 표현해 보겠습니다.

형제는 하나님의 자녀입니다. 자녀이면 후사 곧 하나님의 후사이십니다.

영광을 받으시게 될 것입니다. 그런데 한 말씀 더 드릴 것이 있습니다.

그것은 고난입니다. 영광을 받기 위해서는 먼저 고난을 받으셔야만 합니다.

고난이라니요, 싫습니다. 고난 같은 것은 원치 않습니다. 다만 영광만 주십시오.

② 영광은 그렇게 주어지는 것은 아니라는 말씀입니다. 그리스도와 함께 영광을 받기 위해서는 그와 함께 고난도 받아야만 합니다.

㉠ 어떻게 하시겠습니까? 둘을 다 받으시렵니까? 아니면 둘 다 포기하시겠습니까? "생각건대 현재의 고난은 장차 우리에게 나타날 영광과 족히 비교할 수 없도다" 하고 말씀합니다.

③ 그렇다면 왜 고난이 있는 것입니까?

㉠ 이에 대한 첫 답변은, "한 사람으로 말미암아 죄가 세상에 들어오고, 죄로 말미암아 사망이 왔나니"(5:12) 하는 말씀이 되겠습니다. 이렇게 된 배후에는 하나님의 나라를 파괴하려는 대적하는 세력

(勢力)이 있었기 때문입니다. 이에 대한 하나님의 선고는, "너의 후손도 여자의 후손과 원수가 되리니"(창 3:15), 즉 영적인 싸움이 있게 되리라는 것이었습니다. 그래서 고난이 있게 된 것입니다.

ⓒ 그러므로 그리스도인이 된다는 것은 "환난과, 고난"에 참여한다는 의미가 있는 것입니다. 주님께서는, "너희가 세상에 속하였으면 세상이 자기의 것을 사랑할 터이나 너희는 세상에 속한 자가 아니요 도리어 세상에서 나의 택함을 입은 자인고로 세상이 너희를 미워하느니라"(요 15:19) 하십니다.

ⓒ "누구든지 그리스도의 영이 없으면 그리스도의 사람이 아니라" 하고 말씀했습니다. "누구든지 고난이 없으면 그리스도의 사람이 아니라" 하고까지 말할 수가 있습니다. 왜냐하면 "너희가 그리스도의 이름으로 욕을 받으면 복 있는 자로다 영광의 영 곧 하나님의 영이 너희 위에 계심이라"(벧전 4:14), "무릇 그리스도 예수 안에서 경건하게 살고자 하는 자는 핍박을 받으리라"(딤후 3:12) 하고 말씀하기 때문입니다.

ⓔ 이런 의미에서 서신서들에서 말씀하는 "고난, 시련, 환난" 등은 오늘 우리들이 말하는 고난(苦難)과는 차원(次元)이 다른 것입니다. "환난이나 곤고나 핍박이나 기근이나 적신이나 위험이나 칼이랴 (35), 사랑하는 자들아 너희를 시련하려고 오는 불 시험을 이상한 일 당하는 것같이 이상히 여기지 말고 오직 너희가 그리스도의 고난에 참여하는 것으로 즐거워하라"(벧전 4:12-13) 한, "의를 위하여 핍박을 받는" 고난들이었던 것입니다. 이 말씀은 우리를 부끄럽게 만듭니다.

④ 둘째로 어찌하여 고난을 당하게 되었는가? "땅은 너로 인하여 저주를 받고 너는 종신토록 수고하여야 그 소산을 먹으리라"(창 3:17) 한 말씀에서 구할 수가 있습니다.

㉠ 이는 원죄(原罪) 하에 있는 자들이 일반적으로 받게 된 고난인 것입니다. 그러므로 이 고난은 "다시 저주가 없으며(계 22:3), 다시 사망이 없고 애통하는 것이나 곡하는 것이나 아픈 것이 다시 있지 아니하리니 처음 것들이 다 지나갔음이러라"(계 21:4) 할 때까지는 불가피한 고난인 것입니다.

⑤ 셋째로, "성령도 우리 연약함을 도우시나니"(26) 하는데, 고난은 우리가 연약에 쌓여 있기 때문에 받게 됩니다. 우리의 현재 상태는 영은 구원되었으나 몸은 구속을 기다리고 있는 중입니다. 그러므로 "모든 눈물을 그 눈에서 씻기시매 다시 사망이 없고 애통하는 것이나 곡하는 것이나 아픈 것이 다시 있지 아니하리니 처음 것들이 다 지나갔음이러라"(계 21:4) 하는 날까지는 의식주와 생노(生老) 병사(病死)의 고난은 불가피한 것입니다.

⑥ 이런 맥락에서 현재의 고난은 우리가 성도라는 또 다른 증거인 것입니다. 왜냐하면 고난은 소망을 더욱 견고케 하고, 연단시켜주기 때문입니다.

㉠ 그러므로 고난은 안 받으면 좋은 것인데, 불가피하게 당하는 것이 아닙니다. 시편 기자는 "고난당한 것이 내게 유익이라 이로 인하여 내가 주의 율례를 배우게 되었나이다"(119:71) 하고 진술합니다. 고난 자체는 즐거운 것이 아니지만 하나님께서 이것으로 "합력하여 선을 이루신다"(28)는 말씀입니다. 그러므로 감당치 못할 시험 당함을 허락지 아니하신다(고전 10:13) 하고 말씀합니다.

㉡ 사도는 고난의 의미를, "형제들아 우리가 아시아에서 당한 환난을 너희가 알지 못하기를 원치 아니하노니 힘에 지나도록 심한 고생을 받아 살 소망까지 끊어지고 우리 마음에 사형선고를 받은

줄 알았으니 이는 우리로 자기를 의뢰하지 말고 오직 죽은 자를 다시 살리시는 하나님만 의뢰하게 하심이라"(고후 1:8-9) 합니다. 어찌하여 사랑하는 바울에게 이런 고난을 허용하셨는가? 그에게 더 큰 믿음, 더 큰 능력, 더 큰 그릇이 되게 하여 더욱 귀하게 사용하시기 위해서라는 것입니다. 이것이 고난의 귀중한 의미입니다.

⑦ 넷째로 징계(懲戒)에 의한 고난이 있다는 점입니다. "징계는 다 받는 것이어늘 너희에게 없으면 사생자요 참 아들이 아니니라, 내 아들아 주의 징계하심을 경히 여기지 말며 그에게 꾸지람을 받을 때에 낙심하지 말라"(히 12:8, 5) 하십니다.

㉠ 고난이 닥치게 되면 그 안에 그리스도의 영이 없는 사람은, 하나님으로부터 멀리멀리 떠나갑니다. 그러나 그리스도인은 더욱 더 가까이 다가갑니다. 더욱 더 붙잡고 매달립니다. 더욱 의지합니다. 고난을 통해서 연단을 받게 되고 그의 신앙은 성숙해 갑니다. 더 큰 일도 감당할 수 있는 능력이 생깁니다. 이것이 하나님께서 장차 후사가 될 사랑하는 자녀들을 고난의 학교에 보내어 훈련시키시는 목적인 것입니다.

⑧ 형제여, 사도는 현재의 고난이 곧 물러갈 것이다, 곧 해결될 것이다, 이렇게 말씀하고 있습니까? 저도 목회자의 심정으로 그렇게 되기를 원합니다.

㉠ 그러나 성경은 우리가 생각하듯이 지상에서의 축복에 대해서는 그렇게 많은 것을 약속하고 있지 않다는 것입니다. 24-25절을 보십시오. "보이는 소망이 소망이 아니니 보는 것을 누가 바라리요 만일 우리가 보지 못하는 것을 바라면 참음으로 기다릴 지니라" 하고 말씀합니다.

ⓛ 빌립보서 4:6-7절을 보십시오. "아무것도 염려하지 말고 오직 모든 일에 기도와 간구로 너희 구할 것을 감사함으로 하나님께 아뢰라" 하십니다. 아뢰면 그 모든 염려가 해결된다고 약속하고 있습니까? 아닙니다. "그리하면 모든 지각에 뛰어난 하나님의 평강이 그리스도 예수 안에서 너희 마음과 생각을 지키시리라" 하십니다.

　　⑨ 고난 중에 왜 마음과 생각에 하나님의 평강이 임하지를 못합니까? 어찌하여 고난이 닥치면 낙심하고 주저앉고 맙니까? "우리가 환난 중에도 즐거워하나니"(5:3) 한 바울처럼 범사에 감사하지를 못하는 것입니까? 답변은 오직 하나입니다.

　　㉠ "우리의 잠시 받는 환난의 경한 것이 지극히 크고 영원한 영광의 중한 것을 우리에게 이루게 함이니 우리의 돌아보는 것은 보이는 것이 아니요 보이지 않는 것이니 보이는 것은 잠깐이요 보이지 않는 것은 영원함이니라"(고후 4:17-18) 한, 장차 받게 될 영광의 중한 것을 모르거나 믿지 못하기 때문입니다.

　　ⓛ 고난이 닥치거든 "생각이라는 저울" 한쪽에는 고난을, 다른 한쪽에는 장차 누릴 영광을 올려놓아 보십시오. 그리고 형제여, "생각건대 현재의 고난은 장차 우리에게 나타날 영광과 족히 비교할 수 없도다" 하고 선언하시게 되기를 바랍니다. 아멘.

묵상해 봅시다.

1. 영광 앞에 무엇이 먼저 옵니까?
2. 고난이 어떤 점에서 유익이 됩니까?
3. 고난 중에 무엇을 바라보아야만 합니까?

96
고난이 닥쳤을 때

『생각건대 현재의 고난은 장차 우리에게 나타날
영광과 족히 비교할 수 없도다』 (8:18).

"고난"(苦難)에 대해서 좀더 말씀드리고자 합니다. 왜냐하면 고난 문제가 성도들의 발등에 떨어진 불처럼 현실적으로 당면한 문제이기 때문입니다. 그러면 고난이 내게 닥쳤을 때 어떻게 대처해야 하는가? 달리 말씀드리면 고난을 극복하는 성경적인 방법에 대해서 말씀드리고자 합니다.

① "생각건대 현재의 고난은"(18상) 합니다.

㉠ 고난(苦難)이 닥쳤을 때 어떻게 대처해야만 하는가? 성경은 이에 대해 무엇이라 교훈하고 있습니까? 사도는 본문에서, "생각건대", 즉 생각해보라고 말씀합니다. 그렇다고 덮어놓고, 아무거나 생각하라는 것이 아닙니다. 사도는 1장에서 "생각건대" 하는 것이 아니라, 8:18절에 이르러서야 비로소, "생각건대" 하고 말씀한다는

점을 유념하시기 바랍니다. 그러니까 이제까지 말씀한 영광스러운 교리들,

㉮ 자기 아들을 "화목제물"(3:25)로 세워주신 일,

㉯ "구속으로 말미암아 하나님의 은혜로 값없이 의롭다 하심을 얻게"(3:24) 하신 일,

㉰ "우리가 원수 되었을 때에 그 아들의 죽으심으로 말미암아 하나님으로 더불어 화목"(5:10)하게 해주신 일,

㉱ "죄가 더한 곳에 은혜가 더욱 넘치게"(5:20) 해주신 일,

㉲ "그리스도 안에 있는 자에게는 결코 정죄함이 없게"(8:1) 해주신 일,

㉳ 우리 "죄를 인하여 자기 아들을 죄 있는 육신의 모양으로 보내어 육신에 죄를 정하신 일"(8:3),

㉴ 그래서 "죄와 사망의 법에서 너를 해방"(8:2)하여 주신 일,

㉵ "양자의 영을 받았으므로 아바 아버지라 부르짖게"(8:15) 해주신 일,

㉶ "자녀이면 후사 곧 하나님의 후사"(8:17)가 되게 해주신 일 등을 "생각건대", 생각해보라는 말씀입니다.

② 그러므로 사도는 아무나 보고 생각해 보라는 것도 아닙니다. 이 복음진리를 들은 사람들, 곧 그의 안에 "하나님의 영, 그리스도의 영, 성령"(9)을 모신 사람들에게 생각해 보라는 것입니다.

㉠ 로마서가 감탄 할 만큼 논리적인 서신이라는 점을 말씀드린바가 있습니다. "생각건대"란 뜻은, 논리적인 사고(思考)를 거쳐서 어떤 결론에 도달하게 되었다는 것을 의미합니다. 사도는 이렇게 말씀하고 있는 셈입니다.

㉡ 나는 환난과 핍박과 고난을 당할 때마다 여러분에게 증거한

복음진리들을 묵상합니다. 그렇게 하노라면 필연적으로, "현재의 고난은 장차 우리에게 나타날 영광과 족히 비교할 수 없도다" 하고 선언하게 됩니다. 여러분들도 고난을 당하거든 이 말씀들을 생각하시기를 바랍니다. 그러면 나와 같이 "현재의 고난은 장차 우리에게 나타날 영광과 족히 비교할 수 없도다" 하는 결론에 도달하게 될 것입니다.

③ 그러므로 사도는 고난(苦難)을 다룰 때에 영광(榮光)과 함께 다루고 있습니다.

㉠ 영광을 먼저 말씀한 후에 고난을 말씀하고 있음을 봅니다.

㉮ "하나님의 영광을 바라고 즐거워하느니라"(5:2) 말씀한 다음에, "다만 이뿐 아니라 우리가 환난 중에도 즐거워하나니" 합니다.

㉯ "그와 함께 영광을 받기 위하여 고난도 함께 받아야 될 것이니라"(8:17) 하고 말씀합니다.

㉰ 고린도교회에 보낸 서신에서도, "우리의 잠시 받는 환난의 경한 것이 지극히 크고 영원한 영광의 중한 것을 우리에게 이루게 함이니"(고후 4:17) 하고 "고난과, 영광"을 함께 말씀합니다.

㉡ 고난 자체만을 바라보지 말고, 장차 누리게 될 영광스러운 복락들을 "생각할 때", 현재의 고난에도 낙망하지 않을 뿐만 아니라 적극적으로, "환난 중에도" 즐거워하게 된다(5:3)는 것입니다.

④ 성경은 우리가 알고 있는 것 보다 훨씬 더 우리의 "생각"에 호소하고 있습니다.

㉠ 전도서 7:14절에서는, "형통한 날에는 기뻐하고 곤고한 날에는 생각하라" 말씀합니다.

㉡ 베드로도 사도도, "너희가 이것을 알고 이미 있는 진리에

섰으나 내가 항상 너희로 생각하게 하려 하노라 내가 이 장막에 있을 동안에 너희를 일깨어 생각하게 함이 옳은 줄로 여기노니" 합니다. 계속해서 "나의 떠난 후에라도 필요할 때는 이런 것을 생각나게 하려 하노라"(벧후 1:12-13, 15) 하고 생각에 호소하고 있습니다.

ⓒ 그러면 "필요한 때"가 언제이겠습니까? 환난이 닥치고 시련이 몰아쳐서 성도들의 믿음이 약하여지고 흔들릴 때가 아니겠는가? 그럴 때에 내가 순교당하기 전에 "너희에게 말한 것을 생각해 보라"는 것입니다.

⑤ 옛 언약은 돌비에 기록이 되었으나 새 언약은, "내 법을 저희 마음에 두고 저희 생각에 기록하리라"(히 10:16, 렘 31:33) 하십니다.

㉠ 그러면 새 언약이 어떤 방도로 성도들의 마음에 기록이 되는가? 설교자가 복음진리를 전해줄 때에 성령께서 듣는 자의 마음에 기록해(고후 3:3)주시는 것입니다. 그런데 치명적이고도 심각한 문제는, 고난이 닥쳤을 때에 이를 극복하기 위해서 생각하고 싶어도 생각할 말씀이 마음에 기록되어 있지 않다면 어떻게 될 것인가 하는 점입니다.

ⓒ 이런 상황은 우려가 아니라 현실인 것입니다. 말씀을 갖고 있지 못하다는 것은, 성령의 검을 갖고 있지 못한 무장해제를 당한 것과 같은 무방비(無防備) 상태인 것입니다. 이런 상태로 고난과 시련을 당하게 되니까 백전백패를 당하듯, 낙망하고 주저앉게 되는 것입니다.

⑥ 우선적으로 "필요(必要)한 때"를 대비해서 형제의 마음에 새 언약이 기록되기를 힘쓰시기 바랍니다. 고난을 극복할 다른 비결,

지름길은 없습니다.

㉠ 어떤 사람들은 고난이 닥쳤을 때 기적을 바라고 매달립니다. 성경은 기적을 부인하고 있지 않습니다. 그러나 기적이 고난을 대처하는 성경적인 방법이 아님을 명심하십시오. 기적은 하나님의 특별하신 뜻과 섭리가 계실 때에만 나타나는 비상(非常)섭리입니다. 다시 말씀드리면 기적이란 모든 고난당하는 성도들에게 보편적이고, 일반적으로 나타나는 것은 아니라는 것입니다.

㉡ 기사이적에 의존하는 것이 믿음이 좋은 것인 양 여기는 경향이 있는데 이에 대한 해독이 무엇인지 아십니까? "할 수 있거든이 무슨 말이냐 믿는 자에게는 능치 못할 일이 없느니라"는 말씀 등을 오용하게 되면 어떻게 되는가? 그의 암이 치유되지 않을 확률이 치유될 확률보다 높은 것이 사실입니다. 왜냐하면 이는 비상섭리이기 때문입니다. 그러면 어떻게 되는가? "복음은 모든 믿는 자에게 구원을 주시는 하나님의 능력이 됨이라"(1:16) 한 불변의 진리까지도 믿지 못하게 된다는 것입니다. 그는 신유은사를 의존했다가 구원까지 잃게 될 수도 있는 것입니다.

⑦ 이제 "고난, 환난, 시련"을 당했을 때에 꼭 명심해야할 점을 말씀드리려고 합니다. 그것은 "나"라는 자신의 고난만 보지 말고, 형제에게 주어진 하나님의 "거룩하신 이름, 영예"를 생각하라는 점입니다.

㉠ 하나님께서는 사탄에게 욥을, "내 종 욥을 유의하여 보았느냐 그와 같이 순전하고 정직하여 하나님을 경외하며 악에서 떠난 자가 세상에 없느니라" 하고 자랑하셨습니다. 사탄은 즉각적으로, "욥이 어찌 까닭 없이 하나님을 경외하리이까, 그의 모든 소유물을 치소서 그리하시면 대면하여 주를 욕하리이다"(욥 1:8, 11) 하고 항변을 했습

니다. 그래서 욥이 시험을 받게 된 것입니다.

　ⓛ 결과는 어찌 되었는가? "주신 자도 여호와시오 취하신 자도 여호와시오니 여호와의 이름이 찬송을 받으실지니이다"(욥 1:21) 했습니다. 하나님의 이름은 찬양을 받으신 것입니다. "하나님이여, 영광을 돌립니다. 찬양을 받으십시오" 한다고 해서 영광이 돌려지는 것은 아닙니다. 만일 사탄의 말대로 욥이 대면하여 하나님을 원망했다면 어떻게 되었을까를 생각해보시기를 바랍니다.

　ⓒ 이런 일이 에덴이라는 낙원(樂園)에서 벌어졌습니다. 욥기 1장이나, 창세기 3장의 구도(構圖)는 "욥과, 아담"을 중심으로 하나님과 사탄이 대결하는 구도입니다. 왜 하나님께서 사탄에게 욥을 자랑하셨는가? 인류의 시조가 하나님의 이름에 모독을 돌린 것을 누군가가 회복하여 주기를 원하셨기 때문입니다.

　ⓔ 사탄은 우리 눈으로 볼 수가 없습니다. 욥은 천상(天上)에서 일어나고 있는 일을 모르고 있었습니다. 그런데 분명한 것은 이런 대결(對決)이 지금도 일어나고 있다는 점입니다. 형제가 "고난, 환난, 시련"에 직면했을 때에 "하나님을 원망할 것인가? 여호와의 이름이 찬양을 받으시게" 할 것인가? 이제까지의 형제는 어느 쪽이었습니까?

　ⓜ 그러나 욥도 3장에서, "그 후에 욥이 입을 열어 자기의 생일을 저주하니라 욥이 말을 내어 가로되 나의 난 날이 멸망하였었더라면 남아를 배었다 하던 그 밤도 그리하였더라면"(욥 3:1-2) 하고, 온전한 승리를 돌리지 못하는 것을 보게 됩니다. 첫 대표자의 실패를 온전히 회복하신 분이 둘째 대표자로 오신 예수 그리스도이십니다. 성경은, "성령이 곧 예수를 광야로 몰아내신지라"(막 1:12) 합니다. 주님은 낙원이 아닌 광야에서 "임의로 먹되"가 아닌, 40일을 주리신 상황에서, 한 가지가 아닌 세 가지 시험을 온전히 이기심으로 첫 시조의 실패를

회복하시고도 남음이 있었던 것입니다.

⑧ 나사로가 병들었다는 말을 전해 들으신 주님은, "이 병은 죽을 병이 아니라 하나님의 영광(榮光)을 위함이라"(요 11:4)하고 말씀하셨습니다.

㉠ 사도는 고린도전서 10:9절에서, "그런즉 너희는 먹든지 마시든지 무엇을 하든지 다 하나님의 영광(榮光)을 위하여 하라" 하십니다. "하나님의 영광"은 순경(順境)에서보다는 역경(逆境)에서 더욱 빛을 발합니다. 좋은 것으로 영광을 나타내고, 영광을 돌리기는 쉽습니다.

㉡ 그러나 밤이 어둘 수록 별빛이 영롱하듯이, "고난, 시련, 역경, 가난, 병듦" 등, 누구도 갖기를 원치 아니하는 것들을 통해서 "영광을 나타내고, 영광을 보게 하고, 영광을 돌리는" 일은 아무나 할 수 있는 일은 아닙니다. 주위 사람들에게 하나님의 영광을 "나타내어, 보게 하고, 돌리게" 하는데 쓰임을 받지 못할 것이란 아무 것도 없다는 점을 명심하시기를 바랍니다.

⑨ 그런데 현대교회의 실정은 어떠한가?

㉠ 신분(身分)은 하나님의 자녀요, 하나님의 후사들이요, 지위(地位)는 택하신 족속이요. 왕 같은 제사장들이고, 위치(位置)는 "사망에서 생명으로 옮겨진" 자리에 있는 것이 그리스도인들입니다.

㉡ 이처럼 하나님의 자녀 된 신분(身分)과 영광스러운 지위(地位)에도 불구하고 조그만 시련과 고난만 닥쳐도 얼마나 쉽게 낙심하고 좌절하며 실의에 빠지곤 합니까? 이렇게 된 원인이 어디에 있다고 생각하십니까? 하나님께서 자기 아들을 통해서 이루어주신 영광스러운 복음진리를 잃어버렸기 때문이라고 밖에는 달리는 설명할 길이

없는 것입니다. "축복 받으라" 한 기복신앙은 도리어 성도들에게서 "축복"을 빼앗은 결과를 낳은 것입니다.

ⓒ 또한 고난에 대비한 훈련과 무장이 결여되어 있기 때문이기도 합니다. 사도는 복음을 받아드린 자들을 향해서, "제자들의 마음을 굳게 하여 믿음에 거하라 권하고 또 우리가 하나님 나라에 들어가려면 많은 환난을 겪어야 할 것이라"(행 14:22) 하고 미리 대비하게 하였던 것입니다. 믿음의 아들 디모데에게도, "네가 이것을 알라 말세에 고통하는 때가 이르리니"(딤후 3:1), 즉 네 시대에는 복음을 증거하기가 더욱 어렵게 될 것을 각오하라고 다짐하고 있습니다.

ⓐ 그런데 오늘의 설교는 일곱 색깔 영롱한 무지개 같은 환상만을 주려고 합니다. 그런 설교를 받아먹고 자란 성도들은 고난과 시련에 허약할 수밖에 없는 것입니다. 우리나라에 진도 8도 쯤 되는 지진이 일어난다면 즐비한 고층 아파트들이 얼마나 견뎌낼 것인가? 지금 아파트 걱정을 하고 있는 것이 아닙니다. "이는 그 때에 큰 환난이 있겠음이라 창세로부터 지금까지 이런 환난이 없었고 후에도 없으리라"(마 24:21) 한 환난이 닥치게 되면 천만을 헤아린다는 그리스도인들 중 끝까지 견디는 자가 얼마나 될 것인가를 걱정하고 있는 것입니다.

ⓜ 이렇게 된 원인 중에는 잘못된 전도 방법에도 책임이 있다고 여겨집니다. 예수를 믿기만 하면 만사형통하고, 고난 같은 것은 더 이상 겪지 않게 된다고 말해주고 있기 때문입니다.

⑩ 형제여, 고난이 닥쳐오거든, "생각건대" 하고, 형제의 마음과 생각에 기록된 약속의 말씀을 활용하시기 바랍니다.

㉠ 또한 고난이 닥쳐오거든, "비교할 수 없도다"(18하) 한, "고난과, 영광"을 비교해 보시기를 바랍니다. 사도는 "현재와 장래, 고난과

영광"(18)을 비교해서 보여주고 있습니다. 고린도후서 4:17절에서도 "잠시와 영원, 환난과 영광, 경한 것과 중한 것, 보이는 것과 보이지 않는 것"을 비교하고 있습니다.

"생각건대 현재의 고난은 장차 우리에게 나타날 영광과 족히 비교할 수"(18) 없습니다.

> **묵상해 봅시다.**
>
> 1. 고난을 당할 때에 어떻게 대처하라고 말씀합니까?
> 2. 하나님의 자녀들이 쉽게 낙망하는 이유가 어디 있습니까?
> 3. 고난 중에 형제가 생각하고 용기를 얻게 된 말씀은 무엇입니까?

97

만물의 탄식과 고대함

『피조물의 고대하는 바는 하나님의 아들들의 나타나는 것이니 피조물이 허무한데 굴복하는 것은 자기 뜻이 아니요 오직 굴복케 하시는 이로 말미암음이라 그 바라는 것은 피조물도 썩어짐의 종노릇한데서 해방되어 하나님의 자녀들의 영광의 자유에 이르는 것이니라 피조물이 다 이제까지 함께 탄식하며 함께 고통 하는 것을 우리가 아나니』(8:19-22).

사도는 18절에서 성도들이 현재 당하고 있는 고난과, 장차 누리게 될 영광을 대조해서 말씀했습니다. 그런 다음에 본문에서는, "피조물의 고대(苦待)하는 바는"(19상) 하고, 고난 중에 있는 것은 성도들만이 아니라, 피조물들도 고난 하에 있다는 점을 말씀합니다. 왜냐하면 이렇게 함으로, 성도들의 "고난"에 대한 이해의 시야(視野)를 넓혀주려는 것입니다. 본문은 시적(詩的)인 표현입니다.

사도는 ㉠ "피조물들이 탄식하며 고통하고 있다"고 말합니다. ㉡ "피조물들이 허무한데 굴복하는 것이 자기 뜻이 아니라"고 말합니다. ㉢ "피조물들도 하나님의 아들들이 나타나기를 고대하고 있다"고 말합니다. 이상이 본문에 대한 요약입니다. 그렇다면 이것이 무엇을 뜻하는가?

① "피조물의 고대하는 바는 하나님의 아들들의 나타나는 것이니"(19) 합니다.

㉠ 먼저 사도가 언급하고 있는 "피조물"(被造物)이 무엇을 가리키는가 하는 문제입니다.

㉮ 선한 천사(天使)가 아닙니다. 그들은 "허무한데 굴복"(20)하고 있지 않기 때문입니다.

㉯ 악한 천사들일수가 없습니다. 타락한 천사들은 영광의 날(19)을 고대하고 있지 않기 때문입니다.

㉰ 성도들도 아닙니다. 성도들은, "이뿐 아니라 또한 우리 곧 성령의 처음 익은 열매를 받은 우리까지도"(23) 하고 별도로 말씀하고 있기 때문입니다.

㉱ 그렇다고 불신자들일 수도 없습니다. 왜냐하면 그들의 영은 허물과 죄로 죽어 있어서, 탄식할 줄을 모르기 때문입니다.

㉡ 그렇다면 사도가 말씀하는 피조물이란, 차라리 순수한 나무와 꽃과 새와 짐승과 물고기 같은 피조물일 수밖에 없습니다. 이들 피조물은 인간이 살아갈 환경을 조성해주시기 위해서 먼저 지은바 된 것들입니다.

② "하나님의 아들들의 나타나는 것이니"(19하) 합니다.

㉠ "하나님의 아들들"이라 하고 복수로 말씀을 했으니, 이는 그리스도를 가리키는 것이 아니라, 14절에서 "그들은 곧 하나님의 아들이라" 한 성도들을 가리키는 것이 분명합니다. 그러면, "하나님의 아들들이 나타나기를 고대한다"는 의미가 무엇인가? 현재 "하나님의 자녀들이 나타난 것"이 아닌가? 여기 "나타남"은 성도들의 지금의 상태를

가리키는 것이 아닙니다.

ⓛ 21절에서 이를 설명하기를, "그 바라는 것은 피조물도 섞어짐의 종노릇한 데서 해방되어 하나님의 자녀들의 영광(榮光)의 자유(自由)에 이르는 것이니라" 하고 말씀합니다. "영광의 자유"란, 영적(靈的) 자유하고는 다릅니다. 지금 우리가 누리고 있는 자유는 영광의 자유가 아니라, 죄의 권세로부터 해방된 영적자유 함입니다.

ⓒ 그렇다고 성도들이 이 세상을 떠날 때를 가리키는 것도 아닙니다. 생각해 보십시오. 몸은 장례되고 영은 주님께로 갑니다. 이것이 피조물이 탄식하며 고대하고 있는 상황입니까? 이것은 영광의 자유가 아니라, 무거운 육체로부터의 자유 함입니다.

③ "영광의 자유"함이란, 주님께서 재림(再臨)하시는 날에, "우리의 낮은 몸을 자기 영광의 몸의 형체와 같이 변케 하시리라"(빌 3:21) 한 이것이 "영광의 자유"함을 얻는 날이요, 피조물들이 고대하는, "하나님의 아들들이 나타나는" 날인 것입니다. 우리가 지금 하나님의 자녀이나, 자녀로써의 영광은 아직 나타나지 않고 있습니다. 주님이 오시는 그날에 그 영광은 나타나게 될 것입니다

㉠ "피조물도 섞어짐의 종노릇한 데서 해방되어 하나님의 자녀들의 영광의 자유에 이르는", 이 날을 고대하고 있다는 것입니다. 얼마나 놀라운 통찰력인가? 그리고 얼마나 부끄러운가? 왜냐하면 정작 하나님의 아들들인 우리들은 이처럼 탄식하며 고대하고 있지 않기 때문입니다.

④ 그래서 "피조물이 허무한데 굴복하는 것은 자기 뜻이 아니요 오직 굴복케 하시는 이로 말미암음이라"(20) 하는 것입니다.

㉠ "굴복"이라는 말이 두 번 나오는데, 피조물들도 "허무한데

굴복하는 것"이 자기 뜻이 아니라면, 그것은 타의(他意)에 의해서 그와 같은 결과를 가져 왔다는 것이 됩니다. 그러니까 피조물들도 "오직 굴복케 하시는 이로 말미암음이라", 즉 창조주 하나님의 창조원리에 복종하는 것이 자기 뜻이라는 것입니다.

　㉡ 사도는 창세기에 기록된, "네가 네 아내의 말을 듣고 내가 너더러 먹지 말라 한 나무 실과를 먹었은즉 땅은 너로 인하여 저주를 받고 너는 종신토록 수고하여야 그 소산을 먹으리라 땅이 네게 가시덤불과 엉겅퀴를 낼 것이라"(창 3:17-18) 하신 말씀을 염두에 두고 이 말씀을 기록하고 있는 것입니다.

　⑤ "땅은 너로 인하여 저주를 받고" 합니다.
　㉠ 사도는 "고난"(苦難)은 우리 인간만 받는 것이 아니라 피조물, 즉 모든 만물들도 당하고 있다고 말씀하는 것입니다. "생각해 보아라. 인간은 자신의 죄 값으로 말미암아 당연히 받아야 할 고난을 받고 있지만, 피조물들은 만물의 대표자로 지음을 받은 인간의 범죄로 저주 받은바 되어 허무한데 굴복하며 썩어짐의 종노릇하고 있다. 이것을 생각한다면 우리가 고난당하는 것을 불평할 수가 있단 말이냐", 말씀하고 있는 셈입니다.

　㉡ 초목들은 봄이 오면 새싹을 내며 새순이 돋아납니다. 여름에는 마음껏 녹음을 자랑합니다. 그러나 가을이 되면 어쩔 수 없이 시들어 버리고 낙엽 되어 떨어지고 맙니다. 한 송이 꽃을 보십시오. 그 정교하고 아름다운 신비스런 모습을, 그러나 그것도 몇 날이 못 되어 추하게 시들고 떨어지곤 합니다.

　⑥ 이렇게 되는 것이, "자기 뜻이 아니요", 피조물들도 "굴복케 하시는 이", 곧 하나님의 주관 하에 있기를 원한다는 것입니다.

㉠ 그렇다고 피조물들은 헛수고를 하고 있는 것이 아닙니다. 각종 과일과 곡류와 바다의 생선과 육축의 고기를, 인간들에게 제공하여줌으로 자신들의 임무를 수행하고 있는 셈입니다. 문제는 이런 것들을 섭취하면서도, "하나님으로 영화롭게도 아니하며 감사치도 아니하며… 하나님의 영광을 썩어질 우상으로 바꾸고 있는" 인간의 타락과 배은망덕인 것입니다. 얼마나 "그 생각이 허망하여 지며 미련한 마음이 어두워진"(1:21) 것입니까?

⑦ "피조물이 다 이제까지 함께 탄식하며 함께 고통 하는 것을 우리가 아나니"(22) 합니다.

㉠ 사도는 피조물들도, "고대(苦待)한다(19), 해방(解放)되기를 바란다(21), 함께 탄식(歎息)하며, 함께 고통(苦痛)한다(22) 하고, 의인화해서 말씀합니다. 이런 표현들은 만물이 다 회복의 날을 고대하고 있다는 점을 나타내기 위해서입니다. 그러면 사도는 이것을 어떤 방도로 알 수가 있었을까 하는 궁금함이 있습니다.

㉡ 사도는 18절에서, "생각건대 현재의 고난은" 하고 생각에 잠겨 있음을 보게 됩니다. 이런 깨달음은 깊은 영적 묵상(黙想)을 통해서 얻어진 산물임이 분명합니다. 바울은 나무 한 그루, 풀 한 포기, 꽃 한 송이를 보면서도 그들이 낙원에 있지 아니하고 저주하게 있어서 탄식하며 고통 하는 소리를 들을 수가 있었던 것입니다.

⑧ 사도는 본문을 통해서 우리에게 무엇을 말씀하려는 것일까요?

㉠ 8장 안에는 세 부류의 고난이 있습니다.

㉮ 첫째는 "자기 아들을 죄 있는 육신의 모양으로 보내어 육신에 죄를 정하심"(3)으로 당하게 된 "그리스도"께서 담당하신 십자가 고난이요,

㉯ 둘째는 땅이 저주를 받아 "피조물이 다 이제까지 함께 탄식하며 함께 고통"(22) 한다는 "피조물"의 고통이요,

㉰ 셋째가 "생각건대 현재의 고난은"(18) 한, "성도"들이 당하고 있는 고난입니다.

㉡ 그런데 우리는 "고난" 하면, 어찌하여 자신(自身)의 고난만을 생각한단 말인가? 하나님의 아들 그리스도께서 우리 죄를 인하여 십자가라는 극한적인 고난을 당하셨고, 인류의 시조의 타락으로 말미암아 모든 피조물이 다 이제까지 함께 탄식하며 함께 고통 하는 것을 생각한다면, 우리가 잠시 당하게 된 고난을 마다할 수가 있단 말이냐?

⑨ 피조물들은 하나님의 아들들이 나타나기를 고대하고 있는데, 하나님의 자녀 된 우리가 저들의 기대에 또다시 실망(失望)을 줄 수가 있단 말이냐 하고 말씀하는 셈입니다.

㉠ 피조물들까지도 그 바라는 것은 썩어짐의 종노릇한 데서 행방되어 하나님의 자녀들의 영광의 자유에 이르는 것이라면, 우리들은 더욱 장차 받을 영광(榮光)을 바라보고, 현재의 고난을 극복해야 하지 않겠습니까?

㉡ 피조물의 탄식소리는 우리들을 정신 차리게 해줍니다. 격려해 주기도 합니다. 예를 들어 밥그릇의 밥알 하나까지도 남길 수 없게 합니다. 왜냐하면, "제발 나를 버리지 마셔요, 나를 낙오시키지 말아주셔요" 하고 부르짖는 듯하기 때문입니다.

㉢ 본 문단에는 "나타난다"(18, 19)는 말과, "기다린다"(19, 23, 25)는 말이 강조되어 있습니다.

㉮ 피조물들은 "하나님의 아들들의 나타나기를"(19) 고대합니다.

㉯ 성도들은 "탄식하며 몸의 구속을 기다리고"(23) 있습니다.

㈐ 그런데 "탄식도, 기다림"도 없는 전연 무관심한 사람들이 있습니다. 그들은 불신자들입니다.

㈑ 그 날은, "자기를 바라는 자들에게 두 번째 나타나시리라"(히 9:28) 한, 주님께서 "나타나는" 날인 것입니다. "하나님의 자녀의 영광"으로 나타날 사람들이 있는가하면, 마귀의 자식의 모습으로 나타날 자들도 있다는 사실을 명심해야할 것입니다. 이것이 "만물의 탄식과 고대함"입니다.

묵상해 봅시다.

1. 피조물이 왜 탄식하며 고통하고 있습니까?
2. 피조물이 고대하는 바가 무엇입니까?
3. 하나님의 자녀들의 영광의 자유란 무엇을 의미합니까?

98
성도의 탄식과 기다림

>「이뿐 아니라 또한 우리 곧 성령의 처음 익은 열매를 받은 우리까지도 속으로 탄식하여 양자 될 것 곧 우리 몸의 구속을 기다리느니라 우리가 소망으로 구원을 얻었으매 보이는 소망이 소망이 아니니 보는 것을 누가 바라리요. 만일 우리가 보지 못하는 것을 바라면 참음으로 기다릴 지니라」(8:23-25).

　본문 23절은 "이뿐 아니라", 이렇게 시작하고 있습니다. 탄식하며 고통하고 있는 것은 피조물뿐만이 아니라 성도들도 그러하다는 것입니다. 그렇다면 어찌하여 성도들을 피조물 속에 함께 포함시켜서 말씀하지 않고 별도(別途)로 말씀하는 이유가 무엇일까요? 피조물과 성도의 다른 점이 무엇입니까? 구별되는 핵심은, "성령의 처음 익은 열매를 받는 우리까지도"(23상) 한, "성령"(聖靈)을 모셨다는 점입니다.

　첫 창조 때에도 다른 피조물은 말씀만으로 창조하셨으나, 사람만은 코에다 생기를 불어 넣어 "생령"(生靈)이 되게 하셨습니다. "영"이 있고, 성령을 모셨다는 것은 사람에게만, 그 중에서도 그리스도인들에게만 주어진 특별은총인 것입니다.

① "이뿐 아니라 또한 우리 곧 성령의 처음 익은 열매를 받은 우리까지도 속으로 탄식하여 양자 될 것 곧 우리 몸의 구속을 기다리느니라"(23) 합니다.

㉠ 피조물들만이 아니라, "우리도, 기다린다" 하고 말씀합니다.

㉮ 피조물이 고대하는 바는, "하나님의 아들들"이 나타나, "하나님의 자녀들의 영광의 자유"에 이르는 것이지만,

㉯ 성도들의 기다림은, 자신(自身)이 하나님의 아들들이요, 그러므로 성도들은, "우리 몸의 구속", 즉 영화(靈化)될 것을 기다린다는 것입니다.

② 그러므로 피조물이 고대하는, "하나님의 자녀들의 영광의 자유"(21)와, 성도들이 탄식하며 기다리는 "몸의 구속"(23)은 다른 것이 아니라, 같은 것이요, 결국 동일한 기다림임을 알게 됩니다.

㉠ 이는 그리스도의 재림으로 성취되는 것으로, 모든 만물의 기다림이 주님의 재림(再臨)으로 모아지고 있다는 것입니다. 왜냐하면 그때에야, "이루었도다"(계 21:6) 하고, 재창조의 역사가 완성이 되기 때문입니다.

③ "성령의 처음 익은 열매를 받은 우리"(23중)라고 말씀합니다.

㉠ 이들은 성령으로 거듭났으며, 법적으로는 양자로 입적이 되었으나, 영광은 아직 나타나지 않은 상태이기 때문에 "성령의 처음 익은 열매를 받은 우리"라고 말씀하는 것입니다. 그러니까 성령의 처음 익은 열매만 받았을 뿐, 몸의 구속을 받아 하나님의 자녀들의 영광의 자유에는 아직 이르지 못하고 있는 상태를 가리킵니다. 예를 들면 계약금을 받은 정도요, 약혼한 상태라는 뜻입니다.

④ "속으로 탄식하여 양자 될 것 곧 우리 몸의 구속을 기다리느니

라"(23하) 합니다.

　㉠ 성도들의 탄식(歎息)은, 첫째는 "양자될 것 곧 우리 몸의 구속을 기다리는"(23하) 탄식입니다. 이런 탄식은 오직 "성령의 처음 익은 열매를 받은"(23중) 사람들뿐입니다. 그래서 "누구든지 그리스도의 영이 없으면 그리스도의 사람이 아니라"(9) 한 것입니다. 그리스도인들 중에도 "영화"(靈化)에 대해서 모르거나, 확고하지 못한 분들이 많이 있습니다. 그렇게 되면 몸의 구속을 기다리는 "탄식"을 모르게 되는 것입니다. 그들은 예수 믿다가 죽으면 그 영이 하늘나라에 간다는 식으로 막연하게 생각하고 있습니다. 그렇지가 않습니다.

　㉡ 우리의 영은 그리스도와 함께 있고, 몸은 흙으로 돌아가는 분리(分離)된 상태는 오래 계속되지 않을 것입니다. 우리 주님이 재림하시는 날까지 뿐입니다. 그것은 임시적이요, 중간적(中間的)인 상태입니다. 그래서 잠자고 있다고 말씀합니다. 잠자는 상태에서 깨어남이 있습니다. 그리하여 "영광의 자유"함에 영원토록 들어가게 될 것입니다.

　⑤ "한 사람으로 말미암아 죄가 들어오고 죄로 말미암아 사망"(死亡)이 왔다면, 온전한 구원은, "이 썩을 것이 썩지 아니함을 입고 이 죽을 것이 죽지 아니함을 입어야"(고전 15:54)만, 온전한 회복이 되는 것입니다.

　㉠ 그런데 구원을 받았다는 것이 몸은 죽어 장례지낸바 되고, 영만이 구원을 받은 것이라면 이것은 온전한 회복이 아니요, 사탄에 대한 완전(完全)한 승리가 아닌 것입니다. 주님의 십자가의 대속은 그렇게 불완전한 것이 아닙니다. 우리 죽을 몸도 살리십니다. 몸의 구속이 있습니다. 이때 구원은 완성되는 것입니다. 그래서 "맨 나중에 멸망 받을 원수는 사망(死亡)이니라(고전 15:26), 사망(死亡)이 이김

의 삼킨바 되리라고 기록된 말씀이 응하리라"(고전 15:54) 하시는 것입니다.

⑥ 결론은 "우리가 소망으로 구원을 얻었으매"(24상) 합니다. "영화"될 그 날은 성도들에게 "소망"(所望)으로 남아 있다는 것입니다. 그래서 "소망으로 구원을 얻었다" 하고 말씀하는 것입니다.

㉠ 우리는 이미 구원을 받았습니다. 이것은 영적(靈的)자유입니다. 그러나 앞으로 구원을 얻을 것입니다. 이것은 몸의 구속 곧 "영광(榮光)의 자유"인 것입니다. 이 영화는 아직 소망으로 남아 있습니다. 그래서 "성령의 처음 익은 열매를 받은 우리"(23중)라 한 것입니다.

⑦ "보이는 소망이 소망이 아니니 보는 것을 누가 바라리요"(24하) 합니다.

㉠ 묻습니다. 형제의 고백도 이러합니까? 보이는 것에 소망을 두지 않고 있습니까? "누가 바라리요", 정말 그러합니까?

⑧ "만일 우리가 보지 못하는 것을 바라면 참음으로 기다릴 지니라"(25) 합니다.

㉠ 이러한 "소망"에 대한 확신이 없기 때문에 고난의 날에 낙망하는 것입니다. 임종 머리에서 흔들리게 되는 것입니다. 사도는 참고, 이기는 것만이 아니라, "환난 중에도 즐거워하나니"(5:3) 하고 말씀합니다. 고난(苦難)을 극복하는 길은, 고난 대신 소망(所望)을 붙잡는 것입니다.

⑨ 둘째로 성도들의 탄식은 이 세상에서 일어나는 가증한 일들 때문에 탄식하게 되는 것입니다.

㉠ 베드로후서 2장에는 롯이 음란한 도성 소돔에 거하는 동안,

"저 불법한 행실을 보고 들음으로 그 의로운 심령이 상하니라"(8) 합니다. 그래서 "무법한 자의 음란한 행실을 인하여 고통 하는 의로운 롯을 건지셨다" 하고 말씀합니다. 우리도 이 시대에 일어나고 있는 모든 가증한 일로 인하여 탄식하며 울고 있습니까? 우리도 무법한 자의 음란한 행실을 인하여 고통하고 있습니까? 이것이 몸의 구속을 기다리는 성도들의 탄식인 것입니다.

ⓒ 22절에는 "피조물의 탄식"이 있습니다. 23절에는 "성도들의 탄식"이 있습니다. 26절에는 "성령의 탄식"이 있습니다. 그런데 "불신 자"의 탄식은 없다는 것입니다. 22절을 보십시오. "피조물"은 "함께 탄식하고 함께 고통한다" 하고 말씀하고 있는 반면, 모든 사람들은 "함께 탄식하고, 함께 고통하고" 있지 않다는 점입니다. 이것이 허물과 죄로 죽은 자의 비참함입니다. 그들은 탄식할 줄조차 모르고 있습니다. 다만 "성령의 처음 익은 열매를 받은" 자들만 탄식하면서 몸의 구속을 기다린다는 것입니다.

ⓒ 그런데 탄식하지 않는 사람들은 교회 밖에만 있는 것이 아니라, "교회 안"에도 많다는 사실입니다. 이 사실을 인정한다면, 에스겔 9:4절을 보시기 바랍니다. "너는 예루살렘 성읍 중에 순행하여 그 가운데서 행하는 모든 가증한 일로 인하여 탄식하며 우는 자의 이마에 표하라" 하십니다. 이들이 "남은 자"입니다. 형제의 이마에도 표시가 되어 있습니까?

ⓒ 이제 해답을 얻게 된 것 같습니다. 오늘날 대부분의 성도들이 어찌하여 고난에 약합니까? 왜 견뎌 내지를 못합니까? 그렇게 쉽게 낙심하고 좌절하는 원인이 어디에 있습니까? 보이는 소망을 소망으로 삼고 있기 때문입니다. 보이는 것에 너무 집착하고 있기 때문입니다. 그것은 성도들의 눈을 아래로, 아래로 끌어내린 저와 같은 설교자들

의 책임이 크다 하겠습니다.

⑩ 소망을 가진 자의 특징은 무엇입니까? "참음으로 기다릴 지니라" 하신, "참음"입니다.

㉠ "참음과, 기다림", 이 둘은 소망을 가진 자만의 특성입니다. 히브리서 10:36절에서는, "너희에게 인내가 필요함은 너희가 하나님의 뜻을 행한 후에 약속을 받기 위함이라" 하십니다. 극심한 고난 중에 있는 형제는 이사야 선지자처럼, "주여 어느 때까지입니까?"(사 6:11) 하고 묻고 싶은 분이 있을 것입니다. 성경은 말씀합니다. "잠시 잠깐 후면 오실 이가 오시리니 지체하지 아니하시리라"(히 10:37).

㉡ 형제여, "우리가 소망으로 구원"을 얻었습니다. 보이는 소망이 소망이 아니라고 말씀합니다. "만일 우리가 보지 못하는 것을 바라면 참음으로 기다릴 지니라"(25) 하십니다. 참읍시다. 기다리십시다. 소망 중에 아멘.

묵상해 봅시다.

1. 성도들의 기다림이 무엇입니까?
2. 성도들은 무엇 때문에 탄식하고 있습니까?
3. "소망으로 구원을 얻었다"는 뜻이 무엇입니까?

둘째 단원(26-30) 최종적인 구원의 확신

99
우리 연약함을 도우시는 성령

> 『이와 같이 성령도 우리 연약함을 도우시나니 우리가 마땅히 빌 바를 알지 못하나 오직 성령이 말할 수 없는 탄식으로 우리를 위하여 친히 간구하시느니라 마음을 감찰하시는 이가 성령의 생각을 아시나니 이는 성령이 하나님의 뜻대로 성도를 위하여 간구하심이니라』 (8:26-27).

본문은 "이와 같이 성령도" 하고, 시작이 됩니다. 이 말씀은, "성령의 처음 익은 열매를 받은 우리"라고 한, 23절과 연결되는 말씀입니다. 성령께서 믿음주시고, 거듭나게 하신 성도들, "탄식하며, 몸의 구속을 기다리는" 성도들을, "이와 같이 성령도 우리 연약함을 도우신다"는 것입니다.

그리스도인들은, 고아(孤兒)가 아닙니다. "누구든지 그리스도의 영이 없으면" 한, 9절 말씀을 기억하시기를 바랍니다. 성도들은 홀몸이 아니라, 내주(內住)하고 계시는 성령을 모신 사람들입니다. 그 성령께서 "참으로 기다리고 있는(25), 우리 연약함"을 도우신다는 말씀입니다. 이것이 본문의 요점입니다.

① "이와 같이 성령도 우리 연약함을 도우시나니"(26상) 합니다.

㉠ 성령께서 강림하셔서, "너희와 함께 거하심이요 또 너희 속에 계시겠음이라"(요 14:17) 하신 목적(目的)이 무엇이며, 행하시는 일이 무엇인가? 형제의 연약(軟弱)함을 도와주신다는 것입니다. 자신의 연약함을 인하여 탄식해 보신 적이 있으시겠지요. 결단력도 없고 의지력도 약하고 끈기나 인내심도 부족한 자신의 연약함을….

㉡ 그러했던 제가 이 구절이 제 마음에 이르게 되자 위로(慰勞)와 용기를 얻게 되었습니다. 우리가 자신의 연약(軟弱)함을 인하여 탄식하기 이전부터, 하나님께서는 우리의 약함을 먼저 알고 계셨습니다. 아시고만 계신 것이 아니라, 주님이 승천하시자 우리들을 고아(孤兒)와 같이 버려두지 아니하시고, "또 다른" 보혜사 성령님을 보내주신 것입니다.

② 잡히시던 날 밤 주님은 제자들에게, "또 다른 보혜사를 너희에게 주사 영원토록 너희와 함께 있게 하시리니, 저는 너희와 함께 거하심이요 또 너희 속에 계시겠음이라, 내가 너희를 고아와 같이 버려두지 아니하고 너희에게로 오리라"(요 14:16, 17, 18) 하셨습니다.

㉠ 그렇다면 우리는 어떤 점에서 연약합니까? "성령도 우리 연약함을 도우시나니" 한 말씀이, "생각건대 현재의 고난은" 하고 18절부터 이어지는 "고난"이라는 주제에 대한 문맥(文脈)임을 기억하시기를 바랍니다. 그렇다면 우리들의 연약함이란,

㉮ 고난(苦難)에 직면(18)했을 때에, 하나님의 자녀답게 대처하지를 못하는 연약함,

㈏ "소망으로 구원을 얻었다"(24) 말씀하는데, 소망을 튼튼히 붙잡고 있지를 못한 연약함,

㈐ "참음으로 기다릴 지니라"(25) 하셨건만, 참을성도 부족하고 기다림도 간절하지 못한 연약함 등입니다.

㈑ 또한 "몸의 구속"을 받기까지는(23) 우리의 육신이 연약합니다.

㈒ "마땅히 빌 바를 알지 못할 만큼"(26), 영적으로도 연약합니다.

㈓ 어찌 이뿐이겠습니까? 우리는 몸도 마음도 온통 연약에 싸여 있는 것입니다.

③ 그러면 우리의 그 많은 연약함 중에 성령께서 도우시는 최우선순위(順位)가 무엇인지 아십니까? "성령도 우리 연약함을 도우시나니 우리가 마땅히 빌 바를 알지 못하나 오직 성령이 말할 수 없는 탄식으로 우리를 위하여 친히 간구(懇求)하시느니라"(26) 하고 말씀합니다.

㉠ 첫 번으로 "기도"(祈禱)를 꼽고 있습니다. 어찌하여 기도가 첫 손에 꼽히는지 아시겠습니까? 기도는 하나님과의 교통(交通)이요, 교제이기 때문입니다. 하나님과 바른 관계만 유지한다면 모든 것이 바르게 되기 때문입니다.

㉡ 그런데 하나님 아버지는 하늘에 계시고, 사랑하는 자녀들은 사악한 이 땅에 머물러 있습니다. 이를 연결시켜주는 통로(通路)가 기도인 것입니다. 하나님과 자녀들 사이에 교통(交通)이 두절된 상태가 아니라, 야곱을 통하여 보여주신 대로 기도를 통한 오르락내리락 하는 교통함이 주어졌다는 것입니다. 이 기도를 성령께서 최우선으로 도우신다는 말씀입니다.

④ 그러므로 성령의 도우심의 제1순위는 하나님과 자녀들 사이를 "교통"(交通)케 하시는 일입니다. 그래서 축도(祝禱)의 완벽한 형태라

고 말하는 고린도후서 13:13절에서는, "성령의 교통하심이 너희 무리와 함께 있을 지어다" 하는 것입니다. 이것은 성도에게 있어서 천만의 원군(援軍)을 얻는 것보다도 소중한 것입니다.

㉠ 히브리서 5:2절에, "저가 무식하고 미혹한 자를 능히 용납할 수 있는 것은 자기도 연약(軟弱)에 싸여 있음이라"는 말씀이 있습니다. 우리에게 있는 대제사장이신 하나님의 아들 그리스도께서는, "우리 연약(軟弱)함을 체휼하지 아니하는 자가 아니요 모든 일에 우리와 한결같이 시험을 받은 자로되", 즉 우리의 연약을 손수 경험하신 분이시라는 것입니다. "그러므로 긍휼하심을 받고 때를 따라 돕는 은혜를 얻기 위하여 은혜의 보좌 앞에 담대히 나아갈 것이니라"(히 4:15-16) 하십니다.

⑤ 그런데 형제가 하나님 보좌 앞에 나아갈 때에 혼자서 나아가고 있는 것이 아니라, "이는 저로 말미암아 우리 둘이 한 성령(聖靈) 안에서 아버지께 나아감을 얻게 하려 하심이라"(엡 2:18) 하십니다.

㉠ 모든 형제들이 기도를 드릴 때마다 이 말씀을 먼저 묵상하게 되기를 바랍니다. 우리가 하나님 아버지 보좌 앞에 나아감을 얻게 된 것은 "저로 말미암아", 즉 예수 그리스도로 말미암아 입니다. 그런데 혼자 나아가도록 내버려두셨습니까? "성령 안에서" 라고 말씀합니다. 신부(新婦)가 입장할 때에 아버지가 데리고 들어가듯이 성령께서 도우신다는 것입니다. 누구에게 나아가고 있습니까? "아버지께"입니다. 이 한 절속에는 성부와 성자와 성령님이 다 관계되어 있음을 주목하십시오.

㉡ 아무리 비천한 그리스도인이라 하더라도 그가 기도(祈禱)를 드릴 때에는,

㉮ "예수 그리스도로 말미암아",

㉯ "한 성령 안에서",

㉰ "아버지께 나아가는", 삼위일체 하나님과 관련되어 있다는 이 영광스러움을 놓치지 마시기를 바랍니다. 이것이 "성령도 우리 연약함을 도우시나니, 친히 간구하시나니라"(26)는 의미입니다.

⑥ 성령의 사명은, 예수 그리스도께서 십자가상에서 "다 이루었다" 하신 구속사역을 각 사람에게 적용을 시키는 사역, 즉 믿게 하시고, 거듭나게 하시고, 거듭난 하나님의 자녀들을 보호하시고, 인도하시고, 견인하시는 일을 하십니다.

㉠ 그런데 주님께서 "다 이루었다" 선언하셨을 때에 휘장이 찢어졌습니다. "그 길은 우리를 위하여 휘장 가운데로 열어 놓으신 새롭고 산 길"(히 10:20)이라고 말씀합니다. 하나님 앞으로 들어와도 좋다는 허락이 떨어졌다는 증거입니다. 그런데 우리를 누가 데리고 들어가는가?

㉡ 성령께서 우리를 데리고 들어가신다는 것입니다. 성령님의 도우심이 없이 올바른 기도를 드릴 자가 누구이겠습니까? 그래서 "모든 기도와 간구로 하되 무시로 성령(聖靈) 안에서 기도하라"(엡 6:18) 하시는 것입니다.

⑦ 그렇다면 성령께서 어떤 방법(方法)으로 우리의 기도를 도우시는가? 어떤 분들은 우리는 가만히 있어도 성령께서 다 알아서 우리를 위하여 간구해주신다고 생각하는 사람들이 있습니다.

㉠ 형제 안에, "하나님의 영, 그리스도의 영, 성령"(9)이 내주(內住)하고 계심을 잊지 마시기를 바랍니다. 또한 "성령이 친히 〈우리 영으로 더불어〉 우리가 하나님의 자녀인 것을 증거"(16)하신다고 말씀했습니다. 성령께서는 성도 안에서 도우십니다. 어느 성도가 마땅히 빌 바를 알지 못하고 탄식하며 엎드려, "주여, 주여"만을 연발하고

있을지라도 성령께서는 그의 영으로 더불어 간구하고 계신다는 것입니다.

ⓒ "우리 연약함을 도우시나니"의 "도우심"의 원어적인 의미는, "함께, 든다"는 뜻이 있습니다. 우리가 무거운 짐을 들지를 못하고 끙끙거리고 있을 때에, 성령께서는 우리와 함께 무거운 짐의 한 쪽을 들어 주심으로 도와주신다는 말씀입니다.

ⓒ "오직 성령이 말할 수 없는 탄식으로 우리를 위하여 간구하신다"(26하)고 말씀합니다. 성령의 탄식(歎息)은 누구를 위한 탄식인가?

㉮ 주님께서 우리의 질고를 대신 담당하심과 같이,

㉯ 성령께서도 우리의 탄식을 대신 담당하신다는 그런 뜻이 있습니다. 우리 때문이 아니라면 성령은 탄식하실 분이 아닌 것입니다. 그러니까 형제가 탄식하며 기도를 한다는 것은 내주하시는 성령님의 감화인 것입니다.

⑧ "마음을 감찰하시는 이가 성령의 생각을 아시나니"(27상) 합니다.

㉠ 하나님은 마음을 감찰(監察)하시는 분이십니다. "마음을 감찰하시는 하나님"이라는 말을 듣게 될 때에 형제는 어떠한 마음이 듭니까? 싫습니까? 두렵습니까? 불신자들에게는 불쾌하고 두려움을 주는 말씀입니다. 그러나 그 분의 사랑을 입은 자녀들에게는, 지극히 위로(慰勞)가 되는 말씀인 것입니다.

ⓒ 왜냐하면 "마음을 감찰하신다"는 말이 놓여있는 문맥(文脈)이, 심판과 결부된 것이 아니라, "우리 연약(軟弱)함을 도우시나니" 한 말씀과 결부되어 있기 때문입니다. 그러므로 우리가 믿는 하나님은 말로 표현을 해야만 들으시는 하나님이 아니십니다. 마땅히 빌 바를 알지 못하여 엎드려 탄식만 하고 있을 지라도 "마음을 감찰하시는 하나님"은 형제의 마음을 아시며, 형제의 중심에서 간구하고 계시는

"성령님의 생각"을 아신다는 것입니다.

⑨ 34절을 보십시오. 하나님 우편에서 우리를 위하여 간구하시는 그리스도 예수님이 계십니다.

㉠ 또한 형제 속에 있는 마음의 성전에서는 하나님의 뜻대로 간구하시는 성령님이 계십니다. 주님은 위에서 잡아당기시고, 성령님은 아래서 밀어 올려주시고 있는 셈입니다. "성령도 우리 연약함을 도우시나니", 이것은 현재시제(現在時制)입니다. 전에만 도우신 것이 아닙니다. 현재도, 그리고 앞으로도, 형제가 몸의 구속을 받을 때까지, 성령님은 형제의 연약함을 계속적으로 돕고 계신다는 말씀입니다. 이것이 "우리의 연약함을 도우시는 성령"입니다.

묵상해 봅시다.

1. 성도들은 어떤 점에서 연약합니까?
2. 성도들의 연약함을 누가 도와주십니까?
3. 연약함이 많은 중 최우선으로 도우시는 것이 무엇입니까?
4. 성령께서 어떤 방법으로 도우십니까?

100
합력하여 선을 이루시는 하나님

『우리가 알거니와 하나님을 사랑하는 자 곧 그 뜻대로 부르심을 입은 자들에게는 모든 것이 합력하여 선을 이루느니라』(8:28).

"모든 것이 합력(合力)하여 선을 이루느니라" 하는 본문 말씀은 많은 성도들이 애송(愛誦)하는 성경 구절 중 하나입니다. 왜냐하면 개인의 삶 속에 일어나는 "모든 것"을 합력하여 선을 이루어주실 것을 믿기 때문입니다. 그런데 "모든 것이 합력(合力)하여 선을 이루느니라" 하는 말씀은, 구속사(救贖史)를 대변해주는 결론(結論)이기도 합니다. 요셉은 형들에게, "당신들은 나를 해하려 하였으나 하나님은 그것을 선(善)으로 바꾸사 오늘과 같이 만민의 생명을 구원하게 하시려 하셨나니"(창 50:20) 하고 말합니다.

사탄은 해하려고 대적하나 그 때마다 하나님은 "악을 선으로 바꾸사" 천하 만민을 구원하시려는 계획을 추진해 오셨던 것입니다. 성경은 문제에 대한 해답입니다. 문제는 언제나 미련한 인간이 저지르고,

하나님은 이를 "선으로" 바꾸어 놓으십니다. 이 말씀은 참으로 많은 성도들에게 위로와 격려와 용기(勇氣)를 준 말씀입니다.

① "우리가 알거니와 하나님을 사랑하는 자 곧 그 뜻대로 부르심을 입은 자들에게는 모든 것이 합력하여 선을 이루느니라"(28) 합니다.

㉠ 사도는 우선적으로, "우리가 알거니와"(28상) 합니다. 이는 "우리가 마땅히 빌 바를 알지 못하나"(26중) 한 것과 대조(對照)를 이루는 말씀입니다. 이를 문맥적으로 보면, "생각건대 현재의 고난은"(18상) 한, "고난"(苦難)과 결부가 되는데, 이런 뜻입니다. 어떤 시련을 당하게 될 때에, 왜 이런 고난을 당해야 하는지 그 원인(原因)은 알지를 못하나, 그러나 "우리가 알거니와", 즉 내가 확신하는 것은 "그 뜻대로 부르심을 입은 자들에게는 모든 것이 합력하여 선을 이룬다"(28하) 하는, 결과(結果)만은 안다는 것입니다.

② 그런데 아무나 다 그렇다는 것이 아니라, "하나님을 사랑하는 자 곧 그 뜻대로 부르심을 입은 자들에게"만 해당이 된다는 것입니다.

㉠ 성경의 많은 말씀 중에서, 시험과 고난을 당하는 그리스도인들에게 이 말씀만큼 위안과 용기를 주는 말씀이 달리는 없다 하겠습니다. 지금은 내가 왜 이런 고난을 당해야 하는 지도 모르고, 또 빌 바를 알지 못하지만, 하나님께서는 이 모든 것을 합력(合力)하여 결과(結果)는 선을 이루어주실 것이라는, 이것 하나만은 확신(確信)한다는 것입니다.

㉡ "모든 것"이라고 말씀합니다. "모든 것"은 글자 그대로 모든 것입니다. 그렇다 해도 모든 것 속에는 좋은 것, 그래서 누구나 바라고 갖기를 원하는 것보다는 원치 않는 것들, 즉 앞에서 말씀한바 그리스도인들이 현재 당면하고 있는 여러 가지 고난들을 가리킨다 하겠습니

다. 좋은 것을 가지고 선을 이루는 것은 누구나 할 수 있는 일입니다.

③ 그러나 우리가 연약하여 실수하고 넘어져서 더럽힌 것들, 다른 사람들에 의해서 상처입고 괴로움 당하는 것들, 대적 마귀로부터 침노를 받아서 겪게 되는 정신적 물질적 신체적 시험과 고난들, 이런 것들을 빚어서, "모든 것을 합력하여 선을 이룬다"는 것은 하나님만이 하실 수 있다는 말씀입니다.

㉠ 사도는 어떤 근거에서 이것을 확신할 수가 있었을까요? 사실 고난을 당하면 바울만큼 당한 사람이 또 어디 있겠습니까? (참고 고후 11:23-33). 그런 중에서도 바울은 "모든 것이 합력하여 선"이라는 확신을 가지고 있었습니다.

㉮ 첫째로 "하나님의 전지"(全知)하심을 믿었기 때문입니다. 이것이 29절의 "하나님이 미리 아신 자들로" 라는 말씀에 나타나 있습니다.

㉯ 둘째로 "하나님의 전능"(全能)하심을 믿었기 때문입니다. 이점이 31절의 "누가 대적하리요" 하는 말씀에 나타나 있습니다. 능력이 없다면 "합력하여 선"을 이룰 수는 없는 것입니다.

㉰ 뿐만 아니라 "하나님은 사랑"이심을 믿었기 때문입니다. 이점이 32절의 "자기 아들을 내어주셨다"는 표현에 나타납니다. 이러한 사랑의 하나님께서 결국은 선을 이루어 주실 것을 믿었습니다.

㉱ 무엇보다도 하나님은, "시작하신 것을 반드시 이루신다"는 주권(主權)을 믿었기 때문입니다. 이점이 "끊어지지 않는 연결고리"(29-30)에 나타나 있습니다. 그래서 8장은 "하나님의 사랑에서 끊을 수 없으리라"(39) 하고 마치고 있는 것입니다.

㉡ 사도는 전지(全知) 전능(全能)하신 하나님, 사랑의 하나님, 한번 시작하신 일은 반드시 이루시는 신실(信實)하신 하나님이심을 믿었기

때문에 "모든 것이 합력하여 선을 이루느니라" 하고 말할 수가 있었던 것입니다.

④ "합력하여 선을 이루신다"는 표현 속에는, 우리의 모든 삶을 주관하시고 섭리하신다는 뜻이 들어 있습니다. 그런 하나님이시기 때문에 "합력하여 선"을 이루실 수가 있으신 것입니다.

㉠ 전지(全知)하신 하나님께서 우리의 구원을 계획하셨고, 사랑의 하나님께서 섭리(攝理)하시며, 전능(全能)하신 하나님께서 성취해 나가신다면, "모든 것이 합력하여 선을 이루실 것"을 확신할 수가 있는 것입니다.

⑤ 구속사(救贖史)에 있어서 "합력하여 선을 이루신" 가장 대표적인 사건이 십자가사건입니다.

㉠ 십자가사건 자체는 비참한 것이며, 저주의 십자가였고, 악의 극치(極致)입니다. 그러나 하나님은 십자가사건을 통해서 죄인이 의인이 되고, 사탄의 노예가 하나님의 자녀가 되고, 지옥에 떨어져야할 자들이 천국에 들어가게 되는, 놀라운 선을 이루셨습니다. 하나님의 아들을 십자가에 못을 박은 사건이 인간이 저지른 "악"(惡)의 극치였다면, 하나님의 구속사역은 "악을 선"으로 바꿔 놓으신, "선"(善)의 극치였던 것입니다.

⑥ 그러면 "합력하여 선을 이루느니라" 한, "선"(善)이란 무엇을 뜻하는 것일까요?

㉠ 성경이 말씀하는 선은 인간이 생각하고 기대하는 것 같은, 모든 것을 잘되게 한다, 즉 만사형통과는 다른 것입니다. "선을 이루느니라"는 말은 유익(有益)하게 한다는 뜻입니다. 때로는 실패가 유익이 될 수도 있습니다. 어떤 사람에게는 병듦이 유익이 될 수도 있습니다.

시편 기자는 "고난당한 것이 내게 유익이라 이로 인하여 내가 주의 율례를 배우게 되었나이다"(시 119:71) 하고 고백하고 있습니다.

ⓒ 그러므로 "선"이란 인간이 당장 보기에 좋다고 여기는 그런 것이 아니라, 하나님이 보시기에 좋았더라 하시는, 최종적인 선, 곧 우리의 영원한 구원(救援)을 의미합니다.

⑦ 사도는 빌립보서 1:6절에서, "너희 속에 착한 일을 시작하신 이가 그리스도 예수의 날까지 이루실 줄을 우리가 확신하노라" 하고 말씀합니다. "모든 것을 합력하여" 이 "선"(善)을 이루어 나가신다는 말씀입니다.

㉠ "그리스도 예수의 날"이라고 말씀합니다. "세상의 날" 동안 잘 된다 하여도, "그리스도 예수의 날"에 잘못된다면 이것을 어찌 "선"이라고 말할 수가 있겠습니까? 그러므로 "합력하여 선을 이루느니라" 하는 말씀은, 어느 한 부분(部分)이나 과정(過程)을 말하고 있는 것이 아니라, 최종적(最終的)인 결과를 의미하는 것입니다. 사도는 "그 마지막은 사망이니라, 이 마지막은 영생이라"(6:21, 22) 하고, 마지막이 다르다고 말씀했습니다.

ⓒ 그러므로 그리스도인들은 한 과정(過程)만을 보고 낙망해서는 아니 됩니다. 멀리 그 날을 내다보는 원시(遠視)하는 안목이 필요합니다. "이런 것이 없는 자는 소경이라 원시치 못한다"(벧후 1:9) 하고 말씀합니다. 성경도 구속사라는 선(線)으로 보지를 못하고, 점(點)으로 보기 때문에 길을 잃고 방황하게 되는 것입니다.

⑧ "합력하여 선을 이룬다"는 말씀이, "생각건대 현재의 고난은"(18상) 한, "고난"에 관한 문맥(文脈)에서 주어지고 있다는 점을 놓치지 말아야만 합니다. 11장에는 토기장이 이야기가 나옵니다.

진흙 한 덩이로 귀히 쓸 그릇을 만들고자 하는데 굽는 과정에서 견디지 못하고 뛰쳐나왔다고 생각해 보십시오.

㉠ "사랑하는 자들아 너희를 시련하려고 오는 불 시험을 이상한 일 당하는 것같이 이상이 여기지 말고 오직 너희가 그리스도의 고난에 참여하는 것으로 즐거워하라 이는 그의 영광을 나타내실 때에 너희로 즐거워하고 기뻐하게 하려 함이라"(벧전 4:12-13) 하십시오.

㉡ 형제여, 고난이란 "환난→ 인내→ 연단→ 소망"을 이루는 과정이라는 점을 명심하십시다. 이점을 요셉의 생애가 극명하게 보여주고 있습니다. 그의 운명은 기구하다고 밖에는 표현할 길이 없습니다. 그러나 요셉은 그렇게 생각하지 않았습니다.

㉢ "당신들이 나를 이곳에 팔았으므로 근심하지 마소서 한탄하지 마소서 하나님이 생명을 구원하시려고 나를 당신들 앞서 보내셨나이다"(창 45:5) 하고 진술합니다. 요셉은 모든 사건들 배후에 하나님의 섭리의 손이 있다는 점을 믿었던 것입니다. 그래서 "당신들은 나를 해하려 하였으나 하나님은 그것을 선으로 바꾸사… 만민의 생명을 구원하게 하시려 하셨나니"(창 50:20) 할 수가 있었던 것입니다.

⑨ 다음으로 생각할 점은, "하나님을 사랑하는 자 곧 그 뜻대로 부르심을 입은 자들"(28중)이라는 표현입니다.

㉠ "곧 그 뜻대로 부르심을 입었다"는 표현은, 하나님의 절대주권(主權)을 세우는 말씀입니다. 사도의 표현방식을 주목해 보십시오.

㉮ "하나님을 사랑하는 자"라고 말씀하다가,

㉯ "곧 그 뜻대로 부르심을 입은 자들에게는" 하고 표현을 바꾸고 있는 것을 보게 됩니다.

㉡ 왜 그렇게 하고 있을까요? "하나님을 사랑하는 자"라고만 말한다면, "모든 것이 합력하여 선을 이루게 되는" 근거(根據)가 우리

가 하나님을 사랑하기 때문이라고 오해될 소지가 있기 때문입니다. 그렇게 되면 초점이 사람에게 맞춰지게 되고, 인과응보(因果應報) 사상이 되어서 인본주의(人本主義)가 되고 맙니다. 그래서 사도는 얼른, "곧 그 뜻대로 부르심을 입은 자들에게는" 하고 표현을 바꾸고 있는 것입니다.

ⓒ "합력해서 선을 이루게" 되는 근거는, 하나님께서 창세전에 택하시고 구원계획 속에 포함시켜 주셨기 때문에, 이를 성취하시기 위해서 그렇게 하신다는 것입니다. 우리의 사랑에 강조점이 있는 것이 아니라, 주권적인 "하나님의 뜻"에 초점이 맞춰져 있습니다.

⑩ 그렇다면 어찌하여 먼저는 "하나님을 사랑하는 자"라고 말씀을 했을까요? 왜 하나님을 믿는 자라고는 하지 않았을까요?

㉠ 형제여, 사도가 로마서 1장에서 이 말씀을 했다면, "하나님을 믿는 자"라고 말을 했을지도 모릅니다. 그런데 본문이 놓여 있는 위치(位置)는 영광스러운 복음진리의 마지막 부분입니다. 여기까지 인도함을 받은 사람이라면 "하나님을 사랑하는 자"의 단계(段階)에 이르게 되는 것이 아니겠습니까? 하나님을 믿는다고 다 사랑하는 것은 아닙니다. "하나님을 사랑하는 자"란 하나님을 끝까지 믿는 사람입니다. 하나님을 사랑하는 자만이 고난 중에도 "우리가 알거니와" 하고 말할 수 있는 자입니다.

⑪ 말씀을 마치기 전에 다시 한번 28절이 놓여 있는 문맥을 상기시키고자 합니다.

㉠ 26절에서는, "우리가 마땅히 빌 바를 알지 못하나" 말하고,
㉡ 28절에서는 "우리가 알거니와" 하는 문맥입니다. 이 두 말씀을 결부시키면 어떤 뜻이 되는가? 이 사람은 자기가 왜 이런 고난(苦難)

을 당해야만 하는지 그것은 알지를 못하나, 그러나 한 가지 아는 것은 사랑의 하나님, 전능의 하나님께서는, "모든 것을 합력하여 선을 이루어 주신다"는 것, 이것만은 확신한다는 뜻인 것입니다.

⑫ 결론(結論)은 선(善)입니다. 이 원리(原理)만은 확신한다는 것입니다.

㉠ 형제여, 이렇게 말할 수 있는 사람은 그리스도인 밖에는 없습니다. 이 사람은 하나님을 신뢰하는 사람입니다. 이런 사람이 "하나님을 사랑하는 자"(28상)입니다.

㉮ 형제여, 고난이 닥치거든, "제가 하나님을 사랑하나이다" 하고 말씀해 보십시오. 하나님께서는 위로 중에,

㉯ "내가 너를 택하였노라" 대답하실 것입니다.

㉰ 그러면 형제는, "우리가 알거니와 하나님을 사랑하는 자 곧 그 뜻대로 부르심을 입은 자들에게는 모든 것이 합력하여 선을 이루느니라" 하고, 고백하게 될 것입니다. 아멘.

묵상해 봅시다.

1. "합력하여 선을 이루는" 것은 누구에게 해당이 되는 말씀입니까?
2. "곧 그 뜻대로" 하고 표현을 바꾼 이유가 무엇입니까?
3. 궁극적인 선이란 무엇을 의미합니까?

101
끊어질 수 없는 연결고리

『하나님이 미리 아신 자들로 또한 그 아들의 형상을 본받게 하기 위하여 미리 정하셨으니 이는 그로 많은 형제 중에서 맏아들이 되게 하려하심이니라 또 미리 정하신 그들을 또한 부르시고 부르신 그들을 또한 의롭다 하시고 의롭다 하신 그들을 또한 영화롭게 하셨느니라』 (8:29-30).

본문은 28절에서 언급한, "그 뜻대로 부르심을 입은 자들"에 대한 상세한 해설입니다. 그러므로 먼저 ㉠ "하나님의 뜻"에 대해서 증거한 다음에 ㉡ "끊어질 수 없는 연결고리"에 대해서 말씀하고, ㉢ 마지막으로 우리를 부르신 목적에 대해서 말씀을 드리도록 하겠습니다.

① 먼저 하나님의 뜻에 대해서 말씀드리겠습니다. 하나님의 뜻이란 한 마디로 하나님의 절대주권을 의미합니다.

㉠ 모든 일은 하나님의 절대 주권(主權) 하에 그 뜻대로 이루어져 나갑니다. 하나님께서 하시는 일에는 임기응변(臨機應變)이라든가, 즉흥적으로 되어지는 일이란 하나도 없습니다. "예지 예정"하신 그 뜻대로 이루어 나가십니다. 이를 인정하고 하나님께 절대주권을 돌려

드린다는 것은, 신앙생활에 있어서 중요한 요점입니다.

　ⓛ 사도가 하나님의 주권을 얼마나 앞세우고 있는가를 보십시오. 사도는 로마에 가기를 무척이나 원했습니다. 그런데 서두에서, "이제 하나님의 뜻 안에서 너희에게로 나아갈 좋은 길 얻기를 구하노라"(1:10) 한 사도는 말미에 이르러서도, "나로 하나님의 뜻을 좇아 기쁨으로 너희에게 나아가기를"(15:32) 원한다고 말씀합니다. 이점을 에베소서 1장에서 더욱 확인할 수가 있는데,

　㉮ 첫 말씀이, "하나님의 뜻으로 말미암아, 사도된 바울은"(1) 합니다.
　㉯ 5절에서는, "그 기쁘신 뜻대로 우리를 예정하사" 합니다.
　㉰ 9절에서는, "그 뜻의 비밀을 우리에게 알리셨으니" 합니다.
　㉱ 11절에서도, "모든 일을 그 마음의 원대로 역사하시는 자의 뜻을 따라 우리가 예정을 입어" 하고 말씀합니다.

　ⓒ "기쁘신 뜻대로 우리를 예정하신" 시점을 "창세전에 그리스도 안에서 우리를 택하사" 하고, 창세전에 계획되어진 일이라고 말씀합니다.

　② 주님께서도 이 땅에 계실 때에 철저하게 하나님의 뜻을 받드셨습니다.

　㉠ 그 점을 요한복음을 통해서 상고해 보면,
　㉮ "나의 양식은 나를 보내신 이의 뜻을 행하며 그의 일을 온전히 이루는 이것이니라"(4:34) 하십니다.
　㉯ "내가 하늘로서 내려온 것은 내 뜻을 행하려 함이 아니요 나를 보내신 이의 뜻을 행하려 함이니라"(6:38) 하십니다.
　㉰ 주님은 심지어, "내가 아무것도 스스로 할 수 없노라"(요 5:30) 하고까지 말씀하십니다. 하물며 우리이겠습니까?

ⓒ 사도는 "너희로 하여금 모든 신령한 지혜와 총명에 하나님의 뜻을 아는 것으로 채우게 하시고"(골 1:9) 합니다. 그러므로 하나님의 자녀 된 우리들은 하나님의 뜻을 분별하여 받들어 드리는 것, 이것이 진정한 하나님 중심인 것입니다.

　　③ 그러므로 신앙생활에 있어서 하나님의 뜻을 분별한다는 것이 가장 어렵고도 중요합니다.

　　㉠ 사도는 교리부분을 마치고 실천 윤리(倫理)를 말씀하는 서두를, "너희는 이 세대를 본받지 말고 오직 마음을 새롭게 함으로 변화를 받아 하나님의 선하시고 기뻐하시고 온전하신 뜻이 무엇인지 분별하도록 하라"(12:2) 하고, "하나님 뜻 분별"이라는 말씀으로 시작을 하고 있습니다. 왜냐하면 "하나님의 뜻"을 모르는 "열심"은 도리어 방해(妨害)하는 것이 되기 때문입니다.

　　④ 논란이 많은 예정교리가 어느 기초(基礎) 위에 세워진 말씀인지 아십니까? 우리가 명심해야 할 점은 예정교리가 먼저가 아니라, "하나님의 절대주권"을 인정하는 것이 먼저라는 점입니다.

　　㉠ 이 순서를 바꾸기 때문에 예정교리에 대한 거부감과 곡해가 일어나는 것입니다. 즉 하나님의 주권 앞에 복종하려는 자세가 아니라, 자신의 이성(理性)으로 하나님의 말씀을 비판하려 들기 때문에 문제가 생기는 것입니다. 현대인들은 하나님의 존재를 증명해서 보여달라고 요구합니다. 어리석은 사람들!

　　ⓒ 인간이 "증명"해서 보여줄 수 있는 분이라면 그 분은 이미 "나는 스스로 있는 자니라"(출 3:14) 하신 하나님이 아니라, 인조(人造) 하나님이 되고 마는 것입니다. 하나님께 절대주권을 돌려 드린다면, 예정교리는 자연스럽게 받아드려지게 되는 것입니다. 그래서 개혁자

들은 "하나님을 하나님 되게 하라" 하고 외쳤던 것입니다.

　⑤ 다음으로 본문에는 "황금의 연결고리"라 불리는 다섯 개의 고리가 있습니다. "미리 아시고, 미리 정하시고, 부르시고, 의롭다 하시고, 영화롭게 하셨느니라"가 그것입니다.

　㉠ 우리가 하나님과 만나게 되는 것은 세 번째 고리인 "부르심"에서입니다. 부르심을 중심해서 앞에는 "미리 아심과 미리 정하심"이 있고, 뒤에는 "의롭다 하심과 영화롭게 하심"이 있습니다. 앞으로 남아 있는 하나의 고리는 "영화롭게" 하심뿐입니다. 영화롭게 하심이 구원의 최종목표인 것입니다.

　⑥ 사도가 28절에서, "그 뜻대로 부르심을 입은 자들에게는 모든 것이 합력하여 선을 이루느니라" 한 선은, 결국 우리가 누리게 될 "영화롭게 하심"임을 알게 됩니다.

　㉠ 다시 말하면, "황금의 연결고리"는 중단(中斷)되거나 끊어지지 아니하고 결국은 "선", 즉 완성하신다는 말씀입니다. 왜냐하면 하나님께서 기쁘신 뜻대로 예정하셨기 때문입니다. 택하시기는 했는데 부르심이 없다든지, 부르시기는 했는데 의롭다고 여겨주시지를 못한다든가, 의롭다고는 하셨는데 영화롭게 하시지 못한다는 그런 일이란 절대로 없다는 것입니다. 왜냐하면 "하나님의 뜻대로" 계획하신 일이기 때문입니다.

　⑦ 다섯 개의 고리 중에서 인간이 담당해야 하는 고리는 하나도 없습니다. 만일 있다면 모든 사람들은 그 고리에서 낙오(落伍)하고야 말 것입니다.

　㉠ 그러므로 하나님의 기쁘신 뜻을 따라 진행되어 나아가는 것이 구원계획이라면, 시작하신 것을 성취하시고, 반드시 완성이 된다는

것은 의심의 여지가 없는 것입니다. 그러므로 구원의 과정을 설명하고 있는 다섯 가지 서정(序程)들이 모두가, 이미 되어진 양 과거시제로 되어 있는 것입니다. "영화"는 분명 미래(未來)에 되어질 일인데도, "영화롭게 하셨느니라" 하고, 벌써 영화롭게 해주셨다고 말씀합니다.

ⓒ 하나님께서 계획하시고 약속하신 일이기 때문에, 벌써 이루어진바나 다름이 없기 때문입니다. 믿음으로 볼 때 그것은 벌써 받은 것입니다.

⑧ 예정교리가 로마서 앞부분에 나오지 않고, 8장에서야 등장한다는 점을 명심할 필요가 있습니다.

㉠ 이 예정교리는 불신자나 초신자에게 필요한 진리가 아니기 때문입니다. 불신자는 1장으로 돌아가 "죄론"으로부터 시작해야 합니다. 초신자는 "하나님의 의"에 굳게 서는 "복음"으로 견고해지는 것이 선결문제입니다.

ⓒ 그러므로 예정교리는, "저 사람은 하나님이 택하시지 않았나봐" 하고, 불신자에게 써 먹으라고 주신 교리가 아닙니다. 이렇게 한다면 당신이 하나님 노릇하려는 것입니다. 예정교리는 사도가, "생각건대 현재의 고난(苦難)은"(18) 한 문맥의 연장선상에서 한 말씀임을 유념해야만 합니다. 즉 세상에서 환난과 핍박과 고난과 시련 중에 살아가고 있는 하나님의 자녀들에게 주시는 최종적인 위로요, 확신인 것입니다. 이보다 더 큰 위로와 구원의 확신을 주는 말씀은 달리는 없습니다.

⑨ 다음은 하나님께서 우리를 기쁘신 뜻대로 부르신 목적(目的)이 어디에 있는가 하는 점입니다. "그 아들의 형상(形象)을 본 받게 하기 위하여"(29) 라고 말씀합니다.

㉠ 이것이 하나님께서 우리를 부르신 최종적인 목표입니다. 이것은 태초에 하나님의 형상대로 지음 받았다가 상실한, 그 형상을 회복한다는 의미가 있습니다. 그러나 형제여, "우리의 낮은 몸을 자기 영광의 몸의 형체와 같이 변케 하신다"(빌 3:21)는 그 영화는, 아담 하와의 범죄 하기 이전까지의 회복만이 아닌 것입니다. "우리가 흙에 속한 자의 형상을 입은 것같이 또한 하늘에 속한 자의 형상(形象)을 입으리라"(고전 15:49) 하십니다.

㉡ 이것이 창세전에 기쁘신 뜻대로 예정하신 하나님의 목적이십니다. 하나님께서 형제를 의롭다 하시고, 머지않아 주님의 부활하신 몸과 같이 영화롭게 해주실 것입니다. "주를 향하여 이 소망을 가진 자마다 그의 깨끗하심과 같이 자기를 깨끗하게 하느니라"(요일 3:3), 즉 삶도 주님 닮은 삶을 살아가기를 사모하게 된다고 말씀하십니다. 이것이 "끊어질 수 없는 연결고리"입니다.

> **묵상해 봅시다.**
>
> 1. "하나님의 뜻대로"란 하나님의 무엇을 의미합니까?
> 2. 황금의 연결고리에 대해서 말씀해 보십시오.
> 3. 예정교리를 말씀하는 의도가 어디에 있습니까?

셋째 단원(31-39) 승리의 개가

102
하나님의 능력에 도전할 자가 있느냐

『그런즉 이 일에 대하여 우리가 무슨 말 하리요 만일 하나님이 우리를 위하시면 누가 우리를 대적하리요』 (8:31).

사도는 이제 복음증거에 대한 대단원의 막을 내리려 하고 있습니다. 8장 마지막까지에서 영광스러운 복음증거를 끝맺고 있습니다. 그러므로 사도는 마지막 부분인 31-39절을 통해 구원의 최종적인 확신을 주고 있습니다. 그리하여 "승리의 개가"(凱歌)를 부르고 있는 것입니다. 이 대목은 질문 형식으로 된 강력한 도전적인 말씀으로 이루어져 있습니다. 31절에는 두 개의 질문이 있습니다.

① 첫 번째 질문은, "그런즉 이 일에 대하여 우리가 무슨 말 하리요"(31상)하는 질문입니다.

㉠ 먼저, "이 일에 대하여" 한, "이 일"이란 무엇을 가리키는가

하는 점입니다. 넓은 의미에서는 이제까지 말씀한 모든 진리를 다 포함한다고 여길 수가 있습니다. 그러나 좁은 문맥에서는 26-30절의 말씀을 가리킨다 하겠습니다.

② 사도는 이렇게 말씀하고 있는 셈입니다.

㉠ "성령도 우리 연약함을 도우시되, 말할 수 없는 탄식으로 우리를 위해 간구하고 계신다(26)는 점을 알았다면,

㉡ "하나님을 사랑하는 자 곧 그 뜻대로 부르심을 입은 자들에게는 모든 것이 합력하여 선을 이룬다"(28)는 것을 알았다면,

㉢ 나를 "미리 아시고, 미리 정하시고, 부르시고, 의롭다 하시고, 영화롭게"(29-30) 하시기로 계획하신 분이 하나님이심을 알았다면,

㉣ "이 일에 대하여 우리가 무슨 말 하리요"(31상), 그래도 무슨 할 말이 있단 말이냐? 하고 묻고 있는 것입니다. 다시 말하면 고난문제로 인한 불평이나, 구원에 대한 의문 같은 것이 남아있단 말이냐? 형제도 무슨 할 말이 있습니까? 우리도 욥처럼, "나는 미천하오니 무엇이라 주께 대답하리이까 손으로 내 입을 가릴 뿐이로소이다"(욥 40:3) 할 뿐입니다. 만일 있다면 오직 "할렐루야"일 것입니다.

③ 두 번째 질문은, "만일 하나님이 우리를 위하시면 누가 우리를 대적(對敵)하리요"(31하) 하는 도전입니다.

㉠ 하나님께서 우리를 미리 아시고, 미리 정하시고, 부르시고, 의롭다하시고, 영화롭게 하시기로 작정하시고, 이루어 나가시는데 우리의 앞을 가로막고 서서, "그렇게는 못한다" 하고 대적할 자가 있단 말이냐? 그렇게 할 자가 있다면 하나님보다 능력이 많은 자라야 할 것입니다. 그러므로 이 질문은 하나님의 능력(能力)에 대항할 자가 있단 말이냐 하는 도전(挑戰)입니다. 나설 테면 나서 보라는 것입니다.

"누가 우리를 대적하리요?", 아무도 없다는 것입니다.

㉡ 성경을 상고해보면, "하나님이 우리를 위하시면 누가 우리를 대적하리요" 하는 선언은, 성경에 등장하는 모든 주의 종들의 원동력(原動力)이 여기에서 나오는 근원적인 선언임을 알게 됩니다.

㉮ 하나님께서 아브라함에게, "아브라함아 두려워 말라 나는 너의 방패요 너의 지극히 큰 상급이라"(창 15:1) 하고 말씀하십니다.

㉯ 하나님은 이삭에게, "두려워 말라 내가 너와 함께 있어 네게 복을 주어 네 자손으로 번성케 하리라"(창 26:24) 하십니다.

㉰ 하나님은 야곱에게, "내가 너와 함께 있어 네가 어디로 가든지 너를 지키며 너를 이끌어 이 땅으로 돌아오게 할지라"(창 28:15) 말씀하십니다.

㉱ 모세가 하나님께, "내가 누구관대 바로에게 가며 이스라엘 자손을 애굽에서 인도하여 내리이까" 했을 때에도 하나님의 답변은, "내가 정녕 너와 함께 있으리라"(출 3:12) 하십니다.

㉲ 하나님께서 여호수아에게 하신 말씀도, "내가 모세와 함께 있던 것 같이 너와 함께 있을 것임이라 내가 너를 떠나지 아니하며 버리지 아니하리니 마음을 강하게 하라 담대히 하라"(수 1:5-6) 하십니다.

㉳ 시편 기자는, "여호와는 내 편이시라 내게 두려움이 없나니 사람이 내게 어찌할꼬 여호와께서 내 편이 되사 나를 돕는 자 중에 계시니"(시 118:6-7) 하고 선언합니다.

㉴ 이사야 선지자로 말씀하시기를, "두려워 말라 내가 너와 함께 함이니라 놀라지 말라 나는 네 하나님이 됨이니라 내가 너를 굳세게 하리라 참으로 너를 도와주리라 참으로 나의 의로운 오른손으로 너를 붙들리라"(사 41:10) 하고 말씀하십니다.

④ 그러므로 주님의 최후 보장도, "볼지어다 내가 세상 끝 날까지 너희와 항상 함께 있으리라"(마 28:20)는 말씀입니다.

㉠ 그 주님은 바울에게 환상 중에 나타나셔서, "내가 너와 함께 있으매 아무 사람도 너를 대적하여 해롭게 할 자가 없을 것이라"(행 18:10) 하십니다.

⑤ 이처럼 성경에 등장하는 모든 사람의 힘의 근원은, "하나님께서 나와 함께하신다 하나님은 내 편이시라, 하나님이 나를 위하시면"에 있었던 것입니다.

㉠ 형제도 하나님께서 나를 사랑하시며, 내 편이시며, 나를 위해 주신다는 점을 확신하십니까? 그렇다면 "하나님이 우리를 위하시면 누가 우리를 대적(對敵)하리요?" 하고 선언하시기 바랍니다. 다시 한 번 상기시켜 드립니다. 하나님께서 형제를 어떻게, 어디까지 위해주셨는가를 생각해보시기를 바랍니다.

㉡ "우리가 아직 연약할 때에, 우리가 아직 죄인 되었을 때에, 곧 우리가 원수 되었을 때에 그 아들의 죽으심으로 말미암아 하나님으로 더불어 화목하게" 해주시는 데까지 위해주셨습니다. 그 후에 형제의 연약함을 도우시기 위해서 성령을 보내셔서 형제와 함께 계시고, 형제 속에 내주하시도록, 그렇게 위해주셨습니다. 하나님이 형제를 미리 아시고, 미리 정하시고, 부르시고, 의롭다 하시고, 영화롭게 하시기로, 그렇게까지 위해주셨다고 말씀합니다.

⑥ 이렇게 "하나님이 우리를 위하시면, 누가 우리를 대적하리요, 덤빌 테면 덤벼 보라"는 것입니다.

㉠ 그런데 이 대목을 유의해보면 "무엇이 우리를 대적하리요" 하는 것이 아니라, "누가 대적하리요, 누가 정죄하리요, 누가 끊으리

요" 하고 말씀하고 있다는 점입니다. 이는 우리를 넘어뜨리고자 하는 어떤 대적 자가 있다는 뜻인 것입니다. 만일 대적 자가 없다면 그런 말은 필요 없는 것이 됩니다. 그렇습니다. "근신하라 깨어라 너희 대적 마귀가 우는 사자같이 두루 다니며 삼킬 자를 찾나니 너희는 믿음을 굳게 하여 저를 대적하라(벧전 5:8-9), 마귀를 대적하라 그리하면 너희를 피하리라"(약 4:7) 하고 말씀합니다.

ⓒ 형제에게, "마귀와 싸우면 누가 이깁니까?" 하고 묻는다면 뭐라고 대답하시겠습니까? 혹시 "제가 집니다" 하고 생각하고 있는 것은 아닌지요? "마귀를 대적하라 그리하면 너희를 피하리라" 하십니다. 어떻게 이 일이 가능합니까? "이는 너희 안에 계신 이가 세상에 있는 이보다 크심이라"(요일 4:4) 하십니다. 대적의 힘이 제아무리 강하다 해도 우리를 위하시는 하나님의 능력(能力) 앞에는 아무것도 아닙니다. 그러므로 형제의 구원은 안전합니다. 형제의 영화는 확실합니다.

"하나님이 우리를 위하시면 누가 우리를 대적하리요?" 이것이 "하나님의 능력에 도전할 자가 있느냐" 라는 말씀입니다.

> **묵상해 봅시다.**
>
> 1. "이 일에 대하여"란 무엇을 가리킵니까?
> 2. "대적하리요?" 하는 질문은 무엇에 대한 도전을 의미합니까?
> 3. 성경에 등장하는 주의 종들의 능력이 어디에서 나옵니까?

103
하나님의 사랑에 도전할 자가 있느냐

『자기 아들을 아끼지 아니 하시고 우리 모든 사람을 위하여 내어 주신 이가 어찌 그 아들과 함께 모든 것을 우리에게 은사로 주지 아니 하시겠느뇨』 (8:32).

재차 강조합니다만 사도는 최종적으로 구원에 대한 확실성을 말씀하고 있습니다. 본문을 통한 사도의 논증(論證)은 큰 것이 사실이라면, 그 보다 작은 것은 더욱 확실하지 않겠느냐는 것입니다. 하나님께서 우리를 구원하시기 위해서 자기 아들까지도 아끼지 아니하시고 내어 주셨다면, 그보다 못한 "모든 것"은 아낌없이 주시지 않겠느냐는 것입니다. 이 질문의 핵심은 하나님의 "사랑"에 있습니다.

사도는 이렇게 말씀하고 있는 셈입니다. 하나님께서 택하신 자들을 사랑하셔서, "자기 아들까지 아끼지 않으시고 화목제물로 내어주셨다면", 이 사랑에서 우리를 끊어놓을 자가 있단 말이냐?

① "자기 아들을 아끼지 아니하시고 우리 모든 사람을 위하여 내어 주신 이가"(32상), 하고 말씀합니다.

㉠ 먼저 확인해야할 점은, "자기 아들을 아끼지 아니 하시고 내어주신 이"가 누구신가 하는 점입니다. 이렇게 행해주신 분은 "하나님"이셨습니다. 자기 아들을 화목제물로 내어주심으로, "하나님께서 우리에게 대한 자기의 사랑을 확증(確證)하셨느니라"(5:8하) 하고 말씀했습니다. 우리는 이 사실을 자주 말하고, 자주 듣다보니 예사로, 또는 당연한 일처럼 여기기가 쉽습니다만, 그러나 이것은 엄청난 사건인 것입니다.

㉡ 우리 "죄를 인하여 자기 아들을 죄 있는 육신의 모양으로 보내어"(3) 우리 대신 자기 아들에게 정죄를 하신 갈보리 십자가를 생각해 보아라. 하나님의 사랑에 대해서 의심할 수가 있단 말이냐? 그렇다고 사도가 증거 하고자 하는 바는 "사랑" 자체가 아니라, 우리의 구원이 얼마나 확고부동한 것이냐 하는 "구원의 확실성"에 있는 것입니다.

② 본문을 대할 때에 우리의 시선과 마음은, "모든 것을 우리에게 은사로 주지 아니 하시겠느뇨" 한, 하반 절에 쏠리기가 쉽습니다. 즉 "모든 은사"(恩賜)로 곧바로 달려가기가 쉽다는 말씀입니다.

㉠ 그러나 "모든 은사"란 부수적인 것입니다. 우선적인 것은, "자기 아들을 아끼지 아니 하시고 우리를 위하여 내어 주셨다" 하는, "하나님과, 그의 아들 예수 그리스도", 즉 복음진리를 붙잡고, 그 위에 굳게 서 있을 때에만이 뒤에 것도 따라오기 마련인 것입니다.

㉡ 가룟 유다의 배신, 군중들의 무지함, 빌라도의 소신 없는 판결이 있었다 해도, "자기 아들을 아끼지 아니하시고 우리 모든 사람을 위하여 내어주신 이"는 하나님 자신이셨습니다. 3:25절에서도, "이 예수를 하나님이 그의 피로 인하여 믿음으로 말미암는 화목제물로 세우셨으니" 합니다. 갈보리 언덕에 십자가를 세우시고 그 위에

자기 아들을 못 박으신 이는 하나님 자신이셨습니다. 누구를 내어 주셨다고 말씀하고 있습니까? 흠 없는 양입니까? 송아지였습니까? 아닙니다. "자기 아들"입니다.

③ 우리는 양자로 하나님의 자녀가 되었으나 예수 그리스도는, "이는 내 사랑하는 아들이요 내 기뻐하는 자라"(마 3:17)하신 "독생자"이십니다.

㉠ 요한복음에서는, "본래 하나님을 본 사람이 없으되 아버지 품속에 있는 독생하신 하나님이 나타나셨느니라"(요 1:18) 하고 말씀하고 있습니다. 갈보리 십자가상에서 죽으신 분은 "자기 아들"이요, "아버지 품속에 있는 독생하신 하나님"이셨습니다. 이것이 그분의 신분입니다.

㉡ 누구를 위해서 내어 주셨으며, 누구를 위해서 죽어 주셨습니까? "우리가 아직 연약할 때에, 우리가 아직 죄인 되었을 때에, 곧 우리가 원수 되었을 때에", 하나님은 이런 자들을 위해서 자기 아들을 아끼지 아니하시고 내어주셨다는 말씀입니다. 이상 말씀드린 것이 "자기 아들을 아끼지 아니 하시고 우리 모든 사람을 위하여 내어 주신 이"에 대한 설명입니다.

④ 이렇게 행해주신 하나님께서, "어찌 그 아들과 함께 모든 것을 우리에게 은사로 주지 아니 하시겠느뇨"(32하) 하고 묻고 있는 것입니다.

㉠ 내가 "아들은 아끼지 아니하고 내어 주었지만 이것만은 안 된다, 이것만은 줄 수가 없다" 하시는 것이 있겠느냐는 것입니다. 주시지 않는 것이 있다면 그것은, 하나님께서 아끼셔서가 아니라, 주어서는 아니 될 해로운 것이기 때문일 것입니다.

⑤ "모든 사람을 위하여"라고 말씀하고 있습니다. 이는 보편구원론적인 모든 사람을 위해서라는 뜻이 아닙니다. 28절에서 말씀한, "그 뜻대로 부르심을 입은 자들", 즉 하나님께서 택하신 모든 자들을 위해서 라는 말씀입니다.

㉠ 하나님께서 자기만 특별(特別)이 사랑하신다는 사람들이 있습니다. 반대로 어떤 분은 하나님은 자기는 사랑하시지 않는가 보다고 말하는 사람들도 있습니다. 왜냐하면 사랑받을 만한 아무런 자격도 없고, 일한 것도 없기 때문에 사랑하지 않으시리라고 생각하는 것입니다. 그 사람은 "곧 우리가 원수 되었을 때에 그 아들의 죽으심으로 말미암아"(5:10) 라는 말씀을 놓치고 있는 것입니다.

㉡ 형제여, 우리가 하나님을 사랑하는 것도 중요하지만, 하나님의 무조건적인 사랑을 받아 드리고 감사할 줄 안다는 것은 더욱 중요하고 우선해야할 일입니다. 하나님께서는 형제를 사랑하십니다. "자기 아들을 아끼지 아니하시고 내어 주신", 그 만큼 사랑하십니다. 그 사랑은 "그 만큼"의 사랑이 아니라, 무한대(無限大)한 측량 못할 사랑인 것입니다.

⑥ 35절을 보십시오. "누가 우리를 그리스도의 사랑에서 끊으리요", 이 사랑은 우리가 그리스도를 사랑하는 사랑이 아니라 그리스도께서 우리를 사랑하시는 그 사랑인 것입니다.

㉠ 39절에서는, "높음이나 깊음이나 다른 아무 피조물이라도 우리를 우리 주 그리스도 예수 안에 있는 하나님의 사랑에서 끊을 수 없으리라" 하십니다. 형제여, 이 이중적(二重的)인 사랑의 줄은 결코 끊어지지 않습니다. 끊을 수 있는 자도 없습니다. 형제의 구원이 얼마나 안전(安全)합니까? 형제가 영화롭게 될 것이 얼마나 확실(確實)합니까? "이 일에 대해서 우리가 무슨 말 하리요"(31상), 그래도 형제

는 무슨 할 말이 남아 있습니까?

"자기 아들을 아끼지 아니 하시고 우리 모든 사람을 위하여 내어 주신 이가 어찌 그 아들과 함께 모든 것을 우리에게 은사로 주지 아니 하시겠느뇨", 이것이 "하나님의 사랑에 도전할 자가 있느냐"라는 말씀입니다.

> **묵상해 봅시다.**
>
> 1. "자기 아들을 십자가에 내어 주신 이는 누구이십니까"?
> 2. 하나님이 왜 그렇게 하셔야만 하셨습니까?
> 3. 아들을 아끼지 아니하시고 내어 주셨다면 무엇도 확실합니까?

104
하나님의 공의에 도전할 자가 있느냐

> 『누가 능히 하나님의 택하신 자들을 송사하리요 의롭다하신 이는 하나님이시니 누가 정죄하리요 죽으실 뿐 아니라 다시 살아나신 이는 그리스도 예수시니 그는 하나님 우편에 계신 자요 우리를 위하여 간구하시는 자시니라』(8:33-34).

본문에는 두 가지 질문이 있습니다. ㉠ "누가 능히 하나님의 택하신 자들을 송사하리요?"와, ㉡ "누가 정죄하리요?" 하는 질문입니다. 그런데 "누가…송사하리요, 누가 정죄하리요" 한, "송사(訟事)와, 정죄"(定罪)는 한 법정(法廷)에서 벌어지고 있는 하나의 사건인 것입니다. 그러므로 함께 다루는 것이 좋습니다.

사도는 이렇게 묻고 있는 셈입니다. "하나님께서 택하셔서, 의롭다고 여겨주신 사람들을, 누가 감히 검사(檢事)가 되어서 송사하고, 누가 재판장(裁判長)이 되어서 유죄언도를 내릴 수가 있단 말이냐?" 이는 "하나님의 공의(公義)에 도전할 자가 있느냐" 하는 뜻입니다. 왜냐하면 우리를 의롭다고 여겨주신 것은 자기 아들의 구속으로 말미암아 행해주신 일이기 때문입니다.

① "누가 능히 하나님의 택하신 자들을 송사하리요"(33상) 합니다.

㉠ 이 물음은 송사할 자가 없다는 그런 뜻이 아닙니다. 송사를 당할 가능성(可能性)이 있기 때문에 말씀하는 것입니다. 송사를 한다 해도 그 송사가 받아드려지거나 성립될 리가 있겠느냐는 뜻입니다.

㉡ 성도들을 송사하는 자가 있습니다. 요한계시록 12:10절에서는, "우리 형제들을 참소(讒訴)하던 자 곧 우리 하나님 앞에서 밤낮 참소하던 자가 쫓겨났고" 합니다. 스가랴 3장에는 송사 당하는 장면이 있습니다. "대제사장 여호수아는 여호와의 사자 앞에 섰고 사단은 그의 우편에 서서 그를 대적하는 것"(슥 3:1)을 보여주십니다.

㉢ 왜 송사를 당하고 있는가? 대제사장 "여호수아가 더러운 옷을 입고"(3) 있기 때문입니다. 송사를 당할 만한 이유가 그에게 있었다는 뜻입니다. 그런데 여호와께서 사탄을 책망하시면서 천사들에게 명하시기를, "더러운 옷을 벗기라 하시고 또 여호수아에게 이르시되 내가 네 죄과(罪過)를 제하여 버렸으니 네게 아름다운 옷을 입히리라"(4) 하시는 것이 아닌가!

② 구약성경에서 하나님이 입혀주셨다는 "아름다운 옷"을, 본문에서는, "의롭다 하시는 이는 하나님이시니" 하고 말씀하면서, "누가 정죄하리요, 하나님의 택하신 자들을 누가 송사하리요" 하고 도전하는 것입니다.

㉠ 형제도 송사를 당해 본 경험이 있으시겠지요. 사탄이 송사합니다. 그러면 사탄은 어디에 근거하여 성도들을 송사하는가?

㉮ "사망이 쏘는 것은 죄요 죄의 권능은 율법(律法)이라"(고전 15:56), 율법에 근거하여 송사합니다. 이점을 7:11절에서는, "죄가 기회를 타서 계명으로 말미암아 나를 속이고 그것으로 나를 죽였는지라"(7:11) 합니다.

㈏ 하나님이 주신 율법까지도 악용을 하는 사탄은, 또한 우리에게 주신 "양심"(良心)을 이용해서 송사를 합니다.

③ 더 이상 "법 아래 있지 아니 한"(6:14) 그리스도인들에게는 양심을 통해서 오는 송사(訟事)와 정죄(定罪)감이 가장 힘들지 않나 싶습니다.

㉠ 이런 부류의 사람들은 성격적으로 내성적인 사람, 책임감(責任感)이 강한 사람, 그래도 잘 믿어 보려는 사람들에게 많습니다.

㉮ 사탄의 제 1차적인 작전은 예수를 믿지 못하게 하는 일입니다. 그런데 여기에 실패하게 되면,

㉯ 두 번째 작전으로 믿는 자를 송사하고 정죄하여 무력(無力)하게 만드는 일입니다.

㉡ 그리스도인들은 이 작전에 속지 말아야만 합니다. 실수하고 넘어졌을 때는 "상하고 통회하는 심령"(시 51:17)이 되어 참회를 해야 합니다. 그리고는 "그러나 죄가 더한 곳에 은혜가 더욱 넘쳤나니"(5:20) 하고 선언하십시오.

④ 그래도 마음이 정죄감에서 자유 함을 얻지 못한다면, "누가 능히 하나님의 택하신 자들을 송사하리요 의롭다 하신 이는 하나님이시니"(33) 하고 외치십시오.

㉠ 사도는 그리스도인들을 어떤 사람들이라고 부르고 있습니까? "하나님의 택(擇)하신 자들"이라고 부르고 있습니다. 이것은 엄청난 호칭입니다. 우리는 예수 믿기로 작정하거나, 결심한 사람들이 아닙니다. 하나님에 의해서 택(擇)함을 받은 사람들인 것입니다.

㉡ "옆 집 순희 엄마는 예수 믿기로 결심 했대요" 하는 말과, "순희 엄마는 하나님의 택하신 사람이래요" 하는 말은 하늘과 땅만큼

이나 차이가 나는 말입니다. 그렇다고 사도의 의중은 "택하심" 자체에 있는 것이 아니라, "택하시고, 성취하심"이 하나님의 절대주권에 속한 것임을 드러냄으로 우리 구원의 확실성을 확고하게 세워주려는데 있는 것입니다. 그래서, "누가 능히 하나님의 택하신 자들을 송사하리요" 하는 것입니다.

⑤ "의롭다 하신 이는 하나님이시니"(33하) 하고 말씀합니다. 우리는 이미 의롭다하심을 받은 사람들입니다.

㉠ 그것은 이미 과거(過去)에 이루어진 분명한 사실입니다. 그런데 김선운 주석에서 지적한 대로 원문의 시제(時制)는 "의롭다 하신" 과거완료시제가 아니라, "의롭다 하시는" 현재시제(現在時制)입니다. 성도들이 송사를 당하고 정죄를 당할 때마다 지금도 계속적으로, "내가 너를 의롭다고 인정하노라" 하고 선언해주시는 하나님이시라는 말씀입니다.

⑥ 하나님께서 우리를 의롭다고 인정하여 주신 일은 하나님의 공의(公義)에 조금도 손상을 입으심이 없는, 합법적인 선언이었음을 명심할 필요가 있습니다.

㉠ 사도는 3절에서, "자기 아들을 죄 있는 육신의 모양으로 보내어 육신의 죄를 정하사", 즉 우리 대신 자기 아들에게 정죄하신 연후에 의롭다고 선언하여 주신 합법적인 절차를 밟으셨다고 말씀했습니다. 이 말씀은 우리에게 두 방면으로 다가오는데,

㉮ 첫째는 이렇게 행해주시고 우리를 의롭다고 여겨주셨다면, "송사와, 정죄"를 당할 이유가 없다는 것이고,

㉯ 둘째는 이렇게 하시고야 우리를 의롭다고 여겨주셨는데, 어찌 죄 가운데 거할 수가 있단 말이냐 하고 정신 차리게

합니다.

⑦ 사도는 "죽으실 뿐 아니라 다시 살아나신 이는 그리스도 예수시니"(34상) 하고, 정죄 할 수 없는 증거(證據)로, "그리스도의 죽으심과 부활"을 제시하고 있습니다.

㉠ 4:25절에서도, "예수는 우리 범죄 함을 위하여 내어줌이 되고 또한 우리를 의롭다 하심을 위하여 살아나셨느니라"(4:25) 하고 말씀했습니다. 주님의 죽으심과 부활은, "하나님"께는 그를 믿는 자들을 의롭다고 여겨주심을 가능케 하는 근거(根據)요, "그리스도인"들에게는, 다시는 송사를 당하거나 정죄를 당하지 않는다는 보증(保證)이 되는 것입니다. 나를 대신하여 정죄 당하심이 아니었다면 주님께서 죽으셔야 할 이유가 없기 때문입니다.

⑧ 다시 강조합니다. "누가 능히 하나님의 택하신 자들을 송사하리요 … 누가 정죄하리요"(33, 34),

㉠ 우리들은 대적(對敵)에게 송사를 당하고, 정죄를 당할 만한 실수와 범죄를 저지르는 것을 인정합니다. 그러나 "죄가 너희를 주관치 못하리니 이는 너희가 법아래 있지 아니하고 은혜 아래 있음이라"(6:14) 하고 말씀합니다. 실수를 범했을 때에라도 이렇게 대답하십시오. "나는 네가 송사하는 바를 인정한다. 그러나 듣거라. 나는 네 주관(主管) 하에 속해 있지 아니한 사람이다. 나는 예수 그리스도가 왕 노릇 하시는 은혜 아래 있는 사람이란 말이다", 아시겠습니까?

㉡ 우리는 징계를 받아도 우리 하나님 아버지께 받으며, 매를 맞아도 우리 아버지께 맞는 것입니다. 또한 "저는 미쁘고 의로우사 우리 죄를 사하시며 모든 불의에서 우리를 깨끗케 하실"(요일 1:9) 것입니다.

형제여. 실수하고 넘어졌을 때 상한 심정으로 통회(痛悔)는 하되, 율법과 양심을 통해서 송사하고, 정죄하는 사탄의 궤계에 빠지지 마시기 바랍니다. 왜냐하면 우리의 구원은 하나님의 공의에 입각한 의롭고 진실한 구원행사이기 때문입니다. "누가 능히 하나님의 택하신 자들을 송사하리요 의롭다 하신 이는 하나님이시니 누가 정죄하리요", 아멘.

> **묵상해 봅시다.**
>
> 1. 우리를 의롭다 하신 근거로 무엇을 들고 있습니까?
> 2. 우리를 송사하는 것에는 무엇들이 있습니까?
> 3. 형제가 송사를 당할 때에 무엇이라 답변 하시겠습니까?

105
그리스도의 중보사역

『누가 정죄하리요 죽으실 뿐 아니라 다시 살아나신 이는 그리스도 예수시니 그는 하나님 우편에 계신자요 우리를 위하여 간구하시는 자시니라』(8:34).

사도는 본문을 통해서 소극적으로는 누구도 우리를 정죄(定罪)할 수 없는 근거를 말씀하고, 적극적으로는 예수 그리스도의 중보사역을 통한 구원의 확실성(確實性)과 안전성을 말씀하고 있습니다. 모세는 죽기 전에 유언과 같은 설교에서, "나와 같은 선지자 하나를 너를 위하여 일으키시리니"(신 18:15) 하고 예언을 했습니다. "나와 같은"이라는 것이 중보사역입니다. 그런데 모세는, "사환으로 충성하였고, 그리스도는 아들로 충성하였다"(히 3:5, 6)는 점과, 모세는 "율법을 주었고, 그리스도는 은혜(恩惠)를 주셨다"(요 1:17)는 점이 다른 것입니다.

① "죽으실 뿐 아니라 다시 살아나신 이는 그리스도 예수시니"(34 중) 합니다.

㉠ 이 말씀에는 짝이 있습니다. 예수와, 그리스도를 떼어놓아서는 아니 되듯이, 예수 그리스도의 "죽으심과, 다시 살아나심"도 떼어놓아서는 아니 됩니다. 왜냐하면,

㉮ "죽으심"을 통해서 구속(救贖)하셨고,

㉯ "살으심"을 통해서 사망(死亡)권세를 이기고 승리하셨기 때문입니다.

㉡ 사도들은 하나님의 아들 그리스도께서 우리 죄를 인하여 죽으신 것만이 아니라, 다시 살아나셨다는 것을 증거하는데 목숨을 걸었던 것입니다. 왜냐하면 여기에 "구원과, 승리와, 소망"이 있기 때문입니다.

㉮ "너희가 법 없는 자들의 손을 빌어 못 박아 죽였으나, 하나님께서 사망의 고통을 풀어 살리셨다"(행 2:23-24),

㉯ "생명의 주를 죽였도다 그러나 하나님은 죽은 자 가운데서 살리셨으니 우리가 이 일에 증인이로라"(행 3:15),

㉰ "너희가 십자가에 못 박고, 하나님이 죽은 자 가운데서 살리신 나사렛 예수 그리스도의 이름으로 이 사람이 건강하게 되어 너희 앞에 섰느니라"(행 4:10),

㉱ "너희가 나무에 달아 죽인 예수를 우리 조상의 하나님이 살리시고 이스라엘로 회개케 하사 죄사함을 얻게 하시려고 그를 오른손으로 높이사 임금과 구주를 삼으셨느니라"(행 5:30-31) 하고 담대히 증거하다가 죽임을 당한 것입니다. 현대교회에 세움을 받은 증인들은 무엇을 외치는데 열을 올리고 있단 말인가?

㉢ 사도가 이 문맥에서 그리스도의 "죽으심과, 다시 살아나심"을 거론하는 의도가 무엇인가를 인식해야만 합니다. 그것은 우리를 "의롭다" 하심이 하나님의 공의(公義)에 모순 되는 일이 아니라는 점과,

그러므로 "송사를 당하고 정죄를 당할" 이유가 없다는 점을 확신시키기 위해서인 것입니다.

② 또한 34절 한 절속에는 예수 그리스도의 중보사역이 요약되어 있습니다.

㉠ 죽으심이 있고, 다시 살아나심이 있습니다. 그리고 하나님 우편에 계심이 있고, 우리를 위하여 간구하심이 있습니다. 이 한 단계 한 단계(段階)는 우리와 떼어 놓을 수 없는 중요한 의미를 내포하고 있는 것입니다. 왜냐하면 예수 그리스도와 연합(聯合)한 자에게는, 그리스도에게 되어진 일이 동일하게 우리들에게도 되어진 일이기 때문입니다.

㉡ 다시 강조합니다만 예수 그리스도에게 일어난 일은, "그리스도 안"에 있는 우리에게도 되어진 일이라는 것입니다. 사도는 이점을 6장에서 이미 증거했기 때문에 본문에서는 되풀이 하고 있지는 아니합니다. 그러나 본문을 상고할 때에 이점을 염두에 두고 있어야만 하는 것입니다.

③ "죽으실 뿐 아니라" 합니다. 누가 죽으셨는가? 왜 죽으셨는가? 누구를 위해서 죽으셨는가?

㉠ 죽으신 분은 "그리스도 예수시니" 합니다. 그리고 "우리를 위하여" 라고 말씀합니다. 예수 그리스도의 죽으심은 죄인 된, "우리를 위하여, 우리를 대신하여" 죽으신 대속적인 죽으심이었습니다. 그래서 "정죄(定罪)와, 죽으심"을 결부해서 말씀하고 있는 것입니다. 우리를 위함이 아니었다면 죽으셔야할 이유가 전혀 없는 분이십니다. "우리가 아직 죄인 되었을 때에 그리스도께서 우리를 위하여 죽으심으로 하나님께서 우리에게 대한 자기의 사랑을 확증하셨느니라"(5:8)

합니다.

④ 그런데 "죽으신" 것이 끝이 아니라 그 뿐만이 아니라, "다시 살아나신 이는 그리스도 예수시니"(34중) 합니다.

㉠ 주님의 죽으심이 우리를 위한 것이었듯이, 주님의 부활(復活)도 우리를 위한 것이었다는 점을 명심해야만 합니다. 물론 예수 그리스도는 사망에 매어 계실분이 아니십니다. 그러나 주님의 부활은, "또한 우리를 의롭다 하심을 위하여 살아나셨느니라"(4:25하), 즉 우리 죄가 다 속량이 된 것만이 아니라, "의롭다"함에 대한 확증이었던 것입니다. 또한 우리 부활에 대한 보증(保證)이 되는 것입니다.

㉡ 사도는 부활 장에서, "만일 죽은 자의 부활이 없으면 그리스도도 다시 살지 못하셨으리라 그리스도께서 다시 사신 것이 없으면 너희의 믿음도 헛되고 너희가 여전히 죄 가운데 있을 것이요 또 그리스도 안에서 잠자는 자도 망하였으리라 그러나 이제 그리스도께서 죽은 자 가운데서 다시 살아 잠자는 자들의 첫 열매가 되셨도다"(고전 15:13, 17-18, 20) 하고 증거하고 있습니다.

㉢ 그렇습니다. 그리스도의 부활은, "첫 열매"인 것입니다. 사망을 이기시고 무덤을 깨치고 부활하셔서 "첫 열매"가 되셨습니다. 첫 열매를 거둔 후에는 본격적인 추수(秋收)가 시작되듯이, 그를 믿는 모든 자들도 부활에 참여하게 된다는 것입니다. 그러므로 "죽으심과 부활"은 떼어 놓아서는 아니 됩니다. 금요 구역 예배 때에 "주님께서 우리를 위하여 죽으신 이 날에" 라는 기도를 듣게 됩니다. 마치 추도식 같은 분위기입니다. 기독교는 죽음이 끝이 아닙니다. 그것은 또 하나의 출발인 것입니다.

⑤ 그런데 사도는 한 단계(段階) 더 올라갑니다. "다시 살아나신"

것만이 아니라, "그는 하나님 우편에 계신 자요" 합니다.

㉠ 이는 주님께서 부활하시고 승천하셔서 영광 받으신 승귀를 의미합니다. 사도는 빌립보서에서도, "이러므로 하나님이 그를 지극히 높여 모든 이름 위에 뛰어난 이름을 주셨다"(빌 2:9) 하고 말씀합니다. 주님은 잡히시던 날 밤 아버지와 독대(獨對)하신 기도에서, "아버지여 창세전에 내가 아버지와 함께 가졌던 영화로써 지금도 아버지와 함께 나를 영화롭게 하옵소서"(요 17:5) 하고 말씀하셨습니다.

㉡ 하나님을 찬양하십시다. 하나님께서는 우리들을 택하셔서 "예수 그리스도 안에"(고전 1:30) 집어넣어 주셨습니다. 그리하여 "주와 합하여 한 영"(고전 6:17)을 이루게 해주셨습니다. 그리하여 주님께서 우리를 대신하여 죽으실 때에 우리는 구경하고 있었던 것이 아니라, 그리스도 예수 안에서 우리 옛 사람이 함께 십자가에 못 박히고 함께 죽었던(6:6-8) 것입니다.

㉢ 함께 죽은 것만이 아니라, 주님이 다시 살아나실 때에 나도 함께 새사람으로 살리심을 받아, "또 함께 일으키사 그리스도 예수 안에서 하늘에 앉히시니"(엡 2:6), 즉 벌써 하늘에 앉혀주셨다고 말씀합니다. 주님께서 하나님 우편에 앉으시어 영광 받으심까지도, 우리들이 장차 받을 영광에 대한 보증이 된다는 말씀입니다.

⑥ 사도는 여기서 멈추는 것이 아니라, "우리를 위하여 간구(懇求)하시는 자시니라"(34하) 하고, 한걸음 더 나아갑니다.

㉠ 주님은 "너희를 위해서 내가 할 일은 다 끝났다" 하시는 것이 아닙니다. 주님의 중보사역은 끝난 것이 아닙니다. 끝이 났다니요? 주님께서 피로 사신 주의 성도들이 영화(靈化), 즉 구원이 완성이 될 때까지는 끝이 날 수가 없는 것입니다. 그래서 "간구하신다" 하고 말씀합니다. 그렇다면 무엇이라 간구하고 계실까요?

ⓛ 주님은 대답하십니다. "나를 보내신 이의 뜻은 내게 주신 자 중에 내가 하나도 잃어버리지 아니하고 마지막 날에 다시 살리는 이것이니라"(요 6:39). 주님은 베드로가 부인할 것을 아시고, "그러나 내가 너를 위하여 네 믿음이 떨어지지 않기를 기도하였노니"(눅 22:32), 아시겠습니까? "내가 저희에게 영생을 주노니 영원히 멸망치 아니할 터이요 또 저희를 내 손에서 빼앗을 자가 없느니라"(요 10:28), 이를 위해서 간구하고 계시는 것입니다.

⑦ 사도가 "우리를 위해 간구하시는 자시니라" 하고 말씀하는 의도가 무엇인가? 어찌하여 이 말씀이 여기에 있는지 아시겠습니까?

㉠ 사도는 목회자입니다. 어느 성도가 이렇게 물을 것을 예상하고 있는 것입니다. "목사님 제가 지금은 믿음에 서 있지만 만일 믿음이 약하여져서 실수하고 넘어지게 되면 그 때는 어떻게 됩니까? 이 모든 영광을 잃어버리고 마는 것이 아닐까요?"

ⓛ 아닙니다. 요한일서 2:1절을 보십시오. "자녀들아 내가 이것을 너희에게 씀은 너희로 죄(罪)를 범치 않게 하려 함이라" 하고 이점을 먼저 다짐을 하면서, "만일 누가 죄를 범하면 아버지 앞에서 우리에게 대언(代言)자가 있으니 곧 의로우신 예수 그리스도시라" 하고 말씀합니다. 형제를 잃지 않기 위하여 간구하여 주시는 주님이 계시다는 것입니다.

㉢ 그러므로 사도의 논증은, "누가 능히 하나님의 택하신 자들을 송사하리요, 누가 정죄하리요" 하는 부정적이고 소극적인 면을 뛰어넘어, 구원의 완성인 영화에 대한 확신을 확고하게 심어주고자 하는 것입니다.

⑧ 끝으로 "하나님 우편에 계신 자요" 하는 말씀을 좀더 상고하고

자 합니다.

㉠ 이 말씀은 시편 110:1절에서, "여호와께서 내 주에게 말씀하시기를 내가 네 원수로 네 발등상 되게 하기까지 너는 내 우편에 앉으라 하셨도다" 하고 예언 된 말씀입니다. 주님께서도 이 예언을 인용하셔서, "다윗이 그리스도를 주(主)라 칭하였은즉 어찌 그의 자손이 되겠느냐"(마 22:45, 막 12:36, 눅 20:43) 하고 당시 지도자들을 벙어리 되게 하신 말씀입니다.

㉡ 주님은 재판을 받으실 때 대제사장에게, "이 후에 인자가 권능의 우편에 앉은 것과 하늘 구름을 타고 오는 것을 너희가 보리라"(마 26:64) 말씀하셨습니다. 그러므로 유념할 점은 초대 사도들이 주님의 "우편 재위"(在位)를 가장 힘을 주어 담대히 증거한 말씀이라는 점입니다.

㉮ 베드로 사도는 성령강림 후에 행한 첫 설교에서, "다윗은 하늘에 올라가지 못하였으나 친히 말하여 가로되 주께서 내 주에게 말씀하시기를 내가 네 원수로 네 발등상 되게 하기까지 너는 내 우편에 앉았으라 하셨도다" 하고 이를 인용하여, "너희가 십자가에 못 박은 이 예수를 하나님이 주와 그리스도가 되게 하셨느니라"(행 2:33-36) 하고 증거했습니다.

㉯ 베드로는 서신서에서도, "저는 하늘에 오르사 하나님 우편에 계시니 천사들과 권세들과 능력들이 저에게 순복하느니라"(벧전 3:22) 하고 말씀합니다.

㉰ 사도 바울도, "죽은 자들 가운데서 다시 살리시고 하늘에서 자기의 오른편에 앉히사"(엡 1:20) 하고 증거합니다.

㉱ "그러므로 너희가 그리스도와 함께 다시 살리심을 받았으면 위엣 것을 찾으라 거기는 그리스도께서 하나님 우편에 앉아 계시느니

라"(곧 3:1) 합니다.

　　㈤ 스데반은 돌에 맞아 죽어가면서도, "보라 하늘이 열리고 인자가 하나님 우편에 서신 것을 보노라"(행 7:56) 하고 증거했습니다.

　　㈥ 히브리서에는 무려 5번(1:3, 13, 8:1, 10:12, 12:2)이나 우편 재위를 증거하면서, "이제 한 말에 중요한 것은 이러한 대제사장이 우리에게 있는 것이라 그가 하늘에서 위엄의 보좌 우편에 앉으셨으니"(8:1) 합니다.

　⑨ 이점에서 기억해야할 점은 구약시대의 제사장들은 "매일 서서"(히 10:11) 섬겼습니다. 왜냐하면 "황소와 염소의 피가 능히 죄를 없이하지 못했기"(히 10:4) 때문입니다. 그러나 우리의 대제사장 되시는, "오직 그리스도는 죄를 위하여 한 영원한 제사를 드리시고 하나님 우편에 앉으사"(히 10:12) 합니다.

　　㉠ 우리에게 해결되지 않은 채 놓아두신 것이란 아무것도 없습니다. 그리스도의 부활을 통해서 우리의 영화까지가 보증이 되어 있는 것입니다. 하나님 보좌 우편에 계신 주님을 바라본다는 것은 얼마나 큰 위로와 용기를 줍니까? 스데반 집사님이 돌에 맞아 순교 당할 때에도 다른 광경이 아닌 바로 이 주님을 보여 주셨습니다.

　⑩ 주님의 공생애는 3년에 불과하였으나 주님의 중보사역은 2천년을 하루같이 계속하고 계시다는 점을 잊지 마십시다.

　　㉠ 그러므로 히브리서에서는, "예수는 영원히 계신 고로 그 제사직분도 갈리지 아니하나니 그러므로 자기를 힘입어 하나님께 나아가는 자들을 온전히 구원하실 수 있으니 이는 그가 항상 살아서 저희를 위하여 간구(懇求)하심이니라"(히 7:24-25) 하고 말씀합니다. 형제가 하나님 앞에 가게 될 때에 그리스도의 영접을 받게 될 것입니다.

ⓛ 형제여, 예수 그리스도께서 우리를 위하여 이루어 놓으신 "죽으심과, 다시 살아나심, 승천하심과, 하나님 우편에 앉으심, 그리고 우리를 위해 간구하심"이 있는데, 이런 것들을 박탈하고 우리를 송사하고 정죄할 자가 누가 있단 말입니까? 그리스도에게 되어진 일은 그리스도 안에 있는 우리들에게도, 동일하게 이루어진 일임을 확신하시기를 바랍니다. 그러므로 우리의 구원은 안전합니다. 우리의 영화는 확실합니다.

"누가 정죄하리요 죽으실 뿐 아니라 다시 살아나신 이는 그리스도 예수시니 그는 하나님 우편에 계신자요 우리를 위하여 간구하시는 자시니라"(8:34), 이것이 "그리스도의 중보사역"입니다.

묵상해 봅시다.

1. 주님의 죽으심, 다시 살아나심, 하나님 우편에 계심, 간구하심에 함의된 의미가 무엇입니까?
2. 이를 말씀하는 의도가 무엇입니까?
3. 그리스도의 중보사역에 대해서 말해 봅시다.

106
넉넉히 이기느니라

>『누가 우리를 그리스도의 사랑에서 끊으리요 환난이나 곤고나 핍박이나 기근이나 적신이나 위험이나 칼이랴 기록된바 우리가 종일 주를 위하여 죽임을 당케 되며 도살할 양같이 여김을 받았나이다 함과 같으니라 그러나 이 모든 일에 우리를 사랑하시는 이로 말미암아 우리가 넉넉히 이기느니라』(8:35-37).

"그런즉 이 일에 대하여 우리가 무슨 말하리요"(31) 하고 시작한 도전적(挑戰的)인 질문 중 마지막 대목에 이르렀습니다. 마지막 질문은, "누가 우리를 그리스도의 사랑에서 끊으리요?(35), 하나님의 사랑에서 끊을 수 없으리라"(39) 한, "사랑의 줄"입니다.

하나님은 "내가 사랑의 줄로 저희를 이끌었다"(호 11:4) 하고 말씀하는데, 이 "사랑의 줄"을 끊을 자가 없다는 선언입니다. 그래서 "우리를 사랑하시는 이로 말미암아 우리가 넉넉히 이긴다" 하고 선포하는 것입니다. 우리의 구원을 보장하는 제일 견고한 줄은 "사랑의 줄"입니다.

① "누가 우리를 그리스도의 사랑에서 끊으리요" 하고 도전적으로

말씀합니다.

㉠ 먼저 분명해야 할 점은, "누가 우리를 그리스도의 사랑에서 끊으리요" 한 사랑이, 우리가 그리스도를 사랑한다는 그 사랑이 아니라, 그리스도께서 우리를 사랑하시는 그 사랑이라는 점입니다.

㉡ 39절에 나오는, "하나님의 사랑에서 끊을 수 없으리라" 한 사랑도, 우리가 하나님을 사랑한다는 사랑이 아니라, 하나님께서 우리를 사랑하시는 그 사랑인 것입니다. 우리가 그리스도를, 그리고 하나님을 사랑한다는 그 사랑은 얼마나 연약합니까? 얼마나 가냘픕니까? 얼마나 자주 끊어집니까?

② 그러나 자기 아들을 아끼지 아니하시고 내어주신 하나님의 사랑은 끊어지지 아니합니다. 우리 죄를 위하여 대신 죽어주신 그리스도의 사랑은 변함이 없으십니다.

㉠ 요한복음 10:28-29절에서도 같은 뜻을 다르게 표현하고 있음을 봅니다. "내가 저희에게 영생을 주노니 영원히 멸망치 아니할 터이요 또 저희를 내 손에서 빼앗을 자가 없느니라, 저희를 주신 내 아버지는 만유보다 크시매 아무도 아버지 손에서 빼앗을 수 없느니라" 하십니다.

㉡ 우리들을 한쪽에서는 만유보다 크신 하나님의 손이 붙잡고 계시고, 또 한쪽에서는 그리스도께서 붙잡고 계신다는 것입니다. 우리가 하나님을 붙잡는 손, 우리가 주님을 붙잡는 손은 얼마나 연약합니까? 얼마나 자주 놓칩니까? 그러나 우주만물을 창조하시고 붙들고 계시는 그 능력의 손이 우리를 붙들고 계시다니, 누군가가 말한 대로 "하나님의 손에서 성도 한 사람을 빼앗는다는 것은 하늘에 올라가 별 하나를 따오는 것보다도 더 불가능한 일"인 것입니다.

③ "누가 우리를 그리스도의 사랑에서 끊으리요 환난이나 곤고나 핍박이나 기근이나 적신이나 위험이나 칼이랴"(35).

㉠ 이점에서 문맥(文脈)을 상기할 필요가 있습니다. 사도가 35절에서 열거하고 있는 "고난"의 목록들이 어디와 연결되는 문맥인지 아십니까? "생각건대 현재의 고난(苦難)은" 한 18절과 결부가 되는 문맥입니다.

㉡ 그리고 "우리가 넉넉히 이기느니라"(37) 하고 선언하고 있는데, 무엇에 대해서 "넉넉히 이긴다"는 것인가? "환난, 곤고, 핍박, 기근, 적신, 위험, 칼" 등이 닥쳐와도 넉넉히 이긴다는 말씀입니다. 이점에서 우리를 부끄럽게 하는 것은, 사도가 열거하고 있는 고난의 종목들을 유의하여 보면 일상적(日常的)인 삶 가운데서 일어나는 일들이 아니라는 점입니다. 다시 말하면 오늘날 우리들이 말하는 "고난"과는 성질이 다른, 모두가 "그리스도인"이라는 것 때문에 당하는 핍박들이요, 더 나아가 그리스도를 증거하다가 당하게 되는 박해들이라는 점입니다.

㉢ 그리고 이런 고난들은 바울 자신이 고린도후서 11:23절 이하에서 술회하고 있는, 자신이 몸소 겪었던 환난들인 것입니다. 그런데 우리들은, 자기중심적인 "욕심"이나 일상에서 일어나고 있는 고난들 때문에 낙망하고 원망하고 불평하고 있으니 얼마나 부끄러운 일인가?

㉣ 그런데 넉넉히 이길 수 있는 비결은 "고난"을 당할 때에, "생각건대"(18상) 하고, 생각해 보라는 것입니다. 고난 자체만을 바라보지 말고, 그리스도의 사랑, 하나님의 사랑, 성령님의 사랑을 생각하라는 말씀입니다. 그렇게 하노라면, "이 모든 일에 우리를 사랑하시는 이로 말미암아 우리가 넉넉히 이기게"(37) 된다는 말씀입니다.

④ 또 주목할 점은, "무엇이 우리를 그리스도의 사랑에서 끊으리

요" 하고 말씀하는 것이 아니라, "누가 우리를…" 하고 말씀하고 있다는 점입니다.

ⓒ 31절에서도 "누가 우리를 대적하리요" 합니다. "누가 송사하리요"(33), "누가 정죄하리요"(34) 그리고 본문인 35절에서도 "누가 끊으리요" 합니다. "누가, 누가, 누가" 하고, 우리를 대적하는 "누군가"가 있다는 것입니다. 즉 우리를 대적하고, 끊어놓으려 하는 사탄의 세력이 있음을 암시합니다. 그리고 4번이나 강력하게 도전적으로 말하는 것은, 절대로 할 수 없다는 불가능성을 강조하기 위해서인 것입니다.

⑤ 열거된 마지막 종목이 무엇인가? "칼이랴" 입니다. 이것은 순교를 의미합니다.

ⓒ 사도 바울은 이때 벌써 자신이 어떠한 순교로 하나님께 영광을 돌리게 될 것을 예감한 듯합니다. 이점이 "기록된바 우리가 종일 주를 위하여 죽임을 당케 되며 도살할 양같이 여김을 받았나이다 함과 같으니라"(36) 한 말씀에 나타납니다. 순교까지도, "누가 우리를 그리스도의 사랑에서 끊으리요" 합니다.

⑥ "누가 우리를 그리스도의 사랑에서 끊으리요" 하는 "끊을 수 없다"는 말이, "황금의 연결 고리"와 결부되는 문맥임을 상기할 필요가 있습니다.

ⓒ 지금 우리는 의롭다 하심까지 와 있습니다. 앞으로 남은 고리는 영화롭게 하심입니다. 우리의 낮은 몸이 주님의 영광의 몸과 같이 변화 될 소망만이 남아 있습니다. 그런데 누가 우리를 가로막고 서서 이를 불가능하게 만들거나 끊어 놓을 자가 있단 말이냐? 환난으로 그렇게 하겠느냐? 곤고로, 핍박으로, 기근으로, 적신으로, 위험으로,

칼로 할 수 있단 말이냐? 도전적인 말을 하고 있는 것입니다.

⑦ "그러나 이 모든 일에 우리를 사랑하시는 이로 말미암아 우리가 넉넉히 이기느니라"(37) 하고 말씀합니다.

㉠ 우선적으로 주목할 점은 이제까지 역설한 26-36절까지의 내용은,

㉮ "성령이 우리 연약함을 도우신다"(26),

㉯ "하나님이 우리를 위하시면"(31),

㉰ "그리스도의 사랑에서 끊으리요"(35) 하고, 모두가 우리가 행할 일이 아니라 삼위 하나님께서 행해주신 일이었다는 점입니다.

㉡ 그런데 본문 37절의 "우리가 넉넉히 이기느니라" 한 "이김"은 우리들의 몫이라는 점입니다. 그러면 겨우 이기는 것도 아니라, 어떻게 "넉넉히 이길 수가" 있단 말인가? 다시 한번 본문을 유의해보면, 자기 힘이나 능력으로 이길 수 있다는 말이 아니라, "우리를 사랑하시는 이로 말미암아 우리가 넉넉히 이긴다"는 것입니다. 사도는 승리의 비결을 "사랑의 힘"이라고 말씀합니다.

⑧ 그러므로 중요한 요점은, "우리에게 주신 성령으로 말미암아 하나님의 사랑이 우리 마음에 부은바 됨이니"(5:5) 한 말씀인 것입니다.

㉠ 성도들의 마음에 하나님의 사랑, 그리스도의 사랑이, 성령에 의하여 부은바가 되기만 한다면, "넉넉히 이길 수가" 있다는 것입니다. 승리의 비결이 오직 여기에 있다는 점을 확인하게 됩니다. 그렇다면 현대교회의 문제가 어디에 있는가? "사랑"의 결핍이라고 말할 수밖에 없습니다.

⑨ 이점을 고린도후서 5:14절에서 확인할 수가 있는데 사도는, "그리

스도의 사랑이 우리를 강권(強勸)하시는도다" 말씀하고 있습니다.

㉠ 바울은 우리와 꼭 같은 성정을 지닌 사람입니다. 그런 바울이 어떻게 그 많은 고난을 감당을 하고, 넉넉히 이길 수가 있었는가? 본문에서 말씀함과 같이 "사랑의 강권함", 즉 "사랑"의 힘이 있었기 때문이란 것입니다. 그렇다면 바울을 그토록 "강권(強勸)한 사랑"이란 어떤 사랑인가?

㉡ "우리가 생각건대 한 사람이 모든 사람을 대신하여 죽었은즉" (고후 5:14중), 즉 그리스도께서 나를 대신하여 죽어주셨다는 "사랑"이라고 말씀합니다. "자기 아들을 아끼지 아니하시고 내어주신" 그 사랑이 자신을 "강권", 즉 잡아당겨주셨기 때문에 이길 수가 있었다는 것입니다. 이 사랑을 생각한다면 본문에 열거한 모든 일이 닥쳐온다 하여도 넉넉히 이길 수 있다는 것입니다. 승리의 비결은, "우리를 사랑하시는 이로 말미암아" 한 "사랑"의 힘입니다. 사도는 최후의 대단원을, "사랑"이라는 말로 끝맺고 있습니다.

⑩ 이점에서 우리가 유념해야할 점이 있습니다. 이점이 현대교회와 다른 점인데 사도는 이런 고난들이, "머지않아 물러가게 될 것이다, 곧 해결이 될 것이다" 하고 말씀하고 있지 않다는 점입니다.

㉠ 이런 고난들은, "모든 눈물을 그 눈에서 씻기시매 다시 사망이 없고 애통하는 것이나 곡하는 것이나 아픈 것이 다시 있지 아니하리니 처음 것들이 다 지나갔음이러라"(계 21:4) 할 그 날에야 다시는 없게 될 것입니다.

㉡ 사도는 여기서 거론한 고난의 목록들뿐만 아니라, "다른 아무 피조물이라도 우리를 우리 주 그리스도 예수 안에 있는 하나님의 사랑에서 끊을 수 없으리라"(39) 하고 도전적으로 선언합니다. 말씀을 마치기 전에 다시 한번 상기시켜 드립니다.

㉮ 형제가 송사를 당하거든, "누가 능히 하나님의 택하신 자들을 송사하리요" 하는, 성령의 검으로 물리치십시오.

㉯ 형제가 정죄감에 빠지거든, "의롭다 하신 이는 하나님이시니 누가 정죄하리요" 하고 선언하시기 바랍니다.

㉰ "환난이나 곤고나 핍박이나 기근이나 적신이나 위험이나 칼"이 닥쳐오거든, "우리를 사랑하시는 이"인, 하나님의 사랑, 그리스도의 사랑, 성령님의 사랑을 생각하시기를 바랍니다.

⑪ 사도는 자신만이 아니라, "우리가 넉넉히 이기느니라" 하고 단언합니다.

㉠ 적의 공격을 겨우 방어만 한다는 말씀이 아닙니다. "넉넉히 이기느니라"는 말은, 정복하고도 남음이 있다는 뜻입니다. 우리는 정복자요, 승리의 개선장군들이라는 것입니다. 이점을 히브리서에서는, "이런 사람은 세상이 감당치 못하도다"(히 11:38) 합니다.

㉡ 메투헨리는 이 대목을 이렇게 해설하고 있습니다. "고난 받은 성도가 잃은 건 무엇인가? 아 이 사람아 그들이 잃은 건 황금이 용광로에서 잃은 것 곧 찌꺼기뿐일세".

"누가 우리를 그리스도의 사랑에서 끊으리요…우리가 넉넉히 이기느니라". 아멘.

묵상해 봅시다.

1. 끊을 수 없는 사랑은 누구의 사랑입니까?
2. 우리를 대적하고 송사하고 끊으려는 세력은 누구입니까?
3. 무슨 힘으로 넉넉히 이길 수가 있습니까?

107
내가 확신하노니

『내가 확신하노니 사망이나 생명이나 천사들이나 권세자들이나 현재 일이나 장래 일이나 능력이나 높음이나 깊음이나 다른 아무 피조물이라도 우리를 우리 주 그리스도 예수 안에 있는 하나님의 사랑에서 끊을 수 없으리라』(8:38-39).

8장 마지막에 이르렀습니다. 성경 전체를 반지에 비한다면 로마서는 반지 중에 보석이요, 8장은 보석 중에서도 빛을 발하는 부분이라고 말하는데, 사도는 그 영광스러운 장을 마치려 하고 있습니다. "내가 복음을 부끄러워하지 아니 하노니 이 복음은 모든 믿는 자에게 구원을 주시는 하나님의 능력이 됨이라"(1:16) 하고 시작한 복음 증거는, "내가 확신하노니…" 하고, "확신"(確信)으로 끝을 맺고 있는 것입니다.

① "내가 확신하노니"(38상) 합니다.

㉠ 사도는 지금까지 인칭대명사를, "우리"라는 일인칭 복수(複數)로 말씀해 왔습니다. "누가 우리를 그리스도의 사랑에서 끊으리요"(35), "그러나 이 모든 일에 우리를 사랑하시는 이로 말미암아

우리가 넉넉히 이기느니라"(37) 했습니다.

ⓛ 그랬던 사도가 마지막 결론적인 대목에 이르러서는 어찌하여, "내가 확신하노니" 하고 1인칭 단수(單數)로 바꾸고 있는 것일까요? "확신하노니"는 수동태(受動態)이면서 완료형입니다. 다시 말씀드리면 "내가 이미 확신을 당했다"는 뜻입니다.

ⓒ 사도는 "예수 그리스도의 종 바울은 사도로 부르심을 받아 하나님의 복음(福音)을 위하여 택정함을 입었으니"(1:1) 하고 시작한 복음 증거를 마치려 하고 있습니다. 사도는 마지막에 이르러 이렇게 묻고 있는 듯합니다. "내가 맛보았던 감사와 감격을 여러분들도 맛보게 되었습니까? 내가 확신을 당하였던 그 확신(確信)을 여러분들도 확신하게 되었습니까?" 어떻습니까? 형제도 확신하게 되었습니까?

② 확신의 근거는 기분이나 감정이나, 심지어 어떤 체험에 있는 것이 아닙니다. 사도가 이제까지 증거한 기록된 말씀과, 선포되는 말씀과 함께 역사하시는 성령님의 감화에 의한 "지·정·의"적으로 주어지는 결론인 것입니다.

㉠ "내가 확신하노니" 하고 말씀한 후에, 우리의 확신(確信)을 무너뜨리기 위하여 대적할 수 있는 목록들을 열거합니다. "사망이나 생명이나 천사들이나 권세자들이나 현재일이나 장래 일이나 능력이나 높음이나 깊음이나", 목록이 제아무리 많다한들 우리가 놀랄 것입니까? 두려워 떨 것입니까?

ⓒ 사도의 심정 같아서는 온갖 것을 다 열거하고 싶었을 것이나, 그러하기에는 시간이 부족한 것입니다. 그래서 사도의 논증은 이쪽 끝과, 저쪽 끝을 말하고 있을 뿐입니다.

㉮ 사망과←→생명,

㉯ 현재와←→장래,

㉰ 높음과←→깊음 등이 그것입니다.

　㉢ 생각해 보십시오. 사망은 지옥 밑바닥이고, 생명은 하늘에 있는 천당과 같습니다. 그 사이에는 얼마나 많은 고난들이 들어 있을 것입니까? 현재와 장래는 이 끝에서 저 끝까지입니다. 그 사이에는 얼마나 많은 시련들이 들어 있을 것입니까? 마찬가지로 높음과 깊음 사이에는 얼마나 많은 문제들이 들어 있을 것입니까? 그래서 사도는 통 털어서, "다른 아무 피조물이라도" 하고 끝낼 수밖에 없었을 것입니다.

　③ 사도는 "누가 우리를 그리스도의 사랑에서 끊으리요" 하고, 그리스도와 연관지어서는 "환난이나 곤고나 핍박"과 같은 온갖 고난(苦難)의 목록들을 들었습니다. 그렇게 한 것은 주님께서 당하신 고난을 생각했기 때문일 것입니다.

　㉠ 그러나 "하나님의 사랑에서 끊을 수 없으리라" 하고, 하나님과 연관지어서는 "사망이나 생명이나 천사들이나 권세자들이나 현재 일이나 장래일이나" 하고, 모든 우주적인 것을 다 망라하고 있습니다.

　㉡ 그것은 하나님은 우주만물을 주관하시는 하나님이심을 생각했기 때문일 것입니다. 그렇다면 이 천지지간에 우리를 하나님의 사랑에서 끊을 수 있는 비장(秘藏)의 무기라도 남아 있을 수가 있단 말입니까? 없습니다. "다른 아무 피조물이라도 우리를 우리 주 그리스도 예수 안에 있는 하나님의 사랑에서 끊을 수 없으리라" 합니다.

　④ 형제여, 어디에 있는 "하나님의 사랑"이라고 말씀하고 있는지 주목해 보셨습니까?

　㉠ "우리 주 그리스도 예수 안에 있는 하나님의 사랑"이라고 말씀합니다. 이제까지 사도가 증거한 것은, "그리스도 예수 안에 있는

하나님의 사랑"입니다. 그러므로 바울 신학을 한마디로 요약을 한다면 "엔 크리스토"입니다. 하나님의 사랑은 "그리스도 예수 안에"만 있습니다. 모든 축복도, "그 안에는 지혜와 지식의 모든 보화가 감추어 있느니라"(골 2:3) 하고, "그리스도 안에"만 있다고 말씀합니다.

ⓒ "내가 확신하노니" 하고 말씀합니다. 무엇을 확신한다는 것입니까? 바울은 "환난이나 곤고나 핍박이나 기근이나 적신이나 위험이나 칼이랴" 한 온갖 고난을 다 당했습니다. 로마서를 기록할 당시에도 고난은 계속되고 있었습니다. 사도는 무엇을 확신하고 있습니까? 이러한 고난들이 물러갈 것을 확신하고 있습니까? 이 모든 문제들이 곧 해결(解決) 될 것을 확신하고 있습니까? 아닙니다. 그것이 아닙니다.

⑤ 사도 바울의 확신은 그런 것이 아니었습니다. "하나님의 사랑"에 대한 확신입니다.

㉠ 온갖 고난이 다 닥쳐온다 해도 그리스도의 사랑에서, 그리스도 예수 안에 있는 하나님의 사랑에서 끊을 수 없으리라는 확신이었습니다.

㉡ 어떠한 박해도 "하나님이 우리를 위하시면 누가 우리를 대적하리요", 대적할 자가 없다는 확신이었습니다.

㉢ 자기 아들까지도 아끼지 아니하시고 내어주신 이가, "그 아들과 함께 모든 것을 은사로 주실 것"에 대한 확신이었습니다.

㉣ "이와 같이 성령도 우리 연약함을 도우시나니"에 대한 확신이었습니다.

㉤ "그 뜻대로 부르심을 입은 자들에게는 모든 것이 합력하여 선을 이루느니라"에 대한 확신이었습니다.

㉥ "미리 아시고 정하시고 부르시고 의롭다 하시고 영화롭게

하신다"는 연결고리는 결코 끊어지지 않다는 확신이었습니다.

ⓗ 메투 헨리는 우리에게 이렇게 전해 주고 있습니다. "스코트랜드의 휴 케네디라는 성도는 임종하는 자리에서 성경을 달라고 부탁했다. 그러나 자기의 시력이 다 했음을 안 그는 로마서 8장을 펴서 내 손가락을 〈내가 확신하노니 사망이나 생명이나〉 하는 말씀위에 놓아다오 하고 말했다. 자 내 손가락이 이 말씀 위에 있느냐? 얘들아, 하나님이 너희와 함께 하시기를 빈다. 나는 너희들과 함께 아침을 들었지 오늘 밤에는 내 주 예수 그리스도와 함께 저녁을 들 것이다. 그리고 그는 떠났다."

⑥ "내가 확신하노니…", 형제도 확신하게 되었습니까?

㉠ "누가 우리를 그리스도의 사랑에서 끊으리요(35) 하고 물은 사도는,

㉡ "다른 아무 피조물이라도 우리를 우리 주 그리스도 예수 안에 있는 하나님의 사랑에서 끊을 수 없으리라"(39) 하고, 스스로 답변하면서 영광스러운 복음증거를 끝맺고 있습니다.

> **묵상해 봅시다.**
>
> 1. 사도 바울의 확신은 무엇에 대한 확신입니까?
> 2. 형제도 하나님의 사랑을 확신하게 되었습니까?
> 3. 이제 형제에게도 구원의 확신이 있습니까?

108
9-11장의 서론적 고찰

> 내가 그리스도 안에서 참말을 하고 거짓말을 아니 하노라 내게 큰 근심이 있는 것과 마음에 그치지 않는 고통이 있는 것을 내 양심이 성령 안에서 나로 더불어 증거하노니 나의 형제 곧 골육의 친척을 위하여 내 자신이 저주를 받아 그리스도에게서 끊어질지라도 원하는 바로다(9:1-3).

로마서의 구조(構造)는 1-8장에서는 복음진리를 말씀하고, 12-16장에서는 실천윤리를 말씀하고 있습니다. 그런데 그 사이에 9-11장이 끼어 있는 구조(構造)입니다. 그러면 9-11장의 내용이 무엇인가? 좁은 의미로는 유대인의 구원문제요, 넓은 의미로는 전 인류에 대한 하나님의 구원섭리(救援攝理)입니다.

그러므로 이 대목을 상고하노라면 마치 하나님께서, "모세야, 모세야 너의 선 곳은 거룩한 땅이니 네 발에서 신을 벗으라"(출 3:5) 하심같이 우리를 하나님의 존전(尊前)으로 인도해 줍니다.

① 사도는 1-8장까지에서, 하나님께서 자기 아들을 통해서 행해주신 무한대한 사랑과, 값없이 주시는 "은혜"(恩惠), 즉 복음을 증거했습니다.

㉠ 이러한 "사랑과, 은혜" 앞에 서있는 인간들은 하나님의 사랑이 너무나 크고, 아낌없이 주시며, 무조건적이어서 마치 버릇없이 자란 자식 같기가 쉽습니다. 오냐오냐 하니까 할아버지 상투 끝까지 오른다는 말이 있듯이 하나님의 엄위(嚴威)를 모르고, 오만불손하기가 쉬운 것입니다.

　　㉡ 그러나 9-11장에서는 호렙산 떨기나무 불꽃 가운데 나타나신 하나님 앞에 선 모세처럼 두렵고 떨리는 마음을 갖게 합니다. 그러므로 9-11장까지의 내용은 발에서 신을 벗은 겸비(謙卑)한 마음으로 받아야 하는 말씀인 것입니다. 그러므로 9-11장이야말로 지금까지 말씀한 복음을 올바로 깨달았는가를 점검해 볼 수 있는 시금석(試金石)과 같은 말씀이기도 합니다.

　　② 왜냐하면 이 대목을 상고할 때에 거부감 같은 것이 일어나는 사람이라면 이 문단을 받을 준비가 갖추어져 있지 않은 사람인 것입니다.

　　㉠ 그런 사람은 9-11장을 상고할 것이 아니라, 1-8장으로 돌아가서 먼저 복음을 통해서 하나님의 사랑과 은혜로 채워지는 것이 선결문제입니다.

　　③ 8장에서 그토록 감격과 확신에 넘쳐서, "누가 우리를 그리스도의 사랑에서 끊으리요" 하고 승리(勝利)의 개가를 부르던 사도가,

　　㉠ 9장에 와서는 "내게 큰 근심이 있는 것과 마음에 그치지 않는 고통"이 있다고 호소하면서, "내 자신이 저주를 받아 그리스도에게서 끊어질지라도 원하는 바로라"(2) 하고 말씀하는 것을 대하게 됩니다. 얼마나 간절하고 진실한 것이었으면, "내 양심이 성령 안에서 나로 더불어 증거하노니"(2하) 하겠는가?

④ 그것은 "나의 형제 곧 골육의 친척"(3상), 즉 자기의 동족 이스라엘의 구원문제 때문이라는 것입니다.

㉠ 유대인들은 하나님이 언약하신 메시아 오기를 고대(苦待)하고 있었습니다. 그러나 정작 메시아가 오시니까 그를 배척했습니다. 기다리던 하나님의 백성들이, 하나님의 독생자를 십자가에 못 박아 죽인 것입니다.

㉡ 그리하여 이방인들은 구원을 얻는데, 하나님의 선민인 이스라엘은 저주에 떨어졌습니다. 이를 생각할 때 바울의 마음속에는 그치지 않는 고통이 있었을 것입니다. 더욱이 그에게 큰 근심이 가중된 것은, 왜 이런 일이 일어나야만 하는가에 대한 신학적(神學的)인 난제(難題) 때문이었던 것입니다.

⑤ 선민 이스라엘에 대한 하나님의 약속은 폐하여졌단 말인가?

㉠ 엘리사 선지자가, "엘리야의 하나님은 어디 계시니이까"(왕하 2:14)하고 물은 것처럼, 아브라함의 하나님, 이삭의 하나님, 야곱의 하나님은 어디 계시나이까? 참으로 하나님의 뜻은 어디에 있는가에 대한 고민이었던 것입니다.

㉡ 사도의 "근심과, 고통"과는 차원이 다르기는 합니다만, 이런 고민은 모든 그리스도인들이 직면하게 하는 문제이기도 합니다. 의로우신 하나님, 사랑의 하나님이 계시다면 어찌하여 이런 비참한 전쟁과 참혹한 재난이 일어나는가? 또는 내가 왜 이런 시련을 당해야만 하는가? 이 사건을 통한 하나님의 뜻은 무엇이란 말인가 하고, 때로는 곤란하고 이해되지 아니하며 받아들이기가 힘이 든 때가 있는 것입니다.

⑥ 이런 의미에서 9-11장은 실천(實踐)윤리에 들어가기에 앞서

우리를 하나님의 절대(絶對)주권(主權) 앞에 세워놓고 겸손하게 만듭니다. 하나님은 누구시오며, 나는 누구인가를 생각하게 할 것입니다.

㉠ 사도는 유대인의 구원문제를, "택하심을 따라 되는 하나님의 뜻"(11) 속에서 해답을 찾고 있습니다. 아브라함으로부터 그리스도에게까지 계승되는 믿음의 족보는 육신의 소욕으로 태어난 이스마엘이 아닌, 약속(約束)의 자녀인 이삭을 통해서 이어져 내려온 것이라든지, 더욱 명백히 나타난 것은 에서와 야곱은 쌍둥이었음에도 택(擇)하심을 따라 되는 하나님의 뜻은 야곱을 통해 이어져 내려왔던 것입니다.

⑦ 이렇듯 택(擇)하심을 따라 되는 참 이스라엘은 언제나 민족 전체가 아니라, 택하심을 따라 되는 소수의 남아 있는 자 뿐이었다는 점입니다. 그래서 "이스라엘에게서 난 그들이 다 이스라엘이 아니요"(9:6) 하는 것입니다.

㉠ 엘리야 시대에 모든 사람이 바알에게 무릎을 꿇었으나, "내가 나를 위하여 바알에게 무릎을 꿇지 아니한 사람 칠천을 남겨 두었다 하셨으니 그런즉 이와 같이 이제도 은혜(恩惠)로 택하심을 따라 남은 자가 있느니라"(11:2-5) 하고 말씀합니다.

㉡ 이는 "이사야가 이스라엘에 관하여 외치되 이스라엘 뭇 자손의 수가 비록 바다의 모래 같을지라도 남은 자만 구원을 얻으리니"(9:27) 한 것과 상통하는 말씀인 것입니다. 사도의 강조점은 어느 때이고 백성 전체(全體)가 선택 된 때는 없었다는 것입니다.

⑧ 그렇다면 대두되는 문제가 공의(公義)로우신 하나님께서 누구는 택하시고, 누구는 버려두시는 일이 합당한 것인가 하는 하나님의 공정(公正)성입니다.

㉠ 사도는 대답합니다. "이 사람아 네가 뉘기에 감히 하나님을

힐문하느뇨 지음을 받은 물건이 지은 자에게 어찌 나를 이같이 만들었느냐 말하겠느뇨"(9:20) 합니다. 사도는 하나님에 대하여 변명하거나 변호하려는 무모한 우(愚)를 범하고 있지 않습니다. 이것은 성경이 시작이 되는 창세기 1장 1절도 마찬가지입니다.

⑨ "태초에 하나님이 천지를 창조하시니라"(창 1:1) 하고 선언합니다.
㉠ 하나님은 어떤 분이시고, 언제부터 계셨는데 하는 따위의 설명이 없이 선포(宣布)적입니다. 하나님의 공정성이나 사랑보다 앞서는 것이 "하나님의 하나님 되심"인 절대(絕對)주권이 최우선이라는 논리입니다. 9장은 우리에게, "너는 하나님의 절대주권 앞에 무릎을 꿇을 수 있느냐" 하고 묻고 있는 것입니다.
㉡ 그러므로 9-11장 말씀은, 1-8장을 통해서
㉮ 인간의 행위로는 그의 앞에 의롭다함을 얻을 길이 없다는 것과,
㉯ 구원은 오직 예수 그리스도의 구속으로 말미암아 하나님의 은혜로 값없이 의롭다 하심을 얻은 자 되었다는 고백을 한 자만이 발에 신을 벗고 받을 수 있는 말씀인 것입니다.
㉢ 그러므로 어떤 분에게는 이 문단의 말씀이 이해가 되지 않고, 거부감을 느끼게까지 하는 분들도 있을는지 모릅니다. 그런 분들에게는 1-8장으로 돌아가 복음진리에 확고하게 되시기를 권합니다.

⑩ 사도는 우리에게 경고합니다. "옳도다 저희는 믿지 아니하므로 꺾이우고 너는 믿음으로 섰느니라 높은 마음을 품지 말고 도리어 두려워하라 하나님이 원 가지들도 아끼지 아니 하셨은즉 너도 아끼지 아니하시리라"(11:20-21).
㉠ 사도는 큰 근심과 그치지 않는 고통으로 시작한 이 문단(9-11

장)을 마지막에 이르러서, "깊도다 하나님의 지혜와 지식의 부요함이여 그의 판단은 측량치 못할 것이며 그의 길은 찾지 못할 것이로다(11:33) 하고 말씀합니다. 하나님의 뜻을 인간의 이성(理性)으로 논단(論斷)하려 들지 말라는 말씀입니다.

ⓒ 사도는 이 대목을, "이는 만물이 주에게서 나오고 주로 말미암고 주에게로 돌아감이라 영광이 그에게 세세에 있으리로다 아멘"(11:36) 하고, 송영을 돌림으로 끝맺고 있습니다.

형제여, 우리도 이 대목을 온전히 이해하려고 덤벼들지 맙시다. 믿음으로 받아 하나님께 영광을 돌리게 되시기를 기원합니다.

묵상해 봅시다.

1. 9-11장을 어떠한 자세로 대하여야 마땅합니까?
2. 바울의 신학적인 고민은 무엇이었습니까?
3. 형제에게 이해되지 않고 받아들이기 힘들었던 일이 있습니까? 그때 형제는 어떻게 해답을 얻었습니까?

로마서 9:1-18절 개관도표
주제 : 이스라엘과 참 이스라엘

동족을 위한 사도의 근심	**1-5** 1 ① 내가 그리스도 안에서 참말을 하고 거짓말을 아니 하노라 　　**내게 큰 근심이 있는 것**과 마음에 그치지 않는 고통이 있는 것을 　　내 양심이 성령 안에서 나로 더불어 증거하노니 3 ② 나의 형제 곧 **골육의 친척을 위하여** 내 자신이 저주를 받아 　　그리스도에게서 끊어질 지라도 원하는 바로라 4 ③ 저희는 이스라엘 사람이라 저희에게는 　　양자됨과 영광과 언약들과 율법을 세우신 것과 예배와 약속들이 있고 5　조상들도 저희 것이요 육신으로 하면 그리스도가 저희에게서 나셨으니 　　저는 만물 위에 계서 세세에 찬양을 받으실 하나님이시니라 아멘
택하신 자가 참 이스라엘	**6-13** 6 ④ 또한 **하나님의 말씀이 폐하여진 것 같지 않도다** 　　이스라엘에게서 난 그들이 다 이스라엘이 아니요 7　또한 아브라함의 씨가 다 그 자녀가 아니라 　　오직 **이삭으로부터 난 자라야 네 씨라** 칭하리라 하셨으니 8 ⑤ 곧 육신의 자녀가 하나님의 자녀가 아니라 오직 **약속의 자녀가 씨로 여기심을 받느니라** 9　약속의 말씀은 이것이라 명년 이 때에 내가 이르리니 사라에게 아들이 있으리라 하시니라 10 ⑥ 이뿐 아니라 또한 리브가가 우리 조상 이삭 한 사람으로 말미암아 잉태하였는데 11　그 자식들이 아직 나지도 아니하고 무슨 선이나 악을 행하지 아니한 때에 　　**택하심을 따라 되는 하나님의 뜻이** 행위로 말미암지 않고 　　오직 부르시는 이에게로 말미암아 서게 하려 하사 12 ⑦ 리브가에게 이르시되 큰 자가 어린 자를 섬기리라 하셨나니 13　기록된바 내가 **야곱은 사랑하고** 에서는 미워하였다 하심과 같으니라
택하심의 자율성	**14-18** 14 ⑧ 그런즉 우리가 무슨 말 하리요 **하나님께 불의가 있느뇨** 그럴 수 없느니라 15　모세에게 이르시되 **내가 긍휼히 여길 자를 긍휼히 여기고** 　　불쌍히 여길 자를 불쌍히 여기리라 하셨으니 16 ⑨ 그런즉 원하는 자로 말미암음도 아니요 달음박질하는 자로 말미암음도 아니요 　　오직 **긍휼히 여기시는 하나님으로 말미암음이니라** 17　성경이 바로에게 이르시되 내가 이 일을 위하여 너를 세웠으니 　　곧 너로 말미암아 내 능력을 보이고 내 이름이 온 땅에 전파되게 하려 함이로라 하셨으니 18 ⑩ 그런즉 하나님께서 하고자 하시는 자를 긍휼히 여기시고 　　하고자 하시는 자를 강퍅케 하시느니라

첫째 단원(1-5) 동족을 위한 사도의 근심

109
동족을 위한 바울의 근심

> 내가 그리스도 안에서 참말을 하고 거짓말을 아니 하노라 내게 큰 근심이 있는 것과 마음에 그치지 않는 고통이 있는 것을 내 양심이 성령 안에서 나로 더불어 증거하노니 나의 형제 곧 골육의 친척을 위하여 내 자신이 저주를 받아 그리스도에게서 끊어질 지라도 원하는 바로라. 저희는 이스라엘 사람이라 저희에게는 양자됨과 영광과 언약들과 율법을 세우신 것과 예배와 약속들이 있고 조상들도 저희 것이요 육신으로 하면 그리스도가 저희에게서 나셨으니 저는 만물위에 계셔 세세에 찬양을 받으실 하나님이시니라 아멘 (9:1-5).

　승리의 개가를 부르던 8장과는 달리 9장에 접어들면서 분위기는 가라앉고 무겁기까지 합니다. 영광스러운 복음의 이야기를 끝마치고 이제부터는 유대인의 구원 문제를 말씀해 나갑니다. 사도가 이렇게 하는 의도가 어디에 있었을까요?
　이제까지 증거한 복음의 영광스러움을 알면 알수록, 이를 거부하고 배척한 동족 유대인에 대한 근심과 고통이 컸기 때문일 것입니다.
　① "내가 그리스도 안에서 참말을 하고 거짓말을 아니 하노라 내게 큰 근심이 있는 것과 마음에 그치지 않는 고통이 있는 것을

내 양심이 성령 안에서 나로 더불어 증거하노니"(1-2) 합니다.

㉠ "그리스도 안에서, 성령 안에서" 하고, 그리스도와 성령님을 증인으로 세우면서까지 자신의 말에 대한 진실성(眞實性)을 입증하리만치 그의 근심과 고통은 크고도 깊은 것이었습니다. 본문을 통해서 사도 바울의 동족에 대한 애정이 어떠했는가를 엿보게 됩니다. 사도는 지금 동족 유대인들을, 하나님 앞에 송사하거나 정죄하는 입장에서 말씀하고 있지 않습니다. 그러하기는커녕 애끓는 심정으로 호소하고 있는 것입니다.

② "나의 형제 곧 골육의 친척을 위하여 내 자신이 저주를 받아 그리스도에게서 끊어질지라도 원하는 바로라"(3) 합니다.

㉠ 지금 동족 유대인들의 처지는, 마치 열매 없는 무화과나무가 저주를 받아 뿌리까지 말라버린 것과 같은 상태입니다. 이를 생각한다면 "그리스도께서 우리를 위하여 대신 저주를 받으셨듯이"(갈 3:13), 자신이 동족들을 위하여 대신 저주를 받아 그들이 구원될 수만 있다면 (불가능한 일인 줄은 알면서도) 원하는 바라는 것입니다.

③ "저희는 이스라엘 사람이라"(4) 하고, 자신의 큰 근심의 원인이 이스라엘의 구원문제 때문임을 분명히 하고 있습니다.

㉠ 구속사적으로 볼 때에 이스라엘의 구원문제는 풀어야 할 난제(難題) 중에 하나였던 것입니다. "이스라엘 사람이라" 하고 부르고 있습니다. 로마서에서 이제까지는 "유대인"이라 부르던 사도가 호칭을 바꾸어, "이스라엘"이라고 부르고 있는 의도가 무엇이겠습니까?

㉡ 이는 유대인들이 하나님의 선택된 백성이라는 점을 상기시키기 위해서입니다. "이스라엘"이라는 이름은 그들의 조상 야곱이, 언약의 하나님께로부터 받은 특별한 이름이었습니다.

④ 그래서 "저희에게는 양자됨과 영광과 언약들과 율법을 세우신 것과 예배와 약속들이 있고"(4) 하고 말씀합니다.

㉠ 여기에 열거하고 있는 축복들은 이스라엘 민족에게 주어졌던 특권(特權)들입니다. 이를 상기하는 바울의 심정은, 마치 흉악범의 부모가 그 자식이 어려서부터 지금까지 자라온 지난날들을 회상(回想)하면서 그처럼 귀엽고 예쁘고 사랑을 독차지 하던 그 자식이 어쩌다 이런 끔찍한 흉악범이 되었는가 하고 울부짖는 심정이었을 것입니다.

㉡ "저희에게는 양자됨과" 합니다. 출애굽기 4:22절에서 하나님은, "이스라엘은 내 아들 내 장자라" 하고 말씀하십니다. 이스라엘이라는 민족은 세상의 많은 족속 가운데서 구별하여 하나님의 장자로 삼으신 양자였던 것입니다.

㉢ 그러므로 그들에게는 "영광"이 있었습니다. 영광이란 하나님의 임재를 나타내는 "쉐키나"를 의미합니다. "시내산에 연기가 자욱하니 여호와께서 불 가운데 거기 강림하심이라"(출 19:18), 그 후로 하나님의 영광은 모세의 성막(출 40:34-38)과, 솔로몬의 성전에 가득하고 충만(대하 7:1-2)하였습니다. 이 "영광"은 여호와께서 그들과 함께 하신다는 증표였던 것입니다. 그런데 이제는 하나님의 영광이 어디에 있단 말인가?

⑤ 또한 무엇보다 중요한 것은 이스라엘 사람들에게는 "언약들"(4중)이 있었다는 점입니다.

㉠ 하나님의 언약은 창세기 17:7절에서, "내가 내 언약을 나와 너와 네 대대 후손의 사이에 세워서 영원한 언약을 삼고 너와 네 후손의 하나님이 되리라" 하신 언약(言約)인 것입니다. 그 언약의 표로 할례가 주어졌습니다. 그 언약은 이삭(창 26:23-24)과, 야곱(창 28:13-14)과, 다윗(삼하 7:10-16)을 통해 계승되어 왔습니다.

ⓛ 이처럼 하나님의 선민이 된 이스라엘은 무법(無法)한 백성이 아니라 율법(律法)이 주어졌으며 예배(禮拜), 즉 제사를 통해서 하나님과 교제를 유지해 온 선민이었습니다.

⑥ "약속들이 있고" 합니다.

㉠ 사도는 "언약과, 약속"(約束)이라는 동의어를 반복해서 말씀하고 있는데, 근원적으로는 같다 하겠습니다. 굳이 이를 구분을 한다면 "언약"이, 언약백성 됨을 나타낸다면, "약속"이란 구약성경을 통해서 계시하신 메시아 곧 그리스도를 보내주실 것을 약속한 것을 가리킨다 하겠습니다. 이점이 "약속들이 있고, 그리스도가 저희에게 나셨으니"(5) 하는 문맥이 말해줍니다. 그런데 "약속들"이라고 복수로 말씀하고 있는 것은 메시아언약을 반복적으로 말씀했기 때문이며, 구약성경을 통해서, "메시아와, 성령"을 보내주시겠다고 크게 두 가지를 약속 하셨기 때문일 것입니다.

ⓛ "조상들도 저희 것이요" 합니다. 조상(祖上)들이란 특히 구속사에서 빼놓을 수 없는 아브라함, 이삭, 야곱, 요셉 등을 가리킵니다. 이들은 저희의 조상들이었습니다.

⑦ 이스라엘에게 주어진 특권 중에 맨 마지막으로, "육신으로 하면 그리스도가 저희에게서 나셨으니"(5중) 합니다.

㉠ 이는 이스라엘을 선민으로 택하신 목적이 여기에 있는 핵심적인 특권이라 하겠습니다. 하나님께서는 그리스도를 통해서 인류를 구원하시려는 계획을 이루시기 위해서, 히브리 민족을 "이스라엘"이라는 선민으로 삼으셨던 것입니다. 그러므로 "양자됨과 영광과 언약들과 율법을 세우신 것과 예배와 약속들이 있고 조상들도 저희 것이요" 한 것은, 저들에게 자격이 있어서가 아니요, 그리스도를 떠나서는

아무 의미가 없었던 것입니다.

⑧ "저는 만물 위에 계셔 세세에 찬양을 받으실 하나님이시니라 아멘"(5하) 합니다.

㉠ 여기 놀라운 말씀을 대하게 되는데 예수 그리스도의 신성(神性)을 가리켜, "만물 위에 계셔 세세에 찬양을 받으실 하나님"이라고 증거하고 있기 때문입니다. 이렇게 말씀하는 의도에는 양면성이 있다 하겠습니다.

㉮ 첫째는, 이처럼 영광스러운 분이 "이스라엘" 민족의 혈통(血統)으로 오셨다는 것은 얼마나 큰 영광이며 특권인가 하는 점과,

㉯ 둘째는 이런 분을 배척을 하고 십자가에 못을 박은 죄질은 얼마나 비극적인 사건인가 하는 점을 드러내기 위해서인 것입니다.

㉡ 사도는 이스라엘에게 주어졌던 이러한 특권들을 열거하면서 그의 심정은 미여지는 아픔과 찢어지는 고통을 맛보았을 것이 틀림없습니다. 이런 특권 하에 있던 동족들이 축복을 이방인들에게 빼앗기고 반대로 저주 하에 떨어지다니, 그것은 시기하는 마음에서만이 아니라 바울에게 있어 가장 풀기 어려운 난제(難題)였음이 분명합니다. 바울은 이 난제에 대한 해답을 어떻게 얻었는가?

형제도 풀리지 않는 숙제와 이해되지 않는 문제로 고민하고 있지는 않습니까? 앞으로 전개될 말씀 앞에서 위로와 용기를 얻게 되시기를 기원합니다.

묵상해 봅시다.

1. 바울에게 있는 큰 근심과 고통은 무엇이었습니까?
2. 이스라엘의 특권들은 무엇이었습니까?
3. 특권 중의 최고의 특권은 무엇입니까?
4. 형제에게 있는 가장 큰 난제는 무엇이며, 가장 큰 특권은 무엇이라고 생각하십니까?

둘째 단원(6-13) 택하신 자만이 참 이스라엘

110
약속의 자녀

> 또한 하나님의 말씀이 폐하여진 것 같지 않도다 이스라엘에게서 난 그들이 다 이스라엘이 아니요 또한 아브라함의 씨가 다 그 자녀가 아니라 오직 이삭으로부터 난 자라야 네 씨라 칭하리라 하셨으니 곧 육신의 자녀가 하나님의 자녀가 아니라 오직 약속의 자녀가 씨로 여기심을 받느니라 약속의 말씀은 이것이라 명년 이 때에 내가 이르리니 사라에게 아들이 있으리라 하시니라 이뿐 아니라 또한 리브가가 우리 조상 이삭 한 사람으로 말미암아 잉태하였는데 그 자식들이 아직 나지도 아니하고 무슨 선이나 악을 행하지 아니한 때에 택하심을 따라 되는 하나님의 뜻이 행위로 말미암지 않고 오직 부르시는 이에게로 말미암아 서게 하려 하사 리브가에게 이르시되 큰 자가 어린 자를 섬기리라 하셨나니 기록된바 내가 야곱은 사랑하고 에서는 미워하였다 하심과 같으니라(9:6-13).

본문에서 사도는 "하나님께서 이스라엘에게 하신 약속이 폐하여졌단 말이요?" 하는 가상적인 질문을 제기합니다. "저희에게는 양자됨과 영광과 언약들과 율법을 세우신 것과 예배와 약속들이 있다"(4) 하고 말씀했는데, 그들이 그리스도를 배척하고 죽였으니 이스라엘에게 세워주셨던 하나님의 약속이 폐하여졌단 말인가? 사도는 주님께서 유대인들을 향하여, "하나님의 나라를 너희는 빼앗기고 그 나라의 열매 맺는 백성이 받으리라"(마 21:43) 하신 신학적인 난제를 풀어가고 있습니다. 해답은 한마디로, "이스라엘에게서 난 그들이 다 이스라엘이 아니라"(6)는데 있습니다.

① 이에 대해 "또한 하나님의 말씀이 폐하여진 것 같지 않도다"(6 상) 하고 답변합니다.

㉠ 자신이 "골육 친척"을 위하여 큰 근심과 고통을 겪고 있지만, 그렇다고 하나님의 약속이 폐하여졌다는 뜻은 아니라는 것입니다. 여기에는 두 방면의 의미가 있다 하겠습니다. 첫째는 메시아 약속이 폐하여지지 않고 그대로 성취되었다는 뜻과, 둘째는 하나님이 한번하신 선택(選擇)은 폐하여지지 않는다는 것입니다. 문제는 하나님의 "약속과, 선택"의 뜻"을 잘못 이해했기 때문이라는 것입니다.

㉡ 이점이 "이스라엘에게서 난 그들이 다 이스라엘이 아니요"(6 하) 하는 말씀에 나타납니다. 이점을 2장에서는, "대저 표면적 유대인이 다 유대인이 아니요, 오직 이면적 유대인이 유대인"(2:28, 29)이라고 말씀했고, 요한복음에서는 "혈통(血統)으로나 육정(肉情)으로나 사람의 뜻으로 나지 아니하고 하나님께로서 난 자들"(요 1:13)이라고 말씀합니다.

㉢ 그러니까 "이스라엘이라고 다 참 이스라엘"(요 1:47)이 아니라는 것입니다. 같은 논리로 그리스도인이라 하는 자들이 다 그리스도인은 아니라는 것이 됩니다. 그러므로 지금 전개되고 있는 논리들은 오늘 우리들에게도 적실성이 있는 말씀인 것입니다.

② 사도는 계속해서, "또한 아브라함의 씨가 다 그 자녀가 아니라"(7상) 하고, 아브라함의 경우를 들어서 설명합니다.

㉠ 이스마엘이나 이삭은 같은 아브라함의 "씨"입니다. 그러나 하나님께서는 "오직 이삭으로부터 난 자라야 네 씨라 칭하리라"(7하, 창 21:12) 하고 말씀하셨습니다. 그러면 "이삭과, 이스마엘"은 어떤 차이가 있는가?

㉡ "곧 육신의 자녀가 하나님의 자녀가 아니라 오직 약속의 자녀가 씨로 여기심을 받느니라"(8), 즉 이삭은 "약속(約束)의 자녀"였고, 이스마엘은 "육신(肉身)의 자녀"라는 점이 다른 것입니다. 이 점을 갈라디아서에서는, "계집종에게서는 육체(肉體)를 따라 났고 자유하는 여자에게서는 약속(約束)으로 말미암았느니라"(갈 4:23) 하고 말씀합니다. 그래서 이삭의 후예는 이스라엘이 되었고, 이스마엘의 후예는 지금의 아랍민족이 되어 이제도 이스라엘을 대적하고 있는 것입니다.

③ 그렇다고 이삭의 자손들이 다 이스라엘 백성이 되었느냐 하면 그렇지가 않다는 것입니다. "이뿐 아니라" 하고, 앞의 예보다 더욱 분명한 예증이 있다는 것입니다. 그것은 "리브가가 우리 조상 이삭 한 사람으로 말미암아 잉태하였는데"(10), 쌍동(雙童)이였습니다.

㉠ "그 자식들이 아직 나지도 아니하고 무슨 선이나 악을 행하지 아니한 때에 택하심을 따라 되는 하나님의 뜻이 행위로 말미암지 않고 오직 부르시는 이에게로 말미암아 서게 하려 하사"(11) 합니다. 즉 그들이 태어나기도 전에 한 사람은 선택(選擇)이 되고 한 사람은 유기(遺棄)가 되었다는 것입니다.

㉡ "이스마엘과, 이삭"의 경우는 어머니가 다른 "첩의 자식과, 본처의 아들"이라는 신분상 구별이 있었다고 생각할 수도 있을 것입니다만, "야곱과, 에서"의 경우는 같은 아버지 같은 어머니 소생이요, 더욱이 쌍동이었고, 거기다 에서는 형이고 야곱은 아우였습니다. 그

러나 야곱의 후손은 "이스라엘" 민족이 되었고, 에서의 후손은 에돔 족속이 되어, 구속사의 줄기에서 떨어져나가 대대로 하나님을 대적하였던 것입니다.

④ 그러면 "이삭과 이스마엘, 야곱과 에서"의 대조(對照)를 들어서 말씀하려는 바가 무엇인가? "이스라엘에게서 난 그들이 다 이스라엘이 아니라"(6)는 말씀을 하려는 것입니다.

㉠ 그러므로 주목해야 할 말씀이 8절과, 11절입니다.

㉮ 8절은 "곧 육신의 자녀가 하나님의 자녀가 아니라 오직 약속(約束)의 자녀가 씨로 여기심을 받느니라" 하고, "약속"이 강조되어 있는데 이 약속(約束)은 "이삭"과 결부되어 있고,

㉯ 11절에서는 "택하심을 따라 되는 하나님의 뜻"하고, "택(擇)하심"이 강조되어 있는데 이는 "야곱"과 결부가 되어 있습니다. 그러니까 "이삭과, 이스마엘"을 들어서는 "약속의 자녀"만이 참 이스라엘이요, "야곱과, 에서"를 들어서는 "택함 받은 자"만이 참 이스라엘이라는 점을 말씀하고 있는 것입니다.

⑤ 먼저 8절인데 한 절속에, "육신의 자녀(子女), 하나님의 자녀(子女), 약속의 자녀"(子女) 하고, 세 부류의 자녀(子女)가 등장합니다.

㉠ 이스마엘은 "육신의 자녀"였고, 이삭은 "약속(約束)의 자녀"였습니다. 그렇다면 누가 "하나님의 자녀"가 되느냐 하는 것은 자명한 일입니다. 약속의 자녀만이 씨로 여기심을 받는 것이며, 그가 곧 하나님의 자녀라는 것입니다.

㉡ 유대인들이 오해했던 점은, "육신의 자녀"가 자동적으로 "하나님의 자녀"요, "씨"로 여기심을 받는 줄로 착각한 데에 있다는 것입니다. 그러므로 세례 요한은, "그러므로 회개에 합당한 열매를 맺고

속으로 아브라함이 우리 조상이라고 생각지 말라 내가 너희에게 이르노니 하나님이 능히 이 돌들로도 아브라함의 자손이 되게 하시리라"(마 3:8-9) 하고 책망했던 것입니다.

⑥ 다음으로 주목해야할 말씀은 11절입니다. "그 자식들이 아직 나지도 아니하고 무슨 선이나 악을 행하지 아니한 때에 택하심을 따라 되는 하나님의 뜻이 행위(行爲)로 말미암지 않고 오직 부르시는 이에게로 말미암아 서게 하려 하사" 합니다.

㉠ 8절에서는 "약속의 자녀"만이 하나님의 자녀라 말씀하고, 11절에서는 "택하신" 자만이 하나님의 자녀라고 말씀합니다. 11절 안에는,

㉮ "하나님의 뜻,

㉯ 택하심,

㉰ 부르심"이 있습니다.

㉡ 이는 모두가 하나님의 주권(主權)과 결부되는 것들입니다. 구원계획은 하나님의 주권적인 역사입니다. 그러므로 구속사라는 맥락으로 보면, "약속의 자녀"란 궁극적으로는 "그리스도"(갈 3:16)를 가리키는 것이고, 나아가 그리스도로 말미암아 구원 얻게 될 영적 이스라엘을 가리키는 것입니다. "너희가 그리스도께 속한 자면 곧 아브라함의 자손이요 약속대로 유업을 이을 자니라"(갈 3:29) 하고 말씀하는 것이 이를 가리킵니다.

⑦ 하나님께서 아브라함에게, "내가 네 자손으로 땅의 티끌 같게 하리니(창 13:16), 뭇별을 셀 수 있나 보라 네 자손이 이와 같으리라"(창 15:5) 하신 약속은,

㉠ 1차적으로는 이스라엘이라는 민족으로 성취가 되었으나, 궁

극적으로는 "영적 이스라엘"을 가리키는 말씀이었던 것입니다. 그러하건만 유대인들은 혈통적(血統的)인 이스라엘이 자동적으로 "하나님의 자녀"가 되는 줄로 잘못 이해하고 있었던 것입니다. 지금도 곡해하고 있는 분들이 있습니다.

⑧ 사도는 본 문단을, "기록된바 내가 야곱은 사랑하고 에서는 미워하였다 하심과 같으니라"(13) 하는 말씀으로 마치고 있습니다.

㉠ 이는 말라기 1:2절의 인용인데, "야곱과, 에서"는 태어나기도 전인 모태에서부터 갈라졌던 것입니다. 어떻게 이런 일이 일어나게 되는가? "하나님의 택하심과, 뜻대로"라는 대답 외에는 달리 없는 것입니다.

⑨ 그렇다면 인간의 자유의지란 개입할 여지가 전연 없는 것인가? 그렇지가 않습니다.

㉠ 여기 절묘한 짝과 조화(調和)가 있는데,

㉮ 8절에서 강조한 "하나님의 약속은, 인간의 믿음"과 짝을 이루고,

㉯ 11절에서 강조한 "하나님의 택하심은 받아들여야 하는 은혜"와 조화를 이루고 있다는 점입니다.

㉡ 사도가 1-8장에서 강조한 "믿음"이란, "믿음이 없어 하나님의 약속을 의심치 않고 믿음에 견고하여져서 하나님께 영광을 돌리며 약속하신 그것을 또한 능히 이루실 줄을 확신(確信)하였다"는, "약속을 믿는 믿음"으로 화합(히 4:2)을 해야 하는 것입니다.

㉢ 또한 "누가 능히 하나님의 택하신 자들을 송사하리요 의롭다 하신 이는 하나님이시니"(8:33) 한 "택하심, 의롭다하심"은, "그리스도 예수 안에 있는 구속으로 말미암아 하나님의 은혜로 값없이 의롭다

하심을 얻은 자 되었느니라"(3:24) 한 "은혜"로 받아야 하는 것입니다. 그렇다면 "하나님의 자녀"가 되는 데는, 하나님의 약속을 믿는 "믿음"과, 값없이 주시는 "은혜"를 받아들여야 한다는 것이 됩니다. 그런데 유대인들은,

㉮ 언약의 사자를 믿지 않았고,

㉯ 값없이 주시는 은혜(하나님의 의)를 배척했던 것입니다.

㉰ 요한복음 1:12-13절을 보시겠습니다. 12절에서는, "영접하는 자 곧 그 이름을 믿는 자들에게는 하나님의 자녀가 되는 권세를 주셨으니" 하고, "믿음"이 강조되어 있고, 13절에서는 "이는 혈통으로나 육정으로나 사람의 뜻으로 나지 아니하고 오직 하나님께로서 난 자들이니라" 하고 "택하심을 따라 되는 하나님의 뜻"이 강조되고 있는 것입니다.

⑩ 사도는 9장 마지막 부분에서, "어찌 그러하뇨 이는 저희가 믿음에 의지하지 않고 행위에 의지함이라"(32) 하고 말씀합니다.

㉠ 그렇다면 본문은 우리들에게 믿음의 가정에서 태어났다고 해서 자동적으로 약속의 자녀가 되는 것도 아니요, "주여, 주여" 한다고 해서 다 그리스도인이 되는 것도 아니라는 경고적인 교훈으로 다가오는 것입니다.

㉡ 형제여, 하나님의 택하심을 입었다는 것이 최고의 사랑(말 1:2)임을 확신하시기를 바랍니다. 우리가 하나님의 택하심과 부르심을 입은 것이 남다른 무슨 선이나 공로가 있어서가 아니라, 다만 하나님의 "사랑"이 그렇게 하셨습니다. 이것이 "기록된바 내가 야곱을 사랑하고 에서는 미워하였다 하심과 같으니라"(13)의 뜻입니다.

㉢ "미워하였다"는 뜻이 무엇인가? 하나님은 누구를 특별히 미워

하시는 것이 아닙니다. 우리는 다 하나님의 미워하심을 받아 마땅한 죄인이요, 원수들이었습니다. 그러나 그런 무리 가운데서 "사랑하심"을 인하여 형제가 택함을 받은 것이며, 택하심을 받지 못하면 미움 가운데 그대로 유기될 수밖에 없다는 것입니다.

　　이스라엘이 다 이스라엘이 아니요 택하심을 따라 되는 약속의 자녀만이 하나님의 자녀가 되는 것입니다.

> **묵상해 봅시다.**
>
> 1. 하나님의 말씀이 폐하여 지지 아니하였다면 어떻게 성취되어 나가는 것입니까?
> 2. 구원 계획은 누구의 뜻대로 이루어 나가는 것입니까?
> 3. 하나님께서 당신을 택하심과 사랑하심에 대해 말씀해 보십시오.

셋째 단원(14-24) 택하심의 자율성

111
하나님의 선택의 자주성

> 그런즉 우리가 무슨 말 하리요 하나님께 불의가 있느뇨 그럴 수 없느니라 모세에게 이르시되 내가 긍휼히 여길 자를 긍휼히 여기고 불쌍히 여길 자를 불쌍히 여기리라 하셨으니 그런즉 원하는 자로 말미암음도 아니요 달음박질하는 자로 말미암음도 아니요 오직 긍휼히 여기시는 하나님으로 말미암음이니라 성경이 바로에게 이르시되 내가 이 일을 위하여 너를 세웠으니 곧 너로 말미암아 내 능력을 보이고 내 이름이 온 땅에 전파되게 하려 함이로라 하셨으니 그런즉 하나님께서 하고자 하시는 자를 긍휼히 여기시고 하고자 하시는 자를 강퍅케 하시느니라(9:14-18).

사도는 앞 문단에서, "택하심을 따라 되는 하나님의 뜻"(11)을 말씀했습니다. 이제 사도는 하나님의 주권적인 택하심, 즉 예정교리에 대해 있을 법한 가상적인 질문을 제기합니다.

① "그런즉 우리가 무슨 말하리요 하나님께 불의가 있느뇨"(14상), 하나님이 불의(不義)하시단 말이냐 하고 가상적인 의문을 제기합니다.

㉠ 이 가상적인 질문은 13절에서, "내가 야곱은 사랑하고 에서는

미워하였다"는 말씀에 대해 제기된 것입니다. 쌍둥이 에서와 야곱이 아직 태어나기도 전 무슨 선이나 악을 행하지 아니한 때에 택하심을 따라 되는 하나님의뜻이 야곱은 택하시고 에서는 버리셨다면 이것은 공평(公平)치 못한 일이 아니냐는 것입니다. 자고로 예정교리는 많은 논쟁을 일으켰습니다. 사도도 이렇게 될 것을 예상하고 있었습니다.

② 예정교리는 하나님의 절대주권(絶對主權)을 인정하고, 반면 인간의 전적타락을 전제(前提)로 해서 세워진 교리입니다.

㉠ 그러므로 인간 중심적인 이성(理性)은 이 교리에 대해 비판하고 거부하며 심지어 미워하기까지 하는 것은 어찌 보면 당연한 일이라 하겠습니다. 하나님은, "모세에게 이르시되 내가 긍휼히 여길 자를 긍휼히 여기고 불쌍히 여길 자를 불쌍히 여기리라"(15) 하고 말씀하셨습니다. 이는 출애굽기 33:19절의 인용인데 이 말씀을 하시게 된 배경을 알아야만 참뜻을 깨달을 수가 있습니다.

㉡ 모세가 시내산에서 하나님께로부터 십계명이 기록된 두 개의 돌 판을 받아 가지고 내려 왔을 때, 산 아래서는 백성들이 금으로 송아지 모양의 신상을 만들어 놓고, "이스라엘아 이는 너희를 애굽 땅에서 인도하여 낸 너희 신이로다"(출 32:4) 하고, 그 앞에 번제와 화목제를 드리고 앉아서 먹고 마시며 일어나 뛰놀고 있었습니다.

㉢ "여호와께서 모세에게 이르시되 너는 내려가라 네가 애굽 땅에서 인도하여 낸 네 백성이 부패하였도다. 그들이 내가 그들에게 명한 길을 속히 떠나 자기를 위하여 송아지를 부어 만들고 그것을 숭배하며 그것에게 희생을 드리며 말하기를 이스라엘아 이는 너희를 애굽 땅에서 인도하여 낸 너희 신이라 하였도다······그런즉 나대로 하게 하라 내가 그들에게 진노하여 그들을 진멸하고 너로 큰 나라가 되게 하리라"(출 32:7-10) 하셨습니다.

③ 형제여, 하나님께서 말씀하신 대로 이 배은망덕한 자들을 진멸해 버리셨다면, "하나님께 불의가 있느뇨?" 형제는 하나님을 불의(不義)하시다 말하겠습니까?

㉠ 이 말씀을 들은 모세는 일사각오의 중보기도를 드립니다. "합의하시면 이제 그들의 죄를 사하시옵소서 그렇지 않사오면 원컨대 주의 기록하신 책에서 내 이름을 지워 버려주옵소서"(출 32:32) 합니다. 이러한 배경에서, "나는 은혜 줄 자에게 은혜를 주고 긍휼히 여길 자에게 긍휼을 베푸느니라"(출 33:19) 하고 말씀하신 것입니다.

㉡ 인류의 시조는 에덴 낙원에서 하나님을 배신하였고, 우리는 모두가 배은망덕한 아담의 후손들입니다. 그의 후예들은 "하나님의 영광을 썩어질 사람과 금수와 버러지 형상의 우상으로 바꿔치기"(1:23)를 했습니다.

㉢ 그러면 묻습니다. 진멸 받아 마땅한 이들 중에서 얼마를 긍휼히 여기시고, 얼마는 그대로 버려두셨다면, "하나님께 불의가 있느뇨?" 형제는 하나님을 불의(不義)하시다 말하겠습니까? "그럴 수 없느니라" 하고 말씀합니다. 얼마를 택하셨다는 것은 전적인 하나님의 "긍휼"이라는 말씀입니다.

④ 사도는 예정교리에 대한 반감(反感)을 "긍휼"로 설명하고 있습니다.
㉠ 15-18절 가운데는 "긍휼"이라는 말이 4번 강조되고 있습니다.
㉮ "내가 긍휼히 여길 자를 긍휼히 여기고"(15),
㉯ "오직 긍휼히 여기시는 하나님으로 말미암음이니라"(16),
㉰ "그런즉 하나님께서 하고자 하시는 자를 긍휼히 여기시고"(18) 합니다.

⑤ 전적타락, 전적부패, 전적무능 한 인간들에게 있어서는, "그런즉 원하는 자로 말미암음도 아니요 달음박질하는 자로 말미암음도

아니요 오직 긍휼히 여기시는 하나님으로 말미암음이니라"(16) 하고, 하나님의 긍휼 밖에는 기대할 것이 없다는 말씀입니다.

㉠ 이 말씀은 이스라엘의 구원(救援)문제를 논증하는 문맥에서 주어졌다는 점을 유념해야만 합니다. "구원"은 전적인 하나님의 주권에 속한 것이라는 말씀입니다. "원하는 자로 말미암음도 아니요"는, "바로의 노예, 바벨론의 포로, 죽은 나사로"가 아무리 살기를 원한다고 해서 자력(自力)으로는 구출될 수 없음 같이, 인간이 구원을 아무리 원할 지라도 하나님께서 긍휼히 여겨 주시지 않으면 불가능하다는 것을 의미합니다.

㉡ 주의해야할 점은 본문은 구원과 결부하여 주어진 말씀이라는 점입니다. 그러므로 "그의 일한 대로 갚아 주리라" 하시는 상급이나, "하나님께 기쁘시기 할 것을 우리에게 받았으니 곧 너희 행하는 바라 더욱 많이 힘쓰라"(살전 4:1) 한 윤리와 결부시켜서는 아니 되는 것입니다.

⑥ 다시 강조합니다만, "달음박질하는 자로 말미암음도 아니요" 하는 것은, "허물과 죄로 죽었던 너희를 살리셨도다" 하는 구원이 인간의 노력으로는 불가능한 것이요, "오직 긍휼히 여기시는 하나님으로 말미암음이니라" 뿐이라는 말씀입니다.

㉠ 인간은 자력으로는 구원될 수가 없고, 긍휼이나 불쌍히 여기심은 베푸시는 분의 주권에 속하는 것이요, 인간 편에서 권리 적으로 요구 한다던가 불평할 문제가 아니라는 것이 사도의 답변입니다. 긍휼히 여기심은 전적인 하나님의 은혜요, 사랑인 것입니다.

㉡ 마태복음은 20장에는 포도원 품꾼 비유가 있습니다. 원망하는 자들의 불평은 오후 다섯 시에 와서 한 시간만 일한 사람과, 하루 종일 수고한 자기들을 같이 대우해 준다는데 있었습니다. 말하자면 자기들이 품삯을 받지 못해서가 아니라 왜 저 사람들에게 그 도록

후하게 주느냐는 데 있었습니다.

ⓒ 주님은 대답하시기를, "친구여 내가 네게 잘못한 것이 없노라 네가 나와 한 데나리온의 약속을 하지 아니 하였느냐 네 것이나 가지고 가라 나중 온 사람에게 너와 같이 주는 것이 내 뜻이니라 내 것을 가지고 내 뜻대로 할 것이 아니냐 내가 선하므로 네가 악하게 보느냐"(마 20:13-15) 하고 말씀하십니다. 그러므로 예정교리에 대한 비판(批判)은 하나님의 "긍휼히 여겨 주심"에 대한 비난(非難)이 되고 맙니다.

⑦ "성경이 바로에게 이르시되 내가 이 일을 위하여 너를 세웠으니"(17상) 합니다.

㉠ 바로를 구속사의 무대에 세우신 것은 그가 담당해야 할 역할이 있었기 때문이라는 것입니다. 그렇다면 그의 역할이 무엇이었습니까? "곧 너로 말미암아 내 능력을 보이고 내 이름이 온 땅에 전파되게 하려 함이로다"(17하)가 그것입니다.

㉡ 이 말씀은 출애굽기 9:16절의 인용인데, "내가 손을 펴서 온역으로 너와 네 백성을 쳤다면 네가 세상에서 끊어졌을 것이나"(9:15)라는 말씀에 이어서 하신 말씀입니다. 그렇습니다. 하나님께서 10가지 재앙이 아니라, 한 가지 재앙으로도 바로를 굴복시킬 수가 있으셨습니다. 그런데 10가지 재앙을 동원하신 이유를, "내가 그의 마음과 그 신하들의 마음을 완강케 함은 나의 표징(表徵)을 그들 중에 보이기 위함이라"(출 10:1) 하십니다. 그래서 바로의 마음이 강퍅한 대로 버려두셨다는 것입니다.

㉢ 그렇다면 바로에게 보여 주시고자 한 궁극적인 표징이 무엇이었습니까? "유월절 양"으로 상징되는 예수 그리스도의 구속의 능력을 보여 주시기를 원하셨던 것입니다. "우리의 유월절 양 곧 그리스도께서 희생이 되셨느니라"(고전 5:7) 하고 말씀합니다. 그러니까 본문의

표현대로 하면, "원하는 자로 말미암음도 아니요 달음박질하는 자로 말미암음도 아니요"(16), 오직 "유월절 어린양의 피"로 말미암아 구원을 얻은 것이라는 말씀입니다.

㉣ 이스라엘 민족이 애굽의 노예상태에서 자력으로 구출될 수 있는 가망은 전연 없었습니다. 이와 같이 인간의 구원도 전적인 하나님의 은혜에 속한 것이라는 말씀입니다. 하나님의 긍휼과 불쌍히 여겨주심을 기대할 것밖에는 불평이나 원망이나 비난은 있을 수가 없다는 것입니다.

⑧ 본문에는 모세(15)와, 바로(17)가 등장합니다. "모세"는, 긍휼히 여기심을 받은 자의 대표자(代表者)로, "바로"는 버려둠을 당한 자의 대표자라 할 수가 있습니다. 긍휼히 여기심을 받지 못하면 상대적으로 강퍅(18)해질 수밖에 없는 것입니다. 비가 내리지 않으면 땅은 결국 사막으로 화하게 되는 것입니다.

㉠ "하나님께 불의가 있느뇨 그럴 수 없느니라"(14), "그런즉 하나님께서 하고자 하시는 자를 긍휼히 여기시고 하고자 하는 자를 강퍅케 하시느니라"(18), 이것은 누구도 관여할 수 없는 하나님의 자주성(自主性)에 속하는 영역이라는 말씀입니다.

> **묵상해 봅시다.**
>
> 1. 예정교리에 대해 예상되는 첫 번째 질문이 무엇입니까?(14)
> 2. 이에 대해 성경은 무엇이라 답변하십니까?
> 3. 바로를 통해 보여 주시고자 한 능력이 무엇이었습니까?

로마서 9:19-33절 개관도표
주제 : 하나님의 주권적인 긍휼

하나님의 주권에 도전 못함	19-23	
	19 ①	혹 네가 내게 말하기를 그러면 하나님이 어찌하여 허물하시느뇨
		누가 그 뜻을 대적하느뇨 하리니
	20	이 사람아 **네가 뉘기에 감히 하나님을 힐문하느뇨**
		지음을 받은 물건이 지은 자에게 어찌 나를 이같이 만들었느냐 말하겠느뇨
	21	토기장이가 진흙 한 덩이로 하나는 귀히 쓸 그릇을,
		하나는 천히 쓸 그릇을 만드는 권이 없느냐
	22 ②	만일 하나님이 그 진노를 보이시고 그 능력을 알게 하고자 하사
		멸하기로 준비된 **진노의 그릇을** 오래 참으심으로 관용하시고
	23	또한 영광 받기로 **예비하신바 긍휼의** 그릇에 대하여
		그 영광의 부요함을 알게 하고자 하셨을 지라도 무슨 말 하리요
남은 자의 구원	24-29	
	24 ③	**이 그릇은 우리니** 곧 유대인 중에서 뿐 아니라 이방인 중에서도 **부르신 자니라**
	25	호세아 글에도 이르기를 내가 **내 백성 아닌 자를 내 백성이라,**
		사랑치 아니한 자를 사랑한 자라 부르리라
	26	너희는 내 백성이 아니라 한 그 곳에서 저희가 살아 계신
		하나님의 아들이라 부름을 얻으리라 함과 같으니라
	27 ④	또 이사야가 이스라엘에 관하여 외치되 이스라엘 뭇 자손의 수가
		비록 바다의 모래 같을 지라도 **남은 자만 구원을 얻으리니**
	28	주께서 땅 위에서 그 말씀을 이루사 필하시고 끝내시리라 하셨느니라
	29 ⑤	또한 이사야가 미리 말한바 만일 만군의 주께서 우리에게 씨를 남겨 두시지 아니 하셨더면
		우리가 소돔과 같이 되고 고모라와 같았으리로다 함과 같으니라
실패한 이유	30-33	
	30 ⑥	그런즉 우리가 무슨 말 하리요 의를 좇지 아니한 **이방인들이 의를 얻었으니** 곧 믿음에서 난 의요
	31	의의 법을 좇아간 **이스라엘은** 법에 이르지 못하였으니
	32	어찌 그러하뇨 이는 저희가 **믿음에 의지하지 않고 행위에 의지함이라**
		부딪힐 돌에 부딪혔느니라
	33 ⑦	기록된바 보라 내가 부딪히는 돌과 거치는 반석을 시온에 두노니
		저를 믿는 자는 부끄러움을 당치 아니하리라 함과 같으니라

첫째 단원(19-23) **하나님의 주권에 도전 못함**

112
하나님의 선택의 정당성

혹 네가 내게 말하기를 그러면 하나님이 어찌하여 허물하시느뇨 누가 그 뜻을 대적하느뇨 하리니 이 사람아 네가 뉘기에 감히 하나님을 힐문하느뇨 지음을 받은 물건이 지은 자에게 어찌 나를 이같이 만들었느냐 말하겠느뇨 토기장이가 진흙 한 덩이로 하나는 귀히 쓸 그릇을 하나는 천히 쓸 그릇을 만드는 권이 없느냐 만일 하나님이 그 진노를 보이시고 그 능력을 알게 하고자 하사 멸하기로 준비된 진노의 그릇을 오래 참으심으로 관용하시고 또한 영광 받기로 예비하신바 긍휼의 그릇에 대하여 그 영광의 부요함을 알게 하고자 하셨을지라도 무슨 말 하리요 (9:19-23).

사도는 예정교리에 대해 있을 법한 가상적인 두 번째 질문을 제기합니다. 그것은,

① "혹 네가 내게 말하기를 그러면 하나님이 어찌하여 허물하시느뇨 누가 그 뜻을 대적하느뇨?"(19) 하는 말입니다.

㉠ 이 가상의 질문은 18절에서 말씀한바, "하나님께서 하고자

하시는 자를 긍휼히 여기시고 하고자 하시는 자를 강퍅케 하시느니라"에 대해서 제기된 질문입니다. "선택과, 유기"가 하나님의 절대주권에 속한 것이라면, 그리하여 "하고자 하시는 자를 긍휼히 여기기도 하시고, 또는 강퍅케 하시기도 한다면", 강퍅하게 되어 회개하지 아니한 책임(責任)을 인간에게 추궁할 수가 없지 않느냐는 것입니다.

② "누가 그 뜻을 대적하느뇨"(19하), 즉 하나님이 하시고자 하는 그 뜻을 누가 거역하여 할 수 없게 할 수가 있단 말이냐 하는 질문입니다.

㉠ 사도는 이런 질문들이 나올 것을 예상했던 것입니다. 그러므로 또다시 상기하고 명심해야할 점은, 예정교리는 하나님의 절대(絶對)주권에 바탕을 둔 교리라는 점입니다. 그러므로 예정교리를 흔들거나 무너뜨리려고 하는 것은, "하나님의 하나님 되심"을 훼손하려는 것과 같은 것입니다. 그래서 사도는 구차한 해명을 하려하지 않고, "이 사람아 네가 뉘기에……" 하고, 네 주제를 파악하라고 반문(反問)하고 있는 것입니다.

㉡ 사도가 "이 사람아" 하는 이 사람은, "그러면 하나님이 어찌하여 허물하시느뇨 누가 그 뜻을 대적하느뇨" 하고 반항하는, 바로 그 사람을 향해서 하는 말입니다. "네가 뉘기에……", 즉 너란 존재(存在)가 어떤 존재인줄을 안다면 그런 비난은 불가능한 일이라는 것입니다.

③ 이사야 선지자는 "네가 뉘기에" 한 우리의 존재를, "질그릇 조각 중 한 조각 같은 자"라 하면서, "자기를 지으신 자로 더불어 다툴진대 화 있을 진저"(사 45:9) 하고 말씀합니다.

㉠ "지렁이 같은 너 야곱아(사 41:14), 하물며 벌레인 사람, 구더기인 인생이랴"(욥 25:6) 합니다. 야고보는 "너희 생명이 무엇이뇨 너희는 잠깐 보이다가 없어지는 안개니라"(약 4:4) 하고 말씀합니다.

ⓛ 그래서 "이 사람아 네가 뉘기에 감히 하나님을 힐문하느뇨"(20 상) 하고, "너라는 사람과, 절대자이신 하나님"을 예리하게 대조(對照)시키고 있음을 주목할 필요가 있습니다.

　　④ "지음을 받은 물건이 지은 자에게 어찌 나를 이 같이 만들었느뇨 말하겠느뇨"(20하) 합니다. 이점에서 유념하게 되는 것은, 사도 자신도 감히 하나님을 옹호하려 한다든가, 변명하려는 잘못을 범하려 하지 않고, 당당히 맞서고 있다는 점입니다.

　　㉠ 그런 후에 토기장이 비유를 들어 대답합니다. "토기장이가 진흙 한 덩이로 하나는 귀히 쓸 그릇을 하나는 천히 쓸 그릇을 만드는 권이 없느냐"(21) 하고 반문합니다. 창조주 하나님을 "토기장이"로, 피조물인 인간을 "토기"에 비유하는 것은 구약성경에 풍부하게 나타납니다.

　　ⓛ 왜냐하면 본질적으로, "흙으로 사람을 지으시고"(창 2:7) 하고 말씀하기 때문입니다. 이사야 선지자는, "우리는 진흙이요 주는 토기장이시니 우리는 다 주의 손으로 지으신 것이라"(사 64:8) 하고 말씀합니다. 하나님께서는 예레미야 선지자에게 너는 토기장이의 집으로 내려가라고 말씀하십니다. "내가 토기장이의 집으로 내려가서 본즉 그가 녹로로 일을 하는데 진흙으로 만든 그릇이 토기장이의 손에서 파상하매 그가 그것으로 자기 의견에 선한 대로 다른 그릇을 만들더라"(렘 18:1-4) 하고 말씀합니다.

　　⑤ 22-23절에는 두 종류의 그릇이 있습니다.

　　㉠ 하나는 "진노의 그릇"이요, 다른 하나는 "긍휼의 그릇"입니다. 긍휼의 그릇은 글자 그대로 긍휼히 여기심을 받은 사람들이요, 진노의 그릇이란 바로처럼 강퍅케 된 심령들을 가리킵니다.

ⓒ 문제는 22절의 "진노의 그릇을 오래 참으심으로 관용하시고"에 대한 해석입니다. "오래 참으심으로 관용" 하심을, ㉮ 진노를 미루셨다는 해석과, ㉯ 회개를 기다리고 계셨다는 해석으로 갈리고 있습니다. 그런데 22절과, 23절은 "진노의 그릇과, 긍휼의 그릇"에 대한 대조(對照)를 나타내고 있다는 점입니다. 만일 참고 관용하시면서 회개하기를 기다리고 계셨다는 것으로 보게 되면, 그들도 "긍휼의 그릇"이 되어 대조는 없어지게 됩니다.

　　ⓓ "진노의 그릇"에 대해 진노를 당장 나타내시지 않고 오래 참으심은, "그 진노를 보이시고 그 능력을 알게 하고자 하시는"(22상) 목적이 있었기 때문이라는 것입니다. 하나님은 애굽이나, 바벨론에 대해 오래 참으셨으나 때가 찬 경륜 가운데 "진노를 보이시고 능력을 알게 하심" 같이, 결국 하나님의 진노는 시행되고야 만다는 것입니다. 진노가 없는 긍휼은 의미가 없는 것입니다.

　　⑥ "또한 영광 받기로 예비하신바 긍휼의 그릇에 대하여 그 영광의 부요함을 알게 하고자 하셨을지라도 무슨 말 하리요"(23) 합니다.

　　㉠ 여기에 대조점이 분명히 나타나는데,

　　　㉮ "영광받기로 예비하신 긍휼의 그릇"이란 택함을 받은 자들을 가리키는데, "그 영광의 부요함"(23)은 아직 주어지지 않고 장래의 소망으로 남아 있듯이,

　　　㉯ 진노의 그릇에 대해서도 "오래 참으심으로 관용", 즉 당장 심판하시지 않지만 결국 진노는 떨어지고야 만다는 것입니다.

　　㉡ 출애굽을 예로 들 수가 있습니다. 바로는 첫 재앙으로 굴복한 것이 아닙니다. 어찌하여 10가지 재앙이 준비되었는가? 이를 통해서 하나님의 능력(能力)을 보이시고자 오래 참으시고 관용하셨던 것입니다. 진노의 그릇에 임할 심판도, 긍휼의 그릇에 주어질 영광도 다

때가 있다는 말씀입니다.

⑦ "진노의 그릇, 긍휼의 그릇"이라고 표현하고 있는 것은, "그릇"처럼 각기 쓰임에 합당한 역할이 있음을 말해 줍니다.

㉠ 모세는 "긍휼의 그릇"으로 쓰임을 받았고, 바로는 "진노의 그릇"이었지만, 그에게도 필요한 데가 있었다는 것인데, "이 일을 위하여 너를 세웠으니 너로 말미암아 내 능력을 보이고 내 이름을 온 땅에 전파되게 하려 함이로라"(17) 하십니다.

㉡ 또한 "그릇"이란 담는 용기로써 심판의 날까지 한 쪽 그릇에는 진노가 점점 쌓여가고(2:5), 다른 쪽 그릇에는 긍휼히 여기고, 또 긍휼히 여기시는 "긍휼"이 계속적으로 임하게 될 것이 암시되어 있습니다.

⑧ "그 영광의 부요를 알게 하고자 하셨을지라도"(23하) 하십니다.

㉠ 형제는 "하나님이 자기를 사랑하는 자들을 위하여 예비하신 모든 것은 눈으로 보지 못하고 귀로도 듣지 못하고 사람의 마음으로도 생각지 못하였다"(고전 2:9) 한, "영광의 부요"에 대해서 얼마나 알고 있습니까? 이를 알아야할 만큼 아는 자가 누구이겠습니까? "우리가 이제는 거울로 보는 것같이 희미하나 그 때에는 얼굴과 얼굴을 대하여 볼 것이요 이제는 내가 부분적으로 아나 그 때에는 주께서 나를 아신 것같이 내가 온전히 알리라"(고전 13:12) 하십니다.

㉡ 이를 알았다면, "혹 네가 내게 말하기를 그러면 하나님이 어찌하여 허물하시느뇨"(19) 하고 따질 것이 아니라, 하나님의 절대주권 앞에 겸손히 무릎을 꿇고 하나님 경외하는 법을 배우라는 말씀입니다.

둘째 단원(24-29) 남은 자의 구원

113
남은 자의 구원

이 그릇은 우리니 곧 유대인 중에서 뿐 아니라 이방인 중에서도 부르신 자니라 호세아 글에도 이르기를 내가 내 백성 아닌 자를 내 백성이라 사랑치 아니한 자를 사랑한 자라 부르리라 너희는 내 백성이 아니라 한 그곳에서 저희가 살아 계신 하나님의 아들이라 부름을 얻으리라 함과 같으니라 또 이사야가 이스라엘에 관하여 외치되 이스라엘 뭇 자손의 수가 비록 바다의 모래 같을지라도 남은 자만 구원을 얻으리니 주께서 땅 위에서 그 말씀을 이루사 필하시고 끝내시리라 하셨느니라 또한 이사야가 미리 말한바 만일 만군의 주께서 우리에게 씨를 남겨 두시지 아니하셨더면 우리가 소돔과 같이 되고 고모라와 같았으리로다 함과 같으니라(9:24-29).

① 그렇다면 긍휼의 그릇은 누구들입니까? "이 그릇은 우리니"(24상) 합니다.

㉠ "곧 유대인 중에서 뿐 아니라 이방인 중에서도 부르신 자니라"(24하) 합니다. "중(中)에서" 라는 말이 중요합니다. "유대인과, 이방인 중에서", 유대인인 바울과 이방인인 로마 성도들과, 그리고 여러분과 저를, "긍휼의 그릇"으로 "부르신 자"라고 말씀하고 있습니다.

ⓒ 유대인이라고 해서 자동적으로 모두가 긍휼의 그릇이 되는 것도 아니고, 이방인이라고 해서 다 진노의 그릇이 되는 것이 아니라는 말씀입니다. 유대인과 이방인 중에서 하나님의 "택하심과, 부르심"을 통해서만이 "긍휼의 그릇"이 된다는 말씀입니다. 이 정의(定意)는 "이스라엘이 어떻게 되나" 하고 주시하고 있는 오늘의 우리들에게도 길잡이가 되는 말씀으로 여겨집니다.

　　② 사도는 호세아서를 인용하여(호 2:23, 1:10), "호세아 글에도 이르기를, 내가 내 백성 아닌 자를 내 백성이라 사랑치 아니한 자를 사랑한 자라 부르리라"(25) 한 말씀을 이방인 중에서 부르심을 받을 자에게 적용시키고 있습니다.

　　③ 반면 유대인을 향해서는 이사야의 예언을 인용하여, "이스라엘의 뭇 자손의 수가 비록 바다의 모래 같을지라도 남은 자만 구원을 얻으리니"(27) 하고 말씀합니다.

　　㉠ 이점에서 "민족과, 개인"의 구별(區別)을 인식한다는 것은 중요한 요점이 됩니다. 구속사에 있어서 선민 이스라엘 민족(民族)은 치명적인 범죄를 몇 번 범했습니다.

　　㉮ 첫 번은 금송아지 우상을 만들고, "이는 너희를 애굽 땅에서 인도하여 낸 너희 신이로다"(출 32:4) 한 우상숭배 사건이고,

　　㉯ 둘째는 "우리가 한 장관을 세우고 애굽으로 돌아가자"(민 14:4) 한 반역 사건입니다.

　　ⓒ 이는 하나님께 반역한 치명적인 범죄였던 것입니다. 하나님은 "그들을 진멸하고 너로 큰 나라가 되게 하리라(출 32:10), 그들을 쳐서 멸하고 너로 그들보다 크고 강한 나라를 이루게 하리라"(민 14:12), 즉 이스라엘의 선민 됨을 폐하시겠다고 말씀하셨습니다.

ⓒ 그런데 모세가 "아브라함과 이삭과 이스라엘을 기억하소서(출 32:13), 주의 명성(名聲)을 들은 열국이 말하여 이르기를 여호와가 이 백성에게 주기로 맹세한 땅에 인도할 능이 없는 고로 광야에서 죽였다 하리이다"(민 14:16) 하고 간구하자, 거룩하신 이름으로 세우신 "언약과, 맹세"로 인하여 뜻을 돌이키셨던 것입니다. 그런데 명심할 점은 선민(選民)됨을 파하시지는 않으셨으나, 개인(個人)은 심판하셨다는 점입니다.

　④ 이점이 "이스라엘의 뭇 자손의 수가 비록 바다의 모래 같을지라도 남은 자만 구원을 얻으리니"(27) 한 말씀에 나타납니다.

　㉠ 구속사에 있어서 "남은 자"의 교리는 중요한 요점입니다. "또한 이사야가 미리 말한바 만일 만군의 주께서 우리에게 씨를 남겨 두시지 아니 하셨더면"(29) 합니다. 하나님께서는 인간이 타락하고 부패하고 반역할지라도 구원계획을 기필코 이루시기 위해서 어느 때나 "씨"를 남겨 두셨던 것입니다.

　ⓒ 가인이 아벨을 쳐 죽였을 때에도, "셋"이라고 하는 씨를(창 4:25) 주셨습니다. 홍수로 세상을 멸하신 때에도, 노아의 가족이라는 씨를 남겨(히 11:7) 두셨습니다. 바벨탑의 반역이 있은 후에도, 아브라함이라는 씨를(창 12:1) 택하셨습니다.

　⑤ 그래서 "주께서 우리에게 씨를 남겨 두시지 아니하셨다면 우리가 소돔과 같이 되고 고모라와 같았으리로다"(29하) 합니다.

　㉠ 이처럼 씨를 남겨주심은 궁극적으로, "네 씨로 말미암아 천하 만민이 복을 얻으리니"(창 22:17) 하고 족장들에게 약속하신대로, 예수 그리스도를 "씨"(갈 3:16)로 보내셔서 영적 이스라엘이라는 한 나라를 세우시기 위해서였던 것입니다. 이 "씨"가 형제를 거듭나게

(벧전 1:23) 해주셨습니다. 이 씨가 형제 속에도 심겨져 있는(요일 3:9) 것입니다. "그런즉 이와 같이 이제도 은혜로 택하심을 따라 남은 자가 있느니라"(11:5) 하십니다. 이것이 "남은 자의 구원"입니다.

> **묵상해 봅시다.**
> 1. 예정교리에 대해 예상되는 두 번째 질문(19)은 무엇입니까?
> 2. 하나님은 누구시며 인간은 무엇입니까?(20-21).
> 3. "우리에게 씨를 남겨 두신"(29) 궁극적인 목적이 무엇입니까?

셋째 단원 행위에 의지한 자와 믿음에 의지한 자

114

하나님의 선택과 인간의 믿음

> 그런즉 우리가 무슨 말하리요 의를 좇지 아니한 이방인들이 의를 얻었으니 곧 믿음에서 난 의요 의의 법을 좇아간 이스라엘은 법에 이르지 못하였으니 어찌 그러하뇨 이는 저희가 믿음에 의지하지 않고 행위에 의지함이라 부딪힐 돌에 부딪혔느니라 기록된바 보라 내가 부딪히는 돌과 거치는 반석을 시온에 두노니 저를 믿는 자는 부끄러움을 당치 아니하리라 함과 같으니라(9:30-33).

사도는 "그런즉 우리가 무슨 말 하리요"(30상) 하고, 이제까지 말씀한 9장 전체에 대한 결론을 내리려 하고 있습니다. 어찌하여 선민 이스라엘은 버림을 당하고, "너희는 내 백성이 아니라"(26) 한 이방인들이 구원에 이르게 되었는가?

① "그런즉 우리가 무슨 말하리요 의를 좇지 아니한 이방인들이 의를 얻었으니 곧 믿음에서 난 의요"(30) 합니다.

㉠ 사도는 모순처럼 여겨지고, 불합리하게 보이는 두 가지 사실

을 제시합니다. "의를 〈좇지 아니한〉 이방인들은 의를 얻었고, 〈의의 법을 좇아간〉 이스라엘은 법에 이르지 못하였으니", 즉 좇지 아니한 자는 얻었고, 좇아간 자는 얻지 못했다는 것입니다.

② 어찌하여 이러한 결과를 가져오게 되었는지, 먼저 이스라엘의 경우를 생각해 보겠습니다. "의의 법을 좇아간 이스라엘은"(31상) 합니다.

㉠ 여기서 말씀하는 "의의 법"이란, 7:12절에서 "이로 보건대 율법도 거룩하고 계명도 거룩하며 의로우며 선하도다" 한 율법을 가리킵니다. 그러므로 "의의 법을 좇아간 이스라엘"이라는 말은, 율법을 준행함으로 하나님 앞에 의롭다함을 얻을 줄로 여기고 있었다는 뜻입니다. 그리고 바울 자신도 "율법의 의로는 흠이 없는 자로라"(빌 3:6) 하고 자부하던 때가 있었습니다.

㉡ 그런데 율법을 준행함으로 의롭다함을 얻을 수 없다는 불가능성은, "모든 말씀을 우리가 준행하리이다"(출 24:3, 7) 하고 말하던 입에 침이 마르기도 전에, 금송아지 우상을 섬김으로 말미암아 언약의 돌비가 깨지고(출 32:19)만, 그 현장에서 명백히 드러났던 것입니다.

③ 그래서 "법에 이르지 못하였으니"(31하) 합니다. "법에 이르지 못했다"는 말은 하나님께서 요구하시는 기준(基準)에 이르지 못하였다는 뜻입니다.

㉠ 결국 "율법의 행위로 그의 앞에 의롭다 하심을 얻을 육체가 없나니"(3:20)의 다른 표현인 것입니다.

④ 반면 "의를 좇지 아니한 이방인들이 의를 얻었으니"(30중) 합니다.

㉠ "의를 좇지 아니한 이방인들"이란 말은, "그때에 너희는 그리스도 밖에 있었고 이스라엘 나라 밖의 사람이라 약속의 언약들에 대하여 외인이요 세상에서 소망이 없고 하나님도 없는 자이더니"(엡 2:12) 한, 그런 상태를 가리킵니다.

㉡ 그랬던 "이방인들이 의를 얻었으니"(30중) 합니다. 얻었다는 "의"는 칭의를 말하는 것으로 행위에서 난 의가 아니요, 1-8장까지에서 역설한 "곧 믿음에서 난 의"(30하)를 가리킵니다. 이는 말할 것도 없이 이방인 전체가 의를 얻었다는 말이 아니라, 하나님의 긍휼히 여기심을 받고 "부르심을 받은 자"(9하)들만이 얻었다는 것입니다.

⑤ 그렇다면 "의의 법을 좇아간" 이스라엘은 왜 의에 이르지 못하게 되었는가? 이스라엘이 실패하게 된 원인이 무엇입니까? "어찌 그러하뇨 이는 저희가 믿음에 의지하지 않고 행위(行爲)에 의지함이라"(32상) 하고 말씀합니다.

㉠ "믿음에 의지하지 않고"의 뜻은, 소극적으로는 자신들의 행위(行爲)로 이루어보려고, 율법, 할례, 유전, 혈통 같은 인간적인 행위를 의지(依支)했다는 말이고, 적극적으로는 하나님께서 자기 아들을 통해서 마련해 주신 "하나님의 의"를 받아들이지 않았다는 것입니다.

⑥ 사도는 유대인의 구원문제를 다루는 대목에서도, "믿음으로 의롭다함을 얻는다"는, 이신칭의 교리를 굳게 세우고 있음을 봅니다.

㉠ 이방인이 의를 얻게 된 것은 무슨 공로나 자격이 있어서가 아닙니다. 오직 하나님께서 "자기 아들을 죄 있는 육신의 모양으로 보내어 육신의 죄를 정하사"(8:3) 마련해 놓으신 "하나님의 의를, 믿음"이라는 손으로 받은 것뿐입니다. 이는 인간의 행위로 하나님 앞에 의롭다 하심을 얻을 육체가 없기 때문입니다.

ⓛ 그러나 유대인들은, "저희가 믿음에 의지하지 않고 행위에 의지함이라 부딪힐 돌에 부딪혔느니라"(32) 하고 말씀합니다. "부딪힐 돌"은 그리스도를 상징하는 말인데, 왜 하필이면 그리스도를 "부딪힐 돌"로 표현하고 있을까요?

㉦ 이 말씀은 이사야서 8:14-15절을 자유롭게 인용한 것인데, "그가 거룩한 피할 곳이 되시리라 그러나 이스라엘 두 집에는 거치는 돌 걸리는 반석이 되실 것이며 예루살렘 거민에게는 함정과 올무가 되리니 많은 사람들이 그로 인하여 거칠 것이며 넘어질 것이며 부러질 것이며 걸릴 것이며 잡힐 것이니라" 하고 예언되어 있습니다.

㉠ "거룩한 피할 곳"이 되기도 하고, "거치는 돌 걸리는 반석"이 되기도 하리라 하십니다. 우리들도 유대인들처럼 걸려 넘어지지 않으려면 이점을 명심해야만 합니다. "그리스도", 즉 복음에는 양면성(兩面性)이 있다는 점입니다. 이점은 그리스도가 아기로 태어나셨을 때에 시므온이 성령의 감동으로, "이 아이는 이스라엘 중 많은 사람의 패(敗)하고 흥(興)함을 위하여 비방을 받는 표적이 되기 위하여 세움을 입었다"(눅 2:34) 하고 말한 데서도 나타납니다.

ⓛ 그러므로 복음을 올바로 증거한다면 필연적으로 두 가지 반응이 나타나게 되는데 하나는 구원의 감격(感激)이요, 하나는 배척하는 거부(拒否)감입니다. 모든 사람들에게 만족을 주고 환영받는 설교란 복음이 아닌 것입니다. 사도는 "내가 지금까지 할례를 전하면 어찌하여 지금까지 핍박을 받으리요 그리하였으면 십자가의 거치는 것이 그쳤으리니"(갈 5:11) 합니다.

ⓒ 오늘의 설교가 십자가의 "거치는 것"은 제거한 채 회중들에게 영합하고 있지 않나 반성해야할 것입니다. 사도는 "이제 내가 사람들에게 좋게 하랴 하나님께 좋게 하랴 사람들에게 기쁨을 구하랴 내가

지금까지 사람의 기쁨을 구하는 것이었더면 그리스도의 종이 아니라"(갈 1:10) 하고 단언합니다.

⑧ 그래서 "기록된바 보라 내가 부딪히는 돌과 거치는 반석을 시온에 두노니 저를 믿는 자는 부끄러움을 당치 아니하리라 힘과 같으니라"(33) 하는 결론에 이르게 된 것입니다.

㉠ 이점을 이사야 선지자는, "보라 내가 한 돌을 시온에 두어 기초를 삼았노니 곧 시험한 돌이요 귀하고 견고한 기초 돌이라 그것을 믿는 자는 급절하게 되지 아니 하리로다"(사 28:16) 하고 예언하고 있습니다.

⑨ 그 "돌"은, "내가 두리니" 하고 하나님께서 거기 두신다고 말씀하십니다.

㉠ 그러므로 모든 사람은 이 "돌"을 피할 길이 없고 "믿느냐, 배척하느냐" 하는 두 가지 반응 중 하나가 있을 뿐입니다. 이 돌을 믿음으로 받아 드리는 자에게는 구원과 피할 바위가 되시나, 배척하는 자에게는 "부딪히는 돌과 거치는 반석"이 된다는 것입니다. 이점을 베드로 사도도, "믿는 너희에게는 보배이나 믿지 아니하는 자에게는……부딪히는 돌과 거치는 반석이 되었다"(벧전 2:7-8) 하고 언급하고 있습니다.

㉡ "믿는 자는 부끄러움을 당치 아니하리라"(33) 하시는데, 성경이 말씀하는 부끄러움이란 일시적인 부끄러움이 아니라, "땅의 티끌 가운데서 자는 자 중에 많이 깨어 영생(永生)을 얻는 자도 있겠고 수욕을 받아서 무궁히 부끄러움을 입을 자도 있을 것이며"(단 12:2) 하는 영원무궁한 부끄러움이라는 점을 명심해야만 합니다.

⑩ 이제 주목해야할 한 가지 요점이 남았는데,

㉠ 그것은 "믿음"입니다.

㉮ "이방인들이 의를 얻었으니 곧 믿음에서 난 의요"(30),

㉯ "저희가 믿음에 의지하지 않고 행위에 의지함이라"(32),

㉰ "저를 믿는 자는 부끄러움을 당치 아니 하리라"(33) 하고, "믿음"이 강조되어 있다는 점입니다.

㉡ 사도는 6-29절에서는 하나님의 주권적인 "택하심, 하나님의 뜻"을 강조했습니다. 그러했던 사도가 30-33절에서는 인간의 "믿음"을 강조하고 있는 것입니다. 이처럼 "구원"이란 하나님 행위중심으로 강조하게 되면 절대주권적인 택하심을 드러내게 되고, 인간 행위중심으로 강조하게 되면 하나님께서 이루어 놓으신 것을 믿는 믿음을 요청하게 되는 것입니다.

이것이 "하나님의 선택과 인간의 믿음"입니다.

> **묵상해 봅시다.**
>
> 1. 이방인들이 어떻게 의를 얻게 되었습니까?
> 2. 유대인들은 왜 의에 이르지 못했습니까?
> 3. 반석 되시는 그리스도에게 있는 양면성이 무엇입니까?
> 4. 구원의 하나님과 사람의 입장에서의 각기 강조점은 무엇입니까?

로마서 10장 개관도표

주제 : 하나님의 의와 율법의 마침

	1-10	
하나님의 의와 자기의 의	1	① 형제들아 **내 마음에 원하는 바와** 하나님께 구하는 바는 **이스라엘을 위함이니** 곧 저희로 구원을 얻게 함이라
	2	② 내가 증거하노니 저희가 **하나님께 열심이 있으나** 지식을 좇은 것이 아니라
	3	**하나님의 의를 모르고 자기 의를 세우려고** 힘써 하나님의 의를 복종치 아니하였느니라
	4	그리스도는 모든 믿는 자에게 의를 이루기 위하여 **율법의 마침이 되시니라**
	5	③ 모세가 기록하되 **율법으로 말미암는 의**를 행하는 사람은 그 의로 살리라 하였거늘
	6	**믿음으로 말미암는** 의는 이같이 말하되 네 마음에 누가 하늘에 올라가겠느냐 하지 말라 하니 올라가겠느냐 함은 그리스도를 모셔 내리려는 것이요
	7	혹 누가 음부에 내려가겠느냐 하지 말라 하니 내려가겠느냐 함은 그리스도를 죽은 자 가운데서 모셔 올리려는 것이라
	8	④ 그러면 무엇을 말하느뇨 **말씀이 네게 가까와** 네 입에 있으며 네 마음에 있다 하였으니 곧 우리가 전파하는 믿음의 말씀이라
	9	네가 만일 네 입으로 예수를 주로 시인하며 또 하나님께서 그를 **죽은 자 가운데서 살리신 것을 네 마음에 믿으면** 구원을 얻으리니
	10	사람이 마음으로 믿어 의에 이르고 입으로 시인하여 구원에 이르느니라
	11-17	
차별이 없는 구원의 방도	11	⑤ 성경에 이르되 누구든지 저를 **믿는 자는** 부끄러움을 당하지 아니하리라 하니
	12	**유대인이나 헬라인이나 차별이 없음이라** 한 주께서 모든 사람의 주가 되사 저를 부르는 모든 사람에게 부요하시도다
	13	**누구든지 주의 이름을 부르는 자는 구원을 얻으리라**
	14	⑥ 그런즉 저희가 **믿지 아니하는 이를 어찌 부르리요** 듣지도 못한 이를 어찌 믿으리요 전파하는 자가 없이 어찌 들으리요
	15	보내심을 받지 아니하였으면 어찌 전파하리요 기록된바 아름답도다 좋은 소식을 전하는 자들의 발이여 함과 같으니라
	16	⑦ 그러나 저희가 다 **복음을 순종치 아니 하였도다** 이사야가 가로되 주여 우리의 전하는 바를 누가 믿었나이까 하였으니
	17	그러므로 믿음은 들음에서 나며 들음은 그리스도의 말씀으로 말미암았느니라
	18-21	
종일 손을 벌렸노라	18	⑧ 그러나 내가 말하노니 **저희가 듣지 아니 하였느뇨** 그렇지 아니하다 그 소리가 온 땅에 퍼졌고 그 말씀이 땅 끝까지 이르렀도다 하였느니라
	19	⑨ 그러나 내가 말하노니 이스라엘이 **알지 못하였느뇨** 먼저 모세가 이르되 내가 백성 아닌 자로써 너희를 시기나게 하며 미련한 백성으로써 너희를 노엽게 하리라 하였고
	20	⑩ 또한 이사야가 매우 담대하여 이르되 내가 **구하지 아니하는 자들에게 찾은바 되고** 내게 묻지 아니하는 자들에게 나타났노라 하였고
	21	이스라엘을 대하여 가라사대 순종치 아니하고 거스려 말하는 백성에게 **내가 종일 내 손을 벌렸노라 하셨느니라**

첫째 단원(1-10) 하나님의 의와 자기의 의

115
율법의 마침이 되신 그리스도

> 형제들아 내 마음에 원하는 바와 하나님께 구하는 바는 이스라엘을 위함이니 곧 저희로 구원을 얻게 함이라 내가 증거하노니 저희가 하나님께 열심이 있으나 지식을 좇은 것이 아니라 하나님의 의를 모르고 자기 의를 세우려고 힘써 하나님의 의를 복종치 아니 하였느니라 그리스도는 모든 믿는 자에게 의를 이루기 위하여 율법의 마침이 되시니라(10:1-4).

10장은, "의를 좇지 아니한 이방인들이 의를 얻었고, 의의 법을 좇아간 이스라엘은 법에 이르지 못하였다" 한, 9:30-31절에 대한 상론(詳論)이라 할 수가 있습니다. "가장 좋은 교수법은 반복이라"고 말합니다. 로마서를 통해서 볼 수 있는 것은 사도는 한 주제를 한 번 슬쩍 스치고 지나가는 법이 없다는 것입니다. 반복해서 강조하면서, 전진해 나가는 것을 보게 됩니다. 10장에서도 사도는 새로운 주제를 다루고 있지 않습니다.

① "형제들아 내 마음에 원하는 바와 하나님께 구하는 바는 이스라엘을 위함이니 곧 저희로 구원을 얻게 함이라"(1) 합니다.

㉠ 이러한 동족에 대한 사랑과 구원에 대한 간구는, 9:1-3절에서 이미 말씀한바 있습니다.

② 그런 후에 "저희가 하나님께 열심이 있으나 지식(知識)을 좇은 것이 아니라"(2) 하고 말씀합니다.

㉠ "내가 증거하노니 저희가 하나님께 열심이 있으나"(2상) 하고, 유대인의 열심(熱心)을 인정하고 있습니다. 세상적인 열심이 아니라, "하나님께 대한 열심"이라고 말씀합니다. 하나님께서 주신 율법에 대한 유대인의 열심(熱心)은 인정해야만 합니다. 특히나 바리새인의 "열심"은 더욱 그러했습니다. 바울 자신도, "열심(熱心)으로는 교회를 핍박하고 율법의 의로는 흠이 없는 자"(빌 3:6)였노라고 자신을 소개한바 있습니다.

㉡ 그런데 "지식을 좇은 것이 아니라"(2하)는 것입니다. 사도가 말씀하는 "지식"이란 하나님의 뜻을 분별하는 지식 곧 성경적인 지식을 가리킵니다. 그러므로 "지식을 좇은 것이 아니라"는 말은 성경을 곡해했다는 것과 같은 뜻이 됩니다. 저들의 열심(熱心)이 성경적인 지식에 입각한 것이 아니라는 말씀입니다.

㉢ 그렇게 된 것이 누구의 책임이란 말인가? 주님은 "화 있을진저 너희 율법사여 너희가 지식의 열쇠를 가져가고 너희도 들어가지 않고 또 들어가고자 하는 자도 막았느니라"(눅 11:52) 하고 책망하셨습니다. 이점을 마태복음에서는, "화 있을진저 외식하는 서기관들과 바리새인들이여 너희는 천국 문을 사람들 앞에서 닫고 너희도 들어가지 않고 들어가려 하는 자도 들어가지 못하게 하는도다"(마 23:13), 즉 설교자들의 책임이라는 것입니다.

③ 사도는 1:2절에서, "이 복음은 하나님이 선지자들로 말미암아 그의 아들에 관하여 성경에 미리 약속하신 것이라" 하고 말씀했습니다.

㉠ 3:21절에서는 "이제는 율법 외에 하나님의 한 의가 나타났으니 율법과 선지자들에게 증거를 받은 것이라" 했습니다. 그러하건만 이스라엘은 "율법과 선지자", 즉 구약성경을 가지고 있으면서도 하나님의 뜻을 분별할 수 있는 지식이 없었다는 것입니다.

㉡ 이는 "의를 좇지 아니한 이방인들은 의를 얻는 반면, 의의 법을 좇아간 이스라엘은 법에 이르지 못하였다"는 9:30-32절에 대한 해설입니다. 9장에서는 그 원인을, "저희가 믿음에 의지하지 않고 행위(行爲)에 의지함이라"(9:32) 하고 말씀한 것을 본문에서는, "저희가 하나님께 열심(熱心)이 있으나 지식(知識)을 좇는 것이 아니라"(2) 하고 말씀하는 것입니다.

④ 그 결과로, "하나님의 의를 모르고 자기 의를 세우려고 힘써 하나님의 의를 복종치 아니 하였느니라"(3) 합니다.

㉠ 이를 달리 말하면 이방인들은 하나님의 말씀을 "믿음"으로 받아드렸으나, 유대인들은 믿지 않았다는 것이 됩니다. 그렇게 된 것이 누구의 책임이란 말인가? "지식의 열쇠를 맡은" 설교자의 책임인 것입니다.

㉡ "열심"(熱心)이란 글자 그대로 마음과 관계되는 것이요, "지식"(知識)이란 머리와 관계되는 것으로 교리와 같은 지적인 요소를 의미합니다. 이 둘은 병행하며 조화(調和)를 이루어야 하는 것입니다. 열심(熱心)이 없는 지식은 차디찬 재와 같고, 지식이 없는 열심(熱心)은 위험스럽고 해독을 끼치기까지 합니다.

⑤ 3절에는 두 가지 대조가 있는데 첫째는 "하나님의 의와, 자기의 의"가 대조되어 있습니다.

㉠ "하나님의 의"란, "복음에는 하나님의 의가 나타나서"(1:17)한, 칭의를 의미합니다. 하나님께서 마련하여 주셨기 때문에 "하나님의 의"요, 값없이 거저주시는 선물이기에 "은혜"입니다. 이와 정반대로 "자기의 의"란 행함으로 의롭다 함을 얻으려는 율법적인 의를 말합니다.

㉡ 둘째는 "자기 의를 세우려고"의 "세우다"와, "하나님의 의를 복종치 아니 하였느니라"의 "복종치 아니함"이 대조(對照)를 이루고 있습니다. "세우다"는 말은 고개를 빳빳이 세우는 것과 같은 것이요, "복종"이란 무릎 꿇고 엎드림을 나타냅니다.

⑥ 3:25절에서, "이 예수를 하나님이 그의 피로 인하여 믿음으로 말미암는 화목제물로 세우셨으니" 하고 말씀했습니다.

㉠ 우리에게 의를 주시려고 자기 아들을 화목제물로 세우신이는 하나님이셨습니다. 그런데 이스라엘은 그리스도 앞에 무릎을 꿇고 엎드린(복종) 것이 아니라, 고개를 빳빳이 세우고 그 맞은편에다가, 자기의 의를 힘써 "세우려고" 했다는 것입니다.

㉡ 이것은 교만이요, 하나님을 대항함을 의미합니다. 율법과 선지자, 즉 구약성경이 "하나님의 의"가 나타날 것을 증거해 주고 있건만 이것을 "모르고" 있었다는 것입니다. 이것은 하나님의 지식에 대한 무지를 의미합니다. 이것이 이스라엘 백성들이 버림을 당할 수밖에 없었던 원인들입니다.

⑦ 사도는 4절에서, "그리스도는 모든 믿는 자에게 의를 이루기 위하여 율법의 마침이 되시니라"는 유명한 말씀을 합니다.

㉠ 이 말씀은 누가복음 16:16절에서, "율법과 선지자는 요한의 때까지요 그 후부터는 하나님 나라의 복음이 전파되어 사람마다 그리로 침입하느니라" 한 말씀대로, 율법시대는 막을 내리고 새로운 복음시대가 개막(開幕)되었음을 의미합니다.

⑧ 그렇다면 어떤 의미에서 "그리스도는 율법의 마침"이 되셨는가?
㉠ 첫째로 "율법의 마침"이 되셨다는 말이 율법을 폐하여 버렸다는 뜻이 아니라는 점입니다. 도리어 율법의 요구를 충족(3:31)시키고 완성하셨다는 의미입니다. 율법이 "죄 값은 사망"이라 한대로, 정죄를 요구하였을 때에, "양이나, 송아지"로는 율법의 요구가 충족이 되지 않았던 것을, 하나님은 우리 대신 자기 아들을 내어주심으로 율법의 요구를 충족시켜 주셨던 것입니다.
㉡ 둘째로, 구약의 제사법은 그림자와 같은 예표로 주어진 것이었는데, 실체(實體)되시는 그리스도가 오셔서 단번에 성취하여주셨기 때문에 율법은 마침이 되었다는 것입니다.
㉢ 셋째이자 궁극적으로는 구약의 제사법으로는 "온전케 할 수 없었던" 것을, 그리스도께서 "영원히 온전케 하심"(히 10:4, 14), 즉 의롭다 함을 얻게 하심으로 율법의 마침이 되었다는 것입니다.

⑨ 이점이 "그리스도는 모든 믿는 자에게 의(義)를 이루기 위하여"(4상) 라는 설명문(說明文)에 분명히 나타납니다.
㉠ 구원계획에 있어서 해결해야할 가장 큰 난제(難題)는 사람이 어떻게 의롭다함을 얻을 수 있는가 하는 문제입니다. 사도는 갈라디아서 2:16절에서도, "사람이 의롭게 되는 것은" 하고, 이 문제를 제기합니다. 그리고 "내가 가진 의는 율법에서 난 것이 아니요 오직 그리스도를 믿음으로 말미암은 것이니 곧 믿음으로 하나님께로서 난 의라"

(빌 3:9) 합니다.

　⑨ 죄로 말미암아 하나님 존전에서 추방(追放)을 당한 죄인들에게, "의롭다 함"을 얻는 길만 열린다면 모든 문제는 해결(解決)이 되었다 해도 과언이 아닌 것입니다.

　㉠ 그런데 "그리스도 예수 안에 있는 구속(救贖)으로 말미암아 하나님의 은혜로 값없이 의롭다 하심을 얻은 자 되었다"(3:24)면, 해결이 되지 않은 채 남아 있는 무슨 문제가 또 있단 말인가? 그래서 "그리스도는 모든 믿는 자에게 의(義)를 이루기 위하여 율법의 마침이 되시니라"(4) 하고 선언하는 것입니다.

　㉡ 지금 우리는 "유대인의 구원문제"를 연구하고 있는 것이 아닙니다. 그러므로 이 대목은 현대교회에 참으로 엄청난 경종이라 할 수가 있습니다. 왜냐하면 "하나님의 의가 나타났다"는 복음을 상실해 가고 있기 때문입니다. 호세아 선지자는 "내 백성이 지식이 없으므로 망하는도다"(4:6) 하고 탄식을 했습니다.

　㉢ 형제여, 당신에게 열심(熱心)이 있습니까? 그 열심(熱心)이 지식을 좇은 열심입니까? 아니면 자신의 축복이나 성취욕을 만족시키기 위한 열심입니까? 형제에게 지식을 좇은 열심(熱心)이 있게 되기를 주님의 이름으로 기원합니다.

묵상해 봅시다.

1. 그리스도는 율법의 마침이 되셨다는 뜻이 무엇입니까?
2. 유대인의 열심은 어떤 열심이었습니까?
3. 그렇게 된 것이 누구의 책임입니까?

116
율법의 의와 믿음의 의

> 모세가 기록하되 율법으로 말미암는 의를 행하는 사람은 그 의로 살리라 하였거니와 믿음으로 말미암는 의는 이같이 말하되 네 마음에 누가 하늘에 올라가겠느냐 하지 말라 하니 올라가겠느냐 함은 그리스도를 모셔 내리려는 것이요 혹 누가 음부에 내려가겠느냐 하지 말라 하니 내려가겠느냐 함은 그리스도를 죽은 자 가운데서 모셔 올리려는 것이라 그러면 무엇을 말하느뇨 말씀이 네게 가까와 네 입에 있으며 네 마음에 있다 하였으니 곧 우리가 전파하는 믿음의 말씀이라 네가 만일 네 입으로 예수를 주로 시인하며 또 하나님께서 그를 죽은 자 가운데서 살리신 것을 네 마음에 믿으면 구원을 얻으리니 사람이 마음으로 믿어 의에 이르고 입으로 시인하여 구원에 이르느니라(10:5-10).

　본문에는 "율법으로 말미암는 의(5)와, 믿음으로 말미암는 의"(6)가 대조(對照)되어 있습니다. 의롭다함을 얻는 것이 "행함으로냐?, 믿음으로냐?"를 대조해서 말씀하고 있는 것입니다. 율법을 행함으로 의를 얻으려는 유대인들의 열심(熱心)이 "지식을 좇은 것이 아님"(2)을, 신명기 30장을 들어서 해설해주고 있는 것입니다.

　사도는 2:28-29절에서, "표면적 유대인과, 이면적 유대인"이 있다고 말씀했습니다. 모세 5경을 표면(表面)만을 보면 "율법을 행함으로 의를 얻는" 것으로 여길 수가 있으나, 의문(儀文)이라는 수건을 벗기고 보면 이면(裏面)은 복음이라는 것이 사도의 논증입니다.

① "모세가 기록하되 율법으로 말미암는 의를 행하는 사람은 그 의로 살리라 하였거니와"(5) 합니다.

㉠ 이는 레위기 18:5절의 인용인데, "의를 행하는 사람은 그 의로 살리라"는 말을 문자(文字)만을 본다면, 율법에도 사는 길이 있구나 하고 생각할 수가 있습니다. 이점에서 해석의 원리가 등장하는데,

㉮ 구약으로 구약을 해석하는 사람들이 있습니다. 이들은 의문(儀文)에 속한 사람들입니다.

㉯ 밝히 드러난 신약으로 구약을 해석하는 관점입니다. 이것이 "새 언약의 일군"(고후 3:6)인 사도가 하고 있는 해석의 원리입니다.

㉡ 야고보서에서는, "누구든지 온 율법을 지키다가 그 하나에 거치면 모두 범한 자가 되나니"(약 2:10) 하고 말씀합니다. 율법을 과거에 행했다고 해서 되는 것도 아니요, 지금도 계속적으로 행해야만 하고, 앞으로도 일평생동안 완전무결하게 행해야만 하는 것입니다 그런데 9999가지를 행하다가도 1가지를 범하게 되면 그는 율법을 범한 자가 된다는 것입니다. 그렇게 되면 "의롭다함"만 얻지 못한 것이 아니라, 정죄를 당해야 하는 것입니다. 그러므로 "율법의 의를 행함으로 살 수 있는 사람"은 한 사람도 없다는 결론에 이르게 됩니다.

㉢ 그러므로 "율법으로 말미암는 의를 행하는 사람은 그 의로 살리라" 한 5절은 앞에 있는, "그리스도는 믿는 자에게 의를 이루기 위하여 율법의 마침이 되셨다" 한 4절과 첨예하게 대조(對照)되는 말씀입니다. 실체인 그리스도가 오셔서 구약시대에 "언약, 예표, 그림자" 등으로 계시하셨던 것들을 성취하심으로 "율법의 마침"이 되셨는데도, 유대인들은 "율법을 행함으로 의롭다함을 얻으려는" 그 길로

달려가면서, "믿는 자에게 의를 이루기 위하여" 죽으시고 다시 사신 그리스도를 배척했던 것입니다.

② "믿음으로 말미암는 의는 이같이 말하되"(6상) 합니다. 이는 5절의 "율법으로 말미암는 의"와 대조를 이루고 있습니다.

㉠ "믿음으로 말미암는 의"란 다름 아닌 사도가 그토록 역설한 이신칭의(以信稱義)를 가리킵니다. 그러니까 "복음"은 이렇게 말한다는 뜻입니다.

㉮ "네 마음에 누가 하늘에 올라가겠느냐 하지 말라 하니 올라가겠느냐 함은 그리스도를 모셔 내리려는 것이요"(6하) 합니다. 율법을 행하므로 의를 얻으려는 사람은 마치 자기가 하늘에 올라가서 "그리스도를 모셔 내리려는" 것과 같고,

㉯ "혹 누가 음부에 내려가겠느냐 하지 말라 하니 내려가겠느냐 함은 그리스도를 죽은 자 가운데서 모셔 올리려는 것이라"(7), 즉 음부에 내려가서 "그리스도를 모셔 올리려는" 것과 같은 열심과 노력을 하고 있다는 것입니다. 사도는 6-7절을 통해서, 율법을 행함으로 구원을 얻으려는 열심(熱心)이 얼마나 무모한가를 폭로하고 있는 것입니다.

㉡ 복음이란, 하나님께서 자기 아들을 통해서 다 이루어주신 것을, 믿음으로 받으면 되는 것입니다. 즉 하나님께서는 예수 그리스도를 이미 이 땅에 내려 보내 주셨으며, 예수 그리스도를 이미 죽은 자 가운데서 다시 살려주신, 전적인 하나님의 행사(行事)인 것입니다. 그런데 이를 거부하면서 자신들이 "하늘에 올라가서, 또는 음부에 내려가서" 얻어가지고 오려는 불가능한 열심을 부리고 있다는 것입니다.

③ 사도는 신명기 30:11-14절을 염두에 두고 논증하고 있는데 신명기에는 "그리스도"라는 말이 없습니다. 그런데 사도는 어떻게 신명기 30장에서, "그리스도와, 복음"을 보고 있는가?

㉠ "오직 그 말씀이 네게 심히 가까워서 네 입에 있으며 네 마음에 있다"(신 30:14) 한, "그 말씀"을 통해서입니다. 여기에는 교훈적인 면과 신학적(神學的)인 면이 있는 것입니다.

㉮ 교훈적으로는 이스라엘 백성들이 가나안 땅에 들어가서 지켜야할 "윤리와 법도"입니다.

㉯ 그런데 "그 말씀"을 신학적으로 보면 의미가 달라지는 것입니다. 왜냐하면 모세는 "어려운 것도 아니요" 했는데 그것은 교훈적인 의미에서지, 율법을 행함으로 의롭다함을 얻는다는 신학적인 의미는 쉬운 일이기는 커녕 불가능한 일이기 때문입니다. 그러므로 의문이라는 수건을 벗기고 보면 "그 말씀은, 그리스도"가 되는 것입니다. 즉 표면적인 의문에 쌓여있는 이면적인 복음(福音)이라는 말씀입니다.

④ 그래서 "그러면 무엇을 말하느뇨 말씀이 네게 가까와 네 입에 있으며 네 마음에 있다 하였으니 곧 우리가 전파하는 믿음의 말씀이라"(8) 하는 것입니다.

㉠ "믿음의 말씀"이라 합니다. 이 말은 "하늘에 올라가서" 의를 얻어 가지고 내려오려 한다거나, "음부에 내려가서" 얻어 가지고 올라오려는,

㉮ 그렇게 멀리 있는 것도 아니요,

㉯ 또한 그토록 불가능한 것도 아니라,

㉰ "믿음의 말씀"은 바로 네 가까이에 있다는 것입니다.

⑤ "네 입에 있으며 네 마음에 있다" 하고 말씀합니다.

㉠ 어떻게 해서 그토록 가까이 있게 된 것입니까? "곧 우리가 전파하는 믿음의 말씀"(8하)을 통해서 가까이 있게 되었다는 것입니다. 모세 당시도 모세를 통해서 "그 말씀"을 들은 자들에게 만이 가까이 있었던 것입니다. 오늘날도 아무에게나 가까이 있는 것이 아니라, 복음전파자를 통해서 들은 사람들에게는 복음이 그 사람의 "입과, 마음" 가까이까지 와 있다는 것입니다.

⑥ 그러면 어떻게 하면 구원을 얻을 수가 있다는 것인가? 사도는 구원에 이르는 두 가지 조건을 제시합니다.

㉠ 첫째는 "네가 만일 네 입으로 예수를 주로 시인하며" 한 "시인"(是認)입니다. 이는 공중(公衆) 앞에서 시인해야한다는 뜻입니다. 그러므로 "시인 한다"는 말을 당시의 시대적인 배경으로 보면 죽음을 각오하는 것이나 다름이 없는 엄숙한 말씀인 것입니다. 이는 구원에 이르는 방법(方法)이요,

㉡ 둘째로 믿어야 하는 내용(內容)은, "또 하나님께서 그를 죽은 자 가운데서 살리신 것을 네 마음에 믿으면 구원을 얻으리니"(9) 합니다. 이는 "예수는 우리 범죄함을 위하여 내어줌이 되고 또한 우리를 의롭다 하심을 위하여 살아나셨다"(4:25)는 점을 믿어야 한다는 말씀입니다.

⑦ 그리고 10절은 요약인데, "사람이 마음으로 믿어 의(義)에 이르고 입으로 시인하여 구원에 이르느니라"(10) 합니다.

㉠ 마음으로 믿어 의롭다함을 얻고, 입으로 시인하여 구원에 이른다 하고 말씀합니다. 사도는 지금 "의를 좇지 아니한 이방인들은 의를 얻었고, 의의 법을 좇아간 이스라엘은 법에 이르지 못한"(9:30-31) 원인을 설명하고 있는 중입니다. "이방인들이 의를 얻었으니

곧 믿음에서 난 의요(9:30), 유대인들은 믿음에 의지하지 않고 행위에 의지함이라 부딪힐 돌에 부딪혔느니라"(9:32), 즉 "하나님의 의를 모르고 자기 의를 세우려고 힘써 하나님의 의를 복종치 아니하다가"(3) 멸망을 자초하였다는 것입니다.

⑧ 이 말씀을 듣는 형제는 어떤 마음이 드십니까? 구원은 참으로 쉬운 것이구나 하는 생각이 들지 않습니까?

㉠ 그렇습니다. "마음으로 믿고, 입으로 시인"한다는 자체는 쉬운 일 같이 여겨지는 것이 사실입니다. 그런데 주목해야할 점은 세 절(8-10) 안에는 "마음"이라는 말이 3번 등장한다는 점입니다. 히브리서 10:22절에서는 "참 마음과 온전한 믿음으로 하나님께 나아가자" 합니다. "참 마음"으로 믿는 것을, 목숨과 바꿔야하는 경우에서도 "입으로 시인"한다는 것은 쉬인 일이 아닌 것입니다.

⑨ 또 주목해야할 점은 "예수를 주(主)로 시인"해야 한다는 점입니다.

㉠ "주"(主)라는 말은 노예가 사용할 때는 상전을 가리키고, 신하가 말할 때는 임금을 가리키는 말이지만, 예수를 "주"라 고백할 때는 "주는 그리스도시오 살아계신 하나님의 아들이시니이다"(마 16:16) 하는 신앙고백인 것입니다. "예수는 나의 주인(主人)이 되시고, 나는 그 분의 노예"라는 뜻입니다. 즉 "너희는 너희 것이 아니라 값으로 산 것이 되었으니 그런즉 너희 몸으로 하나님께 영광을 돌리라"(고전 6:19-20)는 의미입니다.

㉡ 이런 신앙을 고백(告白)한 자란 필연적으로, "우리 중에 누구든지 자기를 위하여 사는 자가 없고 자기를 위하여 죽는 자도 없도다 우리가 살아도 주를 위하여 살고 죽어도 주를 위하여 죽나니 그러므로

사나 죽으나 우리가 주의 것이로라"(14:7-8) 하고, 인생의 목적(目的)이 바뀐 사람들이라는 것입니다.

　ⓒ 그러므로 "네가 만일 네 입으로 예수를 주로 시인하며"(9상)의 의미는 그렇게 가벼운 것이 아닙니다. 모든 주재(主宰)권을 주님에게 돌리는 것을 의미합니다. 그런데 잘못된 가르침은, "입으로 시인하여 구원에 이르느니라"(10하)는 뜻을 곡해하여, "믿는다고 말만 하시오, 그러면 당신은 구원을 얻습니다. 고개만 끄덕하시오, 그러면 당신은 천당이요" 하는 것입니다.

　⑩ 또 주목해야할 점이 있는데 그것은 인칭(人稱)입니다. 사도는 "너희"라고 말하는 것이 아니라 "너"라고 말씀합니다.

　㉠ 8-9절 두절 안에 "네가" 라는 말이 6번이나 등장합니다. 구원은 "너희들" 하고, 도매금으로 주어지는 것이 아니요, "너와, 주님"과의 단독적인 만남이라는 사실입니다. 사도는 8:2절에서도 "생명의 성령의 법이 죄와 사망의 법에서 너를 해방하였음이라" 하고, "너"라고 지목하듯 말씀합니다. 이런 맥락에서, "또 성령으로 아니 하고는 누구든지 예수를 주(主)시라 할 수 없느니라"(고전 12:3) 하고 말씀하는 것입니다.

　⑪ 이점을 강조하는 이유는 우리들의 신앙을 점검하자는 뜻에서입니다.

　㉠ 당신은 예수를 주와 그리스도로 시인합니까? 마음 중심으로 믿으십니까? 그렇다면 삶의 목적과 당신 자신까지도 그리스도께서 주관하시도록 그 분께 맡겨드렸습니까? 앞으로 어떤 극한 상황이 닥친다 해도 그 이름을 부끄러워 아니하겠습니까? 혹시라도 당신이 예수 믿는 목적이, 예수 그리스도를 당신의 행복이나 위해 주는 종으

로 착각하고 있지는 않습니까?

 ⓛ 예수 그리스도를 "주"로 고백하며 나를 주관하여 주십사 하고 나의 운전대를 그 분께 맡겨드린다면, 혹시나 나에게 손해나 불이익이라도 돌아오지 않을까 걱정하고 있지는 아니합니까? 그렇다면 형제는 1-8장으로 돌아가서 하나님께서 형제를 위하여 무슨·일을 어떻게 행해주셨는가를 상고해야할 것입니다.

 ⓒ 왜냐하면 "자기 아들을 아끼지 아니 하시고 우리 모든 사람을 위하여 내어주신 이가 어찌 그 아들과 함께 모든 것을 우리에게 은사로 주지 아니 하시겠느뇨"(8:32) 하고 말씀하고 있기 때문입니다. 예수 그리스도를 마음으로 믿고 입으로 시인하십시다. 입으로 시인한다는 것은 또한 전파하는 것을 의미합니다. 그리고 "믿고 시인"한 대로 고백적인 삶을 살아갑시다.

묵상해 봅시다.

1. 율법의 의로 구원 얻으려는 자의 무모함에 대해서 말씀해(5) 보십시오.
2. 믿음으로 얻는 의와 구원에 대해서 말씀해(6-10) 보십시오.
3. "마음으로 믿고, 입으로 시인"한다는 의미가 무엇인지 말씀해 보십시오.

둘째 단원(11-17) 차별이 없는 구원의 방도

117.
이스라엘의 불순종

> 성경에 이르되 누구든지 저를 믿는 자는 부끄러움을 당하지 아니하리라 하니 유대인이나 헬라인이나 차별이 없음이라 한 주께서 모든 사람의 주가 되사 저를 부르는 모든 사람에게 부요하시도다 누구든지 주의 이름을 부르는 자는 구원을 얻으리라 그런즉 저희가 믿지 아니하는 이를 어찌 부르리요 듣지도 못한 이를 어찌 믿으리요 전파하는 자가 없이 어찌 들으리요 보내심을 받지 아니하였으면 어찌 전파하리요 기록된바 아름답도다 좋은 소식을 전하는 자들의 발이여 함과 같으니라 그러나 저희가 다 복음을 순종치 아니 하였도다 이사야가 가로되 주여 우리의 전하는 바를 누가 믿었나이까 하였으니 그러므로 믿음은 들음에서 나며 들음은 그리스도의 말씀으로 말미암았느니라(10:11-17).

사도는 앞 문단에서, "사람이 마음으로 믿어 의에 이르고 입으로 시인하여 구원에 이르느니라"(10) 하고 작은 결론을 내렸습니다. 그렇다면 믿음은 어디서 오는 것인가? "믿음은 들음에서 나며 들음은 그리스도의 말씀으로 말미암았느니라"(17) 하고 말씀하면서, "유대인이나 헬라인이나 차별이 없음이라"(12) 합니다.

① "성경에 이르되 누구든지 저를 믿는 자는 부끄러움을 당하지 아니하리라 하니 유대인이나 헬라인이나 차별(差別)이 없음이라"(11-12상) 합니다. 3:30절에서도, "할례자도 믿음으로 말미암아 또는 무할례자도 믿음으로 말미암아 의롭다 하실 하나님은 한 분이시니라" 합니다.

㉠ 핵심은 "저를 믿는 자"라 한 "믿음"에 있습니다. "믿느냐? 믿지 않느냐" 하는 외에는, "유대인이나 헬라인이나 차별(差別)이 없음이라" 하고 말씀합니다. 사도는 이미 3:22절에서, "곧 예수 그리스도를 믿음으로 말미암아 모든 믿는 자에게 마치는 하나님의 의니 차별(差別)이 없느니라" 하고 말씀한 바입니다.

㉡ "주께서 모든 사람의 주가 되사 저를 부르는 모든 사람에게 부요(富饒)하시도다 누구든지 주의 이름을 부르는 자는 구원을 얻으리라"(12하13) 합니다. 11절에서는 "저를 믿는 자는 부끄러움을 당하지 아니하리라" 하고 부정적으로 말씀하고, 13절에서는 "누구든지 주의 이름을 부르는 자는 구원을 얻으리라" 하고 긍정적으로 말씀합니다. "저를 부르는 모든 사람(12), 주의 이름을 부르는 자"(13)란 다름 아닌 예수 그리스도를 "믿는 자"를 가리킵니다.

② 11-13절 안에는 믿는 자에게 주어지는 세 가지 축복이 있습니다.

㉠ 첫째는 "저를 믿는 자는 부끄러움을 당하지 아니하리라"(11) 하십니다. 형제는 최대의 부끄러움이 무엇인지 알고 있습니까? 그것은 예수 그리스도의 재림의 날에 벌거벗은 모습, 즉 예복을 입지 못한 부끄러움입니다. 아담 하와는 영광을 잃어버리자, "내가 벗었으

므로 두려워하여 숨었나이다"(창 3:10) 했습니다. 예수 그리스도의 구속으로 말미암아 이루어주신 "하나님의 의"로 가림을 받지 못한다면 최대의 부끄러움을 당하게 될 것입니다.

ⓒ 둘째는 "저를 부르는 모든 사람에게 부요하시도다"(12) 하고 말씀합니다. 우리 주님은 본래 대단한 부자십니다. 그렇게 "부요하신 자로서 너희를 위하여 가난하게 되심은 그의 가난함을 인하여 너희로 부요(富饒)케 하려 하심이니라"(고후 8:9) 하고 말씀합니다. 우리에게 하나님의 후사가 되는(8:17) 말할 수 없는 부요함을 주시기 위해서 스스로 낮추사 가난하게 되셨습니다. 이 부요는 차별이 없이 저를 부르는 모든 사람에게 주어진다는 것입니다.

ⓒ 셋째는 "누구든지 주의 이름을 부르는 자는 구원을 얻으리라"(13) 한 "구원"(救援)입니다. "부끄러움을 당하지 않을 뿐만이 아니라, 구원을 얻고, 부요하게" 된다고 말씀합니다. 예수 그리스도를 나의 주로 모신다는 것은 얼마나 큰 영광이요 축복입니까? 얼마나 안전합니까? 얼마나 든든한 일입니까? 그런데도 당신은 "예수를 주로 시인하며 또 하나님께서 그를 죽은 자 가운데서 살리신 것을 마음에 믿기를" 주저하고 망설일 것입니까?

③ "그런즉 저희가 믿지 아니하는 이를 어찌 부르리요 듣지도 못한 이를 어찌 믿으리요 전파하는 자가 없이 어찌 들으리요"(14) 합니다.

㉠ 사도는 "의의 법을 좇아간 이스라엘"(9:31)이 어찌하여 의에 이르지 못했는가 하는 유대인의 구원문제를 말씀하다가, "주의 이름을 부르는 자는 구원을 얻으리라"(13)는 말씀을 하게 되자 그만 선교 문제로 빨려 들어가고 있는 것입니다.

ⓒ 사도는 14-15절을 통해서 어느 한 사람이 "주의 이름을 부르

게" 되기까지의 과정을 설명합니다. 이 설명은 "믿음"으로부터 시작하는 순서로 되어 있습니다.

㉮ "믿지 아니하는 이를 어찌 부르리요",
㉯ "듣지도 못한 이를 어찌 믿으리요",
㉰ "전파하는 자가 없이 어찌 들으리요"(14),
㉱ "보내심을 받지 아니하였으면 어찌 전파하리요",
㉲ "기록된바 아름답도다 좋은 소식을 전하는 자들의 발이여 함과 같으니라"(15) 합니다.

㉡ 이렇게 말씀하는 사도의 의중은, "헬라인이나 야만이나 지혜 있는 자나 어리석은 자에게 다 내가 빚진 자라 그러므로 나는 할 수 있는 대로 로마에 있는 너희에게도 복음 전하기를 원하노라"(1:14-15) 한, 복음전파 사명의 중대성을 인식했기 때문일 것입니다.

㉢ 사도가 인용한 것은 이사야 52:7절인데, "좋은 소식을 가져오며 평화를 공포하며 복된 좋은 소식을 가져오며 구원을 공포하며 시온을 향하여 이르기를 네 하나님이 통치하신다 하는 자의 산을 넘는 발이 어찌 그리 아름다운고" 한 말씀을 축소해서 인용한 것입니다. 이 말씀이 1차적으로는 바벨론 포로들의 해방을 가리킵니다만, 구속사의 맥락에서 보면 이를 예표로 한 그리스도로 말미암은 사탄의 포로가 해방되게 될 복음을 가리킵니다.

㉣ 그런데 어찌하여 "발이 아름답다" 했는가? 이사야 52:7절에는 "좋은 소식을 가져오며" 라는 말이 두 번 강조되어 있습니다. "발"은 좋은 소식, 즉 "복음을 가져오는" 운반(運搬) 수단이었기 때문입니다. 바벨론에서 시온까지 기쁜 소식을 가지고 광야와 험한 산을 넘으면서 몇 달 동안을 달려오는 모습이 눈앞에 선한 듯하지 않습니까? 오늘날 같으면 "그 입이 아름답다" 하고 말씀했을 것으로 여겨집니다.

④ "그러나 저희가 다 복음을 순종치 아니 하였도다 이사야가 가로되 주여 우리의 전하는 바를 누가 믿었나이까"(16) 하고, 예언하고 있다는 것입니다.

㉠ 이는 이사야 53:1절 말씀인데, 53장은 메시아의 예언 장으로 유명합니다. "그는 실로 우리의 질고를 지고 우리의 슬픔을 당하였거늘 우리는 생각하기를 그는 징벌을 받아서 하나님에게 맞으며 고난을 당한다 하였노라 그가 찔림은 우리의 허물을 인함이요 그가 상함은 우리의 죄악을 인함이라 그가 징계를 받음으로 우리가 평화를 누리고 그가 채찍에 맞음으로 우리가 나음을 입었도다 우리는 다 양 같아서 그릇 행하여 각기 제 길로 갔거늘 여호와께서는 우리 무리의 죄악을 그에게 담당시키셨도다"(사 53:4-6) 합니다.

㉡ 이스라엘 백성들은 이 말씀을 안식일마다 읽었고 들었고 알고 있었습니다. 그런데 그들의 실패의 원인은 어디에 있었습니까? "그가 곤욕과 심문을 당하고 끌려갔으니 그 세대 중에 누가 생각하기를 ……", 그렇습니다. "그 세대 중에 누가 생각하기를 그가 산 자의 땅에서 끊어짐은 마땅히 형벌 받을 내 백성의 허물을 인함이라 하였으리요"(사 53:8), 유대인들은 이사야 53장이 나사렛 예수 그리스도를 통하여 성취되었다는 사실을 인식하는데 실패했던 것입니다.

㉢ 유대인들은 구약성경을 하나님의 말씀으로 받는데 추호도 의심하지 않았습니다. 그러나 "이 성경이 내게 대하여 증거하는 것이로다"(요 5:39) 한, 그리스도를 만나는데 실패하였던 것입니다. 저들은 바벨론 포로가 돌아온다는 소식은 믿었으나, 사탄의 포로가 돌아오게 된다는 것은 믿지를 않았다는 것이 됩니다.

⑤ "그러므로 믿음은 들음에서 나며 들음은 그리스도의 말씀으로 말미암았느니라"(17) 하고, 4절에서 "그리스도는 모든 믿는 자에게

의를 이루기 위하여 율법의 마침이 되시니라" 한 "믿음"이라는 주제(主題)로 돌아갑니다.

 ㉠ 4-17절 안에는 "믿음"이라는 말이 9번이나 등장합니다. 복음전파의 중요성을 강조하다 보니 논리(論理)가 이탈한 감이 있지만 사도가 말씀하려는 바는, "어찌 그러하뇨 이는 저희가 믿음에 의지하지 않고 행위에 의지함이라 부딪힐 돌에 부딪혔다"(9:32)는 말씀을 하려는 것임을 놓치지 말아야만 합니다. 그런데 "믿기 위해서는 들음이 있어야 하고, 듣기 위해서는 전파하는 사람이 있어야 하며, 전파하기 위해서는 보내심을 받아야 한다"는 것입니다.

 ⑥ 이점에서 중요한 핵심은, "들음은 그리스도의 말씀으로 말미암는다"(17하)는데 있습니다.

 ㉠ 아무 말씀이나 듣기만 하면 믿음이 생기고, 구원에 이르는 것은 아닙니다. "그리스도의 말씀"이라야만 한다는 것입니다.

 ㉮ 그리스도의 말씀이란, "하나님께서 그를 죽은 자 가운데서 살리신 것을 네 마음에 믿으면 구원을 얻으리니"(9) 한, "죽으시고 다시 살아나셨다"는 십자가 복음인 것입니다. 즉 "예수는 우리 범죄함을 위하여 내어줌이 되고 또한 우리를 의롭다 하심을 위하여 살아나셨다"(4:25)는 내용이라는 말씀입니다.

 ㉯ 사도 베드로도, "너희가 거듭난 것이 썩어질 씨로 된 것이 아니요 썩지 아니할 씨로 된 것이니 하나님의 살아 있고 항상 있는 말씀으로 되었느니라" 하면서, "너희에게 전한 복음이 곧 이 말씀이니라"(벧전 1:23, 25) 합니다.

 ⑦ 복음전파의 과정을 다시 한번 정리하면,

 ㉠ "아버지께서 나를 보내신 것같이 나도 너희를 보내노라"(요

20:21) 하고, 제자들을 "보내십니다, 전파합니다, 듣습니다, 믿음이 생깁니다, 주의 이름을 부릅니다, 구원을 얻습니다". 묻습니다. "믿음은 들음에서 난다" 말씀하는데, 무엇을 들어야 한다는 것입니까? "들음은 그리스도의 말씀으로 말미암았느니라"(17) 합니다. 전파해야할 말씀은, "그리스도의 말씀"입니다.

ⓒ 형제여, 우리는 보내심을 받은 새 언약의 일꾼들입니다. 듣든지 아니 듣든지, 때를 얻든지 못 얻든지(딤후 4:2), "믿음의 말씀"(8)을 전파하십니다. 전파하는 자들을 얼마나 아름답게 보시면, "아름답도다 좋은 소식을 전하는 자들의 발이여"(15) 하시겠습니까? "발"은 활동(活動)에 대한 상징입니다. 전파하는 자의 입도 아름다운 것입니다.

셋째 단원(18-21) 종일 손을 벌렸노라

118
종일 손을 벌렸노라

> 그러나 내가 말하노니 저희가 듣지 아니 하였느뇨 그렇지 아니하다 그 소리가 온 땅에 퍼졌고 그 말씀이 땅 끝까지 이르렀도다 하였느니라 그러나 내가 말하노니 이스라엘이 알지 못하였느뇨 먼저 모세가 이르되 내가 백성 아닌 자로써 너희를 시기 나게 하며 미련한 백성으로써 너희를 노엽게 하리라 하였고 또한 이사야가 매우 담대하여 이르되 내가 구하지 아니하는 자들에게 찾은바 되고 내게 문의하지 아니하는 자들에게 나타났노라 하였고 이스라엘을 대하여 가라사대 순종치 아니하고 거스려 말하는 백성에게 내가 종일 내 손을 벌렸노라 하셨느니라(10:18-21).

사도는 본 단원에서 저희가 믿지 못하는 것은 듣지 못해서가 아니라는 점을 선지자들의 예언을 들어서 논증을 하면서, "이스라엘을 대하여 가라사대 순종치 아니하고 거스려 말하는 백성에게 내가 종일 내 손을 벌렸노라 하셨느니라"(21) 하고, "계속적으로, 쉬지 않으시고, 오래 참으시면서" 기다리시는 하나님의 사랑을 나타냄으로 10장을 마치고 있습니다.

① "그러나 내가 말하노니 저희가 듣지 아니 하였느뇨 그렇지 아니하다"(18상) 합니다.

㉠ 사도가 말씀하는 "저희"란 누구를 가리키는가? 문맥적으로 보면 16절에서, "그러나 저희가 다 복음을 순종치 아니하였도다" 한 유대인들을 가리킵니다. "그 소리가 온 땅에 퍼졌고 그 말씀이 땅 끝까지 이르렀도다 하였느니라"(18하) 한 말씀은 시편 19:4절의 인용인데, 19편의 구조(構造)를 보면 자연계시로 시작하여, "여호와의 율법은 완전하여 영혼을 소성케 하고 여호와의 증거는 확실하여 우둔한 자로 지혜롭게 하며"(시 19:7) 한 특별계시로 나아가는 구조로 되어 있습니다. 그러니까 유대인들이 다 들었다는 점을 말씀하고 있는 것입니다.

② "그러나 내가 말하노니 이스라엘이 알지 못하였느뇨"(19상) 하면서, 성경 두 곳을 인용을 합니다.

㉠ "먼저 모세가 이르되"(19중) 하고, 신명기 32:21절을 인용하여, "내가 백성 아닌 자로써 너희를 시기 나게 하며 미련한 백성으로써 너희를 노엽게 하리라 하였고"(19하),

㉡ 이사야 65:1절을 인용을 하여, "또한 이사야가 매우 담대하여 이르되 내가 구하지 아니하는 자들에게 찾은바 되고 내게 문의하지 아니하는 자들에게 나타났노라 하였다"(20)고 말씀합니다. 모세와, 이사야가 예언한 공통점(共通點)은, 이스라엘이 배척한 복음이 이방인들에게 옮겨지게 될 것을 예언하고 있다는 말씀입니다. 이사야 선지자는 물론 모세까지도 이점을 예언하고 있다는 점에 경탄을 금할 수가 없게 합니다.

③ 그러나 하나님은, "이스라엘을 대하여 가라사대 순종치 아니하

고 거스려 말하는 백성에게 내가 종일 내 손을 벌렸노라"(21) 하고 말씀합니다.

㉠ "종일"이라는 말은, "날마다, 계속적으로, 쉼이 없이" 라는 뜻이고, "팔을 벌렸노라"는 표현은 엄마가 아기를 안으려는 자세로 어서 돌아오기를 기다린다는 뜻입니다. 그토록 팔을 벌리고 기다리심은 하나님의 오래 참으심과 사랑이 아닐 수 없습니다. "순종치 아니하고 거역하는" 이스라엘에 대하여 하나님께서는 지금도 그렇게 기다리고 계신다는 것입니다.

묵상해 봅시다.

1. 복음전파의 6단계를 말씀해 보십시오.
2. 복음에 대한 이스라엘의 반응은 어떠했습니까?
3. 이스라엘에 대하여 하나님은 어떻게 대하고 계십니까?

로마서 11:1-24절 개관도표

주제 : 은혜로 택하심을 따라 남은 자가 있다

은혜로 남은 자가 있다	1-6 1 ① 그러므로 내가 말하노니 하나님이 자기 백성을 버리셨느뇨 그럴 수 없느니라 　　나도 이스라엘인이요 아브라함의 씨에서 난 자요 베냐민 지파라 2 　하나님이 그 미리 아신 자기 백성을 버리지 아니하셨나니 　② 너희가 성경이 엘리야를 가리켜 말한 것을 알지 못하느냐 저가 이스라엘을 하나님께 송사하되 3 　주여 저희가 주의 선지자들을 죽였으며 주의 제단들을 헐어버렸고 　　나만 남았는데 내 목숨도 찾나이다 하니 4 ③ 저에게 하신 대답이 무엇이뇨 내가 나를 위하여 바알에게 무릎을 꿇지 아니한 사람 　　　　　　　　　　　　　　　　　　　 칠천을 남겨 두었다 하셨으니 5 　그런즉 이와 같이 이제도　④ 　　　　　　　 은혜로 택하심을 따라 남은 자가 있느니라 6 　만일 은혜로 된 것이면 행위로 말미암지 않음이니 　　　　　　　　　　그렇지 않으면 은혜가 은혜 되지 못하느니라	
시기 나게 하심	7-12 7 ⑤ 그런즉 어떠하뇨 이스라엘이 구하는 그것을 얻지 못하고 오직 택하심을 입은 자가 얻었고 　　그 남은 자들은 완악하여졌느니라 8 　기록된바 하나님이 오늘날까지 저희에게 혼미한 심령과 　　보지 못할 눈과 듣지 못할 귀를 주셨다 함과 같으니라 9 　또 다윗이 가로되 저희 밥상이 올무와 덫과 거치는 것과 보응이 되게 하옵시고 10 　저희 눈은 흐려 보지 못하고 저희 등은 항상 굽게 하옵소서 하였느니라 11 ⑥ 그러므로 내가 말하노니 저희가 넘어지기까지 실족하였느뇨 그럴 수 없느니라 　　저희의 넘어짐으로　　　구원이 이방인에게 이르러 이스라엘로 시기 나게 함이니라 12 　저희의 넘어짐이 세상의 부요함이 되며 저희의 실패가 이방인의 부요함이 되거든 　　하물며 저희의 충만함이리요	
하나님의 인자와 엄위	13-24 13 ⑦ 내가 이방인인 너희에게 말하노라 내가 이방인의 사도인 만큼 내 직분을 영광스럽게 여기노니 14 　이는 곧 내 골육을 아무쪼록 시기케 하여 저희 중에서 얼마를 구원하려 함이라 15 　저희를 버리는 것이 세상의 화목이 되거든 그 받아들이는 것이 　　죽은 자 가운데서 사는 것이 아니면 무엇이료 16 ⑧ 제사하는 처음 익은 곡식 가루가 거룩한즉 떡덩이도 그러하고 뿌리가 거룩한즉 가지도 그러하니라 17 　또한 가지 얼마가 꺾어졌는데 돌감람나무인 네가 그들 중에 접붙임이 되어 　　참감람나무 뿌리의 진액을 함께 받는 자 되었은즉 18 　그 가지들을 향하여 자긍하지 말라 자긍할 지라도 네가 뿌리를 보전하는 것이 아니요 　　뿌리가 너를 보전하는 것이니라 19 　그러면 네 말이 가지들이 꺾이운 것은 나로 접붙임을 받게 하려 함이라 하리니 20 ⑨ 옳도다 저희는 믿지 아니하므로 꺾이우고 너는 믿으므로 섰느니라 　　높은 마음을 품지 말고 도리어 두려워하라 21 　하나님이 원 가지들도 아끼지 아니 하셨은즉 너도 아끼지 아니하시리라 22 ⑩ 그러므로 하나님의 인자와 엄위를 보라 넘어지는 자들에게는 엄위가 있으니 너희가 만일 　　　하나님의 인자에 거하면 그 인자가 너희에게 있으리라 그렇지 않으면 너도 찍히는바 되리라 23 　저희도 믿지 아니하는 데 거하지 아니하면 접붙임을 얻으리니 　　이는 저희를 접붙이실 능력이 하나님께 있음이라 24 　네가 원 돌감람나무에서 찍힘을 받고 본성을 거슬러 좋은 감람나무에 접붙임을 얻었은즉 　　원 가지인 이 사람들이야 얼마나 더 자기 감람나무에 접붙이심을 얻으랴	

첫째 단원(1-6) 은혜로 남은 자가 있다

119

자기 백성을 버리지 아니하셨다

> 그러므로 내가 말하노니 하나님이 자기 백성을 버리셨느뇨 그럴 수 없느니라 나도 이스라엘인이요 아브라함의 씨에서 난 자요 베냐민 지파라 하나님이 그 미리 아신 자기 백성을 버리지 아니하셨나니 너희가 성경이 엘리야를 가리켜 말한 것을 알지 못하느냐 저가 이스라엘을 하나님께 송사하되 주여 저희가 주의 선지자들을 죽였으며 주의 제단들을 헐어버렸고 나만 남았는데 내 목숨도 찾나이다 하니 저에게 하신 대답이 무엇이뇨 내가 나를 위하여 바알에게 무릎을 꿇지 아니한 사람 칠천을 남겨 두었다 하셨으니 그런즉 이와 같이 이제도 은혜로 택하심을 따라 남은 자가 있느니라 만일 은혜로 된 것이면 행위로 말미암지 않음이니 그렇지 않으면 은혜가 은혜 되지 못하느니라(11:1-6).

로마서 9-11장까지의 세 장은 유대인의 구원문제를 다루고 있다함은 이미 말씀드린 바입니다. 9장에서는 하나님의 주권(主權)적인 선택에 입각한 예정교리를 말씀하고, 10장에서는 유대인이 실패하게 된 것은 그들이 믿음에 의지하지 않고 행위에 의지한 연고라고, 인간의 책임을 강조했습니다.

그러므로 9-10장은 내용상, 과거(過去)에 속하는 것입니다. 그렇다면 유대인의 미래(未來)는 어떻게 될 것인가? 사도는 11장에서 이 문제를 다루고 있는 것입니다.

① "그러므로 내가 말하노니 하나님이 자기 백성을 버리셨느뇨"(1상) 하고, 문제를 제기합니다.

㉠ 하나님께서 선민 유대인을 영원히 버리셨단 말인가? "그럴 수 없느니라"(1중) 하고 대답합니다. 그리고 버리시지 않았다는 증거를 여러모로 제시합니다. 첫째로 "나도 이스라엘인이요 아브라함의 씨에서 난 자요 베냐민 지파라"(1하) 하고, 자기를 보라는 것입니다.

㉡ 이렇게 말씀하는 사도의 마음은 감개가 무량한 바가 있었을 것입니다. 바울은 "미쁘다 모든 사람이 받을만한 이 말이여 그리스도 예수께서 죄인을 구원하시려고 세상에 임하셨다 하였도다 죄인 중에 내가 괴수니라 그러나 내가 긍휼을 입은 까닭은 예수 그리스도께서 내게 먼저 일체 오래 참으심을 보이사 후에 주를 믿어 영생 얻는 자들에게 본(本)이 되게 하려 하심이니라"(딤전 1:15-16) 합니다.

㉢ 바울은 자신이 "본"(本)이라고 말씀합니다. 그렇습니다. 누가 보아도 바울은 구원 받을 가망이 없어 보이는 사람 중 하나였습니다. "나 바울을 보시오, 훼방자요 핍박자요 포행자였던 죄인 괴수인 나를 구원하여 주셨다면 당신에게도 소망이 있소", 사도는 동일한 근거에서 유대인들에게도 소망이 있다고 말씀하고 있는 것입니다.

② 둘째로, "하나님이 그 미리 아신 자기 백성을 버리지 아니하셨나니 너희가 성경이 엘리야를 가리켜 말한 것을 알지 못하느냐 저가 이스라엘을 하나님께 송사하되"(2) 하고, 엘리야 당시를 들어 변증을

합니다.

ⓘ 엘리야 선지자가 세움 받은 시대는 아합 왕이 이세벨의 영향을 받아 바알과 아세라 목상을 섬기던 암담한 시기였습니다. "주여 저희가 주의 선지자들을 죽였으며 주의 제단들을 헐어버렸고 나만 남았는데 내 목숨도 찾나이다"(3) 하고, 엘리야는 하나님께 이스라엘을 송사했습니다.

ⓛ "저에게 하신 대답이 무엇이뇨 내가 나를 위하여 바알에게 무릎을 꿇지 아니한 사람 칠 천을 남겨 두었다"(4) 하고 말씀하셨습니다. 이 대답을 들은 엘리야는 얼마나 놀라고 감사하고, 또한 부끄러웠겠습니까?

③ 이에 근거하여 "그런즉 이와 같이 이제도 은혜(恩惠)로 택(擇)하심을 따라 남은 자가 있느니라"(5) 합니다.

ⓘ 핵심은 "남은 자"가 있다는 것인데,
㉮ "은혜"로,
㉯ "택하심을 따라" 되어진다는 것입니다.

ⓛ "남은 자"에 대해서는 9:27절에서, "이스라엘의 뭇 자손의 수가 비록 바다의 모래 같을지라도 남은 자만 구원을 얻으리니" 한 이사야의 예언을 들어서 말씀한 바입니다. 다시 강조합니다만, "남은 자"의 수에 들게 되는 것은 자격이나 공로가 있어서가 아니라, 하나님의 은혜로 택하심을 따라 된다는 점입니다.

④ "남은 자"의 교리를 구속사라는 맥락에서 보면 중요한 요점이 있는데 그것은, "나를 위하여"(4중), 즉 하나님 자신의 이름과 영광을 위해서라는 것입니다.

ⓘ 하나님은 말씀하십니다. "내가 나를 위하며 내가 나를 위하여

이를 이룰 것이라 어찌 내 이름을 욕되게 하리요 내 영광을 다른 자에게 주지 아니하리라"(사 48:11). 구원계획에는 하나님의 이름과 영예가 걸려있다는 말씀입니다. 이것이 "나를 위하여"의 뜻입니다. 그래서 포기하실 수가 없으시다는 것입니다. 그래서 중단할 수가 없으시다는 것입니다. "사람은 다 거짓되되"(3:4), 하나님의 참되심을 위하여 어느 시대나 "은혜로 택하심"을 따라 "남은 자"가 있다는 것입니다.

⑤ 그래서 "만일 은혜(恩惠)로 된 것이면 행위(行爲)로 말미암지 않음이니 그렇지 않으면 은혜가 은혜 되지 못하느니라"(6) 하는 것입니다.

㉠ 이는 대단히 중요한 원리가 되는 말씀입니다. 사도는 5절에서 하나님의 "택하심이, 은혜"로 되는 것임을 말씀했습니다. "만일 은혜로 된 것이면 행위로 말미암지 않음이니"(6상) 하는 것은, "은혜와, 행위"가 양립(兩立)할 수 없음을 나타냅니다. "은혜"는 행위를 배제하고, "행위"는 은혜를 배제합니다. "그렇지 않으면 은혜가 은혜 되지 못하느니라"(6하) 하는 것입니다.

㉡ 8:29-30절에는 "미리 아심과, 미리 정하심"이 있습니다. 이를 해석하되 하나님께서 그 사람이 장래에 어떻게 행할 것을, "미리 아시고, 미리 정하셨다" 하고 해석하는 분들이 있습니다. 그렇게 되면 택하셨다는 "은혜가 은혜 되지 못하는 것"이 되고 맙니다. 하나님의 주권적인 선택에 인간의 행위가 개입을 하게 되면 그것은 은혜가 아닌 것입니다. 그리하여 심하게 말하면 "하나님의 은혜를 폐하는 것"(갈 2:21)이 됩니다.

⑥ 성경은 영적 싸움의 기록인 구속사(救贖史)입니다. 그 근원은

"여자의 후손은 네 머리를 상하게 할 것이요"(창 3:15) 한 원 복음에서부터입니다.

㉠ 사탄은 자신이 "여자의 후손"에 의하여 멸망당하리라는 것을 창세기 3장에서 선고를 받은 것입니다. 그리하여 "여자의 후손"이 탄생하지 못하도록 발악적으로 대적한 것이 성경역사입니다. 만일 하나님께서 "은혜로 택하심을 따라, 남은 자"가 있게 하시지 않았다면 구원계획은 벌써 오래 전에 실패로 끝나고 말았을 것입니다.

㉡ 그러나 성경 역사(歷史)를 보십시오. 하나님께서는 어느 시대나 "남은 자"가 있게 하셨습니다.

㉮ 가인이 여자의 후손의 줄기인 아벨을 죽이자 하나님은 "다른 씨"(창 4:25)를 주셨습니다.

㉯ 죄악이 관영한 세상을 홍수로 심판하실 때에도, "그러나 노아는 여호와께 은혜를 입었더라"(창 6:8) 하고, "남은 자"가 있게 하셔서 "의의 후사"(히 11:7), 즉 여자의 후손이 탄생할 대(代)가 끊어지지 않게 하셨습니다.

㉰ "밤나무 상수리나무가 베임을 당하여도 그 그루터기는 남아 있는 것같이 거룩한 씨가 이 땅의 그루터기니라"(6:13) 하고 말씀하십니다.

㉱ 예루살렘이 멸망하고 성전이 불에 타고 백성들이 포로로 끌려간 중에서도 "남은 자"가 있게 하셔서 돌아오게 하셨습니다.

㉢ 이처럼 하나님은 그 때마다 하나님 자신을 위하여, "남은 자"가 있게 하셨습니다. 그리하여 그 줄기에서 "여자의 후손" 곧 그리스도가 나게 하셨던 것입니다. 그러므로 "만일 만군의 주께서 우리에게 씨를 남겨 두시지 아니 하셨더면 우리가 소돔과 같이 되고 고모라

와 같았으리로다"(9:29) 하는 것입니다.

⑦ 그러므로 첫째 단원의 중심점은, "그런즉 이와 같이 이제도 은혜로 택하심을 따라 남은 자가 있느니라"(5)는 말씀에 있습니다. 그리고 "남은 자"가 행위로 된 것이 아니라, "은혜"로 되었다는 점입니다.

㉠ 우리는 지금 엘리야의 절망과, 바울의 믿음을 동시에 보고 있는 것입니다. 엘리야는 "나만 남았는데 나마저 죽이려 합니다" 하고 절망했으나, 바울은 "이제도 은혜로 택하심을 따라 남은 자가 있느니라" 하고 소망을 말씀합니다.

㉡ 그러므로 "자기 백성을 버리셨느뇨 그럴 수 없느니라(1), 하나님이 미리 아신 자기 백성을 버리지 아니하셨나니"(2) 하고 거듭 말씀하는 것입니다. 그런데 명심해야할 점은 이스라엘 전체가 아니라, "남은 자만 구원을 얻으리니"(9:27) 하고 말씀한다는 점입니다.

㉢ 현대교회가 아무리 혼란하다 하여도 하나님은, "자기 피로 사신 교회"(행 20:28)를 버리시지 않으십니다. 그러나 명심해야할 점은 "남은 자"만 구원에 참여하게 된다는 점입니다. 이것이 "자기 백성을 버리지 않으심"입니다.

둘째 단원(7-12) 시기 나게 하심

120
시기 나게 하심

> 그런즉 어떠하뇨 이스라엘이 구하는 그것을 얻지 못하고 오직 택하심을 입은 자가 얻었고 그 남은 자들은 완악하여졌느니라 기록된바 하나님이 오늘날까지 저희에게 혼미한 심령과 보지 못할 눈과 듣지 못할 귀를 주셨다 함과 같으니라 또 다윗이 가로되 저희 밥상이 올무와 덫과 거치는 것과 보응이 되게 하옵시고 저희 눈은 흐려 보지 못하고 저희 등은 항상 굽게 하옵소서 하였느니라 그러므로 내가 말하노니 저희가 넘어지기까지 실족하였느뇨 그럴 수 없느니라 저희의 넘어짐으로 구원이 이방인에게 이르러 이스라엘로 시기 나게 함이니라 저희의 넘어짐이 세상의 부요함이 되며 저희의 실패가 이방인의 부요함이 되거든 하물며 저희의 충만함이리요(11:7-12).

본 문단에서는 택하심을 입은 소수(小數)와, 그 외의 남은 자들(7), 즉 완악하여진 다수(多數)로 관심을 기울입니다. 중심점은 "저희의 넘어짐으로 구원이 이방인에게 이르러 이스라엘로 시기 나게 함이니라"(11)에 있습니다.

① "그런즉 어떠하뇨 이스라엘이 구하는 그것을 얻지 못하고 오직

택하심을 입은 자가 얻었고 그 남은 자들은 완악하여졌느니라"(7) 합니다.

㉠ 이는 세 마디로 되어 있는데,

㉮ "이스라엘이 구하는 그것을 얻지 못했다"는 것은, "의의 법을 좇아간 이스라엘은 법에 이르지 못하였다"(9:31)는 점을 다시 상기시키는 것이고,

㉯ "오직 택하심을 입은 자가 얻었다"는 것은, "은혜로 택하심을 따라 남은 자"(5)만이 얻었다는 뜻이고,

㉰ 그 외의 "남은 자들은 완악하여졌느니라" 합니다. "완악하여졌다"는 말은 의학적인 용어로써, 굳은살이 박여서 감각(感覺)이 없어진 상태를 의미합니다.

② 7절에 주목할 점이 있는데 구원을 얻은 자를 말씀할 때는 "택하심을 입은 자"라 하고, 단수(單數)로 말씀하고, 완악하여진자들을 말씀할 때에는 "남은 자들은 완악하여졌느니라" 하고 복수(複數)로 말씀하고 있다는 점입니다. 이는 구원을 얻을 자는 적은 수이고, 버림을 당할 자가 다수라는 점을 암시하는 표현인 것입니다.

㉠ 어떤 사람이 주님에게, "주여 구원을 얻는 자가 적으니이까" 하고 물었습니다. 주님은 답변하시기를, "좁은 문으로 들어가기를 힘쓰라 내가 너희에게 이르노니 들어가기를 구하여도 못하는 자가 많으니라"(눅 13:23-24) 하고 말씀하셨습니다.

㉡ 출애굽의 예표를 통해서도, "또 하나님이 누구에게 맹세하사 그의 안식에 들어오지 못하리라 하셨느뇨 곧 순종치 아니하던 자에게가 아니냐 이로 보건대 저희가 믿지 아니하므로 능히 들어가지 못한 것이라"(히 3:18-19) 하고, 60만 명이 넘은 군대 중에서 여호수아, 갈렙 두 사람 외에는 들어가지 못했다는 경계 등은, 현대교회에 엄중

한 경고가 된다 하겠습니다.

③ "기록된바 하나님이 오늘날까지 저희에게 혼미한 심령과 보지 못할 눈과 듣지 못할 귀를 주셨다 함과 같으니라"(8) 합니다.

㉠ 사도는 8-10절에서 구약성경의 여러 곳(사 29:10, 신 29:4, 시 69:22-23)을 자유로이 인용을 하여 논증을 하는데, "하나님이 오늘날까지 저희에게 혼미한 심령"을 주어서 완악하게 하셨다는 것입니다. 여기에는 두 방면의 관점(觀點)이 대두된다 하겠습니다.

㉮ 하나님의 주권적인 관점으로 보면, "혼미한 심령을 주어서 완악"하게 한 것이 하나님이 그렇게 하신 것이 되고,

㉯ 인간의 책임이라는 관점으로 보면, "믿음에 의지하지 않고 행위에 의지"(9:32)한 불신앙이 되는 것입니다.

㉡ 성경에는 이런 묘사가 여러 곳에서 발견이 되는데 대표적인 예가, "이 백성의 마음으로 둔하게 하며 그 귀가 막히고 눈이 감기게 하라 염려컨대 그들이 눈으로 보고 귀로 듣고 마음으로 깨닫고 다시 돌아와서 고침을 받을까 하노라"(사 6:10) 한 말씀입니다. 이를 문자만을 본다면 하나님은 마치 저들이 구원을 얻게 될까봐 염려하시는 것처럼 여겨집니다.

④ 왜 이렇게 표현을 하고 있느냐 하면, 하나님은 저들이 돌아오기를 바라고 구원하시기를 원하시는데, 저들이 패역하고 돌아오지 않고 멸망을 자초한다면 하나님의 능력보다 인간의 고집이 더욱 강하단 말이냐?

㉠ 하나님의 주권(主權)보다 인간의 책임(責任)이 앞선단 말이냐? 성경은 하나님의 하나님 되심, 곧 하나님의 주권을 세우기 위해서 이렇게 말씀하고 있는 것입니다.

ⓛ 사도는 선민 이스라엘이 완악하게 되었다는 난제를, 인간의 이성으로는 도달할 수 없는 하나님의 섭리적인 관점으로 보고 있는 것입니다. 그러하기 때문에 소망이 있다는 것입니다. 왜냐하면 하나님께서 뜻하신 바가 있으셔서 그들을 완악하게 하셨다면, 때가 되면 그들이 긍휼히 여기심을 받을 것을 믿기 때문입니다.

　　⑤ 이점이 "그러므로 내가 말하노니 저희가 넘어지기까지 실족(失足)하였느뇨 그럴 수 없느니라"(11상) 하는 말씀에 나타납니다.

　　㉠ "넘어지기까지 실족하였느뇨", 그들이 다시 일으킴을 받을 가망이 없단 말이냐? 사도는 그렇게 보지 않았습니다. "그럴 수 없느니라" 합니다. 첫 절에서도, "그럴 수 없느니라" 하고 강한 부정을 나타냈습니다. 그러면 하나님의 섭리적인 뜻이 무엇인가? 첫째로 이스라엘의 넘어짐을 이방인들을 구원하시기 위한 하나님의 비밀스런 섭리로 보았던 것입니다.

　　⑥ 그래서 "저희의 넘어짐으로 구원이 이방인에게 이르러 이스라엘로 시기 나게 함이니라"(11하) 하는 것입니다.

　　㉠ 즉 복음이 이방인에게 옮겨졌다가 다시 유대인에게로 돌아오게 하려는 계획을 갖고 계시다는 것입니다. 유대 군중들은 5병2어의 기적을 맛보고는 주님을, "억지로 잡아 임금 삼으려고"(요 6:15) 했습니다. 만일 이처럼 그리스도를 왕으로 추대를 했다면 구원계획은 어떻게 되었을 것인가를 생각하게 합니다.

　　⑦ 사도는 "저희의 넘어짐이 세상의 부요(富饒)함이 되며 저희의 실패가 이방인의 부요(富饒)함이 되거든"(12상) 합니다.

　　㉠ 이는 7-11절에 대한 결론적인 귀결(歸結)입니다. "부요함"이란, "주께서 모든 사람의 주가 되사 저를 부르는 모든 사람에게 부요하

시도다"(10:12) 한, 영적 부요함을 가리킵니다. 그런데 유대인의 넘어짐으로 말미암아, "내가 내 백성 아닌 자를 내 백성이라, 사랑치 아니한 자를 사랑한 자라 부르리라"(9:25) 하신 예언이 응하여, 복음으로 말미암아 이방인들이 구원에 참여하게 되었으니, 이보다 더 부요한 일이 무엇이 있겠는가?

⑧ "하물며 저희의 충만함이리요"(12하) 합니다.

㉠ 여기서 "저희"는 유대인을 가리키는데, 이스라엘의 "실족과, 실패"를 통해서 이방인들에게 구원의 부요함을 주셨다면, 이스라엘이 하나님께 돌아올 때는 더욱더 큰 축복이 넘치리라는 것이 바울의 믿음입니다. 이것이 "하물며 저희의 충만함이리요"의 뜻입니다.

㉡ 형제도 엘리야처럼 "나만 남았는데" 하고, 천하에 외톨이가 된 것처럼 외로움에 절망을 맛보신 적은 없으십니까? 그럴 경우 버팀목이 되는 것이 하나님의 절대주권을 의뢰하는 것입니다.

㉮ 하나님의 주권을 믿는 자는 사도처럼, "이제도 은혜로 택하심을 따라 남은 자가 있느니라"(5) 하고, 믿음을 말합니다.

㉯ "하물며 저희 충만(充滿)함이리요"(12하) 하고, 소망을 말합니다.

㉢ 나라와 가정과 자신의 형편이 아무리 어둡고 낙망적일지라도 믿음으로 사는 자는 절망하지 않습니다. 남들은 뭐라고 말하든 나만은, "저희가 넘어지기까지 실족하였느뇨 그럴 수 없느니라"(11) 하고 희망을 말하십시다. 표면에는 거센 풍랑이 일어도, 저 깊숙한 바다 밑에는 하나님의 섭리가 도도히 흐르고 있음을 확신하십시다.

> 묵상해 봅시다.
>
> 1. 하나님이 자기 백성을 버리시지 않았다는 근거로 무엇을 제시하고 있습니까?
> 2. 엘리야의 절망과 하나님의 답변은 무엇이었습니까?
> 3. 이스라엘에 대한 바울의 믿음이 무엇입니까?

셋째 단원(13-24) **하나님의 인자와 엄위**

121
이방인인 너희에게 말하노라

　　내가 이방인인 너희에게 말하노라 내가 이방인의 사도인 만큼 내 직분을 영광스럽게 여기노니 이는 곧 내 골육을 아무쪼록 시기케 하여 저희 중에서 얼마를 구원하려 함이라 저희를 버리는 것이 세상의 화목이 되거든 그 받아들이는 것이 죽은 자 가운데서 사는 것이 아니면 무엇이리요 제사하는 처음 익은 곡식 가루가 거룩한즉 떡덩이도 그러하고 뿌리가 거룩한즉 가지도 그러하니라 또한 가지 얼마가 꺾여졌는데 돌감람나무인 네가 그들 중에 접붙임이 되어 참감람나무 뿌리의 진액을 함께 받는 자 되었은즉 그 가지들을 향하여 자긍하지 말라 자긍할지라도 네가 뿌리를 보전하는 것이 아니요 뿌리가 너를 보전하는 것이니라 그러면 네 말이 가지들이 꺾이운 것은 나로 접붙임을 받게 하려 함이라 하리니 옳도다 저희는 믿지 아니하므로 꺾이우고 너는 믿으므로 섰느니라 높은 마음을 품지 말고 도리어 두려워하라 하나님이 원 가지들도 아끼지 아니 하셨은즉 너도 아끼지 아니하시리라 그러므로 하나님의 인자와 엄위를 보라 넘어지는 자들에게는 엄위가 있으니 너희가 만일 하나님의 인자에 거하면 그 인자가 너희에게 있으리라 그렇지 않으면 너도 찍히는바 되리라 저희도 믿지 아니하는데 거하지 아니하면 접붙임을 얻으리니 이는 저희를 접붙이실 능력이 하나님께 있음이라 네가 원 돌감람나무에서 찍힘을 받고 본성을 거스려 좋은 감람나무에 접붙임을 얻었은즉 원 가지인 이 사람들이야 얼마나 더 자기 감람나무에 접붙이심을 얻으랴(11:13-24).

본문은 "내가 이방인인 너희에게 말하노니"(13상) 하고 시작이 됩니다. 그러므로 본 문단은 유대인의 구원문제를 다루다가, 이방인의 사도인 바울이 구원 얻은 이방인들에게 하는 경계의 말씀입니다. 유대인은 버림을 당하고 이방인들이 구원을 얻었으나, 그 구원의 뿌리가 어디로 말미암았는가를 설명함으로, "높은 마음을 품지 말고 도리어 두려워하라 하나님이 원 가지들도 아끼지 아니 하셨은즉 너도 아끼지 아니하시리라"(20-21) 하고 경고하고 있는 것입니다.

① "내가 이방인인 너희에게 말하노라"(13상) 하고 시작합니다.
㉠ 사도는 10:1절에서 "형제들아" 하고 부르고, 25절에서도 "형제들아" 합니다. 그런데 "이방인인 너희"라는 표현은 애정(愛情)을 나타내는 말이 아니라, 냉정해지고 거리감을 느끼게 하는 표현임에 틀림없습니다.
㉡ "우리가 주 안에서는 형제이나, 혈통을 말한다면 나는 유대인이고 너희는 이방인이 아니냐"는 뜻이 들어 있습니다. 그리고 너희 이방인들이 받은 구원의 근원을 캐 보면 그 뿌리가 선민 이스라엘에서 비롯되었다는 점을 말씀하려는 것입니다.

② "내가 이방인의 사도인 만큼 내 직분을 영광스럽게 여기노니"(13) 합니다.
㉠ "이방인의 사도"라는 직분 때문에 바울은 참으로 형용할 수 없는 많은 고난을 받았습니다. 그럼에도 불구하고 "영광스럽게 여긴다" 하고 말씀하는 것은 하나님의 뜻과 섭리를 깨달았기 때문에 가능한 말입니다.
㉮ 첫째로 자신은 동족 유대인의 구원문제에 대해 포기하거나 단념한 것이 아니요, 이방인을 전도하므로, "내 골육을 아무쪼록 시기

케 하여 저희 중에서 얼마를 구원하려는"(14) 욕망이 있기 때문이라는 것입니다.

㈏ 둘째로 하나님의 뜻은 유대인의 벽을 넘어, "저(예수 그리스도)로 말미암아 우리 둘이 (유대인과 이방인이) 한 성령 안에서 아버지께 나아감을 얻게 하려 하심"(엡 2:18)임을 깨달았기 때문입니다.

㈐ 셋째로 그리하여, "하늘에 있는 것이나 땅에 있는 것이 다 그리스도 안에서 통일되게 하려 하심이라"(엡 1:10) 한, 우주적인 교회를 바라보았기 때문입니다. 그래서 자기 직분을 영광스럽게 생각한다는 것입니다.

③ "이는 곧 내 골육을 아무쪼록 시기케 하여 저희 중에서 얼마를 구원하려 함이라"(14) 합니다.

㈀ 사도 바울의 동족에 대한 애정과 애착은 상상을 초월할 정도였음을 엿보게 합니다. 그러나 이것은 바울의 동족에 대한 사적인 감정이 아니라, 하나님께서 자기 백성을 버리시지 않는다는 믿음에 기인하는 것으로 보아야 할 것입니다. 이점이 "내 골육을 아무쪼록 시기케 하여" 라는 말에 나타납니다. 그리하여 "저희 중에서 얼마를 구원하려 함이라"(14하) 하고, 말씀합니다. 몇 명이라도 구원하려는 애착을 가지고 있다는 것입니다.

④ 그러면서 "저희를 버리는 것이 세상의 화목이 되든 그 받아들이는 것이 죽은 자 가운데서 사는 것이 아니면 무엇이리요"(15) 합니다.

㈀ 이 말은 "저희의 실패가 이방인의 부요가 되거든 하물며 저희의 충만함이리요"(12하)에 대한 다른 표현입니다. 유념할 점은 "죽은 자 가운데서 사는 것"이라는 표현입니다. 그러니까 지금 유대인들은 영적으로 죽어 있다는 말입니다. 이 표현은 하나님께서 바벨론에

포로 된 자를 가리켜, "이 뼈들이 능히 살겠느냐"(겔 37:3) 하신 말씀을 연상하게 합니다. 당시도 유대인들이 메시아언약을 버리고 우상을 숭배하다가 "마른 뼈"와 같이 되었기 때문입니다.

⑤ "제사하는 처음 익은 곡식 가루가 거룩한즉 떡덩이도 그러하고 뿌리가 거룩한즉 가지도 그러 하니라"(16) 합니다.

㉠ 민수기 15:17-20절에 보면, "처음 익은 곡식 가루 떡"을 하나님께 거제로 드리라는 말씀이 있습니다. "처음 익은 것"을 거제로 드리게 되면 드려지는 제물은 물론이요, 나머지도 다 거룩하다는 것입니다.

㉡ "처음 익은 곡식 가루나, 뿌리"는, "너희가 내게 대하여 제사장 나라가 되며 거룩한 백성이 되리라"(출 19:6) 하신 이스라엘을 염두에 두고 하는 말씀입니다. 그리고 이스라엘이 선민이 될 수가 있었던 것은 족장(族長)들 곧 아브라함, 이삭, 야곱이 택함을 받아 "처음 익은 곡식"처럼 하나님께 드려졌기 때문에, 그 후손들인 이스라엘도 거룩하다는 원리를 펴고 있는 것입니다.

⑥ "또한 가지 얼마가 꺾여졌는데 돌감람나무인 네가 그들 중에 접붙임이 되어 참감람나무 뿌리의 진액을 함께 받는 자 되었은즉"(17) 합니다.

㉠ 이 비유를 통해서 말씀하려는 바는 첫째로, "그 가지들을 향하여 자긍하지 말라 자긍할지라도 네가 뿌리를 보전하는 것이 아니요 뿌리가 너를 보전하는 것이니라"(18) 하는, 정체(正體)성에 대한 경계입니다.

㉡ "자긍"이란 우월감에 사로잡혀 우쭐대거나 무슨 공로라도 있는 양 자랑하는 것을 의미합니다. "내가 이방인인 너희에게 말하노니(13상), 네가 뿌리를 보전하는 것이 아니요 뿌리가 너를 보전하는 것"(18)임을 잊지 말라고 경계합니다.

㉢ 사도는 이스라엘을 "참감람나무"로, 이방인들을 "돌감람나무

라는 대조적인 비유를 들어 설명을 합니다. 1:18절 이하에서 진술한 이방인들의 죄 가운데서 종교적인 죄는 우상숭배요, 도덕적인 죄 중에 두드러진 죄는 음란임을 보았습니다. 이방인들의 신앙적인 뿌리는 우상입니다. 그러나 유대인들의 신앙적인 뿌리는, "아브라함의 하나님, 이삭의 하나님, 야곱의 하나님"인 것입니다. 이 뿌리가 너희를 보전하고 있느니만큼 자긍하지 말라는 것입니다.

⑦ "그러면 네 말이 가지들이 꺾이운 것은 나로 접붙임을 받게 하려 함이라 하리니 옳도다 저희는 믿지 아니하므로 꺾이우고 너는 믿음으로 섰느니라"(19-20상) 하고, 일단 인정을 하면서,

㉠ 그러나 "높은 마음을 품지 말고 도리어 두려워하라 하나님이 원 가지들도 아끼지 아니 하셨은즉 너도 아끼지 아니하시리라"(20하-21) 하고 경계합니다.

⑧ "그러므로 하나님의 인자와 엄위를 보라"(22상) 합니다.

㉠ 두 번째 경계는, "하나님의 인자(仁慈)와 엄위(嚴威)에 대한" 경계입니다. 이는 하나님의 대표적인 두 가지 속성을 가리키는 것으로, "인자는, 사랑"의 속성을, "엄위는, 공의"의 속성을 나타냅니다. 먼저 "하나님의 인자"입니다. "이방인들이 복음으로 말미암아 그리스도 예수 안에서 함께 후사가 되고 함께 지체가 되고 함께 약속에 참여하는 자"(엡 3:6)가 되었다는 것은 전적인 "하나님의 인자"(仁慈) 때문입니다.

㉡ 그런데 거짓된 인간은 하나님의 자비와 긍휼과 인자와 오래 참으심에 대해 멸시하는 경향이 있는 것입니다. 속담에 "오냐오냐 하니까 상투 끝까지 오른다"는 말이 있습니다. 사도는 2:4절에서, "혹 네가 하나님의 인자하심이 너를 인도하여 회개케 하심을 알지 못하여 그의 인자하심과 용납하심과 길이 참으심의 풍성함을 멸시하느뇨" 합니

다. 시편 50:21절에서는, "네가 이 일을 행하여도 내가 잠잠하였더니 네가 나를 너와 같은 줄로 생각하였도다" 하고 말씀합니다.

ⓒ 다음은 "하나님의 엄위"인데, 어느 시대를 막론하고 사악한 인간은 "하나님의 엄위"(嚴威)에 대해서는 더욱 멸시하는 경향이 있습니다. 오늘날 "하나님의 엄위"에 대한 설교를 들을 수 있단 말인가? 사도는 고린도후서 5:11절에서, "우리가 주의 두려우심을 알므로 사람을 권하노니" 합니다. 히브리서 기자는, "살아계신 하나님의 손에 빠져 들어가는 것이 무서울진져"(히 10:31) 합니다. 이를 알았기에 사도는, "높은 마음을 품지 말고 도리어 두려워하라"(20) 하는 것입니다.

⑨ "넘어지는 자들에게는 엄위가 있으니 너희가 만일 하나님의 인자에 거하면 그 인자가 너희에게 있으리라 그렇지 않으면 너도 찍히는바 되리라"(22하-23) 하고 경고합니다.

㉠ "저희(유대인)도 믿지 아니하는데 거하지 아니하면 접붙임을 얻으리니 이는 저희를 접붙이실 능력이 하나님께 있음이라 네가 원 돌감람나무에서 찍힘을 받고 본성을 거스려 좋은 감람나무에 접붙임을 얻었은즉 원 가지인 이 사람들이야 얼마나 더 자기 감람나무에 접붙이심을 얻으랴"(23-24) 합니다.

㉡ 사도는 끝까지 "원 가지"라 한 이스라엘에 대한 희망을 버리지 않고 있습니다. "저희를 접붙이실 능력이 하나님께 있음"(23)을 바울은 믿었습니다. 돌감람나무의 가지인 이방인들이 참감람나무에 접붙임 받았다면 원 가지인 이 사람들이야 얼마나 더 자기 감람나무에 접붙이심을 얻으랴(24) 합니다.

⑩ "본성을 거스려 좋은 나무에 접붙임을 얻었다"(24중)는 말씀을 명심해야 하겠습니다.

㉠ 이방인의 "본성"(本性)은 우상숭배와, 음란이었습니다. "너희가 음란과 정욕과 술 취함과 방탕과 연락과 무법한 우상숭배를 하여 이방인의 뜻을 좇아 행한 것이 지나간 때가 족하도다"(벧전 4:3) 합니다. "내가 참 포도나무요"(요 15:1) 하신 그리스도께 접붙임을 얻은 우리가 어떤 열매를 맺어야 마땅하겠습니까?

㉡ 본 문단에서도 사도는, "너희와, 너"를 구분해서 표현하고 있습니다. 전체를 말할 때에는, "너희가 만일 하나님의 인자에 거하면 그 인자가 너희에게 있으리라"(22) 하고 "너희"라고 말씀하다가도, 결정적으로 적용을 시키는 마단에서는 "너도 아끼지 아니하시리라(21하), 너도 찍히는바 되리라"(22하)하고, 가슴이 뜨끔하도록 "너"라고 말씀하고 있는 것입니다.

㉢ 형제여, 돌감람나무 가지였던 우리가 참감람나무 가지에 접붙임 받게 됨을 감사하십시다.

㉮ 결코 자긍하지 맙시다(18).

㉯ 높은 마음을 품지 맙시다(20).

㉰ 하나님의 인자와 함께 엄위하심도 잊지 마십시다.

㉣ 형제의 가정에 믿음의 뿌리는 누구입니까? 우리의 가정도 믿음의 뿌리가 있는 가문이 되어야겠다는 깨달음이 더욱 절실해 집니다.

묵상해 봅시다.

1. 이방인의 구원의 뿌리가(16) 어디에 있습니까?.
2. 감람나무 비유를 통해 우리에게 주는 두 가지 교훈(18, 22)은 무엇입니까?
3. 본성을 거스려 좋은 감람나무에 접붙임을 얻은 우리(24)는 어떠한 열매를 맺어야 마땅합니까?

로마서 11:25-36절 개관도표
주제 : 하나님의 지혜와 지식의 부요함이여

부르심에는 후회함이 없다	25-32	
	25 ① 형제들아 너희가 스스로 지혜 있다 함을 면키 위하여	
	이 비밀을 너희가 모르기를 내가 원치 아니하노니	
	이 비밀은 이방인의 충만한 수가 들어오기까지 이스라엘의 더러는 완악하게 된 것이라	
	26 ② 그리하여 온 이스라엘이 구원을 얻으리라	
	기록된바 구원자가 시온에서 오사 야곱에게서 경건치 않은 것을 돌이키시겠고	
	27 내가 저희 죄를 없이 할 때에 저희에게 이루어질 내 언약이 이것이라 함과 같으니라	
	28 ③ 복음으로 하면 저희가 너희를 인하여 원수 된 자요	
	택하심으로 하면 조상들을 인하여 **사랑을 입은 자라**	
	29 <u>하나님의 은사와 부르심에는 후회하심이 없느니라</u>	
	30 ④ 너희가 전에 하나님께 순종치 아니하더니 이스라엘의 순종치 아니함으로 이제 긍휼을 입었는지라	
	31 이와 같이 이 사람들이 순종치 아니하니 이는 너희에게 베푸시는 **긍휼로**	
	이제 저희도 **긍휼을 얻게 하려** 하심이니라	
	32 하나님이 모든 사람을 순종치 아니하는 가운데 가두어 두심은	
	모든 사람에게 **긍휼을 베풀려** 하심이로다	
영광이 그에게	33-36	
	33 ⑤ <u>깊도다 하나님의 지혜와 지식의 부요함이여,</u>	
	그의 판단은 측량치 못할 것이며	
	그의 길은 찾지 못할 것이로다	
	34 ⑥ 누가 주의 마음을 알았느뇨 누가 그의 모사가 되었느뇨	
	35 누가 주께 먼저 드려서 갚으심을 받겠느뇨	
	36 이는 만물이 **주에게서 나오고**	
	주로 말미암고	
	주에게로 돌아감이라	
	<u>영광이 그에게 세세에 있으리로다 아멘</u>	

첫째 단원(25-32) 부르심에는 후회함이 없다

122
측량 못할 하나님의 지혜

형제들아 너희가 스스로 지혜 있다 함을 면키 위하여 이 비밀을 너희가
모르기를 내가 원치 아니하노니 이 비밀은 이방인의 충만한 수가
들어오기까지 이스라엘의 더러는 완악하게 된 것이라 그리하여 온
이스라엘이 구원을 얻으리라 기록된바 구원자가 시온에서 오사 야곱에게서
경건치 않은 것을 돌이키시겠고 내가 저희 죄를 없이 할 때에 저희에게
이루어질 내 언약이 이것이라 함과 같으니라 복음으로 하면 저희가 너희를
인하여 원수 된 자요 택하심으로 하면 조상들을 인하여 사랑을 입은 자라
하나님의 은사와 부르심에는 후회하심이 없느니라 너희가 전에 하나님께
순종치 아니하더니 이스라엘의 순종치 아니함으로 이제 긍휼을 입었는지라
이와 같이 이 사람들이 순종치 아니하니 이는 너희에게 베푸시는 긍휼로
이제 저희도 긍휼을 얻게 하려 하심이니라 하나님이 모든 사람을 순종치
아니하는 가운데 가두어 두심은 모든 사람에게 긍휼을 베풀려
하심이로다(11:25-32).

사도는 유대인의 구원문제를 다루는 9장 첫 머리에서, "나의 형제
곧 골육의 친척을 위하여 내 자신이 저주를 받아 그리스도에게서
끊어질지라도 원하는 바로다"(9:3) 하고 비통한 어조로 시작하였습니

다. 이제 유대인의 구원문제를 마무리하는 11장에 와서는, "이 비밀은 이방인의 충만한 수가 들어오기까지 이스라엘의 더러는 완악하게 된 것이라 그리하여 온 이스라엘이 구원을 얻으리라"(25-26) 하고 예언적인 말씀으로 끝맺고 있습니다.

동족인 유대인들에게 박해를 받았으면 바울만큼 받은 사람이 또 어디 있겠습니까? 그러나 동족 유대인을 사랑하였으면 바울만큼 사랑한 사람이 달리 누가 있겠습니까? 사도 바울은 끝까지 동족에 대한 구원의 희망을 포기하지 않고 있는 것입니다. 사랑이란 이런 것이 아닐까요? 전도란 이런 바탕 위에서 행해지는 것이란 깨달음이 듭니다.

① "형제들아 너희가 스스로 지혜 있다 함을 면키 위하여 이 비밀을 너희가 모르기를 내가 원치 아니하노니"(25상) 합니다.

㉠ "지혜 있다 함을 면키 위하여"란, 18절의 말씀대로 하면 "자긍하지 말라"는 뜻이고, 20절의 말씀대로 하면, "높은 마음을 품지 말고 도리어 두려워하라"는 뜻입니다.

㉡ "비밀"(秘密)이라 하는데, 사도는 감추어져 있던 하나님의 구원 계획과 경륜을 말씀할 때에, "보라 내가 너희에게 비밀을 말하노니 우리가 다 잠잘 것이 아니요 마지막 나팔에 순식간에 홀연히 다 변화하리니(고전 15:51), 이 비밀이 크도다 내가 그리스도와 교회에 대하여 말하노라"(엡 5:32) 하고, "비밀"이라는 표현을 썼습니다.

② 본문에서의 비밀이란, "이방인의 충만한 수가 들어오기까지 이스라엘의 더러는 완악하게 되었다가"(25하),

㉠ "그리하여 온 이스라엘이 구원을 얻으리라"(26상)는 것입니다. 그리고 이에 대한 근거로 "기록된바" 하고, 이사야서(사 59:20,

27:9)와, 시편(시 14:7) 등을 인용하여 논증하고 있습니다.

　ⓛ 사도가 인용한, "이스라엘의 구원이 시온에서 나오기를 원하도다(시 14:7), 구속자가 시온에 임하며"(사 59:20) 한 말씀 등은 메시아에 대한 예언들입니다. 이처럼 구원은 시온에 임했고, 복음은 먼저 유대인들에게 전해졌습니다. 또한 그래야만 마땅했습니다. 그러나 그들이 순종치 아니함으로 하나님의 긍휼히 여기심이, 내 백성이 아니라 하던 이방인들에게로 넘어 갔습니다. 같은 이치로 지금 이스라엘이 불순종의 상태에 있으나, 이방인들이 긍휼을 입은 것 같이 그들도 긍휼을 입을 날이 온다는 것입니다.

　③ 문제는 "온 이스라엘이 구원을 얻으리라" 한, "온 이스라엘"이 누구를 가리키느냐 하는 점입니다.

　　㉠ 이점은 오늘날까지도 관심이 집중되어 있는 민감한 문제입니다. 왜냐하면 주님의 재림과 관련이 되기 때문입니다. 그러므로 좀더 구체적으로 살펴보아야만 합니다.

　　　㉮ 문자적으로 이스라엘 민족을 가리킨다는 설과,
　　　㉯ 영적 이스라엘을 가리킨다는 설로 나누어집니다.

　④ 문맥적으로 보면 문자적인 이스라엘을 가리키는 것으로 여겨지는데, 이를 구속사라는 넓은 문맥으로 보면 "영적 이스라엘"을 가리킨다고 보아야 할 것입니다.

　　㉠ 왜냐하면 사도 자신이 로마서에서도 이제까지,
　　　㉮ "대저 표면적 유대인이 유대인이 아니요"(2:28),
　　　㉯ "이스라엘에게서 난 그들이 다 이스라엘이 아니요"(9:6),
　　　㉰ "유대인이나 헬라인이나 차별이 없음이라"(10:12) 말씀해 왔고,

㉑ 갈라디아서 6:16절에서는 "이 규례를 행하는 〈하나님의 이스라엘〉에게 평강과 긍휼(矜恤)이 있을 지어다" 하고, 교회를 "하나님의 이스라엘"이라 말씀하고 있기 때문입니다.

⑤ 사도는 교리부분에서, "이 복음은 모든 믿는 자에게 구원을 주시는 하나님의 능력이 됨이라 첫째는 유대인에게요 또한 헬라인에게로다"(1:16),

㉠ 할례자(유대인)도 믿음으로 말미암아 또는 무할례자도 믿음으로 말미암아 의롭다 하실 하나님은 한 분이시니라"(3:30) 하고 차별이 없이 동일하게 "믿음"으로 주어진다는 점을 역설했습니다. 그리고 "믿음으로 의롭다함"을 얻는 길은 유대인들에게도 주님 당시부터 이제까지 계속적으로 열려 있었던 것입니다. 그런데 어떻게 해서 "온 이스라엘이 구원을 얻게 되는" 특혜(特惠)가 주어진단 말인가?

㉡ 만일 "선민"이기 때문이라고 말한다면, "이스라엘에게서 난 그들이 다 이스라엘이 아니요"(9:6) 한 대로, 모든 유대인들이 다 택함을 받은 것도 아니고, "택하심"으로 한다면 "영적 이스라엘"인 우리들도 "곧 창세 전에 그리스도 안에서 우리를 택하사"(엡 1:4) 하고, 우리가 먼저 택함을 받은 것이 아닌가?

㉢ 주님께서 잡히시던 날 밤에 제자들에게, "너희로 내 나라에 있어 내 상에서 먹고 마시며 또는 보좌에 앉아 〈이스라엘 열 두 지파〉를 다스리게 하려 하노라"(눅 22:20) 하신 말씀과, 야고보서 1:1절에서, "하나님과 주 예수 그리스도의 종 야고보는 흩어져 있는 〈열 두 지파〉에게 문안하노라" 한 말씀 등이 문자적인 의미로 볼 수가 있느냐 하는 점입니다.

⑥ 이런 구속사의 맥락에서 본다면 "온 이스라엘이 구원을 얻으리

라"는 뜻이, "그는 우리의 화평이신지라 둘로 하나를 만드사 중간에 막힌 담을 허시고, 둘로 자기의 안에서 한 새 사람을 지어 화평케 하시고"(엡 2:14, 15),

㉠ "이는 저로 말미암아 우리 둘이 한 성령 안에서 아버지께 나아감을 얻게 하려 하심이라"(엡 2:18) 한, 유대인 중에서와 이방인 중에서 택함을 받은 "온 이스라엘"로 보는 것이 참 뜻에 가깝다고 여겨진다는 것입니다.

⑦ 본문에는 신학적(神學的)으로 중요한 요점들이 있는데, "복음으로 하면 저희가 너희를 인하여 원수 된 자요 택하심으로 하면 조상들을 인하여 사랑을 입은 자라"(28) 하는 말씀입니다.

㉠ 본문에서 말씀하는 "저희"는 유대인을 가리키는데 어찌하여, "복음으로 하면 저희가 ……원수"가 되었습니까? 유대인들이 메시아를 십자가에 못을 박아 죽이고 복음을 받아들이지 않았기 때문입니다. 이것은 인간의 책임을 묻는 말씀입니다. 그리고 "너희(이방인)를 인하여"라 함은, 이방인들을 구원하시기 위해서라는 것입니다.

㉡ 그런데 "택하심으로 하면……사랑을 입은 자"라는 뜻은 무엇인가? 이는 모세가, "너는 여호와 네 하나님의 성민이라, 여호와께서 다만 너희를 사랑하심을 인하여 또는 너희 열조에게 하신 맹세를 지키려"(신 7:6, 8) 택하셨다 한 점을 가리킵니다. 이는 하나님의 주권을 세우는 말씀입니다. 여기서 "하나님의 주권(主權)과, 인간의 자유의지" 곧 책임(責任)을 만나게 됩니다. 그리고 "원수와, 사랑"이라는 갈등을 대하게 되는데 이것이 신학적인 이슈입니다.

㉢ 사도는 골로새서에서, "이를 위하여 나도 내 속에서 능력으로 역사하시는 이의 역사를 따라 힘을 다하여 수고하노라"(골 1:29) 말씀하고 있습니다. "내 속에서 능력으로 역사하시는 이"는 주의 영이십니

다. 이에 따라 "힘을 다하여 수고"하는 이는 바울이요, 곧 형제입니다. 이것을 "협력적인 관계"라고 말합니다. 협력적인 관계에 있어서도 하나님께서 주가 되시어 역사하심은 물론입니다.

⑧ 이스라엘은 하나님의 선택된 민족이었습니다. 그럼에도 불구하고 그들은 복음을 받아들여야 하는 인간적인 책임을 다하지 못했습니다.

㉠ 그래서 "복음으로 하면 저희가……원수 된 자요, 택하심으로 하면 조상들을 인하여 사랑을 입은 자"라 하는 것이 이스라엘의 입장이었습니다. 사도는 지금 이 상반된 문제를 다루고 있는 것입니다.

⑨ 그러나 "하나님의 은사와 부르심에는 후회하심이 없느니라"(29) 하고 말씀합니다.

㉠ "후회하심"이란, "뒤집다, 취소하다"라는 뜻인데, 하나님에게는 그런 일이란 없다는 것입니다. 성경역사를 보면 선민 이스라엘은 하나님께 치명적(致命的)인 범죄를 몇 번 저질렀습니다.

㉮ 금송아지 우상을 만들어, "이는 너희를 애굽 땅에서 인도하여 낸 너희 신이라"(출 32:4) 했을 때와,

㉯ 10족장이 악평하면서, "한 장관을 세우고 애굽으로 돌아가자"(민 14:4) 하고 반역한 일입니다.

㉡ 그러나 이런 경우에도 하나님은 뜻을 돌이키사 저들의 선민됨을 "후회", 즉 철회하시지 않으셨습니다. 왜냐하면 "네 씨로 말미암아 천하 만민이 복을 얻으리라" 하신 언약을 이루시기 위해서였습니다. 그러나 민족 전체(全體)가 아닌, "남은 자만 구원을 얻으니"(9:27) 하신 말씀에 나타나 있듯이 개인은 심판을 하셨던 것입니다.

⑩ 이런 맥락에서 사도는 이 문단을, "하나님이 모든 사람을 순종

치 아니하는 가운데 가두어 두심은 모든 사람에게 긍휼을 베풀려 하심이로다"(32) 하는, "하나님의 긍휼" 곧 사랑으로 마치고 있습니다.

㉠ 32절은 크게 두 마디로 되어 있는데 먼저, "하나님이 모든 사람을 순종치 아니하는 가운데 가두어 두심"(32상)이라는 뜻이 무엇인가 하는 점입니다. 이를 알기 위해서는 갈라디아서 3:22절이 도움이 됩니다. "그러나 성경이 모든 것을 죄 아래 가두었으니 이는 예수 그리스도를 믿음으로 말미암은 약속을 믿는 자들에게 주려 함이니라" 합니다.

㉡ "죄 아래 가두었다"는 뜻은, 율법 하에 있게 하셨다는 말입니다. 7장의 사람이 "오호라 나는 곤고한 사람이로다"(24) 하고 부르짖는 상태가, 율법에 매이고 갇힌 상태를 나타냅니다. 이렇게 하신 의도는 그리스도에게로 인도하시기 위해서, 즉 긍휼을 베풀려하심이었다는 것입니다.

⑪ 같은 맥락에서 택함을 받은 자라도 한 때는 "순종치 아니한 가운데 가두어 두심"을 당한 상태에 있다가 하나님의, "긍휼"을 입게 되어 "오직 예수, 오직 은혜" 하게 된다는 말씀입니다.

㉠ 그 대표적인 인물이 바로 바울입니다. 그는 모태로부터 택정(갈 1:15)함을 입은 자이나, 바리새인으로 있을 동안은 "순종치 아니하는 가운데 가두어 두심" 상태에 있었던 것입니다. 그러다가 하나님의 "긍휼"을 입게 되어, "나의 나 된 것은 하나님의 은혜로 된 것이니"(고전 15:10) 하고, 죽도록 충성하는 복음 전도자가 되었던 것입니다. 형제도 "순종치 아니한 가운데 가두어 두심" 상태가 있었겠지요?

⑫ 다음은 "모든 사람에게 긍휼을 베풀려 하심이로다"(32하) 한 말씀입니다.

㉠ 이를 달리 표현한 것이, "그러나 죄가 더한 곳에 은혜가 더욱 넘쳤나니"(5:20) 하는 말씀입니다. 누구를 막론하고 그가 구원에 이르게 되는 것은 전적인 하나님의 "긍휼히 여겨주심"에 기인하는 것입니다. 이사야 선지자로 말씀하시기를, "그러나 여호와께서 기다리시나니 이는 너희에게 은혜를 베풀려 하심이요 일어나시리니 이는 너희를 긍휼히 여기려 하심이라"(사 30:18) 하십니다.

㉡ 여기서 문제가 되는 것은, "모든 사람에게 긍휼을 베풀려 하심이로다" 한, "모든 사람"이 누구를 가리키는가 하는 점입니다. 이제까지 진술한 문맥적인 의미로 본다면, 이스라엘과, 이방인 중에서 "은혜로 택하심을 받은"(5) 모든 사람을 가리키는 것이라 할 수가 있습니다.

⑬ 이점에서 유념해야할 점은, "순종치 아니하는 가운데 가두어 두심"이라는 말이, 하나님께서 순종치 않도록 하셨다는 그런 뜻이 아니라는 점입니다.

㉠ 이를 신학적으로는, "허락작정"이라고 하여, 그렇게 하는 것을 허용(許容)을 하셨다는 것입니다. 이점을 잘 설명해 주고 있는 대목이 욥기 1장입니다. 욥에게 닥친 가혹한 시험은 하나님이 행하신 것이 아니라, 사탄의 소행이었습니다. 그러나 하나님의 허락 하에 이루어진 것입니다.

㉡ 다윗이 교만하여 인구조사를 했다가 하나님께 징벌을 받은 적이 있습니다. 그런데 이 사건을 사무엘하 24장에서는 하나님이 인구를 조사하라 한 것으로 되어 있고, 역대상 21장에서는 사탄이 다윗을 격동해서 한 것으로 되어 있습니다. 이 문제도 사탄의 계략을 하나님이 허용을 하셨다는 것이 됩니다. 어찌하여 이스라엘의 불순종을 허락하신 것인가? "긍휼을 베풀려 하심"(32)이라는 말씀입니다.

⑭ 그러므로 본문을 통해서 이런 깨달음을 얻게 됩니다.

㉠ 아담 하와가 선악과를 따먹을 때에 하나님은 왜 허용을 하셨는가? "긍휼을 베푸시기 위해서 였구나",

㉡ 사탄이 율법을 통하여 인간을 정죄하는 것을 왜 허용을 하셨는가? "긍휼, 즉 복음을 주시기 위해서 였구나",

㉢ "탕자의 비유"에서 아버지는 왜 재산을 분배해주었단 말인가? 돌아오는 탕자에게 "긍휼을 베푸시기 위해서" 라는 말씀이 되는 것입니다.

⑮ 인간이란 무지몽매하여 "불순종에 가두어 두심"을 당하지 않고는 하나님의 "사랑과 긍휼"을 깨닫지 못하기 때문이 아니겠습니까?

㉠ 그렇다고 그 누구도 하나님의 뜻과 계획하심을 온전히 깨달았다고는 말할 수 없는 것입니다. 그래서 "깊도다 하나님의 지혜와 지식의 부요함이요 그의 판단은 측량치 못할 것이며 그의 길은 찾지 못할 것이로다"(33) 하는 것입니다. 이것이 "측량 못할 하나님의 지혜" 입니다.

> **묵상해 봅시다.**
>
> 1. 이스라엘에 대한 하나님의 비밀은 무엇입니까?(25-26).
> 2. 하나님의 주권과 인간의 책임에 대해서 말씀해 보십시오(28).
> 3. 하나님의 허락작정에 대해 설명해 보십시오(32).

셋째 단원(33-36) 영광이 그에게 세세에 있으리로다

123
찬송과 영광을 돌림

> 깊도다 하나님의 지혜와 지식의 부요함이여 그의 판단은 측량치 못할 것이며 그의 길은 찾지 못할 것이로다 누가 주의 마음을 알았느뇨 누가 그의 모사가 되었느뇨 누가 주께 먼저 드려서 갚으심을 받겠느뇨 이는 만물이 주에게서 나오고 주로 말미암고 주에게로 돌아감이라 영광이 그에게 세세에 있으리로다 아멘(11:32-36).

본문은 교리부분(1-11장)의 대단원이요, 도달하게 된 총 결론인 것입니다. 믿음으로 구원 얻는다는 1-8장까지의 복음 증거를, "우리를 우리 주 그리스도 예수 안에 있는 하나님의 사랑에서 끊을 수 없으리라"(8:39) 하고 승리의 개가로 끝 마쳤던 사도는, "영광이 그에게 세세에 있으리로다 아멘"(11:36) 하는 장엄한 송영으로 교리부분을 끝마치고 있는 것입니다.

사도는 "예수 그리스도의 종 바울은 사도로 부르심을 받아 하나님의 복음을 위하여 택정함을 입었으니"(1:1) 하고, "복음"으로 시작하여, 우리의 선두(先頭)에 서서 하나님이 보여주신 구원의 길을 따라 여기까지 우리들을 안내 해왔습니다. 그러나 사도는 이 지점에 이르러, "깊도다 하나님의 지혜와 지식의 부요함이여, 그의 판단은 측량치 못할 것이며 그의 길은 찾지 못할 것이로다"(33) 하고, 여기서 멈추어 서고 마는 것입니다.

① "깊도다 하나님의 지혜와 지식의 부요함이여 그의 판단은 측량치 못할 것이며 그의 길은 찾지 못할 것이로다"(33) 합니다.

㉠ 하나님의 지혜(智慧)와 지식(智識)은 너무나 부요하고 깊어서 이루다 측량치 못하겠고, 그의 길은 찾고 찾아도 끝이 어딘지를 몰라서 여기서 멈추어 설 수밖에 없다는 뜻입니다. 그래서 개혁자들은, "성경이 가는 곳에 우리도 가고, 성경이 멈추는 곳에 우리도 멈춘다" 하고 말했던 것입니다.

㉡ 지금 사도 자신도 복음을 증거하다가 장엄하게 펼쳐지는 하나님의 구원계획 앞에 압도되어 찾기를 멈춘 채 감탄하고 있다함이 옳을 것 같습니다.

② "누가 주의 마음을 알았느뇨 누가 주의 모사가 되었느뇨"(34) 합니다.

㉠ "주의 마음"이란, 주의 뜻이니 곧 하나님의 지혜와 지식을 가리킵니다. "누가 주의 모사가 되었느뇨" 한 말씀은, 이사야 40:13절의 반영인데 이사야 선지자는, "누가 여호와의 신을 지도하였으며 그의 모사가 되어 그를 가르쳤으랴 그가 누구로 더불어 의논하셨으며 누가 그를 교훈하였으며 그에게 공평의 도로 가르쳤으며 지식을 가르쳤으며 통달의 도를 보여주었느뇨"(사 40:13-14) 하고 말씀합니다.

㉡ "너희는 눈을 높이 들어 누가 이 모든 것을 창조(創造)하였나

보라"(사 40:26) 하십니다. 이는 첫 창조의 "지혜와 지식의 부요함"을 가리킵니다. 그런데 "오직 비밀한 가운데 있는 하나님의 지혜를 말하는 것이니 곧 감추었던 것인데 하나님이 우리의 영광을 위하사 만세 전에 미리 정하신 것이라"(고전 2:7) 한, 재창조의 "지혜와 지식의 부요함"은 더욱 측량치 못할 것이며, 그의 길은 찾지 못할 것이로다 하는 것입니다. 하나님께서 천지 만물을 창조하실 때에 누구로 더불어 의논하였으며, 하나님께서 구원계획을 세우실 때에 누가 조언을 한 자가 있으랴. 그 불가능성을 말씀하고 있는 것입니다.

ⓒ 교리부분을 끝마치면서 바울 자신도 이제까지 기록한 증거가, "영원부터 만물을 창조하신 하나님 속에 감추었던 비밀의 경륜"(엡 3:9) 전부를 드러냈다고 여기고 있지는 아니 합니다. 또한 사도는 자신이 전한 복음이 듣는 모든 사람들에게 이해가 되고, 받아들여지리라고도 생각하지 않은 듯 합니다. 어떤 자는 의심할 것이며, 어떤 자는 비방하고 폄론하며 배척할 것도 짐작하였을 것입니다. 그래서 "누가 주의 마음을 알았느뇨 누가 그의 모사가 되었느뇨"(34) 하는 것입니다.

③ "누가 주께 먼저 드려서 갚으심을 받겠느뇨"(35) 합니다.

㉠ 이는 욥기 41:11절의 인용인데 하나님은 욥에게, "누가 먼저 내게 주고 나로 갚게 하였느냐 온 천하에 있는 것이 다 내 것이니라" 하십니다. 이를 알았기에 사도는 고린도교인들의 교만을 책망하면서, "네게 있는 것 중에 받지 아니한 것이 무엇이뇨 네가 받았은즉 어찌하여 받지 아니한 것 같이 자랑하느뇨"(고전 4:7) 하고 책망을 했던 것입니다.

㉡ 이제까지 전한 복음을 올바로 인식했다면, "내가 하나님께 먼저 드렸기 때문에, 나는 하나님께 청구할 권리가 있으며, 하나님은

나에게 갚아 주셔야할 의무가 있다고 말할 자가 있단 말이냐" 하고 묻고 있는 것입니다. 그렇습니다. 하나부터 천 가지 만 가지가 하나님의 사랑이요, 은혜일뿐입니다.

ⓒ 구원의 은총에 있어서는 더 더욱 그러합니다. 이를 알았기에 바울 자신은, "나의 나 된 것은 하나님의 은혜로 된 것이니"(고전 15:10) 하고 말하고, 루터는 임종시에 "우리는 하나님 앞에 참으로 비렁뱅이다"라고 고백했던 것입니다.

④ 34-35절 안에는 질문 형식으로 된 세 가지 말씀이 있습니다.
㉠ "누가 주의 마음을 알았느뇨?",
㉡ "누가 그의 모사가 되었느뇨?",
㉢ "누가 주께 먼저 드려서 갚으심을 받겠느뇨?", 이 질문형식의 말씀들은 대답을 기대하고 한 질문들이라기보다는, 여기까지 인도해 온 우리들을 하나님 앞에 세워 놓고 겸비하게 자신을 돌아보게 해줍니다.

⑤ "이는 만물이 주(主)에게서 나오고 주(主)로 말미암고 주(主)에게로 돌아감이라"(36상) 합니다.

㉠ 이는 앞 절에서 "누가 주께 먼저 드려서"와 결부되는 것으로, "우리 것, 내 것"이란 아무 것도 없고 모든 "만물이 주에게 나온 것"임을 가리킵니다. 36절은 교리부분의 대단원을 이루는 가장 적절하고 장엄한 표현으로, 우주만물을 달관(達觀)하고 통달(通達)한 경지를 대하게 됩니다. 이 짧은 표현 속에는 우주의 생성(生成)과 운행(運行)과 귀결(歸結)이 함축적으로 표현이 되어 있는 것입니다.

㉡ 또한 기독교사상이 요약되어 있습니다. 이것을 개혁주의를 요약한 것이라고도 말합니다.

㉮ 만물(萬物)이 어디서부터 나왔는가 하는 그 기원과,

㉯ 만물의 주관자는 누구이신가 하는 섭리 자와,

㉰ 또한 만물의 종국(終局)은 어떻게 될 것인가 하는 종말을 말씀해 주고 있기 때문입니다.

ⓒ 철학자 탈레스는 만물이 어디서부터 시작되었는가? 나는 누구인가? 시작이 있으면 끝이 있을 터인데, 그 끝은 어떻게 끝날 것인가 하는 의문을 제기하였습니다. 철학이 이 물음에서부터 시작되었다 하여 그를 철학자의 할아버지라 부르고 있습니다만, 인간의 머리로는 이를 알 길이 없는 것입니다. 그래서 불교의 화두(話頭)가 "내가 뭐꼬" 하는 것입니다.

⑥ 사도는 이에 대한 명쾌한 답변을 해주고 있는 것입니다.

㉠ "만물이 주(主)에게서 나오고 주로 말미암고 주에게로 돌아감이라", 이것이 신본주의입니다.

㉡ "만물이 물질(物質)에서 나오고 물질로 말미암고 물질로 돌아감이라", 이것이 유물사관입니다.

㉢ 어떤 분은 이 말씀을 삼위 하나님과 결부시켜 해석하기도 합니다. 계획하신 분은 성부(聖父)이시니 그에게서 "나오고", 성취하신 분은 성자(聖子)이시니 그로 "말미암고", 완성하시는 이는 성령(聖靈)이시니 그에게로 "돌아감이라".

⑦ 이와 같은 사상은 고린도전서 8:6절에도 나타납니다. "우리에게는 한 하나님 곧 아버지가 계시니 만물이 그에게서 났고······또한 한 주 예수 그리스도께서 계시니 만물이 그로 말미암고 우리도 그로 말미암았느니라" 합니다.

㉠ "영광이 그에게 세세에 있으리로다 아멘"(36하).

형제여, 우리도 언젠가 "주에게로 돌아갈" 날이 옵니다. 그 날은 "너희 속에 착한 일을 시작하신 이가 그리스도 예수의 날까지 이루실 줄을 우리가 확신하노라"(빌 1:6) 한 "완성"의 날입니다. 성삼위 하나님께 영광을 돌리십시다. 그리고 우리도 "아멘"으로 화답합시다.

묵상해 봅시다.

1. 33절을 말씀하고 있는 사도의 의도는 무엇일까요?
2. 35절 말씀을 묵상하고 나누어 봅시다.
3. 개혁주의 사상을 요약한다면 어떤 표현이 됩니까?

로마서 12장 개관도표

주제 : 교회 내에서의 거룩한 산제사

윤리의원리	1-2
	1 ① 그러므로 형제들아 내가 하나님의 모든 자비하심으로 너희를 권하노니
	너희 몸을 하나님이 기뻐하시는 **거룩한 산 제사로 드리라** 이는 너희의 드릴 **영적 예배니라**
	2 ② 너희는 이 세대를 본받지 말고 오직 마음을 새롭게 함으로 변화를 받아
	하나님의 선하시고 기뻐하시고 온전하신 뜻이 무엇인지 분별하도록 하라

받은 은사대로	3-8
	3 ③ 내게 주신 은혜로 말미암아 너희 중 각 사람에게 말하노니
	마땅히 생각할 그 이상의 생각을 품지 말고
	오직 하나님께서 각 사람에게 나눠주신 **믿음의 분량대로 지혜롭게 생각하라**
	4 ④ 우리가 **한 몸에 많은 지체를 가졌으나** 모든 지체가 같은 직분을 가진 것이 아니니
	5 이와 같이 우리 많은 사람이 그리스도 안에서 한 몸이 되어 **서로 지체가 되었느니라**
	6 ⑤ 우리에게 주신 은혜대로 받은 **은사가 각각 다르니**
	혹 **예언**이면 믿음의 분수대로, 7 혹 **섬기는** 일이면 섬기는 일로,
	혹 **가르치는** 자면 가르치는 일로, 8 혹 **권위하는** 자면 권위하는 일로,
	구제하는 자는 성실함으로, **다스리는** 자는 부지런함으로,
	긍휼을 베푸는 자는 즐거움으로 할 것이니라

사랑의 실천	9-16
	9 ⑥ **사랑엔 거짓이 없나니** 악을 미워하고 선에 속하라
	10 형제를 **사랑하여 서로 우애하고** **존경**하기를 서로 먼저 하며
	11 **부지런**하여 게으르지 말고 **열심**을 품고 주를 섬기라
	12 **소망** 중에 즐거워하며 **환난** 중에 참으며
	기도에 항상 힘쓰며
	13 성도들의 쓸 것을 공급하며 **손 대접**하기를 힘쓰라
	14 ⑦ 너희를 **핍박하는 자**를 축복하라 축복하고 저주하지 말라
	15 즐거워하는 자들로 함께 즐거워하고 우는 자들로 함께 울라
	16 서로 마음을 같이 하며 높은데 마음을 두지 말고 도리어 낮은데 처하며
	스스로 지혜 있는 체 말라

선으로 악을 이기라	17-21
	17 ⑧ 아무에게도 **악으로 악을 갚지 말고** 모든 사람 앞에서 선한 일을 도모하라
	18 할 수 있거든 너희로서는 **모든 사람으로 더불어 평화하라**
	19 ⑨ 내 사랑하는 자들아
	너희가 친히 **원수를 갚지 말고** **진노하심에 맡기라** 기록되었으되
	원수 갚는 것이 내게 있으니 내가 갚으리라고 주께서 말씀하시니라
	20 네 원수가 주리거든 먹이고 목마르거든 마시우라
	그리함으로 네가 숯불을 그 머리에 쌓아 놓으리라
	21 **악에게 지지 말고 선으로 악을 이기라**

> 첫째 단원(1-2) **실천윤리의 원리**

124
하나님의 자비하심으로 권하노니

> 그러므로 형제들아 내가 하나님의 모든 자비하심으로 너희를 권하노니 너희 몸을 하나님이 기뻐하시는 거룩한 산제사로 드리라 이는 너희의 드릴 영적 예배니라(12:1).

로마서 12장으로 접어들었습니다. 로마서는 1장-11장까지가 교리부분이고, 12장-16장까지는 윤리부분으로 되어 있습니다. 이와 같은 문장 구조(構造)는 로마서뿐만 아니라, 바울의 다른 서신서에서도 볼 수가 있습니다.

이렇게 하는 것은 교리, 즉 원리(原理)를 먼저 말씀하고 난 후에, 그 원리에 입각해서 실천윤리(實踐倫理)를 말씀하기 위한 올바른 순서인 것입니다. 기독교윤리가 타종교의 윤리와 어떻게 다른 것입니까? 그것은 그렇게 행하지 아니하면 아니 되는 원리(原理)가 다르기 때문입니다. 기독교윤리가 목표하는 바는 선한 사람을 만드는 것이 아닙니다. 자신을 택하시고, 구속하시고, 거듭나게 하여 하나님의 자녀로 삼아주신, 삼위 하나님께 영광(榮光)을 돌리는 삶을 살게 하는데 있습니다.

　실천윤리는 "그러므로"(1상) 하고 시작이 됩니다. "그러므로" 라는 접속사(接續詞)는 1-11장까지의 전체 교리와 연결이 되는 말씀입니다. 이 "그러므로"에 확고하지 못하면, "육신의 생각은 하나님과 원수가 되나니 이는 하나님의 법에 굴복치 아니할 뿐 아니라 할 수도 없음이라"(8:7) 한 대로, 기독교윤리를 실천할 수가 없는 것입니다. 형제는 이 "그러므로"에 확고하게 서 있습니까?

　① "그러므로 형제들아 내가 하나님의 모든 자비하심으로 너희를 권하노니"(1상) 합니다.

　㉠ 사도는 "그러므로" 하고 시작을 합니다. 앞부분(1장-11장)의 교리(敎理)와, 뒤 부분(12장-16장)의 윤리(倫理)가 "그러므로"라는 접속사(接續詞)로 연결되어 있는 것입니다. 기차에 비한다면 "교리"라는 기관차가, "윤리"라는 객차를 "그러므로"로 연결하여 끌고 달리는 격입니다.

　㉡ 첫 절은 실천윤리의 대 강령(綱領)이라고 말씀드릴 수가 있습니다. 나머지 16장까지의 말씀은, 이 한 절에 대한 구체적인 해설이라고 해도 과언이 아닙니다. 성경은 "이러 이러한 삶을 살아라" 하고 직행하고 있지 않습니다. 그렇게 말한다면 다른 종교의 윤리들과 다를 바가 없을 것입니다. 성경은 왜 그러한 삶을 살지 아니하면 아니 되는 당위성을 먼저 말씀해 주고 있는 것입니다.

　② "왜냐하면, 그러므로", 이러한 삶을 살아야만 한다, 이것이 기독교윤리입니다.

㉠ 우리는 앞으로 실천윤리를 상고해 나가면서 끊임없이 "그러므로"를 상기하면서 붙잡고 있어야만 합니다. 교리와 윤리가 연결되어 있지 못하면, 교리 따로 윤리 따로 움직이는 이중생활을 면치 못하게 됩니다. 만일 "그러므로"를 놓치게 되면 그리스도인의 삶을 사는데 실패하고 말 것입니다.

㉡ 교회에서와 가정에서가 삶이 다르고, 예배드릴 때와 직장에서의 행동이 다르고, 주일과 월-토요일까지의 삶이 다른 이중생활(二重生活)을 하게 될 것입니다. 그러하기 때문에 "그러므로"를 모르면 다음으로 나아갈 수가 없는 것입니다. 형제는 "그러므로"가 무엇을 말씀하고 있는지 분명합니까? 만일 그렇지 못하다면 로마서 1장으로 되돌아가야만 합니다.

③ "그러므로 형제들아"(1상) 하고 말씀합니다.

㉠ 사도는 교리를 시작할 때에는, "예수 그리스도의 종 바울은 사도로 부르심을 받아"(1:1) 하고, "사도"라는 권위를 내세웠습니다. 그러나 실천윤리를 말씀하는 부분에서는, "형제들아" 하고, 자신과 로마 성도들을 수평적인 위치에서 말씀합니다.

㉡ 또한 교리를 증거할 때에는, "하나님의 복음을 위하여 택정함을 입었으니"(1:1) 하고, "택하셨다"는 하나님의 주권(主權)을 앞에 내세웠으나, 윤리를 말할 때에는, "하나님의 모든 자비하심으로 너희를 권하노니" 하고, 자비(慈悲)에 의해 권(勸)한다고 말씀합니다. 다른 점이 무엇인가? "복음"은 하나님께서 은혜로 주시는 선물로써 선포적입니다. 그러나 "윤리"는 우리가 실천하여야 할 사항이기 때문에 "권면"하는 것입니다.

④ "내가 하나님의 모든 자비하심으로 너희를 권하노니" 하고

말씀합니다.

㉠ 어찌하여 "하나님의 모든 자비하심으로 권하노니" 하는가?

㉮ 첫째로 1-11장 안에는 "하나님의 모든 자비"로 가득 차 있습니다. 하나님의 진노를 받아 마땅한 우리들에게, 진노대신 자기 아들을 화목제물로 내어 주시다니, 그것은 하나님의 모든 자비하심입니다. 이 "자비, 긍휼, 은혜, 사랑"에 입각해서 권한다는 것입니다. 하나님의 모든 자비하심을 안 이상 이렇게 권하지 않을 수가 없다는 뜻입니다.

㉯ 둘째로 이렇게 권면하는 그 자체가 하나님의 자비라는 의미도 있습니다. 이 권면은 아무에게나 주어진 것이 아닙니다. 불신자들은 이러한 권함을 받을 만한 신분(身分)과 지위에 있는 사람들이 못됩니다. "권함"을 받을 수 있는 자는, "하나님의 영, 그리스도의 영, 성령"(8:9)을 모신 하나님의 자녀들뿐이라는 말씀입니다.

㉰ 셋째로 그것은 우리를 믿는다는 의미도 있습니다. 믿기 때문에 강압적으로 아니하고, "권하노니" 하는 것입니다. 그렇고 말구요. 주님께서는 제자들을 끝까지 믿어 주셨습니다. 그리고 제자들은 실수(失手)도 많았지만, 끝내는 주님의 기대에 보답하는 삶을 살았습니다. 형제여, 주님께서는 형제를 믿고 계십니다. 부모가 자식에게 기대를 걸듯, 주님께서는 우리에게도 동일한 기대를 하고 계시는 것입니다.

⑤ 우리를 의롭다고 여겨주시고, 우리 몸을 하나님의 성전으로 삼으시어 하나님의 영을 모시게 한 후에, "너희 몸을 하나님이 기뻐하시는 거룩한 산제사로 드리라" 하고 권하심은, 그 보다 더한 것이 없는 하나님의 자비인 것입니다.

㉠ "오직 너희를 부르신 거룩한 자처럼 너희도 모든 행실에 거룩한 자가 되라"(벧전 1:15) 하시는 권면을 받는다는 것은 더 없는 하나

님의 자비하심이며, 영광인 것입니다. 형제여, 그리스도의 영을 모시고, 그리스도와 동행하는 삶을 산다는 것을, 또 다른 율법적인 멍에나 속박으로 생각하지 않도록 합시다.

⑥ "율법"이라는 남편을 섬기며 두려움에 떨던 우리의 옛 사람은 죽었습니다.

㉠ 이제 그리스도인의 삶이란 그리스도를 신랑으로 모시고, "주와 합하여 한 영"을 이룬 신혼살림인 것입니다. 그것은 기쁘고 즐거움으로 충만한 삶입니다. 마지못해서 억지로 복종하는 종의 삶이 아니라, 마음 중심에서 자발적으로 우러나오는 순종의 삶인 것입니다.

㉡ 그래서 "명(命)하노니가 아니라, 권하노니" 합니다. 주 하나님은 우리에게 당연히 명령하실 수 있으신 분이십니다. 디모데후서 4:1절을 보십시오. 사도는 디모데에게 "엄히 명하노니"합니다. 그러나 사도는 지금 우리에게 "모든 자비하심으로 너희를 권하노니" 합니다.

⑦ 이제 점검하게 되는 것은 현대교회가 "그러므로"를 망각하거나, 이점에 부실(不實)한 것은 아닌지 돌아보아야할 것입니다.

㉠ 교리 부분은 기초(基礎)와 같고, 윤리는 그 위에 건축(建築)하는 것과 같습니다. 교리라는 기초가 부실하게 되면 건물이 붕괴(崩壞)할 위험이 있는 것입니다. 그것은 우려가 아니라 현실이기도 합니다. 그리하여 조그만 풍파에도 건물이 금이 가고 무너지듯이 자주 낙심하고 좌절하는 것을 보게 됩니다. 그런 사람의 믿음은 불변의 진리가 받쳐주고 있는 것이 아니라, 조석으로 변하는 감정의 지배를 받고 있기 때문에 기복(起伏)이 심한 것입니다. 그런데 오늘날 우리들은 기초공사는 부실한 채 세우는 데만 급급하고 있지 않은지 반성해

보아야 할 것입니다.

"그러므로 형제들아 내가 하나님의 모든 자비하심으로 권하노니" 하십니다.

> **묵상해 봅시다.**
>
> 1. "그러므로"는 무엇과 결부되는 접속사입니까?
> 2. 기독교 윤리가 타 종교의 윤리와 다른 점이 무엇입니까?
> 3. "모든 자비하심" 속에 포함된 세 가지 의미를 말씀해 보십시오.

125
거룩한 산제사

> 그러므로 형제들아 내가 하나님의 모든 자비하심으로 너희를 권하노니
> 너희 몸을 하나님이 기뻐하시는 거룩한 산제사로 드리라
> 이는 너희의 드릴 영적 예배니라(12:1).

　서론에서 언급한 대로 1-2절은 실천윤리의 대강령이라 할 수가 있습니다. 그래서 확실하게 해 두어야만 합니다. 앞 문단에서는 "그러므로 형제들아 내가 하나님의 모든 자비하심으로 너희를 권하노니"(1상)에 중점을 두고 상고했습니다만, 본 문단에서는 "너희 몸을 하나님이 기뻐하시는 거룩한 산제사로 드리라 이는 너희의 드릴 영적 예배니라"(1하)에 중점을 두고 말씀을 드리겠습니다.

　① 사도는, "너희 몸을 하나님이 기뻐하시는 거룩한 산제사로 드리라" 하고 권면합니다.
　㉠ 이 말씀의 뜻은, 그리스도인이란 몸을 입고 이 세상을 살아가는 동안의 삶 전체가 하나님께 드리는 예배(禮拜)라는 의미입니다. 구약시대 사람들에게는 제사를 드릴 때에 장소(場所)적인 제한이 있었

습니다. 성막에서만 제사를 드려야 했고, 그 후에는 예루살렘 성전에 가야만 제사를 드릴 수가 있었던 것입니다. 왜냐하면 "성막, 성전"이 그리스도에 대한 모형이요, 구원의 유일(唯一)한 근거가 그리스도에 있기 때문입니다.

㉡ 이제는 그리스도께서 실체(實體)로 오셔서 단번에 성취하심으로 온전케 하신 것입니다. 하나님은 더 이상 사람의 손으로 지은 건물에 거하시는 분이 아니라 그리스도인의 몸이 하나님의 성전(聖殿)이라는 것입니다. 구약시대 "모형, 예표, 그림자"로 주어졌던 것은, "개혁(改革)할 때까지 맡겨 둔 것이라"(히 9:10) 합니다.

㉢ 구약시대는 하나님을 만나기 위해서는 예루살렘 성전에 올라가야만 되는 줄로 알았으나, 그리스도인이란 자기 안에 하나님의 영(靈)을 모시고 있는 사람들인 것입니다.

㉣ 또한 구약 시대에는 특별히 구별된 제사장 반열이 있어서 그들만이 제사를 집전할 수가 있었으나, 그리스도인이란 누구나 제사장들인 것입니다.

② 사도는 지금 이렇게 말씀하고 있는 셈입니다. ㉮ "너희가 하나님의 성전(聖殿)이고, ㉯ 너희 안에 하나님의 영(靈)을 모셨으며, ㉰ 너희가 제사장(祭司長)들이다. 그리고 하나님께 드릴 제물(祭物)은, ㉱ 바로 너희 자신이다".

㉠ 주님께서 예배 장소를 묻는 사마리아 여인에게 이렇게 답변하셨습니다. "여자여 내 말을 믿으라 이 산에서도 말고 예루살렘에서도 말고 너희가 아버지께 예배할 때가 이르리라……아버지께 참으로 예배하는 자들은 신령과 진정으로 예배 할 때가 오나니 곧 이 때라 아버지께서는 이렇게 자기에게 예배하는 자들을 찾으시느니라"(요 4:21-23).

ⓒ 그럼에도 불구하고 오늘까지도 예수 그리스도께서 하신 말씀의 참뜻과, 의문이 아닌 "영의 새로운 것으로 섬기는"(7:6) 새 언약의 영광스러움을 인식하지 못하고 있는 사람들이 많은 것 같습니다. 오늘날도 "예배당"에서만 예배드리는 줄로 알고, "주일"만 예배드리는 날이요, 목사만 예배를 인도하는 자로 인식하고 있다면, 주님 당시의 외식하는 서기관들과 바리세인들과 다를 바가 없을 것입니다.

ⓒ 그렇습니다. 하나님께서는 지금도 신령과 진정으로 예배하는 자들을 찾고 계심이 분명합니다. 그러나 우리들은 하나님께 예배하는 것을 어떤 장소에 국한 시키고, 어느 한 날로 제한하고 있는 것은 아닌지요.

③ 그렇다면 삶 전체가 하나님께 드리는 예배라는 것이 어떻게 가능하단 말입니까?

㉠ 이것은 아무에게나 주어진 권면이 아니라, 그 몸을 하나님의 성전으로 삼으시고 그 속에 하나님의 영을 모신 사람에게만 가능한 특권인 것입니다. 형제는 "주와 합하는 자는 한 영이니라"(고전 6:17) 하신 말씀을 믿으십니까? 그리고 형제가 그러한 사람임을 인식하고 있습니까? 그러면 어떻게 해서 주와 합하여 한 영을 이룬다는 것이 가능하게 되었는지 말 해 줄 수 있습니까? 구약시대 성도들에게도 열리지 아니했던 비밀한 일이요, 불신자들은 알지 못하는 영광스러운 일입니다.

ⓒ 구약시대에는 하나님의 영이 그들 속에 거하신 것이 아니라, "시내산"에 임하셨습니다.

모세의 성막에 임하시고, 솔로몬의 성전에 임하셨습니다. 그러하셨던 하나님께서 어떻게 우리의 몸을 하나님의 성전으로 삼으시고 우리 안에 거하시게 되었는가? 대답은 오직 하나, "그리스도 안에 있는 구속으로 말미암아 하나님의 은혜로 값없이 의롭다 하심을 얻은 자 되었기"(3:24) 때문입니다.

ⓒ 하나님도 의로우시며 예수 믿는 자도 의롭다함을 얻었으니, 더 이상 중간에 막힌 담이 필요 없게 되었으며, 주와 합하여 한 영을 이루게 됨이 가능했던 것입니다. 할렐루야!

④ "그러므로……너희의 몸을 하나님이 기뻐하시는 거룩한 산제사로 드리라 이는 너희의 드릴 영적 예배니라" 하고 말씀하는 것입니다.

㉠ "산제사"라고 말씀합니다. 예수 그리스도께서 나를 대신하여 죽으사 단번에 드려 주셨기 때문에, 우리는 산제사를 드리게 된 것입니다. 구약시대 제물도 흠이 없어야 했습니다. 하나님을 모신 우리가, "너희 몸을 하나님이 기뻐하시는 거룩한 산제사로 드려야함"은 너무나 당연한 예배라는 것입니다.

⑤ 그리스도의 제자 된 자의 삶을 희생적인 측면에서만 바라보고, 희생적인 면만을 강조함은 올바르게 인식한 것은 못됩니다.

㉠ 물론 그리스도의 제자 된 삶은 희생적인 삶입니다. 그러나 그들에게는 다른 사람들이 알지 못하는 기쁨과 감사와 감격이 있는 것입니다. 사도 바울은 "우리가 환난 중에도 즐거워하나니"(5:3) 합니다. "주 안에서 항상 기뻐하라 내가 다시 말하노니 기뻐하라"(빌 4:4) 합니다.

ⓒ 자기 "몸을 하나님의 기뻐하시는 거룩한 산제사로 드리는" 자들의 얼굴은 가련하고 가엾은 처량한 모습들이 결코 아닙니다. "새 술"에 취한 사람들처럼 기쁨과 감격이 충만한 사람들입니다. 형제여, 형제의 삶 전체가 예배임을 인식하셨습니까?

ⓒ 주부가 음식을 만들 때, 당신은 지금 예배를 드리고 있는

것입니다. 주님께서 잡수실 음식을 준비하는 마음으로 해야만 합니다. 택시 기사가 운전할 때, 당신은 지금 예배를 드리고 있는 것입니다. 주님을 모신 마음으로 해야만 합니다. 종업원이 제품을 만들 때, 형제는 지금 예배를 드리고 있는 중임을 명심하십시오.

㉣ "학생들은 학교에서 공부할 때, 나는 지금 하나님의 영광을 위하여 하나님께 예배를 드리고 있는 것이다"라는 각성이 있어야 한다는 말씀입니다. 성경은 말씀합니다. "그런즉 너희가 먹든지 마시든지 무엇을 하든지 다 하나님의 영광을 위하여 하라"(고전 10:31). 몸으로 하나님께 산제사를 드리게 될 때, 모든 것이 새롭습니다. 모든 것이 감사합니다. 모든 것이 즐거운 것입니다. 이것이 "하나님이 기뻐하시는 거룩한 산제사"입니다.

묵상해 봅시다.

1. 몸으로 하나님께 산제사를 드린다는 것이 무엇을 의미합니까?
2. 이것이 누구들에게만 주어진 특권입니까?
3. 형제의 몸으로 산제사를 드릴 수 있는 구체적인 것들에는 무엇이 있습니까?

126
하나님의 뜻을 분별하라

> 너희는 이 세대를 본받지 말고 오직 마음을 새롭게 함으로
> 변화를 받아 하나님의 선하시고 기뻐하시고
> 온전하신 뜻이 무엇인지 분별하도록 하라(12:2).

1절에서 "너희 몸을 하나님이 기뻐하시는 거룩한 산제사로 드리라" 하고 말씀한 사도는 2절에서는, 몸으로 산제사를 드리는 삶을 살기 위해서는 무엇이 선행(先行)이 되어야 하는가를 말씀하고 있습니다.

먼저 소극적으로는, ㉮ "이 세대를 본 받지 말고" 하십니다. 적극적으로는, ㉯ "오직 마음을 새롭게 함으로 변화를 받아", 그리고 궁극적으로는 ㉰ "하나님의 선하시고 기뻐하시고 온전하신 뜻이 무엇인지 분별(分別)하도록 하라" 하고 말씀합니다. 이렇게 해야만, "너희 몸을 하나님이 기뻐하시는 거룩한 산제사"를 드릴 수가 있다는 것입니다.

① "너희는 이 세대를 본받지 말고"(2상) 하십니다.
㉠ 먼저 "이 세대"(世代)란 무엇을 가리키는가 하는 점입니다.

이점을 에베소서 2:2-3절에서는 "그 때에 너희가 그 가운데서 행하여 이 세상 풍속을 좇고 공중의 권세 잡은 자를 따랐으니 곧 지금 불순종의 아들들 가운데서 역사하는 영이라 전에는 우리도 다 그 가운데서 우리 육체의 욕심을 따라 지내며 육체와 마음의 원하는 것을 하여 다른 이들과 같이 본질상 진노의 자녀이었더니" 합니다. 이것이 "이 세대"의 영적인 상태입니다.

② 먼저 부정적으로 "본받지 말고" 합니다. "이 세대"의 생활방식대로 살아가지 말라는 것입니다.

㉠ 그런 후에 적극적으로, "오직 마음을 새롭게 함으로 변화를 받아"(2중) 합니다. 사도는 에베소교회에 보낸 편지에서도,

㉮ 소극적으로는, "너희는 유혹의 욕심을 따라 썩어져가는 구습을 좇는 옛사람을 벗어 버리고",

㉯ 적극적으로는, "오직 심령으로 새롭게 되어 하나님을 따라 의와 진리의 거룩함으로 지으심을 받은 새 사람을 입으라"(엡 4:22-24) 하고 말씀합니다.

㉡ 1절에서는 "너희 몸을--드리라" 말씀했는데, 2절에서는 "오직 마음을 새롭게 함으로"하고, "마음"을 말씀합니다. "몸을" 산제사로 드리기 위해서는, 새롭게 된 "마음"이 따라야만 하는 것입니다.

㉢ 이런 권면은 바울 사도만 그런 것은 아닙니다. 베드로 사도도, "너희가 음란과 정욕과 술 취함과 방탕과 연락과 무법한 우상숭배를 하여 이방인의 뜻을 좇아 행한 것이 지나간 때가 족하도다, 그 후로는 다시 사람의 정욕을 좇지 않고 오직 하나님의 뜻을 좇아 육체의 남을 때를 살게 하려 함이라"(벧전 4:2-3) 2) 하고 말씀합니다. "지나간 때"란 "이 세대를 본받아" 살아가던 때를 가리키고, "남은 때"란 거듭난 이후의 삶을 의미합니다. 형제에게는 "남은 때"가 얼마나 남은

것으로 여겨지십니까?

③ 지금 바울 사도도, "그러므로 형제들아"(1상) 하고, 이전의 삶과 이후의 삶이 어떻게 변화되어야 마땅한가를 말씀하고 있는 것입니다.

㉠ 다시 말씀드리면 로마서 1장-11장까지의 말씀을 받기 이전의 어린 그리스도인 때와, 이제 복음 진리 위에 견고하게 서 있는 성숙한 그리스도인이 된 이후는 어떻게 달라져야만 하는가를 말씀하고 있다 하겠습니다. 그러므로 이점을 좀더 살펴보고자 합니다.

㉮ 첫째로 "너희는 이 세대를 본받지 말고" 합니다. 이전에는 "이 세대를 본받으며" 살았었다는 말입니다. 또한 "이 세대를 본받지 말라"는 표현 속에는, 이 세대란 성도들의 마음을 호리는 유혹의 요소가 많이 있다는 뜻이 함의되어 있습니다. 그래서 거기에 휩쓸리고 물들기가 쉽다는 것입니다. 실제로 성도들 가운데는 옛 습관과 행실을 끊어 버리거나 벗어버리지 못하고 유혹의 욕심을 따라 썩어져 가는 구습을 쫓는 사람들이 있는 것입니다.

㉯ 둘째로 "오직 마음을 새롭게 함으로 변화를 받아" 합니다. 본받지 않는 것만으로는 족하지 않습니다. 적극적으로 "변화를 받아"라고 말씀합니다. 형제여, 우리는 죄만 용서함 받은 것이 아닙니다. 적극적으로 의롭다함을 받은 사람들입니다. 그러므로 의롭다하심에 합당한 의로운 삶을 살아야만 하는 것입니다.

④ 셋째로 "하나님의 선하시고 기뻐하시고 온전하신 뜻이 무엇인지 분별하도록 하라"(2하) 하고 말씀합니다.

㉠ "너희 몸을 하나님이 기뻐하시는 거룩한 산제사"로 드리기 위해서는,

㉮ 하나님께서 기뻐하시는 것이 무엇인지,

㉯ 선히 여기시는 것이 무엇인지,

　㉰ 하나님의 온전하신 뜻이 무엇인지 분별하는 것이 중요하고도 선결문제인 것입니다. 핵심은 "온전하신 뜻"을 분별하는 일입니다.

　㉡ 이 세대를 본받지 말아야만 하는 이유도, 마음을 새롭게 함으로 변화를 받아야 하는 것도, 하나님의 선하시고 기뻐하시고 온전하신 뜻대로 살아가기 위해서인 것입니다. 그러므로 신앙생활에 있어서 가장 중요하고도 어려운 문제가 하나님의 뜻을 아는 일이라 하겠습니다.

　㉢ "그러므로 어리석은 자가 되지 말고 오직 주의 뜻이 무엇인지 이해하라(엡 5:17), 너희를 위하여 기도하기를 그치지 아니하고 구하노니 너희로 하여금 모든 신령한 지혜와 총명에 하나님의 뜻을 아는 것으로 채우게 하시고"(골 1:9) 하는 것입니다. 그렇다면 어떻게 하면 하나님의 선하시고 기뻐하시고 온전하신 뜻을 분별할 수가 있을까요?

　⑤ 이에 대해 히브리서 5:14절은 우리를 인도해주는 등불이 됩니다. "단단한 식물은 장성한 자의 것이니 저희는 지각을 사용하므로 연단을 받아 선악을 분변(分辨)하느니라" 하고 말씀합니다.

　㉠ 먼저는 "지각"(知覺)을 통한 분별입니다. 자기 기분이나 감정의 지배를 받아서는 아니 됩니다. 성경은 무엇이라 말씀하고 있는가? 지금까지 보고 듣고 배운 말씀을 묵상하므로 지각을 사용하게 될 때에, "그렇게 하는 것은 하나님이 기뻐하시는 것이 아니다, 이렇게 하는 것이 하나님이 선히 여기시는 것이다" 하고 분별하게 된다는 말씀입니다.

　㉡ 다음은 "연단을 받아"서 분별하게 된다는 것입니다. 연단이란 경험을 통해서 얻어지는 지적인 성숙을 의미합니다. "이렇게 했더니 그것은 하나님이 선히 여기시는 것이 아니었다"는 경험이 있다면,

다시는 되풀이해서는 아니 되는 것입니다. "그때 이렇게 했더니 그 결과가 선한 것"이었다면 그것은 하나님이 기뻐하시는 것이었다는 증거입니다. 이처럼 우리는 실수와 넘어짐을 통해 연단을 받아, 점점 하나님의 온전하신 뜻이 무엇인지 배워 나가게 되는 것입니다.

ⓒ 다음은 기도(祈禱)를 통해서입니다. 기도는 "때를 따라 돕는 은혜를 얻기 위하여 은혜의 보좌 앞에 나아가는"(히 4:16) 일입니다. 하나님은 "거기서 내가 너와 만나고, 네게 명할 모든 일을 네게 이르리라"(출 25:22) 하고 약속하셨습니다. 성도들의 마음에는 하나님의 말씀이 기록(히 8:10)이 되어 있습니다. 하나님은 이 기록된 말씀을 통해서 말씀하십니다. 그렇게 하노라면 형제도 다윗처럼, "하나님이여 내 마음이 확정되었고 내 마음이 확정되었사오니 내가 노래하고 내가 찬송하리이다"(시 57:7) 하고, 하나님의 뜻에 대한 "확정"(確定)이 있게 될 것입니다.

⑥ "하나님의 선하시고 기뻐하시고 온전하신 뜻이 무엇인지 분별하라"는 것을 한마디로 표현한 것이, "주께 기쁘시게 할 것이 무엇인지 시험하여 보라"(엡 5:10)는 말씀입니다.

㉠ "이렇게 하는 것이 주님을 기쁘시게 하는 것인가? 저렇게 하는 것이 기쁘시게 하는 것인가" 하고, 성경에 비추어 생각해 보고, 기도로 구하고 확신하는 바를 행하라는 것입니다. 그리고 "시험해 보라"는 것은, 그런 연후에 나의 행한 일이 주님을 기쁘시게 했는지 여부를 점검(點檢)해 보라는 의미가 있습니다.

㉡ 그 일의 결과나 열매 등을 통해서 그것을 확인할 수 있게 되는 것입니다. 주님을 기쁘시게 해 드렸다면, "기쁘시게 하는 자라는 증거를 받은 것이요"(히 11:5), 만일 기쁘시게 해드린 것이 아니었다면 우리는 또 한번의 "연단"을 받은 것(히 5:14)이 됩니다.

ⓒ 그러므로 "분별하도록 하라"는 말씀은 분별하기만 하라는 뜻이 아닙니다. 분별해서 하나님이 기뻐하시는 일이면 "더 많이 하고"(살전 4:10), 기뻐하심이 아님을 알았다면 다시는 반복하지 말라는 말씀입니다.

⑦ 에덴동산에 있었던 "선악을 알게 하는 나무"란 무엇입니까? "하나님의 말씀대로 행하면 선(善)이요, 그 말씀을 거역하는 것이 악(惡)이다"를 알게 하는 나무였던 것입니다.

ⓐ 인류의 시조는 "선악"을 분별하는데 실패했던 것입니다. 그런 의미에서 이제도 때마다 일마다 우리 앞에는 "선악을 알게 하는" 나무가 놓여있는 셈입니다. 그리고 한쪽에서는, "이 세대"가 유혹을 하고 있고, 다른 편에서는 "오직 마음을 새롭게 함으로 변화를 받아" 하고, 우리를 격려해주고 있는 것입니다. 하나님의 자녀들은 이를 분별하여 하나님의 선하시고 기뻐하시고 온전하신 뜻을 행해야 마땅한 것입니다.

ⓑ 이것이 몸을 하나님이 기뻐하시는 거룩한 산제사로 드리는 삶인 것입니다. 이와 같은 신앙생활은 신혼살림처럼 행복이 넘치는 생동감이 있는 매력적인 신앙생활인 것입니다.

묵상해 봅시다.

1. 몸으로 산제사를 드리기 위한 부정적인 면이 무엇입니까?
2. 적극적으로는 어떻게 해야만 합니까?
3. 하나님의 뜻을 분별하는 방법에 대해서 말씀해 보십시오.

둘째 단원(3-8) 각기 받은 은사대로 행하라

127
믿음의 분량대로 행하라

> 내게 주신 은혜로 말미암아 너희 중 각 사람에게 말하노니 마땅히 생각할 그 이상의 생각을 품지 말고 오직 하나님께서 각 사람에게 나눠주신 믿음의 분량대로 지혜롭게 생각하라 우리가 한 몸에 많은 지체를 가졌으나 모든 지체가 같은 직분을 가진 것이 아니니 이와 같이 우리 많은 사람이 그리스도 안에서 한 몸이 되어 서로 지체가 되었느니라(12:3-5).

    먼저 실천윤리에 대한 원리적인 말씀(1-2)을 한 사도는, 3절 이하에서는 교회라는 공동체 내에서 어떻게 하는 것이 몸으로 산제사를 드리는 것인가 하는 구체적인 권면을 합니다.

    구조(構造)는 도표에서 보시는 바대로, "이렇게 하지 말고,……하라"는 구조로 되어 있습니다.

    ① "내게 주신 은혜로 말미암아 너희 중 각 사람에게 말하노니"(3상) 합니다.

㉠ 사도는 1:5절에서, "그로 말미암아 우리가 은혜와 사도의 직분"을 받았다고 말씀했습니다. 그렇다면 "내게 주신 은혜로 말미암아"라는 뜻은 "사도"의 권위로 권면한다는 뜻이 됩니다.

　　㉡ "너희 중 각 사람에게 말하노니" 합니다. 이는 성도 전체를 향해 일반으로 말하는 것이 아니라, 한 사람 한 사람 각각(各各)에게 권면한다는 뜻입니다. 복음진리를 적용시킬 때에도, "생명의 성령의 법이 죄와 사망의 법에서 너를 해방(解放)하였음으로라"(8:2) 하고, "너"라고 말씀한 사도입니다. 실천윤리도 각 사람에게 하는 말씀이라는 것입니다.

　　② "마땅히 생각할 그 이상의 생각을 품지 말고 오직 하나님께서 각 사람에게 나눠주신 믿음의 분량대로 지혜롭게 생각하라"(3하) 합니다.

　　㉠ 권면의 논조(論調)는 "……하지 말라"는 부정적인 말씀이 먼저 나옵니다. 십계명도 그와 같은 구조로 되어 있습니다. 왜냐하면 타락한 인간은 악에 익숙하고 잘못 된 삶이 몸에 배어 있기 때문에 주의하고 절제하지 않으면 악을 행할 가능성이 많기 때문입니다.

　　③ 첫 권면은 우리의 예상을 뛰어넘는 말씀입니다. 왜냐하면 우리들은 어떤 엄중한 것을 말할 것으로 여겼는데, "마땅히 생각할 그 이상의 생각을 품지 말고"(3중) 하고, "생각"이라는 문제를 언급하고 있기 때문입니다.

　　㉠ 3절 안에는 "생각"이라는 말이 3번이나 강조되어 있습니다. 모든 행동은 "생각"의 산물입니다. 그래서 "대저 그 마음의 생각이 어떠하면 그 위인도 그러한즉"(잠 23:7) 하는 것입니다. 사람이란 "마땅히 생각 할 그 이상(以上)으로도, 그 이하(以下)로도" 생각할 수가

있는 것입니다. 그렇게 하는 것은 모두가 해로운 것입니다.

ⓛ 먼저 강조하고 있는 바는, "마땅히 생각할 그 이상으로 생각하지 말라" 하고 경계합니다. 분에 넘치는 생각을 하지 말라, 달리 말하면 교만한 생각을 품지 말라는 뜻입니다. 인류의 시조가 "하나님 같이 되리라"는 말에 귀가 솔깃했다는 것은, "마땅히 생각할 그 이상으로 생각"했기 때문입니다. 그 후예들인 우리들도 그럴 가능성이 농후한 것입니다.

ⓒ "미꾸라지 한 마리가 옹달샘을 흐려 놓는다"는 속담이 있듯이, 마땅히 생각 할 그 이상의 생각을 품고, 분수에 넘는 행동을 하게 되면 교회 안에는 불화가 일어나게 되고 고기들이 모여 들지 않게 됩니다.

④ 가장 좋은 것은, "오직 하나님께서 각 사람에게 나눠주신 믿음의 분량대로 지혜롭게 생각"(3하)하는 것입니다. "믿음의 분량"이란, 구원에 이르는 믿음을 말씀함이 아니고 역사(役事)하는 믿음(살전 1:3)을 가리킵니다. 믿음의 역사에는 받은 분량과 정도에 차이가 있는 것입니다.

㉠ 먼저 명심해야 할 점은, "하나님께서 각 사람에게 나눠주신 믿음의 분량", 즉 은혜와 은사가 있다는 점입니다. 여기서도 "각 사람"이라 말씀하고 있는데, 그가 성령으로 거듭난 하나님의 자녀가 분명하다면, 성령께서 그 "사람에게 나눠주신"(고전 12:11) 은사가 각각 있다는 것입니다.

㉡ 그래서 "믿음의 분량대로 지혜롭게 생각하라"는 것입니다. 믿음의 분량보다 과대평가(過大評價)하게 되면, 마땅히 생각할 그 이상의 생각을 품은 교만이 되고, 믿음의 분량보다 과소평가(過小評價)하게 되면 받은 달란트를 땅에 묻어 두고 불평이나 하는 종처럼 무가치(無價

値)한 사람이 되고 마는 것입니다.

　　ⓒ 교회 내에는 자기가 아니면 안 되는 것 같이 독판을 치려는 사람이 있기 마련입니다. 그런가하면 손님처럼 예배만 드리고 가는, 그것도 일주일에 한 번뿐인 그런 사람도 있습니다. 그러므로 신앙생활에 있어서 균형과 조화를 이룬다는 것이 중요합니다.

⑤ "우리가 한 몸에 많은 지체를 가졌으나 모든 지체가 같은 직분을 가진 것이 아니니 이와 같이 우리 많은 사람이 그리스도 안에서 한 몸이 되어 서로 지체가 되었느니라"(4-5) 합니다.

　　㉠ 사도는 4-5절에서 성도 상호간의 관계성을 이해하기 쉽도록, "몸과, 지체"라는 인체(人體)에 비유하여 설명합니다.

　　　㉮ 4절에서는 "한 몸에 많은 지체를 가졌다" 하고 말씀하고,

　　　㉯ 5절에서는 반대로 우리 많은 지체들이 "그리스도 안에서 한 몸이 되었다" 하고 말씀합니다.

　　㉡ 교회를 한 몸에 여러 지체가 있는 인체를 통해서 설명하는 것보다 더 적절한 비유는 없을 것입니다. 한 몸에 많은 지체가 있지만 모든 지체가 같은 일을 하고 있는 것은 아닙니다. "눈, 코, 입, 귀" 등 각각 하는 일이 다르지만 "몸"을 위해서라는 같은 목적을 가지고 유기적인 협력관계가 이루어지고 있는 것입니다.

⑥ "우리에게 주신 은혜대로 받은 은사가 다르니"(6상) 합니다.

　　㉠ "다르다"는 것은 그래야만 유익한 일이면서도 거짓된 인간들에게는 문제가 생길 수가 있는 것입니다. 왜냐하면 각기 하는 일이 다르다 보니까, 자기는 다른 사람보다 중요한 일을 하고 있다는 우월감과, 반대로 자기는 보잘 것 없는 존재라고 생각하는 열등감이 생길 수가 있기 때문입니다.

㉡ 사도는 이점을 고린도전서 12장에서, 발과 손의 관계, 귀와 눈의 관계를 들어서(15-16) 설명하고 있습니다. 발이 손이 하는 일을 볼 때, 또한 귀가 눈의 역할을 볼 때, 나는 아무것도 아니구나 하는 열등감에 빠지기가 쉽다는 것입니다. 실제로 교회에서 어떤 분은 대표기도를 드리고 헌금위원 일을 하는데, 자기는 주방에서 설거지나 하고 있다면 열등감에 빠질 수도 있습니다.

㉢ 반대로 "눈이 손더러 내가 너를 쓸데없다 하거나, 또한 머리가 발더러 내가 너를 쓸데 없다"(21) 하고 우월감에 사로잡혀도 아니된다고 말씀합니다. "너는 나에게 필요하고 나는 너에게 필요한 존재다, 너는 나를 돕고 나는 너를 돕는다. 그리고 우리 모두는 몸을 위하여 함께 일을 하고 있다", 이것이 성도 상호간의 관계성이라는 것입니다.

⑦ 교회를 몸에다 비유한 이 말씀을 정의해 보면,

㉠ 첫째는 통일성(統一性)입니다. 몸의 각 지체는 머리에서 지시하는 명령에 따라 일사불란하게 각기 맡은 역할대로 움직이고 있는 것입니다. 만일 머리에서 명령을 했는데도 움직이지 못한다면 그것은 반신불수이지 건강한 몸은 아닙니다.

㉡ 두 번째로 다양성(多樣性)입니다. 사람의 몸을 형성하고 있는 지체의 수가 얼마나 될 것 같습니까? 밖에 보이는 이목구비, 수족 말고도 보이지 않는 내부의 여러 장기들, 이 수많은 지체들이 각각 하는 일이 다르다는 것입니다. 거기에는 더 소중하고 덜 소중한 것이 있는 것이 아니라 모두가 다 없어서는 아니 되는 필요한 존재들이라는 것입니다.

㉢ 세 번째로 협력(協力)성입니다. 몸의 지체들이 하고 있는 역할들을 보면 자신을 위해서 하지 않고 다른 지체들을 위해서 섬기고

있다는 점입니다. 입으로 음식을 먹지만 입을 위해 먹고 있습니까? 귀가 듣는 것이 귀를 위해 듣고 있습니까? 오른손이 오른손의 다친 곳을 싸매어 줄 수가 있습니까? 사실 눈은 눈을 보지 못합니다.

ⓔ 이와 같이 주신바 은사는 자기를 위한 것이 아니고 다른 사람을 섬기라고 주신 것입니다. 발이 돌에 부딪혀서 발톱이 상했으면 발가락 혼자서 아파합니까? 얼른 손으로 만지고, 눈이 따라가고, 가능하면 입으로 호- 하고 불어 줍니다.

⑧ 형제여, 이것이 교회 공동체라고 말씀합니다.
 ㉠ 머리 되시는 주님의 명령대로 섬기십시다.
 ㉡ 각 사람에게 나눠 주신 믿음의 분량대로 일합시다.
 ㉢ 서로 협력하여 그리스도의 몸을 세웁시다.

묵상해 봅시다.

1. 마땅히 생각할 이상이나 이하로 생각하면 어떻게 됩니까?
2. 가장 좋은 방법은 어떻게 하는 것입니까?
3. 교회의 통일성과 다양성과 협력성에 대해서 말씀해 보십시오.

128
받은바 은사대로

우리에게 주신 은혜대로 받은 은사가 각각 다르니 혹 예언이면 믿음의 분수대로 혹 섬기는 일이면 섬기는 일로 혹 가르치는 자면 가르치는 일로 혹 권위하는 자면 권위하는 일로 구제하는 자는 성실함으로 다스리는 자는 부지런함으로 긍휼을 베푸는 자는 즐거움으로 할 것이니라(12:6-8).

"우리가 한 몸에 많은 지체(肢體)를 가졌으나 모든 지체가 같은 직분을 가진 것이 아니"(4) 하고 말씀한 사도는, "우리에게 주신 은혜대로 받은 은사(恩賜)가 각각 다르니"(6상) 합니다. 그렇다면 우리에게 주신 은사에는 어떤 것들이 있으며, 어떻게 활용해야만 하는가를 말씀합니다.

① "우리에게 주신 은혜대로 받은 은사가 각각 다르니"(6상) 합니다.
㉠ 6-8절은 주님의 몸 된 교회를 섬기는데 필요한 은사들에 대한 구체적인 목록들인데, 예언하는 사람, 섬기는 일을 하는 사람, 가르치는 사람, 권위하는 사람, 구제하는 사람, 다스리는 사람, 긍휼을 베푸는 사람 등을 들고 있습니다. 그렇다고 이것이 은사의 전체적인 목록

은 아닙니다.

ⓒ 6절에 "은혜와, 은사"라는 말이 나오는데 이 둘은 어떻게 다른 것입니까? "은혜"는 원천적(源泉的)인 것이고, 은사란 구체적인 선물들이라 할 수가 있습니다. 이를 쉽게 설명하자면 성령님께서 교회에 은혜라는 선물 보따리를 주셨는데, 풀어 보니까 성도 각 사람의 이름이 써 있는 은사들이 들어 있었다고 말할 수가 있겠습니다.

ⓒ 예를 들어 목수라는 직책을 맡기셨다고 합시다. 맨손으로 하라고 하십니까? 아닙니다. 그에게는 톱이나 망치 대패 등이 주어진다는 말씀입니다. 그러므로 그가 거듭난 하나님의 자녀라면 누구에게나 은사는 주어진다는 것입니다. "나에게는 은사를 주시기 않았다", 그런 사람은 없습니다. 왜냐하면 은사란 그 사람 자랑하라고 주시는 것이 아니라, 하나님의 나라건설을 위해 필요해서 주시는 것이기 때문입니다.

② 로마서에는 7가지 은사가 열거되어 있습니다만, 고린도전서 12장에는 9가지 은사가 기록되어 있습니다.

㉠ 은사의 목록은 성경에 등장하는 것이 전부라든가, 또는 수자적인 제한이 있는 것은 아닙니다. 엄밀히 말한다면 똑같은 두 사람이 없듯이 그야말로 은사는 천 사람이면 천 사람의 은사가 다르다고 말할 수가 있습니다. 사도는 은사들 중에서 로마교회, 고린도교회, 에베소교회의 특성에 따라 특별히 권면할 필요가 있는 것들을 거론하고 있다 하겠습니다.

㉡ 그러므로 신령한 척하는 고린도교회에는 신유나 방언에 대한 권면이 있는 반면, 세계의 중심인 로마교회에는 가르치는 것과 봉사적인 은사가 강조되어 있음을 보게 됩니다.

③ 제일 먼저 들고 있는 것이, "예언이면 믿음의 분수대로"(6하)

하고, "예언"을 들고 있습니다.

㉠ 사도행전에 의하면 아가보가, "천하가 크게 흉년 들리라"(행 11:28) 하고 예언하고 있고, "빌립의 딸 넷이 처녀로 예언하는 자라"(행 21:9) 하는 것을 보면, 초대교회에는 미래에 되어질 일을 말하는 "예언"의 은사가 있었던 것으로 여겨집니다. 그런데 이는 사도행전이라는 특수성에서 이해되어야 할 말씀입니다.

㉡ 왜냐하면 교회가 충족된 계시인 성경을 갖게 된 이후로는, "예언"이란 하나님의 말씀을 강론하는 것으로 나타나기 때문입니다. 이점을 사도가 고린도전서에서, "예언하는 자는 사람에게 말하여 덕(德)을 세우며 권면(勸勉)하며 안위(安慰)하는 것이요"(고전 14:3) 하고 예언의 효용(效用)성에 대해서 설명하고 있는 것만 보아도 알 수가 있습니다.

㉢ 성경이 말씀하는 궁극적인 예언이란, "하나님이 선지자들로 말미암아 그의 아들에 관하여 성경에 미리 약속하신"(1:2) 것입니다. 그러므로 "예언의 은사"란 선지자들로 미리 기록케 하신 성경말씀을 올바르게 이해하고 해석하여서 회중들에게 전달하는 직무인 것입니다.

㉮ 예를 들면 주님은, "노아의 때와 같이 인자의 임함도 그러하리라"(마 24:37) 하고 말씀하셨습니다. 이 말씀을 증거하고 있는 설교자는 예언을 하고 있는 것입니다.

㉯ 그러므로 오늘날 예언 은사의 오용에 대해서 경계해야만 합니다. 이를 예견했기 때문에 사도는 예언에 대해서 경계하기를, "믿음의 분수대로"(6하) 하라고 한정 짓고 있지 않나 싶습니다.

④ 다음으로 "혹 섬기는 일이면 섬기는 일로 혹 가르치는 자면 가르치는 일로 혹 권위하는 자면 권위하는 일로"(7-8상) 하라고 말씀합니다.

㉠ 사도는 은사들에 관하여 설명을 하고 있는 것이 아니고, 다만 반복하고 있을 뿐입니다. 사도가 설명할 말이 모자라서 이렇게 하고

있는 것이겠습니까? 아닙니다. 그리스도인이라면 섬기는 일, 가르치는 일, 권위(勸慰)하는 일이 무엇을 하는 직분인지 모르는 분은 없을 것입니다. 그래서 설명이 필요한 것이 아니라, 중요한 것은 은사를 주신 분의 본래 의도에서 이탈함이 없이 그 목적대로 수행하라는 뜻입니다.

㉮ "혹 예언이면 믿음의 분수대로",
㉯ "혹 섬기는 일이면 섬기는 일로",
㉰ "혹 가르치는 자면 가르치는 일로",
㉱ "혹 권위하는 자면 권위하는 일로", 하라는 것입니다.

ⓛ 얼마나 명쾌한 가르침입니까? 오늘날 은사를 "믿음의 분량대로 지혜롭게"(3하) 활용하지 못하고 남용함으로 문제를 일으키고, 덕을 세우지 못하는 경우가 허다하지 않습니까? 섬기는 일이면 섬기는 일로 끝이고, 그것으로 족하게 여기라는 것입니다.

ⓒ 예를 들어 보겠습니다. 서울에 있는 난지도는 쓰레기 매립장인데 그래서 물이 귀합니다. 어느 선교 단체에서 그곳에 거주하는 사람들에게 식수를 공급해 주었더니 거절하더랍니다. 그들이 하는 말이, "물 좀 갖다 주고 사진 찍어 선전하려는 거지요" 하더랍니다.

ⓔ 가르치는 자면 가르치는 일로, 권위하는 자면 권위하는 일로 섬기라는 말씀입니다. 지나치지도 말고, 모자라게도 말라는 뜻입니다. 또한 "네게 주신 은사는 섬기는 일이다. 이것이 네가 해야 할 직무다. 이에 만족하고 충성을 다 하여라 가르치는 일, 권위(勸慰)하는 일 같은 다른 사람의 은사에 대해서 시기하거나, 또는 간섭하지 않도록 주의하라", 이런 뜻이 있습니다.

⑤ 중요한 것은 3절에서 말씀하고 있는 섬김의 자세(姿勢)와, 6절에서 말씀하고 있는 "분수"입니다.

㉠ "마땅히 생각 할 그 이상의 생각을 품지 말고 오직 하나님께서 각 사람에게 나눠 주신 믿음의 분량(分量)대로"(3) 하는 것이 섬기는 자의 자세요,

㉡ "주신 은혜대로 받은 은사 따라, 믿음의 분수(分數)대로"(6) 섬기는 것이 자기 분수를 아는 자입니다.

⑥ "구제하는 자는 성실(誠實)함으로"(8중) 하라고 말씀합니다.

㉠ 성실함의 반대는 인색(吝嗇)함이나 억지로 하는 태도일 것입니다. 이런 마음은 내 것을 가지고 한다는 자기 소유의식 때문에 비롯되는 것입니다. 나는 하나님의 소유를 관리하고 있는 청지기라는 고백적인 신앙이 성실함입니다. 베드로 사도는, "각각 은사를 받은 대로 하나님의 각양 은혜를 맡은 선한 청지기 같이 서로 봉사하라"(벧전 4:10) 하고 권면합니다.

⑦ "다스리는 자는 부지런함으로"(8중) 하라고 말씀합니다.

㉠ 잠언 27:23절에서는, "네 양떼의 형편을 부지런히 살피며 네 소 떼에 마음을 두라" 하십니다. 영국 웨체스터의 주교 휴 래티머는 이런 말을 했다고 합니다. "나는 여러분에게 한 가지 생소한 질문을 하고자 한다. 영국 전역에서 자기 직무를 수행함에 있어 다른 모든 사람을 능가하는 가장 부지런한 사역자가 누구라고 생각하는가? 그는 바로 사탄이다"(현대 목회와 설교), 그렇습니다. 우리는 사탄의 사자들에 비해서 얼마나 나태하고 게으릅니까?

⑧ "긍휼을 베푸는 자는 즐거움으로 할 것이니라"(8하) 하고 말씀합니다.

㉠ 사도 당시는 지금의 병원이나 사회사업 기관에서 맡고 있는 일들을 교회에서 감당하지 않으면 안 되었을 것입니다. 이런 열악한

환경과 비참한 형편에 처해 있는 자들에게 긍휼을 베푸는 사람은 즐거운 마음으로 행하여, 그에게 하나님의 형상을 보여주라는 것입니다.

ⓒ 형제에게 주신 은사는 무엇입니까? 많은 성도들이 받은바 은사를 활용하지 않고 묻어두고 있습니다. 그런가 하면 불과 몇몇 사람들만이 은사를 독점이라도 한 듯이 분수를 모르고 행동하기도 합니다.

⑨ 형제여, 주님께서 원하시는 아름다운 교회 상은 어떤 모습이겠습니까?

㉠ "몸 가운데서 분쟁이 없고 오직 여러 지체가 서로 같이 하여 돌아보아"(고전 12:25) 섬기는 교회일 것입니다. 어느 청년이 스펄존 목사님에게 완전한 교회를 소개해 달라고 했더랍니다. "젊은이 그런 교회가 있으면 나에게 소개해주시오. 나도 그 교회의 일원이 되기를 원하오. 그러나 그런 교회를 찾거든 당신은 제발 그 교회의 회원이 되지 마시오. 왜냐하면 당신 때문에 그 교회의 완전함이 깨어질지도 모르니까요".

ⓒ 완전한 교회를 찾아다니지 말고 형제가 속해 있는 교회가 그런 교회가 되도록, 형제에게 주신 은사 따라 믿음의 분량대로 섬기십시다. 이것이 교회의 머리 되시는 주님께서 원하시는 삶인 것입니다.

묵상해 봅시다.

1. 로마교회와 고린도교회에 주신 은사의 특징은 어떻게 다릅니까?
2. 은사는 어떻게 활용해야만 합니까?
3. 각자에게 주신 은사가 무엇인지 서로 상대방의 은사에 대해 말해 봅시다.

둘째 단원(9-16) 사랑의 실천

129
이것이 사랑입니다.

사랑엔 거짓이 없나니 악을 미워하고 선에 속하라(12:9).

앞 문단에서는, 한 몸에 여러 지체가 있고 각 지체들이 하는 일이 다르듯이, 교회 내에도 "믿음의 분량대로, 주신 은혜대로" 주어진 은사가 다르고 수행하는 직무가 다르다는 점을 말씀했습니다. 그런 연후에 9절 이하에서는 교회생활에서 필요한 여러 가지 교훈을 말씀하고 있는데 그 중 첫째로, "사랑엔 거짓이 없나니"(9) 하고, "사랑"을 말씀합니다. 왜냐하면 교회는 사랑의 공동체요, 지체(肢體)들 간의 협력이 이루어지기 위해서는 사랑의 관계여야 하기 때문입니다.

① "사랑엔 거짓이 없나니"(9상) 합니다. 이를 문맥적으로 보면, "은사" 다음에 "사랑"을 말씀하는 문맥인데, 모든 은사를 사랑으로 행하라는 뜻이 됩니다.

㉠ 이러한 논리는 고린도전서에서도 그대로 나타납니다. 12장에서 각양 은사를 말씀하고 난 다음에, 13장에서는 "내가 사람의 방언과 천사의 말을 할지라도 사랑이 없으면 소리 나는 구리와 울리는 꽹과리가 되고"(고전 13:1) 하고, 사랑을 말씀하고 있습니다.

㉡ 그렇습니다. 모든 은사를 활용하되 그 바탕은 사랑이어야 하고, 기독교윤리를 한마디로 요약한다면 그것은 "사랑"인 것입니다.

② "사랑엔 거짓이 없나니" 합니다.

㉠ 여기서 말씀하고 있는 사랑은 아가페로서, 다음 절(10)에서 말씀하고 있는 필라델피아와 대조가 됩니다. 필라델피아는 형제간의 사랑인데 비해, 아가페는 하나님께로부터 오는 사랑을 의미합니다.

㉮ 첫째로 "아가페" 사랑인데, "하나님께서 우리에게 대한 자기 사랑을 확정하셨느니라"(5:8) 한 사랑은, 아가페 사랑입니다.

㉯ 둘째로 "우리에게 주신 성령으로 말미암아 하나님이 사랑이 우리 마음에 부은바 됨이니"(5:5) 한 사랑도, 아가페 사랑입니다.

㉰ 그러므로 아가페 사랑이 "마음에 부은바"가 되었다면, 그 사람에게서 나오는 사랑도 거짓이 없는, 아가페 사랑이어야 한다는 말씀입니다.

㉡ 불신자란 이러한 아가페 사랑을 모르는 사람들입니다. 믿지 않는 사람들입니다. 받아들이지 않은 사람들입니다. 하나님께서는 믿는 우리를 통해서 그 사랑을 알게 하시고, 나타나게 하시고, 나누어 주기를 원하고 계시는 것입니다.

③ "사랑엔 거짓이 없나니" 합니다.

㉠ "거짓의 아비" 사탄에 의해서 지배를 당하는 "이 세대"(2)는, 거짓과 가짜와 모조품과 위선이 판을 치고 있습니다. 심지어 사랑에

도 "거짓 사랑"이 있다는 것입니다. 그래서 사도는 "깨끗한 지식과 오래 참음과 자비함과 성령의 감화와 거짓이 없는 사랑"(고후 6:6)을 말씀합니다. 베드로 사도도, "거짓이 없이 형제를 사랑하기에 이르렀으니 마음으로 뜨겁게 피차 사랑하라"(벧전 1:22) 합니다. 거짓 사랑보다 더 미운 것이 또 있을까요?

④ 타락함으로 하나님의 형상(形象)을 잃게 된 인간은, 하나님의 속성인 사랑도 잃게 된 것입니다.

㉠ 그러면 전적 타락, 전적 부패한 인간이 어떻게 형제를 사랑하고(10), 이웃을 사랑하며(15), 심지어 원수를 사랑할 수가(20) 있을까요? 돌이켜 생각해 보십시오. 형제도 누구를 사랑하기에 앞서 누군가로부터 사랑을 받고 싶으실 테지요. 그 분이 남편이나 아내 같은 가족일 수도 있고, 친구일 수도 있고, 교회 내에서 교우일 수도 있습니다. 그 분들이 형제가 기대하는 것만큼의 사랑을 채워 주던가요? 남편이 그러 하던가요? 아내가 그러 하던가요?

㉡ 결혼하기 전에는 그러한 꿈을 가지고 결혼을 합니다. 교회가 사랑의 갈증을 채워줄 것 같아서 교회에 나갑니다. 그러나 얼마 안가서 이내 실망하게 되고 불안해하게 됩니다. 더 이상 자신만 손해 보아서는 안 되겠다는 생각에서 마음을 닫게 되고, 사람 사이에는 벽이 생기게 됩니다.

㉢ 형제여, 세상에서는 그 누구도 형제가 갈망하는 사랑을 충족시켜 줄 사람은 없습니다. 사마리아 여인처럼 남편을 다섯 번 바꾸어 본다 해도 아무도 없을 것입니다. 주님은 "이 물을 먹는 자마다 다시 목마르거니와"(요 4:13) 하고 말씀하십니다. 예를 들어 교회를 5번 바꾼다 해도 여전히 목이 마를 것입니다. 그러므로 신앙생활이란 사람으로부터 채움을 받기를 기대하는 것이 아닙니다.

㉣ 형제의 갈급한 심령을 채워주실 분은 예수 그리스도를 통해서 부은바 된 하나님의 사랑(5:5) 밖에는 없습니다. 그 분만이 넘치도록 채워주실 수가 있으십니다. 그리스도인이란 하나님께로부터 채움 받은 그 사랑을 가지고, 형제를, 이웃을, 원수를 사랑하는 사람들인 것입니다. 하나님께 받은 그 사랑을 나누어 주는 사람들입니다.

　　⑤ 사도 요한은 "하나님이 우리를 사랑하시는 사랑을 우리가 알고 믿었노니 하나님은 사랑이시라"(요일 4:16) 합니다.

　　㉠ 요한은 사랑을 정의하기를,

　　　㉮ "하나님의 사랑이 우리에게 이렇게 나타난바 되었으니 하나님이 자기의 독생자를 세상에 보내심은 저로 말미암아 우리를 살리려 하심이니라"(요일 4:9) 합니다. 사랑은 입으로 하는 것이 아니라 구체적으로, "나타내야" 한다는 것입니다.

　　　㉯ "사랑은 여기 있으니 우리가 하나님을 사랑한 것이 아니요 오직 하나님이 우리를 사랑하사 우리 죄를 위하여 화목제로 그 아들을 보내셨음이니라"(요일 4:10) 합니다. "사랑은 여기 있다", 즉 받는 것이 아니라 주는 것이요, 그리고 먼저 주는 것이라고 말씀합니다. 사도 바울이 밀레도에게 행한 설교는 이렇게 결론을 내리고 있습니다. "주 예수의 친히 말씀하신 바 주는 것이 받는 것보다 복이 있다 하심을 기억하여야 할지니라"(행 20:35).

　　　㉰ "그가 우리를 위하여 목숨을 버리셨으니 우리가 이로써 사랑을 알고 우리도 형제들을 위하여 목숨을 버리는 것이 마땅하니라"(요일 3:16) 합니다. "이로써 사랑을 알고", 이것이 성경이 말씀하는 아가페 "사랑"이라는 것입니다.

　　　㉱ 그리고 이를 적용시키기를, "누구든지 하나님을 사랑하노라 하고 그 형제를 미워하면 이는 거짓말 하는 자니 보는바 그 형제를

사랑치 아니하는 자가 보지 못하는바 하나님을 사랑할 수가 없느니라"(요일 4:20) 합니다. 어떻습니까? 형제는 "거짓말 하는 자"는 아닙니까?

ⓒ 이 말씀들을 대하는 형제의 마음은 어떠합니까? 아득하고 까마득하다는 생각이 듭니다. 오늘날 현대교회는 "복음"도 잃어버리고, "사랑"도 잃어버렸다고 인정하지 않을 수가 없습니다. 그런데 이런 깨달음조차 없으니 "회개"까지도 잃어버린 것이 아니겠습니까? 이것이 사실이라면 남은 것이 무엇이 있단 말입니까? 그래서 주님은 "곤고한 것과 가련한 것과 가난한 것과 눈먼 것과 벌거벗은 것을 알지 못하는도다"(계 3:17) 하시는 것입니다.

⑥ "사랑엔 거짓이 없나니" 하는 말씀 다음에 무슨 말씀이 나오는가를 주목해보시기를 바랍니다.

㉠ "악을 미워하고 선에 속하라"(9하)는 말씀입니다. "사랑과, 미워함"이 대칭(對稱)을 이루고 있습니다. 어찌하여 하나님은 우리 죄를 인하여 자기 아들을 십자가에 못을 박으셔야만 했는가? 사랑의 하나님이시기 때문입니다. 또한 악을 미워하시는 공의의 하나님이시기 때문입니다.

㉡ "사랑엔 거짓이 없나니" 하는 말씀은, "사랑은 진실"하다는 뜻입니다. 하나님은 진실하시며 거룩하시며 의로우신 분이십니다. 호세아서 2:19절에서는, "내가 네게 장가들어 영원히 살되 의와 공변됨과 은총과 긍휼히 여김으로 네게 장가들며 진실함으로 네게 장가들리니" 하십니다. "의와 공변, 은총과 긍휼", 즉 공의와 사랑이라는 하나님의 두 가지 속성이 나타납니다. 그래서 우리 죄를 그냥 용서해 주시지를 못하고 자기 아들을 대신 정죄하시고야 용서하시고 받아 주실 수가 있으셨던 것입니다. 이것이 "진실함으로 네게 장가들리니"

의 뜻이요, "사랑엔 거짓이 없나니"의 의미입니다.

⑦ 그러하기 때문에 그리스도인은 "악(惡)을 미워하고 선에 속하라" 하고 말씀합니다.

㉠ "미워하라"는 말을 따로 떼어놓고 보면 좋지 않은 것으로 여길 수도 있습니다. 그래서 일까요? 오늘날은 "악을 미워하는" 그리스도인들이 점점 살아지고 있습니다. 전도(傳道)의 참된 동기가 어디에 있는지 아십니까? "너의 후손도 여자의 후손과 원수가 되게 하리니"(창 3:15) 한, 악을 미워하는 데서부터 비롯된다는 점을 잊지 말아야만 합니다.

㉡ 주님은 나사로의 무덤에서, "우는 것을 보시고 심령에 통분히 여기시고 민망히 여기셨다"(요 11:33) 하고 말씀합니다. "또 죽기를 무서워하므로 일생에 매여 종 노릇하는 자들"을 볼 때에 "민망히", 즉 불쌍히 보시고, 하나님의 형상대로 지음을 받은 자들을 지옥으로 끌고 가는 악의 권세자에 대해서는 "통분(痛憤)히" 여기셨던 것입니다.

㉢ 다윗은, "주의 종이 아비의 양을 지킬 때에 사자나 곰이 와서 양떼에서 새끼를 움키면 내가 따라가서 그것을 치고 그 입에서 새끼를 건져 내었고 그것이 일어나 나를 해하고자 하면 내가 그 수염을 잡고 그것을 쳐죽였나이다"(삼상 17:34-35) 하고 말했습니다. 하물며 양이 아니라 "아들이, 남편이, 이웃의 영혼들"이 사로잡혀가고 있는데 통분히 여기는 마음이 없단 말입니까? 이것이 "악을 미워하라"의 의미입니다.

㉣ 곡해하지 말아야 할 것은, 제아무리 사악한 사람이라 하더라도 그 사람이 악(惡) 자체는 아니라는 사실입니다. 악이 거하는 집이 인간의 마음일 뿐입니다. 그 사람 배후에서 그를 조종하는 악의 세력이 존재하고 있는 것입니다. 그러므로 악은 미워하되 사람은 미워해

서는 아니 됩니다. 악의 권세자에게 사로잡혀서, 그에게 이용당하고 있는 심령을 불쌍히 여겨야 합니다. 만일 그가 악의 세력에서 놓여나지 못한다면 악의 세력이 멸망 받게 될 때에 그 하수인도 함께 멸망 받게 될(계 20:110, 21:8) 것이기 때문입니다.

⑧ 적극적으로, "선에 속하라"(9하) 하고 말씀합니다.

㉠ 악을 미워하는 것은 소극적인 면이요, 적극적으로는 선에 속하라고 말씀합니다. 그런데 "선을 행(行)하라"는 말은 들어도, "선에 속(屬)하라"는 말은 잘 쓰지 않는 말입니다. 그러나 선에 소속(所屬)하는 것이 먼저입니다.

㉡ 이 세상에는 악의 진영(陣營)과 선의 진영 두 진영만이 있기 때문입니다. 속한다는 말은 접착제로 붙이듯이 떨어지지 않게 하라는 뜻입니다. 선에 속해 있다는 말은 하나님께 속해 있음을 의미합니다. 우리의 신분(身分)은 하나님의 자녀요, 우리의 위치(位置)는 선에 속해 있음을 명심하십시오.

㉢ 그렇다면 그리스도인은 범사에 악과 불의와 비진리와 타협함이 없이, 그것들을 미워하고, 선과 의와 진리 편에 서 있어야만 마땅할 것입니다. 진정 그러합니까? 언제나 "악인의 꾀를 좇지 아니하며 죄인의 길에 서지 아니하며 오만한 자의 자리에 앉지 아니하고"(시 1:1), 의로운 편에 속해 있느냐 말입니다.

⑨ 그리스도인이란 영적전쟁 마당에 방관자들이 아닙니다. 또한 중립지대(中立地帶)란 없는 것입니다.

㉠ 선의 진영에 속하여 악의 권세자 사탄의 진을 공격하는 군사들인 것입니다. 무엇으로 말입니까? 21절을 보십시오. "악에게 지지 말고 선으로 악을 이기라" 하고 말씀합니다. 악으로 악을 이기기는

쉽습니다. 그러나 선(善)으로 악(惡)을 이기기란 얼마나 어렵습니까? 얼마나 인내가 필요합니까? 얼마나 고난을 견디어야만 합니까? 얼마나 기도해야만 합니까? 얼마나 희생해야만 합니까? 이러한 사람들이 그리스도인들입니다. 형제여, 이것이 "사랑"입니다.

묵상해 봅시다.

1. "사랑엔 거짓이 없나니"에 대해 말씀해 보십시오.
2. 그리스도인들이란 어떤 사람들입니까?
3. "악을 미워하고 선에 속하라"에 대해 말씀해 보십시오.

130
서로 우애하고 서로 존경하라

형제를 사랑하여 서로 우애하고 존경하기를 서로 먼저 하며(12:10).

9절에서 하나님의 사랑인 아가페를 말씀한 다음 이어지는 본문에서는 형제 사랑인 필라델피아를 말씀하고 있습니다. 사실 아가페 사랑이 없이는 필라델피아도 있을 수가 없는 것입니다. 주님께서도 두 번씩이나 "내가 너희를 사랑한 것같이 너희도 서로 사랑하라"(요 13:34, 15:12) 하고 말씀하셨습니다. 형제 사랑이란 아가페 사랑에 대한 반영에 불과한 것입니다.

① "형제를 사랑하여 서로 우애하고"(10상) 합니다.

㉠ "우애"(友愛)하라는 원문의 뜻을 생각해 보게 될 때에, 사도가 말씀하려는 그 의미를 분명히 파악하게 됩니다. "우애"라는 말은, "필로스톨고이"라는 말인데 이 단어는 친구의 사랑인 "필리아"와, 부모 자식지간의 혈육의 정을 말하는 "스톨게"가 합쳐져서 생긴 단어입니다.

ⓒ 성도간의 우애란 단순한 우정(友情)이 아니라, 그리스도의 피로 맺어진 영적인 가족 관계라는 것입니다. 육적인 가족관계는 현세에 한정되어 있으나, 영적인 가족관계는 영원한 것입니다. 기독교란 수직적인 하나님 사랑과, 수평적인 형제 사랑으로 이루어져 있다고 해도 과언은 아닙니다.

② 그렇다면 "형제를 사랑하여 서로 우애하고"를 좀더 생각해 보지 않을 수 없게 합니다.

㉠ 주님께서는 "새 계명을 너희에게 주노니 서로 사랑하라"(요 13:34) 하셨습니다. "서로 사랑하라"는 말이 결코 새로운 것은 아닙니다. 레위기 19:18절에서도, "이웃 사랑하기를 네 몸과 같이 하라" 말씀하고 있습니다. 그렇다면 어찌하여 "새 계명"이라고 말씀하셨을까요? "내가 너희를 사랑한 것 같이"(요 13:34)라는 단서 때문입니다.

ⓒ 구약에서는 "네 몸과 같이 사랑하라" 하셨으나 주님께서는, "내가 너희를 사랑한 것 같이"라 하십니다. 여기에 "새 계명"의 의미가 들어있는 것입니다.

㉮ 첫째로 주님이 누구신가 하는 점을 잊지 말아야만 합니다. "주는 그리스도시오 살아계신 하나님의 아들"이십니다.

㉯ 그 분께서 우리를 어떻게 어디까지 사랑하셨습니까? "사람이 친구를 위하여 자기 목숨을 버리면 이에서 더 큰 사랑이 없나니"(요 15:13) 하고, 자기 목숨을 주신 것입니다. 이것이 주님께서 말씀한, "내가 너희를 사랑한 것 같이"의 "사랑"이요, 그래서 새 계명인 것입니다.

ⓒ 교회 공동체가 이러한 사랑을 나누게 될 때, "이로써 모든 사람이 너희가 내 제자인 줄을 알리라"(요 13:35) 하십니다. "저 사람들은 어찌하여 우리와 다른가? 어떻게 저렇게들 살아갈 수가 있단

말인가? 나도 저들처럼 살고 싶다 저들과 사귀고 싶다" 하고, 말하게 될 것이라는 것입니다. 그리고 보면 오늘날 우리들은 입으로는 복음을 말하면서도, 우리의 삶으로는 복음을 부인하고 있는 것은 아닌지 반성해야할 것입니다.

③ 요한 사도는 특히 형제 사랑을 강조하고 있습니다. 요한서신을 기록한 사도 요한은 주님의 말씀을 친히 받은 장본인입니다.

㉠ "누구든지 하나님을 사랑하노라 하고 그 형제를 미워하면 이는 거짓말 하는 자니 보는 바 그 형제를 사랑치 아니하는 자가 보지 못하는바 하나님을 사랑할 수 없느니라 우리가 이 계명을 주께 받았나니 하나님을 사랑하는 자는 또한 그 형제를 사랑할 지니라"(요일 4:20-21) 하고 말씀합니다.

㉡ "누가 이 세상 재물을 가지고 형제의 궁핍함을 보고도 도와줄 마음을 막으면 하나님의 사랑이 어찌 그 속에 거할까 보냐 자녀들아 우리가 말과 혀로만 사랑하지 말고 오직 행함과 진실함으로 하자"(요일 3:17-18) 합니다. 2천년 전에 기록된 말씀이 오늘의 현실을 직시하면서 외치는 말씀처럼 우리의 마음을 찌르지 않습니까?

④ 베드로후서 1장을 통해서 "형제 우애"가 신앙의 어느 단계(段階)에 놓여 있는가를 상고해 보는 것도 도움이 될 것입니다.

㉠ 그리스도인은, "신의 성품(性稟)에 참여하는 자"라고 전제한 다음에, 그에 이르는 단계를 여덟 단계로 제시합니다.

㉡ 출발점(出發點)은 믿음입니다.

㉮ 믿음에 덕을 더 하라고 합니다.

㉯ 덕에 지식을

㉰ 지식에 절제를

㉣ 절제에 인내를
㉤ 인내에 경건을
㉥ 경건에 형제 우애(友愛)를
㉦ 형제 우애에 사랑을 공급하라(벧후 1:5-7) 하고 말씀합니다.

ⓒ 맨 마지막으로 "사랑"을 거론하는데 여기가 "하나님은 사랑이시라" 한 정상(頂上)입니다. 그곳은 빛과 사랑이 언제나 넘치는 곳입니다.

⑤ "형제 우애"가 어느 단계에 있는가를 보십시오.

㉠ "하나님은 사랑이시니라" 한, "사랑" 바로 아래에 위치해 있습니다. 믿음에서 출발하여 사랑이라는 정상을 향해 올라가는 신앙 여정에 있어서, 정상 바로 아래 단계가 "형제 우애"의 단계입니다. "형제를 사랑하여 서로 우애"하는 이 사람들은, 신의 성품에 참여하는 사람들이요, 예수 그리스도를 닮은 사람들입니다.

㉡ 이러한 형제 우애가 우리에게 있습니까? 교회 공동체 내에 있습니까? 그러면서도 단에서는 입심 좋게 사랑을 외쳐대고, 성도들은 "아멘 할렐루야"를 외치고 있지는 않습니까?

⑥ "존경하기를 서로 먼저 하라"(10중)고 말씀합니다. 사도는 "형제 우애+존경"을 첨부하고 있습니다. 사랑과 존경(尊敬)이 짝을 이루고 있는 것을 봅니다.

㉠ 형제를 사랑하고 우애하는 여부가 어떻게 나타납니까? 선물을 주고받는 것입니까? "존경하기를 서로 먼저 하는 것"으로 나타난다는 것입니다. 존경이란 상대방의 가치를 인정하고 높이 평가하는 것을 의미합니다.

㉡ 어떤 분들은 이렇게 말할 테지요. "존경 받을 만해야 사랑하지요, 존경 받을 만해야 효도하지요", 그렇습니다. 우리 모두는 존경받

을 만한 자격이 없는 사람들입니다. 성경이 말씀하는 존경의 근거는 그 사람의 외적인 면에 있는 것이 아닙니다. 사도는 "그러므로 우리가 이제부터는 아무 사람도 육체대로 알지 아니하노라"(고후 5:16) 합니다. 그러면 어떤 관점으로 본다는 말인가? 그 사람 속에 내주(內住)하시는, "하나님의 영, 그리스도의 영, 성령"(8:9)을 바라본다는 것입니다. 그 사람을 자녀 삼아 주신 하나님의 사랑과, 위하여 죽어 주신 주님의 은혜를 통해서 바라본다는 뜻입니다.

⑦ 끝으로 "서로 우애하고, 서로 먼저하며" 한, "서로"에 담겨져 있는 뜻입니다.

㉠ 서로 받기만 하려고 한다면 분쟁과 불화가 있을 뿐입니다.

㉡ 한 편에서만 주려고 한다면 고통과 인내가 따르게 될 것입니다. 이것은 짝사랑과 같아서 많은 그리스도인들이 부부지간에, 이와 같은 고통을 당하고 있지 않나 싶습니다.

㉢ 가장 아름답고 성경적인 것은, "서로 우애"하는 것입니다. 그리고 서로 먼저 하는 것입니다.

형제여, 기독교에서 사랑을 뺀다면 어떻게 될까요? 사랑을 잃어버린다면 남는 것이 무엇일까요? 이것이 "서로 우애하고 서로 먼저 하라"는 말씀입니다.

묵상해 봅시다.

1. 형제 우애의 뜻을 말씀해 보십시오.
2. 베드로후서 1장에 나타난 형제 우애의 단계에 대해서 나누어 봅시다.
3. 왜 존경해야만 하는지 그 이유를 설명해 보십시오.

131
열심을 품고 주를 섬기라

> 부지런하여 게으르지 말고 열심을 품고 주를 섬기라 소망 중에 즐거워하며 환난 중에 참으며 기도에 항상 힘쓰며 성도들의 쓸 것을 공급하며 손 대접하기를 힘쓰라(12:11-13).

사도는 9-13절을 통해서 그리스도인들이 교회 내에서 실천해야할 10가지 덕목들을 말씀하고 있습니다. 이 말씀을 읽을 때에 느낌은 운율적(韻律的)으로 되어 있어서 마치 노래를 부르는 듯한 느낌입니다. 그래서 어떤 분은 초대교회 찬송가 가사였거나, 구호였을 거라고 말하기도 합니다.

① 이 말씀에는 원리적이면서도 중심적인 주제가 있는데 그것은 제일 먼저 언급한, "사랑엔 거짓이 없나니"(9) 한 "사랑"입니다.

㉠ 사랑엔 거짓이 없나니,

악을 미워하고	선에 속하라
형제를 사랑하여	서로 우애하고

존경하기를 　　　　서로 먼저 하며
부지런하여 　　　　게으르지 말고
열심을 품고 　　　　주를 섬기라

소망 중에 　　　　　즐거워하며
환난 중에 　　　　　참으며
기도에 　　　　　　 항상 힘쓰며
성도들의 쓸 것을 　 공급하며
손 대접하기를 　　　힘쓰라.

② "부지런하여 게으르지 말고 열심을 품고 주를 섬기라"(11) 하고 말씀합니다.

㉠ 잠언서에서는 특히 게으름에 대한 경계를 많이 하고 있습니다. 특히 목회자에게 있어서 "게으름"은 치명적인 병이라 할 수가 있습니다.

㉮ "게으른 자는 길에 사자가 있다 거리에 사자가 있다 하느니라"(잠 26:13), 게으른 자는 핑계될 구실만 찾는다는 뜻입니다.

㉯ "문짝이 돌쩌귀를 따라서 도는 것같이 게으른 자는 침상에서 구르느니라"(잠 26:14), 다윗도 침상에서 게으름을 피우다가 간음죄를 범하고(삼하 11:2) 말았습니다.

㉰ "게으른 자여 개미에게로 가서 그 하는 것을 보고 지혜를 얻으라"(잠 6:6),

㉱ 가시덤불이 퍼졌고 돌담이 무너진, "게으른 자의 밭과, 지혜 없는 자의 포도원"(잠 24:30)에 대한 묘사가 있습니다.

㉲ "네 양떼의 형편을 부지런히 살피며 네 소 떼에 마음을 두라"(잠 27:23) 하고 훈계합니다.

③ "열심을 품고 주를 섬기라"(11하) 합니다.

㉠ "열심을 품고" 란 말은, 원문대로 직역하면 "영이 뜨거워졌다"는 뜻입니다. 심령이 뜨거워져서 "나의 중심이 불붙는 것 같아서 골수에 사무치니 답답하여 견딜 수 없나이다"(렘 20:9) 하는 상태를 나타냅니다. 반면 게으르다는 것은 뜨거웠던 영이 식어졌다는 증거입니다.

㉡ 성령께서는 라오디게아 교회에게 "네가 차지도 아니하고 더웁지도 아니하도다……무릇 내가 사랑하는 자를 책망하여 징계하노니 그러므로 네가 열심을 내라 회개하라"(계 3:15, 19) 하고 권고하십니다. 부지런하여 게으르지 말고 열심히 품고 주를 섬기십시다.

④ "소망 중에 즐거워하며 환난 중에 참으며 기도에 항상 힘쓰라"(12)는 것은 앞 절에서, "열심을 품고 주를 섬기라" 한 말씀에 대한 설명입니다.

㉠ 3절에서 "믿음"을 말씀하고, 10절에서 "사랑"을 말씀한 사도는 이제 "소망"(所望)을 말씀함으로 신앙의 3요소라 할 수 있는, "믿음, 사랑, 소망"을 모두 언급합니다.

㉮ 주를 섬기되 "소망 중에 즐거움으로 섬기라" 말씀합니다.
㉯ 주를 섬기되 "환난 중에도 참음으로" 섬기라고 말씀합니다.
㉰ 주를 섬기되 "기도에 항상 힘쓰며" 섬기라고 말씀합니다.

⑤ 말씀하는 순서를 보면 "소망, 환난, 기도"의 순으로 배열되어 있음을 보게 됩니다.

㉠ 로마 성도들에게 네로의 불같은 환난은 시시각각 다가오고 있습니다. 그러나 사도는 "환난 앞에는 "소망"을 놓고, "환난" 뒤에는 "기도"로 뒷받침 하도록 배치해 놓고 있음을 봅니다. 바로 이것입니다.

ⓒ 그리스도인들이 직면하고 있는 여러 가지 시련과 고난과 문제들이 문제가 아니라, 그런 것들이 무방비 상태로 놓여있다는데 문제가 있는 것입니다. 어서 환난 앞에 "소망"(所望)을 갖다 놓으십시오. 그리고 "생각건대 현재의 고난은 장차 우리에게 나타날 영광과 족히 비교할 수 없도다"(8:18) 하고 선언하시기 바랍니다.

ⓒ 환난 뒤에는 "기도"로 뒷받침 하도록 하십시오. 그리하면 "아무것도 염려하지 말고 오직 모든 일에 기도와 간구로 너희 구할 것을 감사함으로 하나님께 아뢰라 그리하면 모든 지각에 뛰어난 하나님의 평강이 그리스도 예수 안에서 너희 마음과 생각을 지켜"(빌4:6-7)주실 것입니다.

⑥ "환난 중에 참으며"만 따로 떼어 놓고 생각한다면, 그리스도인의 삶이란 얼마나 비참해 보입니까? 얼마나 곤욕스럽습니까?

㉠ 그러나 그리스도인의 삶이란 그렇게 소극적이고 연약하지 않습니다. "소망 중에 즐거워"(12) 합니다. 5:3절의 말씀대로 하면, "환난 중에도 즐거워하는" 사람들입니다. 그리스도인들은 환난 중에도, "기도"를 통해 하나님의 보좌 앞에 담대히 나아가 하나님과 교제하며 교통하는 사람들입니다. 이보다 더 활기차고 풍성한 삶은 이 세상에는 아무데도 없습니다.

ⓒ 이처럼 "소망과, 환난과, 기도"는 서로 연관되어 있는 것입니다. 이것들을 따로 떼어놓지 않도록 하십시오. 소망이 확실하기 때문에 환난 중에도 즐거워하게 되고, 소망이 있는 까닭에 환난 중에도 참을 수가 있으며, 환난은 성도들을 좌절시키기는커녕 오히려 기도에 힘쓰게 하며, 기도하므로 소망과 인내는 더욱 견고하여 지는 것입니다.

⑦ 다음으로 "성도들의 쓸 것을 공급하며 손 대접하기를 힘쓰

라"(13) 하고 말씀합니다.

㉠ 이 말씀은 우선적으로 당시의 시대적인 배경에서 생각해야만 합니다. 초대교회 성도들 가운데는 신앙 때문에 재산을 몰수당하고, 산업을 빼앗기며, 옥에 갇히고, 추방당한 형제들(참고, 히 10:32-34)이 많이 있었습니다. 특히나 로마교회에는 이런 형편에 있는 형제들이 각처에서 모여들었을 것입니다. 사도는 이들의 쓸 것을 공급해 주며 유숙할 데가 없는 나그네들을 따뜻하게 대접하라고 권하고 있는 것입니다.

⑧ 그런 나그네들 중에는 순회전도자들도 많이 있었을 것이며, 그들은 "주의 이름을 위하여 나가서 이방인에게 아무것도 받지 아니하였던"(요삼 1:7) 것입니다.

㉠ 이 말씀을 현대교회에 적용시킬 때에는 가난한 형제들을 돌보며, 미 자립 교회와, 선교사님들을 후원하라는 부탁이 될 것입니다. 이것이 "열심을 품고 주를 섬기라"는 말씀입니다. 형제여, 각양 은사를 행할 때에 명심해야 할 자세는 "겸손"입니다. 그리고 섬기는 자가 명심해야 할 마음가짐은 "사랑"임을 잊지 맙시다.

묵상해 봅시다.

1. 10가지 덕목들(9-13)은 무엇입니까?
2. 소망과 환난과 기도의 관계를 말씀해 보십시오.
3. 10가지 중 형제에게 가장 약한 부분은 어떤 것입니까?

132
좋은 이웃이 되어라

> 너희를 핍박하는 자를 축복하라 축복하고 저주하지 말라 즐거워하는 자들로 함께 즐거워하고 우는 자들로 함께 울라 서로 마음을 같이 하며 높은데 마음을 두지 말고 도리어 낮은데 처하며 스스로 지혜 있는 체 말라(12:14-16).

12장의 구조를 보면, ㉠ 1-2절에서 실천윤리의 원리적인 말씀을 한 후에, ㉡ 3-8절에서는 교회 공동체를 구성하고 있는 지체들의 역할을 말씀하고, ㉢ 9-13절에서는 성도 개개인의 섬김을 말씀했습니다. 그런 후에 14-21절까지는, 더불어 사는 이웃과의 관계성에 중점을 두고 말씀하는 구조입니다.

핍박하는 자(14)는 어떻게 대할 것인가? 축하해 줄 일이 생긴 사람과, 반대로 슬픈 일을 만난 사람(15)은 어떻게 대해야 하는가? 당회나 제직회 같은 회의에 임하는 자세(16)는 어떠해야만 하는가? 심지어 원수같이 대하는 사람(17-21)에게는 어떻게 할 것인가 등을 말씀하는 내용입니다.

① "너희를 핍박하는 자를 축복하라 축복하고 저주하지 말라"(14) 합니다.

㉠ 주님께서도, "내가 이르노니 너희 원수를 사랑하며 너희를 미워하는 자를 선대하며 너희를 저주하는 자를 위하여 축복하며 너희를 모욕하는 자를 위하여 기도하라"(눅 6:27-28) 하고 말씀하셨습니다.

㉡ "축복하고 저주하지 말라" 하고 권면하는 사도에게는 남다른 감회가 있었을 것입니다. 왜냐하면 스데반 집사의 순교 장면을 연상했을 것 같기 때문입니다. 돌에 맞아 죽어가면서도 스데반은, "무릎을 꿇고 크게 불러 가로되 주여 이 죄를 저들에게 돌리지 마옵소서"(행 7:60) 하고, 박해자들을 위해 축복하는 기도를 드렸던 것입니다.

㉢ 그때 증인들의 옷을 맡았던 바울은 틀림없이 스데반의 기도를 들었을 것입니다. 스데반이 큰 소리로 기도했다고 말씀하고 있기 때문입니다. 그렇다면 돌로 치는 자신들을 위하여 무릎을 꿇고 축복을 하는 기도 소리를 들은 바울의 심정은 어떠했을까요? 스데반이 저주를 했더라면 바울의 마음은 차라리 통쾌했을 것입니다.

㉣ 그러나 축복하는 기도 소리는 반석을 쳐서 부서뜨리는 방망이같이 바울의 심령을 때렸을 것입니다. 다메섹 도상에서 주님을 만나 뵙기 이전에 바울의 마음은 스데반의 기도에 의해 벌써 금이 가고 있었을 것입니다. "축복하고 저주"하지 않을 수 있는 것은, "우리에게 주신 성령으로 말미암아 하나님의 사랑이 우리 마음에 부은바"(5:5)가 되었기 때문에 가능한 것입니다.

② 어찌하여 핍박하는 자를 축복하고 저주하지 말아야만 합니까?

㉠ 첫째로, 그들은 몰라서 하기 때문입니다. 바울 자신도, "내가 전에는 훼방자요 핍박자요 포행자이었으나 도리어 긍휼을 입은 것은

내가 믿지 아니할 때에 알지 못하고 행하였음이라"(딤전 1:13) 하고 말씀합니다.

ⓒ 주님께서도 십자가상에서, "아버지여 저희를 사하여 주옵소서 자기의 하는 것을 알지 못함이니이다"(눅 23:34) 하고 기도하셨습니다. 이 기도 속에는 저들이 알지 못할 뿐만 아니라, 속고 있다는 뜻이 들어 있습니다. 간악한 사탄에게 속고 있고 악용당하고 있는 저들을 불쌍히 여겨 주시옵소서 하는 뜻이 포함되어 있는 것입니다. 잊지 마십시다. "우리의 씨름은 혈과 육에 대한 것이 아니요……하늘에 있는 악의 영들을 대함"(엡 6:12)입니다.

ⓒ 두 번째로, 나 자신도, "이 전에 주님을 내가 몰라 영광의 주님을 비방했다" 한 찬송가 가사처럼, 속은 때가 있었기 때문입니다. 나 자신이 "일만 달란트" 탕감 받은 긍휼히 여기심을 받은 자라면, 백 데나리온 빚진 자를 긍휼히 여겨야함은 너무나 당연한 일입니다.

③ 마지막으로, 이렇게 하는 것이 하나님이 기뻐하시는 거룩한 산제사요, 영적 예배(1)이기 때문입니다.

㉠ 만일 저들이 축복하는 기도를 받아들이지 않는다면, 그 축복이 너희에게 돌아오리라 말씀하십니다. 형제여, 핍박을 당해보신 적이 있으십니까? 진정한 핍박을 당하게 되면 축복하는 기도가 나오리라 생각됩니다. 왜냐하면 그 때는 영광의 영이 나의 마음을 주장(벧전 4:14) 하고 계시기 때문입니다.

㉡ 그러나 내가 잘못해서 받는 고난은 핍박이 아니라(벧전 2:0, 4:15)는 점을 구별해야만 합니다. 그러므로 그런 경우는 도리어 분함과 미워하는 마음이 나올 것입니다. 목회 상담을 해보면, 의로운 일로 인하여 받는 핍박보다는 덕을 세우지 못해서 당하는 고난이 더 많다는 것은 안타까운 일입니다. 이런 고난은 상급이 주어지는 고난이 아니

라, 도리어 하나님의 영광을 가리는 것입니다.

④ "즐거워하는 자들로 함께 즐거워하고 우는 자들로 함께 울라"(15) 하고 말씀합니다.

㉠ "즐거워하는 자, 우는 자들"이란 누구를 가리키는가? 사도는 2절에서 "너희는 이 세대를 본받지 말라" 하고 말씀했습니다. 그러므로 세상적인 것을 즐거워하는 자들과 함께 즐거워하고, 정당치 못한 일로 우는 자들과 함께 울라는 뜻이 아닙니다. "한 몸에 속해있는 지체들"(4) 곧 성도들과 동고동락하라는 것입니다.

㉡ 상식적으로 생각하면, "즐거워하는 자들로 함께 즐거워하고 우는 자들로 함께 울라"는 말씀은 당연하고 쉬운 일로 여겨집니다만, 그렇지가 않습니다. 차라리 "너희를 핍박하는 자를 축복하라"는 말씀보다 더 어려운 것이라 할 수도 있습니다. 왜냐하면 핍박하는 자를 축복하고 나면, "나는 그래도 괜찮은 사람이라"는 자기만족 같은 것이 있지만, "즐거워하는 자", 즉 이웃이 잘되는 것을 보면 속이 쓰린 것이 전적타락 한 인간의 죄성이기 때문입니다.

⑤ 형제는 "즐거워하는 자들로 함께 즐거워하는 것과, 우는 자들로 함께 우는 것" 중 어느 편이 더 어렵다고 여겨지십니까?

㉠ "우는 자"란 고난과 역경 중에 있는 자입니다. 그런 경우 연민의 정을 느끼기란 쉬운 일이지만, "즐거워하는 자", 즉 남이 잘되는 일을 자기 일처럼 즐거워하고 축하해주기란 쉬운 일이 아닙니다. 이것이 사악한 인간성입니다.

㉡ 그리스도인들은 어찌하여 "즐거워하는 자들로 함께 즐거워하고 우는 자들과 함께 울어야" 합니까? 4-5절을 보십시오. 그는 나와 상관이 없는 타인(他人)이 아니라, 한 몸에 속해있는 지체(肢體)이기

때문입니다. 그의 즐거움이 곧 나의 즐거움이요, 그의 슬픔이 곧 나의 슬픔이기 때문입니다.

⑥ 이점을 고린도교회에 보낸 서신에서는, "만일 한 지체가 고통을 받으면 모든 지체도 함께 고통을 받고 한 지체가 영광을 얻으면 모든 지체도 함께 즐거워하나니 너희는 그리스도의 몸이요 지체의 각 부분이라"(고전 12:26-27) 하고 표현하고 있습니다.

㉠ 암으로 투병하면서 시한부 인생을 살아가는 형제가 있다 하십시다. 그를 심방하는 것은 너무나 당연한 일입니다. 그러나 의무감에서 심방을 하고는, "아 나도 고통을 당하는 지체와 함께 고통을 당하고, 우는 자와 함께 울었다" 하고 여겨서는 아니 됩니다.

㉡ 욥기를 보면 환난 중에 있는 욥을 심방한 세 친구가 욥에게 어떤 위안과 소망을 주었던가? 도리어 욥은, "이런 말은 내가 많이 들었나니 너희는 다 번뇌케 하는 안위(安慰)자로구나, 나도 너희처럼 말할 수 있나니 가령 너희 마음이 내 마음 자리에 있다 하자 나도 말을 지어 너희를 향하여 머리를 흔들 수 있느니라"(욥 16:2, 4), "너희는 거짓말을 지어내는 자요 다 쓸데없는 의원(醫員)이니라 너희가 잠잠하고 잠잠하기를 원하노라 이것이 너희 지혜일 것이니라"(욥 13:4-5) 하고 말합니다.

㉢ 형제여, 그의 고통이 자신의 고통으로 다가오기까지는, 다시 말하면 그 사람의 입장이 되고, 그 사람의 심정이 되기까지는 심방하지 않는 것이 더 좋을 수도 있습니다. "즐거워하는 자들로 함께 즐거워하고, 우는 자들로 함께 우는 것"은, "거짓이 없는 사랑"(9)의 소유자만이 가능한 것입니다.

⑦ "서로 마음을 같이 하여 높은데 마음을 두지 말고 도리어 낮은

데 처하며 스스로 지혜 있는 체 말라"(16) 합니다.

ㄱ) 누구들과 "서로 마음을 같이 하라"는 말씀인가? "한 몸에 많은 지체"(4, 5)를 이루고 있는 형제들과 "서로 마음을 같이 하라"는 말씀입니다. 사도는 디모데에게, "이 같은 자들에게서 네가 돌아서라"(딤후 3:5) 합니다. 이는 "마음을 같이" 할 수 없는 경우가 있음을 나타냅니다.

ㄴ) 어찌하여 마음이 갈리게 되고, 어떻게 하면 같은 마음을 품게 됩니까? 사도는 빌립보 2:2절에서, "마음을 같이 하여, 같은 사랑을 가지고, 뜻을 합하여, 한 마음을 품어", 이렇게 반복적으로 강조하면서, "아무 일에든지 다툼이나 허영으로 하지 말고 오직 겸손한 마음으로 각각 자기보다 남을 낫게 여기라"(빌 2:3) 하고 말씀합니다.

⑧ 그래도 안심이 안 되는 듯 근본적인 처방을 내립니다. "너희 안에 이 마음을 품으라 곧 그리스도 예수의 마음이니", 예수 그리스도의 마음은 어떠했습니까?

ㄱ) "자기를 낮추시고 죽기까지 복종 하셨으니 곧 십자가에 죽으심이라"(빌 2:8) 합니다. 사도는 로마서에서도 같은 권면을 하고 있는 것입니다. 왜 한마음이 되지 못합니까? 그 이면에는 "높은 데 마음을 두는"(16중), 즉 교만이 깔려 있기 때문입니다.

⑨ "낮은 데 처하며 스스로 지혜 있는 체 말라"(16하) 하고 말씀합니다. 다시 말하면 상대방을 무시하고 스스로 잘 난체 하지 말라는 것입니다.

ㄱ) 형제여, 우리가 어떻게 핍박하는 자를 축복해 주며, 형제들과 고락을 같이 할 수가 있으며 심지어 원수까지도 사랑할 수가 있을까요? 1절의 "그러므로"를 놓치지 않고 붙들고 있는 것이 비결입니다.

사도가 1-11장까지 말씀한 "그러므로"를 아는 자만이 이러한 삶을 살 수가 있을 뿐입니다. 저들이 나에게 좋은 이웃이 되어 주기를 기대하지 말고, 나 자신이 저들에게 좋은 이웃이 되어 주도록 "몸으로 산제사"를 드리십시다. 이것이 "좋은 이웃이 되어라"입니다.

> **묵상해 봅시다.**
>
> 1. 핍박하는 자를 왜 축복을 해야(14) 합니까?
> 2. 성도는 어찌하여 고락을 같이 해야만(15) 합니까?
> 3. 한마음이 되기 위해서는 어떻게 해야만(16) 합니까?

넷째 단원(17-21) 최고의 위력이 있는 무기는 사랑

133

선으로 악을 이기라

> 아무에게도 악으로 악을 갚지 말고 모든 사람 앞에서 선한 일을 도모하라 할 수 있거든 너희로서는 모든 사람으로 더불어 평화하라 내 사랑하는 자들아 너희가 친히 원수를 갚지 말고 진노하심에 맡기라 기록되었으되 원수 갚는 것이 내게 있으니 내가 갚으리라고 주께서 말씀하시니라 네 원수가 주리거든 먹이고 목마르거든 마시우라 그리함으로 네가 숯불을 그 머리에 쌓아 놓으리라 악에게 지지 말고 선으로 악을 이기라(12:17-21).

본문은 불신 이웃들에게 어떻게 대해야 하는가를 말씀하는 내용입니다. 불신자들 중에서도 좋지 않은 이웃들, 즉 핍박하는 자들에게 중점을 두고 있습니다.

① "아무에게도 악으로 악을 갚지 말고 모든 사람 앞에서 선한 일을 도모하라"(17) 합니다.

㉠ "아무에게도, 그리고 모든 사람 앞에서", 악을 악으로 갚지 말고, 선으로 대하라는 것입니다. 이렇게 할 수 있는 사람은, "그러므

로 형제들아"(1) 한 "그러므로"를 놓치지 않고 있는 사람뿐입니다. 주님께서도, "이같이 너희 빛을 사람 앞에 비취게 하여 저희로 너희 착한 행실을 보고 하늘에 계신 너희 아버지께 영광을 돌리게 하라"(마 5:16) 하십니다.

② "할 수 있거든 너희로서는 모든 사람으로 더불어 평화하라"(18) 하십니다.

㉠ "할 수 있거든"이란, "만일 그것이 가능하다면"이라는 가정(假定)입니다. 이 말은 "더불어 평화"할 수 없는 경우가 있음을 나타냅니다. 이는 감정(感情)의 문제가 아니라 진리(眞理)의 문제인 것입니다. 하나님의 아들이 죽으시고 다시 사심을 통해서 이루어주신 복음진리에 어긋나지 않는 한에서는 "할 수 있거든 더불어 평화하라"는 말씀인 것입니다.

㉡ 사도는 에베소서에서, "우리가 다 하나님의 아들을 믿는 것과 아는 일에 하나가 되어"(엡 4:13) 라고 말씀합니다. 만일 이 진리에 "하나"가 되지 못한다면 "더불어 평화"하기는 불가능한 것입니다. 사도 자신이 "우리가 너희에게 전한 복음 외에 다른 복음을 전하면 저주를 받을 지어다"(갈 1:8) 하고, 결별을 선언하는 것을 봅니다.

③ "내 사랑하는 자들아 너희가 친히 원수를 갚지 말고 진노하심에 맡기라"(19상) 합니다.

㉠ 어찌하여 "내 사랑하는 자들"이라 말씀하는가? "원수를 갚지 말라"는 말을 하기 위해서입니다. 즉 환난 중에 있는 로마 형제들을 지극한 마음으로 위로하기 위해서인 것입니다. "너희가 친히 원수를 갚지 말라" 합니다. 17절에서는 "아무에게도 악으로 악을 갚지 말라" 말씀했습니다. "악을 악으로 갚고, 친히 원수를 갚는 것"은 불신자들

의 악순환이지 그리스도인들의 해결책은 아니라는 것입니다.

④ "기록되었으되 원수 갚는 것이 내게 있으니 내가 갚으리라고 주께서 말씀하시니라"(19하) 합니다.

㉠ 이는 신명기 32:35절의 인용인데, 심판 주는 하나님이시며 심판의 권한은 하나님께만 있음을 나타내는 말씀입니다. "대신 죽으심"으로 구속하여 자기 자녀로 삼으신 분께서, 어찌 "대신 갚아주시지" 않겠는가? 그래서 "진노하심에 맡기라" 하는 것입니다. 주님의 대속을 믿지 못하는 자들은 자신이 갚으려 하지만, 하나님의 자녀 된 자들이 할 일은, "너희를 핍박하는 자를 축복"(14)하는 일이라는 말씀입니다.

⑤ 한걸음 더 나아가, "네 원수가 주리거든 먹이고 목마르거든 마시우라 그리함으로 네가 숯불을 그 머리에 쌓아 놓으리라"(20) 하십니다.

㉠ "원수"는 우리를 죽이고 멸망시키려는 자들입니다. 그런데 "먹이고, 마시우라"는 것은 살리는 운동입니다. 그렇습니다. "도적이 오는 것은 도적질하고 죽이고 멸망시키려는 것뿐이요 내가 온 것은 양으로 생명을 얻게 하고 더 풍성히 얻게 하려는 것이라"(요 10:10) 하십니다.

㉡ "먹이고, 마시게 한다"면 다 회개할 것이라는 뜻은 아닙니다. 그러나 "아내 된 자여 네가 남편을 구원할는지 어찌 알 수 있으며"(고전 7:16), 그래서 불신 남편과 갈리지 말라는 것입니다. 같은 이치로 그렇게 함으로 네가 그 사람을 구원할 수 있을지도 모른다는 것입니다.

⑥ "그리함으로 네가 숯불을 그 머리에 쌓아 놓으리라"(20하) 합니다.

㉠ "숯불"을 머리에 놓게 되면 어찌 되는가? 얼굴이 빨게 지도록 부끄러움을 당하게 되리라는 말씀입니다.

⑦ 그래서 "악에게 지지 말고 선으로 악을 이기라"(21) 하는 결론에 이르게 되는 것입니다.

㉠ "악과, 선"이 대조되어 있습니다. 그러면 악(惡)은 무엇이고, 선(善)은 무엇을 가리키는가? 이를 "그러므로 형제들아"(1) 하는 문맥으로 본다면 "악"이란, "만일 하나님이 우리를 위하시면 누가 우리를 대적하리요"(8:31) 한 사탄의 세력을 가리키는 것이 되고, "선"이란, "합력하여 선을 이루느니라"(8:28) 한, 하나님의 "은혜, 사랑"을 가리키는 것이 됩니다. 결국 악을 이길 수 있는 무기는 "우리 마음에 부은바 된 하나님의 사랑"(5:5)인 것입니다.

㉡ 이렇게 권면하는 사도 바울도, 이렇게 산다는 것이 얼마나 힘든 일인가를 인식했던 것 같습니다. 그래서 "내사랑하는 자들아"(19상) 하고, 지극히 위로와 애정 어린 말로 불러 주고 있습니다. 그리스도인들이란 왜 이렇게 행하지 아니하면 아니 됩니까? 왜 이렇게까지 살아야만 합니까? 이렇게 살아야 될 동기와 목적이 무엇입니까?

⑧ 이에 관해서 형제에게 물어 볼 말이 있습니다. 이런 윤리(倫理)는 기독교에만 있는 것입니까?

㉠ 불교에서는 악을 악으로 갚으라고 말하고 있습니까? 유교에서는 할 수 있거든 모든 사람으로 더불어 불화하고, 원수에게 보복하라고 가르치고 있습니까? 그렇지가 않습니다. 다른 종교에서도 비슷한 교훈들을 합니다. 그렇다면 기독교 윤리가 다른 점이 무엇일까요? 이 대목을 상고하면서 이를 간과(看過)한다면 그는 로마서 1장으로 돌아가야만 하는 것입니다. 왜냐하면 "복음"을 놓쳤기 때문입니다.

현대교회의 실상이 이와 같은 것입니다.

⑨ 그리스도인이란 어째서 이렇게 살아야만 합니까? 첫째로, 하나님께 영광을 돌리기 위해서입니다. "이같이 너희 빛을 사람 앞에 비취게 하여 저희로 너희 착한 행실을 보고 하늘에 계신 너희 아버지께 영광을 돌리게 하라"(마 5:16) 하십니다. 하나님의 이름이 거룩히 여기심을 받으시게 하기 위한, 이것만이 참 된 동기요 목적이어야만 합니다.

㉠ 우리는 예수를 믿지 않으면서도 이웃들과 사이좋게 지낼 수도 있을 것입니다. 실제로 그리스도인들 가운데는 그런 차원에서만 이웃들과의 관계를 유지하고 있는 사람들도 있습니다. 그렇게 한다면 당신 자신은 그들에게 좋은 이웃이라는 평판을 들을지는 몰라도, 우리의 진정한 이웃인 예수 그리스도를 그들에게 만나게 해주지는 못할 것입니다. 내가 칭찬을 받기 위해서가 아니라, 오직 하나님께 영광을 돌리기 위해서입니다.

㉡ 그리스도인들의 관심은, "하나님의 이름, 영광"에 있습니다. "너희는 너희의 것이 아니라 너희 몸으로 하나님께 영광을 돌리라(고전 6:20), 그런즉 너희가 먹든지 마시든지 무엇을 하든지 다 하나님의 영광을 위하여 하라"(고전 10:31) 하고 말씀합니다. 이것이 기독교 윤리가 타 종교의 윤리와 근본적으로 구별되는 이유입니다.

⑩ 두 번째로, 왜 그리스도인들은 이와 같은 삶을 살아야만 합니까? 이에 대한 답변은 왜 예수 그리스도께서 영광을 떠나 이 땅에까지 오셔서 십자가에 달리셔야만 했는가를 생각하는 일입니다.

㉠ 대답은 분명합니다. "그리스도께서도 한 번 죄를 위하여 죽으사 의인으로서 불의한 자를 대신하셨으니 이는 우리를 하나님 앞으로

인도하려 하심이라"(벧전 3:18) 하고 말씀하십니다. 그리스도의 제자 된 우리가 주님과 같은 삶을 살아야하는 목적은, 그들을 그리스도에게로 인도하기 위해서입니다.

ⓛ 베드로전서 2:12절은, "너희가 이방인 중에서 행실을 선하게 가져 너희를 악행 한다고 비방하는 자들로 하여금 너희 선한 일을 보고 권고하시는 날에 하나님께 영광을 돌리게 하려 함이라" 하고 말씀하십니다. 그러므로 "선으로 악을 이기는" 삶을 살지 않는다면, 입으로는 복음을 전하면서 행위로는 전도의 문을 닫는 것이 되는 것입니다.

⑪ 세 번째로, 우리가 명심해야할 말씀이 있습니다. "내 사랑하는 자들아 너희가 친히 원수를 갚지 말고 진노하심에 맡기라"(19)는 말씀입니다.

㉠ 우리는 원수를 갚아야할 재판장이 아니라, 오직 은혜를 입은 빚 진자임을 잊지 마십시다. 가장 큰 죄는 자기를 하나님의 위치에 두는 일입니다. 우리에게는 주인(主人)이 되시는 주가 계십니다. 주가 없는 사람들이나 자기 자신이 원수를 갚으려고 살기등등한 법입니다. 하나님께서 우리의 "주"가 되사 우리를 주관해 주시며 책임져 주십니다. 그 분께 맡기십시다.

⑫ 넷째로, 본문말씀은 자녀 된 우리를 아끼시기 때문에 주어졌다는 점입니다.

㉠ 왜냐하면 악을 악으로 갚고, 원수를 향해 분을 내고 미워해 보아도 그것이 문제 해결에는 아무런 도움이 되지 못한 채, 하나님의 자녀 된 우리들 마음의 평화만을 빼앗길 뿐이라는 사실을 하나님은 아시기 때문입니다. 그것은 이기는 길이 아니라, 도리어 마귀의 궤계

에 말려드는 패배(敗北)의 길인 것입니다.

ⓒ 형제여, "우리가 아직 원수 되었을 때에", 하나님께서 우리에게 어떠한 사랑을 베풀어 주셨는가를 생각하십시다. "원수가 주리거든 먹이고 목마르거든 마시우라 그러함으로 네가 숯불을 그 머리에 쌓아 놓으리라", 이렇게 사는 삶은 결코 약한 삶이 아닙니다. 약하기는커녕 "악에게 지지 말고 선으로 악을 이기는" 강한 자의 삶이요, 승리의 삶인 것입니다. "사랑은 가장 위력이 큰 무기"입니다. 이것이 "선으로 악을 이기라"입니다.

묵상해 봅시다.

1. 기독교 윤리와 다른 종교의 윤리가 다른 점이 무엇입니까?
2. 왜 그리스도인이 이와 같은 삶을 살아야만 하는지 네 가지 이유를 말씀해 보십시오.
3. 진정한 승리의 삶은 어떤 삶입니까?

로마서 13장 개관도표

주제 : 국가와 사회에 대한 교훈

	1-7	
바른 국민이 되라	1 ①	각 사람은 위에 있는 권세들에게 굴복하라
	2	권세는 하나님께로 나지 않음이 없나니 모든 권세는 다 하나님의 정하신 바라 그러므로 권세를 거스리는 자는 하나님의 명을 거스림이니 거스리는 자들은 심판을 자취하리라
	3 ②	관원들은 선한 일에 대하여 두려움이 되지 않고 악한 일에 대하여 되나니
	4	네가 권세를 두려워하지 아니 하려느냐 선을 행하라 그리하면 그에게 칭찬을 받으리라 그는 하나님의 사자가 되어 네게 선을 이루는 자니라 그러나 네가 악을 행하거든 두려워하라 그가 공연히 칼을 가지지 아니하였으니 곧 하나님의 사자가 되어 악을 행하는 자에게 진노하심을 위하여 보응하는 자니라
	5 ③	그러므로 굴복하지 아니할 수 없으니 노를 인하여만 할 것이 아니요 또한 양심을 인하여 할 것이라
	6 ④	너희가 공세를 바치는 것도 이를 인함이라 저희가 하나님의 일군이 되어 바로 이 일에 항상 힘쓰느니라
	7	모든 자에게 줄 것을 주되 공세를 받을 자에게 공세를 바치고 국세 받을 자에게 국세를 바치고 두려워할 자를 두려워하며 존경할 자를 존경하라

	8-10	
율법의 완성인 사랑	8 ⑤	피차 사랑의 빚 외에는 아무에게든지 아무 빚도 지지 말라 남을 사랑하는 자는 율법을 다 이루었느니라
	9	간음하지 말라, 살인하지 말라, 도적질 하지 말라, 탐내지 말라 한 것과 그 외에 다른 계명이 있을 지라도 네 이웃을 네 자신과 같이 사랑하라 하신 그 말씀 가운데 다 들었느니라
	10 ⑥	사랑은 이웃에게 악을 행치 아니하나니 그러므로 사랑은 율법의 완성이니라

	11-14	
자다가 깰 때	11 ⑦	또한 너희가 이 시기를 알거니와 자다가 깰 때가 벌써 되었으니 이는 이제 우리의 구원이 처음 믿을 때보다 가까왔음이니라
	12	밤이 깊고 낮이 가까왔으니 그러므로 우리가 어두움의 일을 벗고 빛의 갑옷을 입자
	13 ⑧	낮에와 같이 단정히 행하고 방탕과 술 취하지 말며 음란과 호색하지 말며 쟁투와 시기하지 말고
	14	오직 주 예수 그리스도로 옷 입고 정욕을 위하여 육신의 일을 도모하지 말라

첫째 단원(1-7) 바른 국민이 되라

134
기독교와 정치

각 사람은 위에 있는 권세들에게 굴복하라 권세는 하나님께로 나지 않음이 없나니 모든 권세는 다 하나님의 정하신 바라 그러므로 권세를 거스리는 자는 하나님의 명을 거스림이니 거스리는 자들은 심판을 자취하리라 관원들은 선한 일에 대하여 두려움이 되지 않고 악한 일에 대하여 되나니 네가 권세를 두려워하지 아니 하려느냐 선을 행하라 그리하면 그에게 칭찬을 받으리라 그는 하나님의 사자가 되어 네게 선을 이루는 자니라 그러나 네가 악을 행하거든 두려워하라 그가 공연히 칼을 가지지 아니하였으니 곧 하나님의 사자가 되어 악을 행하는 자에게 진노하심을 위하여 보응하는 자니라 그러므로 굴복하지 아니할 수 없으니 노를 인하여만 할 것이 아니요 또한 양심을 인하여 할 것이라 너희가 공세를 바치는 것도 이를 인함이라 저희가 하나님의 일군이 되어 바로 이 일에 항상 힘쓰느니라 모든 자에게 줄 것을 주되 공세를 받을 자에게 공세를 바치고 국세 받을 자에게 국세를 바치고 두려워할 자를 두려워하며 존경할 자를 존경하라(13:1-7).

사도는 본문에서 그리스도인들은 국가와 사회에 대해서 어떤 태도를 취해야하는가, 즉 "기독교와 정치"에 관에 말씀하고 있습니다. 이제까지 교회 내에서의 섬김과, 이웃과의 관계에 대해서 말씀한 사도는 이제 국가와의 관계에 대해서 말씀합니다. 사도는 지금 조심스럽고 민감한 문제를 다루고 있습니다. 더욱이나 "로마"에 보내는 서신에서 말입니다.

오른쪽으로 치우치면 어용(御用)이라는 지탄을 받게 될 것이고, 왼쪽으로 치우치면 반정부(反政府)주의자라는 낙인이 찍히게 됩니다. 그렇다면 사도가 이런 민감한 문제를 언급하는 배경과 의도는 무엇인가?

바울 사도의 선교사역을 끈질기게 괴롭힌 것은, 율법주의자들과 율법폐기론 자들의 양 극단이었다는 점은 이미 상고한바 있습니다. 율법주의자들인 유대인들에게 있어서는 국가가 곧 교회였고, 교회가 곧 국가였습니다. 국가와 교회는 둘이 아니요 하나였습니다. 그러므로 로마의 지배 하에 있던 당시로는 이스라엘을 정치적으로 독립(獨立)시키는 것(참고 행 1:6)이 그들의 지상목표였습니다. 그러하기 때문에 로마에 대해서 적대감을 품고 있었으며, 언젠가는 전복시켜야 할 대상으로 여기고 있었습니다.

한편 율법폐기론 자들은 신앙적인 자유(自由)를 빙자하여, 윤리와 기존 질서에 굴복하려 들지 않았습니다. 거기에다가 임박한 종말관(終末觀)은 반국가적이며 반사회적인 형태로 나타났던 것입니다. 이런 틈바구니에서 사도는 기독교의 올바른 정치관에 대해 언급해야 할 필요성을 느꼈을 것입니다. 이것이 사도가 정치에 대해서 언급하게 된 배경이요 동기라고 여겨집니다.

① "각 사람은 위에 있는 권세들에게 굴복하라 권세는 하나님께로 나지 않음이 없나니 모든 권세는 다 하나님의 정하신 바라"(1) 합니다.

㉠ 이점에서 먼저 고려해야할 점은 기독교의 역사관(歷史觀)입니다. 인류의 시조가 타락하자 하나님께서는 이를 회복하기 위해서

즉각 일을 시작하셨습니다. 하나님은 그리스도를 보내시려는 구원계획을 이루시기 위해서 이스라엘을 선민(選民)으로 택하셨습니다. 그러므로 구약성경의 역사는 메시아가 탄생하시게 될 선민 이스라엘을 중심으로 한 역사인데, 이것이 구속사(救贖史)인 것입니다.

ⓛ 그런데 선민 이스라엘 주변에는 바벨론, 바사, 헬라, 로마 등 세속국가들이 있었습니다. 이 세속사(世俗史)는 언제나 하나님의 구속사(救贖史)를 중심하여 흥망성쇠가 거듭되어 왔던 것입니다. 이점이 느브갓네살이 꿈에 본 신상을 통해서도 나타납니다. 그런데 성경은, "이 열왕의 때에 하늘의 하나님이 한 나라를 세우시리니 이것은 영원히 망하지도 아니할 것이요 그 국권이 다른 백성에게로 돌아가지 아니할 것이라"(단 2:44) 하고 말씀합니다.

ⓒ 이런 맥락에서 세속사란 하나님의 구속사역을 완성시킬 때까지 세계를 보존(保存)하며 질서(秩序)를 유지하기 위해서 주어진 것입니다. 그러므로 구속사란, 세속사보다 우위에 있으며 결국 둘이 아니라 하나의 역사인 셈입니다. 이제도 세계 역사는 그리스도께서 세우신 교회(敎會)를 중심하여 펼쳐지고 있다는 역사인식을 갖는 것이 중요합니다.

② 이러한 역사인식에서 볼 때에, "권세는 하나님께로 나지 않음이 없나니 모든 권세는 다 하나님의 정하신 바라"(1하) 하는 정치관을 갖게 되는 것은 필연적인 일인 것입니다.

㉠ 왜냐하면 하나님은 만유의 주시며, 주관자이시기 때문입니다. 이런 맥락에서 본다면, "각 사람은 위에 있는 권세들에게 굴복하라"(1상)는 말씀도, 거부감으로 받을 것이 아니라 순리적인 것이 됩니다. 사도의 논리는 굴복해야할 근거를 사람에게서 찾고 있는 것이 아니라, 역사의 주관자이신 하나님에게 두고 있는 것입니다.

③ "그러므로 권세를 거스리는 자는 하나님의 명을 거스림이니"(2) 하는 논리가 성립이 되는 것입니다.

㉠ 이점에서 다시 명심해야 할 점은 권세를 세우신 목적(目的)이 어디에 있느냐 하는 점입니다. 그것은 하나님의 구원계획을 완성시키기 위한 하나의 방편으로 세우셨다는 것입니다. 9:17절을 보십시오. "성경이 바로에게 이르시되 내가 이 일을 위하여 너를 세웠으니 곧 너로 말미암아 내 능력을 보이고 내 이름이 온 땅에 전파되게 하려 함이로라" 하고 말씀합니다.

④ 그래서 "관원(官員)들은 선한 일에 대하여 두려움이 되지 않고 악한 일에 대하여 되나니 네가 권세를 두려워하지 아니 하려느냐 선을 행하라 그리하면 그에게 칭찬을 받으리라 그는 하나님의 사자가 되어 네게 선을 이루는 자니라"(3-4상) 하는 것입니다.

㉠ "하나님의 사자"라는 말이 4절 안에 2번이나 언급되어 있습니다. 하나님께서 율법을 주신 목적 중 하나가 "범법(犯法)함을 인하여 더한 것"(갈 3:19), 즉 죄의 확산을 방지하기 위해서라고 말씀합니다. 이런 맥락에서 국가기관과, 법과, 관원들이 있기 때문에 이나마 질서가 유지되는 것입니다.

㉡ 사도는 디모데전서에서, "임금들과 높은 지위에 있는 모든 사람을 위하여" 기도하라 권하면서, "이는 우리가 모든 경건과 단정한 중에 고요하고 평안(平安)한 생활을 하려 함이니라"(딤전 2:1-2) 하고 그 이유를 말씀합니다. "위에 있는 권세들에게 굴복하라"(1)는 본문의 의도도 같은 맥락에서 하는 말씀인 것입니다. 그러니까 "할 수 있거든 너희로서는 모든 사람으로 더불어 평화하라"(12:18)는 말씀입니다.

⑤ 그러므로 기독교의 정치관은, 정치체제 자체를 개혁하려 하지

않습니다. 왜냐하면 그것은 개혁될 수가 없는 것이기 때문입니다.

㉠ 물론 어느 정권이 다른 정권보다 더 선할 수는 있습니다. 그러나 그 나라가 모든 주권(主權)을 하나님께 돌리고 있는 것은 아니며, 그 정치체제(政治體制)가 인류를 구원할 수 있는 것은 아니기 때문입니다. 사회복음을 주장하는 분들이 잊지 말아야 할 점은, 아담 하와는 에덴 낙원에서 타락했다는 점입니다. 그러므로 교회의 사명은 지상낙원을 세우는데 있는 것이 아니라, 복음 전파를 통해서 예수 그리스도께서 세우신 하나님의 나라를 확장해 나가는데 있는 것입니다. 플라톤의 이상국가론은 허상에 불과했습니다. 왜냐하면 전적타락 전적부패 한 인간으로는 지상낙원이란 불가능한 일이기 때문입니다.

⑥ 어떤 분은 묻고 싶으실 것입니다. 정치가 하나님의 법과 대립될 때에는 어떻게 해야 되느냐 구요.

㉠ 하나님께서 정권을 세우신 것은 율법을 주신 것과 같아서, 선을 장려하고 악을 징벌하기 위해서입니다. 지상에 법이 없고 사회정의가 없다면 어떻게 되겠습니까? 그러나 부패한 인간은 때로는 독재와 횡포를 일삼기도 합니다. 그리고 악한 영에 사주를 받아 하나님의 교회를 탄압하기도 합니다. 이럴 경우 교회(敎會)는, 사드락, 메삭, 아벳느고에서 보는 바대로 심판은 하나님께 맡기고, "그리 아니하실지라도" 하고 박해를 감내하는 것입니다. 이것이 "악에게 지지 말고 선으로 악을 이기는"(12:21) 방법입니다.

㉡ 좀더 말씀을 드린다면 폭력이나 무력으로 대항을 하는 것이 아니라, 다니엘과 같이 신앙의 정절을 지키면서 제 위치에서 맡은 임무에 충실 하는 것입니다. 다리오 왕이 무엇 때문에 다니엘을 신임하게 되어 수석 총리로 세웠습니까? "아무 틈, 아무 허물"(단 6:4)이

없었기 때문입니다. 요소요소에 있는 그리스도인들이 자기의 맡은 자리에서 "소금과 빛"의 역할을 감당해야 한다는 말씀입니다.

ⓒ 그렇습니다. 교회가 세속 권력과 야합하게 되면 타락하게 되고, 반대로 권력이 교회를 핍박하게 되면 교회는 환난을 당할 수밖에 없는 것입니다. 왜냐하면 교회가 추구하는 것은 세상 나라가 아니라, "우리의 시민권은 하늘에 있고(빌 3:20), 그의 나라와 그의 의를 구하는 것"이기 때문입니다.

⑦ 그러나 이러한 경우에도 배후에서 섭리하시는 하나님의 손길을 바라볼 수 있어야만 합니다.

㉠ 왜냐하면 구속사를 통해서 볼 때에 하나님은 타락한 자기 백성을 바로 세우시기 위해서 이방의 바벨론, 앗수르, 블레셋 등을 들어서 교회를 징벌하셨기 때문입니다. 교회가 당하는 환난은 힘이 모자라서가 아니라, 박해에도 의미가 있다는 말씀입니다.

⑧ 사도는 권력에 대한 의무(義務)를 크게 두 가지로 말씀하고 있습니다.

㉠ 첫째는 "양심(良心)을 인하여 할 것이라"(5) 하고 말씀합니다. 이는 형벌이나 죽음이 두려워서 하는 억지의 순복이 아니라, 신앙양심에서 우러나오는 순복을 의미합니다. 이것이 어떻게 가능하냐 하면, 역사의 주관자가 하나님이심을 믿기 때문에 가능한 것입니다. 그러므로 복종은 사람에게가 아니라 하나님의 주권에 대한 순복이 되는 것입니다. 그래서 미가 선지자는, "너희는 매를 순히 받고 그것을 정하신 자를 순종할 지니라"(미 6:9) 한 것입니다.

⑨ 둘째로 "공세를 받을 자에게 공세를 바치고 국세를 받을 자에게 국세를 바치고"(7) 하고, 납세 의무를 다하라고 말씀합니다.

㉠ 세금을 바쳐야 하는 것은, "저희가 하나님의 일군이 되어"(6) 국가의 안녕과 질서유지에 힘쓰기 때문이라는 것입니다. 4절에서는 "하나님의 사자"라 말씀했는데 6절에서는 "하나님의 일군"(6)이라 부르고 있습니다. 이는 하나님이 그들을 들어 쓰시기 때문입니다.

㉡ 그러나 "하나님의 일군"이라 하는 뜻이, 하나님의 자녀라는 말은 아닙니다. "종은 영원히 집에 거하지 못하되 아들은 영원히 거하나니"(요 8:35), 그들은 하나님의 구속사를 완성시키기 위하여 임시로 고용된 일군에 불과한 것입니다.

㉢ 이점에서 "위에 있는 권세들에게 굴복"해야 하는, 형제의 신분(身分)이 무엇인지 망각하고 있지는 아니합니까? "왕 같은 제사장"임을 명심하십시오. 구속사적으로 보면 당신은 왕이요, 제사장입니다. 왕답게 처신하십시다. 아브라함이 소돔을 위해 간구하듯 제사장이 되어 이 나라 이 민족을 위해, 나아가 온 인류를 등에 업고 기도와 간구를 하십시다. 이렇게 하는 것이 "왕 같은 제사장"들이 행해야할 마땅한 일입니다. 이것이 "기독교와 정치"의 관계입니다.

묵상해 봅시다.

1. 구속사와 세속사의 관계에 대해서 말씀해 보십시오.
2. 그리스도인들이 어찌하여 권세에 굴복해야 되는지 그 이유를 말씀해 보십시오.
3. 악한 정권에 대해서는 어떻게 대처해야 합니까?

둘째 단원(8-10) **율법의 완성인 사랑**

135
빚 지지 말라

> 피차 사랑의 빚 외에는 아무에게든지 아무 빚도 지지 말라 남을 사랑하는
> 자는 율법을 다 이루었느니라 간음하지 말라 살인하지 말라 도적질하지 말라
> 탐내지 말라한 것과 그 외에 다른 계명이 있을지라도 네 이웃을 네 자신과
> 같이 사랑하라 하신 그 말씀 가운데 다 들었느니라 사랑은 이웃에게 악을
> 행치 아니하나니 그러므로 사랑은 율법의 완성이니라(13:8-10).

본 문단의 핵심은 "사랑"입니다. 세 절 안에 5번이나 등장하고 있어 강조적입니다. 기독교윤리의 강령(綱領)은 한마디로 "사랑"입니다. 12장에서도, "사랑엔 거짓이 없나니"(12:9) 하고 "사랑"이라는 주제로 끝을 맺었고, 14장에서도 "이는 네가 사랑으로 행치 아니함이라"(14:15) 하고, 역시 사랑을 거론합니다. 사도는 본문에서 "사랑은 율법의 완성(完成)이라"(10)고 선언합니다.

① "피차 사랑의 빚 외에는 아무에게든지 아무 빚도 지지 말라"(8

상) 합니다.

㉠ "사랑의 빚 외에는" 하고 "사랑"을 예외로 인정하고 있는 것은, 사랑의 빚을 지지 않은 사람은 아무도 없고, 또한 사랑의 빚은 아무리 해도 갚을 길이 없는 영원한 부채라는 뜻을 나타내주고 있습니다. 사도가 말씀하려는 강조점은 "사랑의 빚"은 불가피하다 해도 그 외에는, "아무에게든지 아무 빚도 지지 말라"는 말씀을 하려는 것입니다.

㉡ 이는 꾸지도 말고, 꿔주지도 말라는 그런 뜻이 아닙니다. 그렇게 한다면 교조주의자(敎條主義者)가 되어서 본문의 뜻을 곡해하는 것이 되고 맙니다. "악인은 꾸고 갚지 아니하나 의인은 은혜를 베풀고 주는도다"(시 37:21), 즉 꾸었으면 빚을 진체로 있지 말고 반드시 갚으라는 그런 뜻입니다.

② 이를 문맥적으로 보면 "모든 자에게 줄 것을 주되 공세를 받을 자에게 공세를 바치고 국세 받을 자에게 국세를 바치라"(7) 한 다음에, "피차 사랑의 빚 외에는 아무에게든지 아무 빚도 지지 말라" 하는 문맥입니다. 그렇다면 납부해야할 세금(稅金)을 납부하지 않는다면 국가에 빚을 지는 행위요, 개인에게 갚아야할 외상값을 갚지 않는다면 빚을 지는 것이 되는 것입니다. 이것이 "아무에게든지 아무 빚도 지지 말라"는 의미입니다.

㉠ 여러분 중에는, "사정을 모르셔도 너무나 모르십니다. 누구인들 빚을 지고 싶어서 집니까?" 하고 말하고 싶으신 분이 계실 것입니다. 그러나 생각해 보십시다. 사도가 "오직 수고하고 애써 주야로 일함은 너희 아무에게도 누를 끼치지 아니하려 함이라"(살후 3:8) 함과 같이 부지런히 일을 한다면, 그리고 "먹을 것과 입을 것이 있은즉 족한 줄로 알 것이니"(딤전 6:8) 한 근검절약하는 삶을 살아간다면, 짊어지고 있는 부채 가운데 대부분은 안 질수도 있는 것이

될 것입니다.

ⓛ 바울은 이처럼 부지런히 일을 해가면서 또한 부지런히 전도하였습니다. 일하기 싫어하고 게으르기 때문에 빚을 진 것은 아닙니까? "규모 없이 행하여 도무지 일하지 아니하고 일만 만드는 자들이 있다 하니"(살후 3:11) 한대로, 살림을 규모 없이 했기 때문에 빚을 질 수도 있습니다. 명심해야할 점은, "부자는 가난한 자를 주관하고 빚진 자는 채주의 종이 된다"(잠 22:7)는 사실입니다. 주님께서 우리에게 주신 자유란 어떠한 대가를 지불하시고 주신 자유인가를 생각 한다면 어찌 빚의 멍에를 짊어질 것입니까?

③ 에베소서 4:28절에는, "도적질하는 자는 다시 도적질하지 말고 돌이켜 빈궁한 자에게 구제할 것이 있기 위하여 제 손으로 수고하여 선한 일을 하라" 하고 말씀합니다.

㉠ 열심히 일해서 나누어 주며 삽시다. 도와주면서 삽시다. 국가에 대해서나 사회에 대해서 기생충 같은 존재가 되지 말고 생산적인 사람이 되십시다. 사도는 우리를 사랑하고 아끼기 때문에 아무에게든지 아무 빚도 지지 말라고 말씀하고 있는 것입니다.

ⓛ 그러나 이 말씀을 하는 사도의 마음속에는 죽을 때까지 갚아도 갚을 수 없는 빚이 있음을 생각했던 것입니다. 그것은 "사랑의 빚"입니다. 물질적인 빚은 지지 말아야 하되 사랑의 빚은 지지 아니할 수 없다는 것입니다. 그래서 "사랑의 빚 외에는", 이렇게 말씀하는 것입니다.

④ 사도는 "사랑"이라는 말이 나오자 그리로 빨려들어 가듯이, "남을 사랑하는 자는 율법을 다 이루었느니라"(8하) 하고, 빚 이야기를 하다가 "사랑"이라는 주제로 전환을 합니다.

㉠ "간음하지 말라 살인하지 말라 도적질하지 말라 탐내지 말라 한 것과 그 외에 다른 계명이 있을지라도 네 이웃을 네 자신과 같이 사랑하라 하신 그 말씀 가운데 다 들었느니라"(9) 합니다. 사랑하는 자에게 성 폭행을 하고, 도적질을 하고, 살인을 할 수가 있단 말입니까? 그러므로 모든 계명은 "네 이웃을 네 자신과 같이 사랑하라 하신 그 말씀 가운데 다 들어있다"는 것입니다.

㉡ 사랑하는 자는 "율법을 다 이루었고"(8하), "사랑하라 하신 그 말씀 가운데 다 들었느니라"(9하) 합니다. "다 들어있다"는 말은, 여러 가지를 하나로 모은다는 뜻입니다. 사도는 갈라디아서 5;14절에서, "온 율법은 네 이웃 사랑하기를 네 몸같이 하라 하신 한 말씀에 이루었나니", 즉 다 들어있다고 말씀합니다.

㉢ 야고보서는, "네 이웃 사랑하기를 네 몸과 같이 하라 하신 최고한 법"(약 2:8)이라 말씀하고, 주님은 사랑이, "온 율법과 선지자의 강령이니라"(마 22:40) 하십니다. 그렇다면 "사랑" 외에 무엇을 더 바랄 것이 있겠습니까? 반대로 "처음 사랑을 버렸다"(계 2:4)면 남은 것이 무엇이란 말인가?

⑤ 10절은 본 문단의 결론인데, "사랑은 이웃에게 악을 행치 아니하나니 그러므로 사랑은 율법의 완성(完成)이니라"(10) 하는 결론에 도달하게 되는 것입니다.

㉠ 그러면 어떤 의미가 되는가? 십계명을 문자적으로 다 지켰다 해도, 만일 "사랑"이 없다면 모두 범한 것이 되고, 형식적(形式的)으로는 흠잡을 데 없는 종교인이라 해도 만일 사랑이 없다면 "아무 것도 아닌"(고전 13:2) 것이 되고 만다는 것입니다.

㉡ 율법이란 "이곳을 넘어가지 마시오" 하고, 처 놓은 울타리와 같은 것입니다. 그 울타리를 넘어가지 아니한 것으로는, 문자는 지켰다 해도 율법의 정신은 지킨 것이 아니라는 말씀입니다. 그러므로

성경은, "이러므로 사람이 선을 행할 줄 알고도 행치 아니하면 죄니라"(약 4:17) 하고 말씀합니다.

ⓒ 다시 말하면 비우는 것만으로는 부족하고, 채워야 하는 것, 이것이 "이루는 것이요, 다 들어있는 것이요, 완성이라"는 뜻입니다. 그런데 유념해야할 점은 이것이 율법의 본래적인 정신이라는 점입니다. 그러므로 사랑이 빠지고 난 율법은 텅 빈 깡통에 불과합니다.

⑥ 그런데 본래부터 바울에게 이러한 깨달음이 있었던 것은 아닙니다. "율법의 의로는 흠이 없는 자로라"(빌 3:6) 자부하고 있던 바리새인 당시에는, "사랑이 율법의 완성"이라는 점을 전연 모르고 있었습니다. 그는 간음, 살인, 도적질, 거짓증거 하지 않음으로 율법을 다 이룬 줄로 알고 있었습니다.

㉠ 마가복음 10:17-22절에 등장하는 부자 청년도, "이것은 내가 어려서부터 다 지키었나이다" 하고 말했습니다. 주님께서는 그를 사랑하사 이렇게 말씀하셨습니다. "네게 오히려 한 가지 부족 한 것이 있으니", 그렇다면 그 부족한 한 가지는 무엇이겠습니까? "사랑"입니다. 이 "사랑"을, "네 있는 것을 다 팔아 가난한 자들을 주라, 그리고 와서 나를 좇으라" 하고 표현하셨던 것입니다. 그러나 부자 청년은 사랑을 실천할 수가 없어서 "슬픈 기색을 띠고 근심하며 가니라" 합니다.

㉡ 이런 종교적인 사람은 남의 것을 빼앗는 간음, 살인, 도적질 같은 짓을 결코 하지 않습니다. 그러나 형제여, 그들은 남에게 베풀지도 않는다는 사실입니다. 받지도 않고 주지도 않는 사람, 네 것은 네 것이고, 내 것은 내 것일 따름입니다.

⑦ 그런 사람은, "피차 사랑의 빚"(8상)이 무엇인지 모르고 있는

사람입니다. 받은 것이 없기 때문에 줄 수도 없는 사람입니다.

㉠ "나는 간음, 살인, 도적질 같은 짓을 하지 않았다, 그래서 나는 아무 빚도 지지 않았다, 나는 율법의 의로는 흠이 없는 자다", 그러한 바울에게 하나님의 사랑이 부은바가 되는 날이 온 것입니다. 그는 비로소 충만해졌으며, 사랑의 빚이 무엇인지를 알게 되었던 것입니다.

⑧ 드디어 사도는, "사랑은 율법의 완성(完成)이니라"(10) 하고 외치기에 이른 것입니다.

㉠ "완성"이란 말은, "풀레로마"라는 말인데 채운다, 충만하다는 뜻입니다. 사랑만이 채워줍니다. 사랑만이 충만케 합니다. 사랑만이 율법을 완성합니다. 형제여, 형제는 물질만 풍부한 채 영적으로는 가난하지 않습니까? 그렇다면 물질을 나누십시오. 형제는 육적인 빚에 얽매어 영적인 자유(自由)를 잃어버리고 있는 것은 아닙니까? 피나는 노력을 하여 빚에서 해방을 받도록 하십시오.

㉢ 그러나 죽을 때까지 갚는다 해도 못 갚을 빚이 있음을 잊지 마십시다. 그것은 "사랑의 빚"입니다. "피차 사랑의 빚 외에는 아무에게든지 아무 빚도 지지 말라 남을 사랑하는 자는 율법을 다 이루었느니라"(10), 아멘.

묵상해 봅시다.

1. 어떻게 살면 빚을 지지 않을 수가 있습니까?
2. 평생 갚아도 못 갚을 빚은 무엇입니까?
3. "사랑은 율법의 완성"이라는 점에 대해서 말씀해 보십시오.

셋째 단원(11-14) 빛의 갑옷을 입자

136
자다가 깰 때입니다

> 또한 너희가 이 시기를 알거니와 자다가 깰 때가 벌써 되었으니 이는 이제 우리의 구원이 처음 믿을 때보다 가까웠음이니라 밤이 깊고 낮이 가까웠으니 그러므로 우리가 어두움의 일을 벗고 빛의 갑옷을 입자 낮에와 같이 단정히 행하고 방탕과 술 취하지 말며 음란과 호색하지 말며 쟁투와 시기하지 말고 오직 주 예수 그리스도로 옷 입고 정욕을 위하여 육신의 일을 도모하지 말라(13:11-14).

본 문단은 13장의 마지막 대목입니다. 그러므로 13장 전체를 조감해 볼 필요가 있습니다.

㉠ 1-7절에서, 국가에 대한 의무를 성실히 이행해야 할 것을 말씀했습니다.

㉡ 8-10절에서는, 사랑의 빚 외에는 아무에게든지 아무 빚도 지지 말라 하고 말씀합니다.

㉢ 그런 연후에 본문에서는, "또한 너희가 이 시기를 알거니와

자다가 깰 때가 벌써 되었으니"(11) 합니다.

어떤 의미문맥인가? 국가와 개인에 대한 의무를 이행하라는 말씀이 현실(現實) 생활에 관한 것이라면, "자다가 깰 때가 벌써 되었다"는 경계는 내세(來世)를 대비하라는 말씀인 것입니다. 왜 이렇게 하고 있을까요? 그것은 신앙의 균형(均衡)을 잡아 주기 위해서입니다. 새는 두 날개가 온전해야만 제대로 날 수가 있습니다. 이와 같이 그리스도인들이, "현실에 충실하면서, 내세를 대비"하는 균형 잡힌 신앙생활을 유지해 나간다는 것은 참으로 중요합니다.

예를 들면 교회의 중요성과 가정의 귀중성에 대한 균형, 그리스도를 존귀(尊貴)히 여김과 남편에게 복종해야 하는 균형, 교리적인 믿음과 실천적인 행함, 칭의와 성화 등이 그런 것들입니다. 사도는 현실생활에도 충실해야 되고, 내세에 대한 준비도 철저해야 된다는 균형과 조화를 잡아주고 있는 것입니다.

① 11절은 "또한" 이렇게 시작하고 있습니다.
㉠ 모범적인 시민노릇 만으로 족한 것이 아니다. 또한 "우리의 시민권은 하늘에 있는지라"(빌 3:20), 천국 시민답게 살아야함도 잊어서는 아니 된다고 말씀하고 있는 것입니다.

② "너희가 이 시기를 알거니와" 합니다.
㉠ 성경이 말씀하고 있는 시간은, "크로노스와, 카이로스"입니다. 크로노스는 연대기적으로 흐르는 긴 시간을 의미하는 반면, 카이로스는 특정한 짧은 시기를 의미합니다. 그러므로 우리에게 주어진 시간은 긴 세월인 크로노스 중에서, 극히 일부인 카이로스를 살아가고 있을 뿐입니다. 11절에서 말씀하고 있는 "이 시기"는 카이로스입니다.

③ "자다가 깰 때가 벌써 되었으니 이는 이제 우리의 구원이 처음

믿을 때보다 가까왔음이니라"(11하) 합니다.

㉠ 문맥적으로 보면 우리의 구원이 처음 믿을 때보다 가까왔다는 말씀이 주님의 재림이 가까왔다는 뜻으로 보입니다만, 종말이란 역사적인 종말만 있는 것은 아닙니다. 개인적(個人的)인 종말도 있음을 명심해야 합니다. 그리고 그 사람에게 있어서는 개인적인 종말은 곧 역사적인 종말을 의미할 수도 있습니다. 왜냐하면 그에게는 두 번의 기회(機會)가 주어지지 않기 때문입니다. 그러므로 자기가 죽고 나면 세상이 끝장난 것이나 다를 바가 없는 것입니다.

㉡ 그러므로 그리스도인의 시간은 언제나 "오늘"입니다. 어제는 이미 지나가 버렸고, 내일은 아직 다가오지 않았으며, 그것도 당도해 보면 오늘 일뿐입니다. 그래서 성경은 "오직 오늘이라 일컫는 동안에 매일 피차 권면하여 너희 중에 누구든지 죄의 유혹으로 강팍케 됨을 면하라"(히 3:13) 하고 권면합니다.

④ 우리에게 주어진 "카이로스"는 오늘의 연속이요, "오늘"이 모아진 것입니다.

㉠ 오늘이 모여 일 주일(週日)이 되고, 한달이 되고, 일 년이 되고, 우리의 여생(餘生)이 되는 것입니다. 그러므로 오늘이 나에게 주어진 마지막 날이라는 깨달음으로 매일매일을 살아가야만 합니다. 그렇다면 오늘이 말세요, 오늘이 마지막 날인 것입니다. 우리는 그러한 하루 하루를 살아가고 있는 것입니다.

㉡ 형제는 대나무의 한 토막 같은 카이로스를 살아가면서, "세월이 참으로 빠르구나, 시간이 촉박 하구나" 하는 긴박감을 느껴 보지는 않으셨습니까? 사도는 그러한 조급함을 느끼고 있는 것 같습니다.

⑤ 그래서 "너희가 이 시기를 알거니와" 하고, "너희"라고 말한

바울은, "이제 우리 구원이"하고, 자신까지를 포함시켜 "우리"라고 말씀하고 있습니다.

    ㉠ 시간이 없다는 것입니다. 잠자듯이 허송세월하고 있을 때가 아니라는 것입니다. "자다가 깰 때"라는 말은, 따르릉 하고 자명종(自鳴鐘) 시계가 울리는 시점을 의미합니다. 역사의 자명종이 울릴 시각이 벌써 되었다는 것입니다.

  ⑥ 사도는 "자는 것과 깨는 것, 밤과 낮, 어둠과 빛, 벗어야할 것과 입어야 할 것" 등을 대조(對照)해서 말씀합니다.

    ㉠ 이는 영적인 두 부류(部類)의 상태를 나타내주고 있습니다. 어두움에 속한 것들은, "방탕과 술 취함과 음란과 호색과 쟁투와 시기"(13) 등으로 이런 것 들은 벗어버리라고 말씀합니다.

    ㉡ 반면 낮에 속한 것들은, "낮에와 같이 단정이 행하고(13상), 빛의 갑옷을 입자"(12하) 합니다.

  ⑦ "이 시기를 알거니와"(11) 한 이 "시기"는, "밤이 깊고 낮이 가까이 온"(12상) 여명(黎明)의 시기라는 것입니다.

    ㉠ 이 시기는 "어둠과, 빛"이 교차하는 시간, 어둠이 물러가기 전에 마지막 발악을 하는 시간이라는 뜻이 됩니다. 이점을 사도 베드로는, "만물의 마지막이 가까웠으니 그러므로 너희는 정신을 차리고 근신하여 기도하라"(벧전 4:7) 합니다.

  ⑧ "빛의 갑옷을 입자"(12하) 합니다.

    ㉠ 그냥 "빛의 옷"이라 하지 않고, "빛의 갑옷"이라고 말씀하고 있는데 주목하십시오. 그리스도인들이란 흑암의 권세 자들과 싸워야만 하는 "빛의 갑옷"을 입은 무사(武士)들이라는 말씀입니다. 마지막 절에서는, "주 예수 그리스도로 옷 입고"(14) 합니다.

㉮ "빛의 갑옷"과,

㉯ "그리스도로 옷 입는 것"이, 어떻게 다른 것일까요?

㉰ 빛의 갑옷이 전투(戰鬪)복이라고 한다면, "주 예수 그리스도로 옷 입고"의 옷은, "이 세마포는 성도들의 옳은 행실이로다" 한 예복(禮服)이라고 말할 수 있습니다. 계시록 19장에는, "세마포"를 입은 어린양의 신부(8)와, "세마포를 입고 백마를 타고 그를 따르는" 하늘 군대(14)가 있습니다. 그리스도인들은 어린양의 신부(新婦)이지만, 지금은 "빛의 갑옷"을 입고 영적 전투를 수행해야하는 십자가 군병(軍兵)들인 것입니다.

⑨ 본문 말씀은 어거스틴을 회개케 한 성구로 더욱 감명 깊은 말씀이 되었습니다.

㉠ 방탕한 생활과 종교적인 방황으로 인해 깊은 고뇌에 잠겨 있을 때에, "톨레게, 톨레게(들고 읽어라)라는 신적인 음성을 듣고 펴서 읽은 곳이 이 구절이었습니다. "낮에와 같이 단정히 행하고 방탕과 술 취하지 말며 음란과 호색하지 말며 쟁투와 시기하지 말고 오직 주 예수 그리스도로 옷 입고 정욕을 위하여 육신의 일을 도모하지 말라"(13),

㉡ 이 말씀은 "좌우에 날선 어떤 검보다도 예리하여", 어거스틴의 "혼과 영과 및 관절과 골수를 찔러 쪼개기까지"(히 4:12)하였던 것입니다. "방탕하던 어거스틴"을 벗어 버리고 주 예수 그리스도로 옷 입어 "성 어거스틴"으로 탄생하는데 전환점이 되게 한 말씀이 되었던 것입니다. 이것이 "자다가 깰 때입니다".

묵상해 봅시다.

1. 문맥상으로 볼 때 사도가 본 문단을 말씀하는 의도가 무엇입니까?
2. 벗어야 할 것과 입어야 할 것에 어떠한 것들이 있는지 말씀해 보십시오.
3. 형제의 시간은 지금 몇 시입니까?

로마서 14장 개관도표
주제 : 자유와 사랑의 갈등

비판하지 말고 받아주어라	**1-6**	
	1 ①	믿음이 연약한 자를 너희가 받되 그의 의심하는 바를 비판하지 말라
	2	어떤 사람은 모든 것을 먹을 만한 믿음이 있고 연약한 자는 채소를 먹느니라
	3 ②	먹는 자는 먹지 않는 자를 업신여기지 말고
		먹지 못하는 자는 먹는 자를 판단하지 말라 이는 하나님이 저를 받으셨음이니라
	4 ③	남의 하인을 판단하는 너는 누구뇨 그 섰는 것이나 넘어지는 것이 제 주인에게 있으매
		저가 세움을 받으리니 이는 저를 세우시는 권능이 주께 있음이니라
	5	혹은 이 날을 저 날보다 낫게 여기고 혹은 모든 날을 같게 여기나니
		각각 자기 마음에 확정할 지니라
	6 ④	날을 중히 여기는 자도 **주를 위하여** 중히 여기고 먹는 자도 **주를 위하여** 먹으니
		이는 하나님께 감사함이요 먹지 않는 자도 **주를 위하여** 먹지 아니하며 하나님께 감사하느니라
인생의 목적이 바뀐 사람	**7-12**	
	7 ⑤	우리 중에 누구든지 **자기를 위하여** 사는 자가 없고 **자기를 위하여** 죽는 자도 없도다
	8	우리가 살아도 **주를 위하여** 살고 죽어도 **주를 위하여** 죽나니
		그러므로 사나 죽으나 우리가 주의 것이로라
	9 ⑥	이를 위하여 그리스도께서 죽었다가 다시 살으셨으니 곧 죽은 자와 산 자의 주가 되려 하심이니라
	10	네가 어찌하여 네 형제를 판단하느뇨 어찌하여 네 형제를 업신여기느뇨
		우리가 다 하나님의 심판대 앞에 서리라
	11	기록되었으되 주께서 가라사대 내가 살았노니 모든 무릎이 내게 꿇을 것이요
		모든 혀가 하나님께 자백하리라 하였느니라
	12	이러므로 우리 각인이 **자기 일을 하나님께** 직고하리라
네 믿음 가지고 있으라	**13-23**	
	13 ⑦	그런즉 우리가 다시는 **서로 판단하지 말고** 도리어 부딪힐 것이나
		거칠 것으로 형제 앞에 두지 아니할 것을 주의하라
	14 ⑧	내가 주 예수 안에서 알고 확신하는 것은 무엇이든지 스스로 속된 것이 없으되
		다만 속되게 여기는 그 사람에게는 속되니라
	15 ⑨	만일 식물을 인하여 네 형제가 근심하게 되면 이는 네가 사랑으로 행치 아니함이라
		그리스도께서 대신하여 죽으신 형제를 네 식물로 망케 하지 말라
	16	그러므로 너희의 선한 것이 비방을 받지 않게 하라
	17 ⑩	하나님의 나라는 먹는 것과 마시는 것이 아니요 오직 성령 안에서 의와 평강과 희락이라
	18	이로써 그리스도를 섬기는 자는 하나님께 기뻐하심을 받으며 사람에게도 칭찬을 받느니라
	19 ⑪	이러므로 우리가 화평의 일과 서로 덕을 세우는 일을 힘쓰나니
	20	식물을 인하여 **하나님의 사업을 무너지게 말라**
		만물이 다 정하되 거리낌으로 먹는 사람에게는 악하니라
	21	고기도 먹지 아니하고 포도주도 마시지 아니하고 무엇이든지
		네 형제로 거리끼게 하는 일을 아니함이 아름다우니라
	22 ⑫	네게 있는 믿음을 하나님 앞에서 스스로 가지고 있으라
		자기의 옳다 하는 바로 자기를 **책하지 아니하는 자는 복이 있도다**
	23	의심하고 먹는 자는 정죄되었나니 이는 믿음으로 좇아 하지 아니한 연고라
		믿음으로 좇아 하지 아니하는 모든 것이 죄니라

첫째 단원(1-6) 업신여기고 판단하지 말라

137
받아 주어라

> 믿음이 연약한 자를 너희가 받되 그의 의심하는 바를 비판하지 말라 어떤 사람은 모든 것을 먹을 만한 믿음이 있고 연약한 자는 채소를 먹느니라 먹는 자는 먹지 않는 자를 업신여기지 말고 먹지 못하는 자는 먹는 자를 판단하지 말라 이는 하나님이 저를 받으셨음이니라 남의 하인을 판단하는 너는 누구뇨 그 섰는 것이나 넘어지는 것이 제 주인에게 있으매 저가 세움을 받으리니 이는 저를 세우시는 권능이 주께 있음이니라 혹은 이날을 저 날보다 낫게 여기고 혹은 모든 날을 같게 여기나니 각각 자기 마음에 확정할 지니라 날을 중히 여기는 자도 주를 위하여 중히 여기고 먹는 자도 주를 위하여 먹으니 이는 하나님께 감사함이요 먹지 않는 자도 주를 위하여 먹지 아니 하며 하나님께 감사하느니라(14:1-6).

14장-15장에서 다루고 있는 문제를 "아디아포라"라고 말합니다. 아디아포라란 "대수롭지 않은 것들"이란 뜻으로, 불변(不變)의 진리에 관한 것이 아니라, 성도 각자의 신앙양심에 입각한 판단과 자유에 맡겨야할 문제들을 말합니다. 즉 교리적인 문제가 아니라, 성경에

명문화(明文化)되지 않은 대수롭지 않은 것들에 관한 것인데, 이에 대해 의견을 달리할 수가 있는 것입니다.

로마교회 안에는 서로 의견을 달리하고 있는 두 가지 신앙 사상이 있었습니다. 한편은 보수파(保守派)라 할 수 있는 사람들로써 레위기 11장에서 금지한 것들은 먹지 않았으며, 특히나 시장에서 파는 육류 중에는 우상에게 제사했던 제물들이 섞여 있었기 때문에(고전 8:13) 일체 먹지 않았습니다. 그리고 안식일, 월삭, 절기 등에 대해서 철저히 준수할 것을 고집하는 사람들이었는데, 이런 부류에 속한 사람들은 주로 유대교에서 개종한 자들이었을 것이고, 다른 한편은 자유(自由)파라할 수 있는 사람들로써, 먹는 음식이나 절기 같은 것에 얽매이지 아니하고 비교적 자유스런 사람들인데 주로 이방인들이었을 것입니다.

자유파에 속하는 사람들은, 보수파에 속하는 사람들을, 아직도 그런 굴레에서 벗어나지 못한 유치한 신앙인들이라고 업신여겼고, 반면 보수파에 속하는 사람들은 자유파에 속하는 사람들을, 저런 자들은 사이비 신자들이라고 판단했습니다. 형제는 지금 어떤 부류에 속해 있습니까? 이럴 경우 사도는 어떤 판정을 내릴 것인가?

① 첫마디가, "믿음이 연약한 자를 너희가 받되"(1상) 합니다.
㉠ 누구를 가리켜 "믿음이 연약한 자"라고 말씀하고 있습니까? 보수파에 속하는 사람들입니다. 율법적이며 금욕적인 그들이 더 강한 신자같이 보일 터인데, "연약한 자"라고 말씀하고 있습니다.
㉡ 그것은 "행위"(行爲)라는 관점에서 본 것이 아니라, "오직 믿음"이라는 관점에서 보았기 때문입니다. 그래서 "믿음이 연약한 자"라고 부르고 있습니다. 그들은 신앙적인 열성이나 행위 면에서는 앞서 있을 수도 있습니다.

② 그렇다면 자유파에 속하는 사람들은 믿음이 강한 자라고 말할 수 있겠습니까? 15:1절에서는 "우리 강한 자가"라고 말씀하는 것을 봅니다.

㉠ 그런데 강(强)하다는 것은 자기에게서 난 것이 아니요, 오직 주님의 구속의 은총만을 의지하는 자, 바로 "믿음의 담대함"(딤전 3:13)을 가진 자를 의미합니다. "그리스도께서 우리로 자유케 하려고 자유를 주셨으니 그러므로 굳세게 서서 다시는 종의 멍에를 메지 말라"(갈 5:1) 하심을 아는 사람들입니다. "주의 영이 계신 곳에는 자유함이 있느니라"(고후 3:17)를 누리고 있는 사람들을 가리킵니다.

㉡ 그러면 "너희가 받되" 한, 구체적인 "받아줌"이 무엇을 의미하는가 하는 점입니다. 업신여기지 말고 더불어 친밀한 교제를 나누라는 말씀입니다. 그러므로 믿음이 연약한 자를 "받아주지" 못한다면 그는 결코 성숙(成熟)한 자도 아니요, 진정으로 강한 자라 할 수는 없는 것입니다. 반면 "믿음이 연약한 자"들은 아직까지 지켜 내려오던 의문(儀文)이라는 틀을 깨기가 두려웠던 것입니다. 그래서 "믿음이 연약한 자"라 하는 것입니다.

③ "먹는 자는 먹지 않는 자를 업신여기지 말고 먹지 못하는 자는 먹는 자를 판단(判斷)하지 말라 이는 하나님이 저를 받으셨음이니라"(3) 합니다.

㉠ 이는 세 마디로 되어 있는데,

㉮ "업신여기지 말라" 합니다. 먹는 자는 먹지 못하는 자를 업신여겼던 것입니다.

㉯ "판단하지 말라" 합니다. 먹지 않는 자는 먹는 자를 자기 잣대로 판단했던 것입니다.

㈐ 그런데 제각기 자기들이 옳다고 주장하는 갈등을 침묵케 하는 중대한 표준을 제시하고 있는데, "이는 하나님이 저를 받으셨다"는 말씀입니다.

ⓛ 하나님께서 저들을 "받아 주셨다"는 것은 그들이 구원 받았음을 의미합니다. 그들 속에도 그리스도의 영을 모신 자들이라는 것입니다. 그들이 연약하기는 할지라도 하나님의 자녀들임에는 틀림없다는 것입니다. 그러므로 "하나님이 저를 받으셨다"는 말씀은 최후의 권위입니다. 누구도 이 권위 앞에 불복할 수가 없습니다.

④ 그래서 "남의 하인을 판단하는 너는 누구뇨 그 섰는 것이나 넘어지는 것이 제 주인에게 있으매 저가 세움을 받으리니 이는 저를 세우시는 권능이 주께 있음이니라"(4) 합니다.

㉠ "남의 하인을 판단하는 너는 누구뇨"(4상) 하고 책망합니다. 그의 주인(主人)은 네가 아니라 하나님이시라는 말씀입니다.

ⓛ "그 섰는 것이나 넘어지는 것이 제 주인에게 있으매 저가 세움을 받으리니 저를 세우시는 권능이 주께 있음이니라"(4하) 합니다. 그들이 지금은 연약하나 그들을 자라게 하시고, 강하게 하셔서, 굳게 세우실 권능이 주께 있다는 것입니다. 자식이 잘못을 저질렀을 때에 아버지 자신이 종아리를 때리는 것은 괜찮지만, 남이 때린다면 그것은 참을 수가 없는 것입니다.

ⓒ 그러하기 때문에, "믿음이 연약한 자를 너희가 받되 그의 의심하는 바를 비판하지 말라"(1) 하는 것입니다. 누가 누구를 받아주어야만 합니까? "강한 자가, 약한 자"를 받아 주라는 것입니다. 받아 줄 수 있는 사람, 그가 곧 강한 자인 것입니다. 그러므로 "약한 자"에 대해서는 받아주어라 하는 말이 없습니다. 그래서 사도는 주로 "강한 자들"을 향해서 권면을 하고 있습니다.

⑤ 교회라는 공동체에서 "받아 준다"는 것보다 더 귀하고 아름다운 것은 달리 없다 하겠습니다.

㉠ 15:7절에서는, "이러므로 그리스도께서 우리를 받아 하나님께 영광을 돌리심과 같이 너희도 서로 받으라" 하고 권면합니다. 받아 줄려면 넓은 품이 있어야만 하는데, 그것이 곧 사랑이요, 그리스도의 마음입니다. 그래서 15절에서는, "만일 식물로 인하여 네 형제가 근심하게 되면 이는 네가 사랑으로 행치 아니함이라" 하고 말씀합니다.

㉡ 주님은 나 같은 죄인(罪人)도 받아 주셨는데, 나는 형제를 받아주지 못하고 배척할 수가 있단 말입니까? 그래도 비판하고 업신여길 것입니까?

⑥ "혹은 이 날을 저 날보다 낫게 여기고 혹은 모든 날을 같게 여기나니 각각 자기 마음에 확정할 지니라"(5) 합니다.

㉠ 먹는 문제에서 "날을 지키는" 문제로 나아가고 있는데 이런 일은, "자기 마음에 확정(確定)할 지니라", 즉 자기 믿음대로 하라는 말씀입니다. 율법시대와는 달리 새 언약 하에서는 "마음에 확정"한다는 것이 중요합니다. 왜냐하면 새 언약은 옛 언약과 달리, "내 법을 저희 생각에 두고 저희 마음에 기록(記錄)하리라"(히 8:10) 하고 말씀하시기 때문입니다.

㉡ 그러므로 성령께서 자신을 어느 수준에까지 인도하셨든지, 신앙양심에 입각해서 믿음으로 행하라는 것입니다. 성전 꽃꽂이를 하는 집사님이 소재(素材)로 사용한 나무를 꺾어서 조형적인 멋을 내었습니다. 이것을 본 다른 집사님이 펄쩍 뛰는 것이었습니다. 하나님께 드리는 꽃꽂이를 꺾어서 드릴 수 있느냐는 거지요.

㉢ 주일성수를 강조하다 보면 다른 날들, 즉 월요일부터 토요일

까지가 소홀해 지기가 쉽습니다. 그래서 어떤 분은 주일 중심에서 매일 중심의 신앙을 강조합니다. 목회자의 권위를 내세워 권위 있는 목회를 하는 분이 있는가 하면, 평신도 중심으로 평신도를 깨우자고 외치는 분도 있습니다.

⑦ 이에 대해서 사도는 정의를 내리기를, "날을 중히 여기는 자도 주를 위하여 중히 여기고 먹는 자도 주를 위하여 먹으니 이는 하나님께 감사함이요 먹지 않는 자도 주를 위하여 먹지 아니하며 하나님께 감사하느니라"(6) 합니다.

㉠ 중심점은 한 절 안에 3번 등장하는, "주(主)를 위하여"에 있습니다. 그리고 2번 등장하는 "하나님께 감사(感謝)함"에 있습니다.

㉮ 어느 한 날을 특별히 중요하게 생각하는 사람도 "주를 위하여" 중히 여기고,

㉯ 아무 것이나 가리지 않고 먹는 사람도 "주를 위하여" 먹으며,

㉰ 먹을 때에 하나님께 감사를 드리면서 먹고,

㉱ 꺼림칙하여 먹지 않는 사람도 "주를 위하여" 먹지 않으며,

㉲ 또한 하나님께 감사를 드린다는 것입니다.

㉡ 그렇다면 이런 말씀이 되는 것입니다. "저 사람도 주님을 위하여, 나도 주님을 위하여", "저 사람도 하나님께 감사하고, 나도 하나님께 감사하고 있다면", 저 사람이 나와 같지 아니한 것은 나와 다를 뿐이지 틀린 것은 아니다. 그렇습니다. 방법은 달라도 목적(目的)은 같기 때문에 받아 주라는 것입니다.

㉢ 이것을 알았다면 주님께서 자신의 몸을 찢으심을 통해서,

㉮ 하나님과 사람 사이에 가로막혔던 휘장을 찢어주시고,

㉯ 사람과 사람 사이에 막혔던 담을 헐어버려 주심으로 사랑의 공동체를 이루어주신 주님의 교회 내에, "네가 누구관대" 업신여기고,

판단하는 담을 쌓을 수가 있단 말이냐? 그래서 "받아주어라" 하시는 것입니다.

> **묵상해 봅시다.**
>
> 1. 로마 교회 내에 있던 두 신앙 사상은 무엇이었습니까?
> 2. 연약한 자란 누구를 가리키며 왜 그들을 연약한 자라고 말씀합니까?
> 3. 연약한 자를 왜 받아 주어야만 하는지 아는 대로(3가지 정도) 말씀해 보십시오.

둘째 단원(7-12) **인생의 목적이 바뀐 사람**

138
하나님 중심의 신앙

우리 중에 누구든지 자기를 위하여 사는 자가 없고 자기를 위하여 죽는 자도
없도다 우리가 살아도 주를 위하여 살고 죽어도 주를 위하여 죽나니 그러므로
사나 죽으나 우리가 주의 것이로라 이를 위하여 그리스도께서 죽었다가 다시
살으셨으니 곧 죽은 자와 산 자의 주가 되려 하심이니라 네가 어찌하여 네
형제를 판단하느뇨 어찌하여 네 형제를 업신여기느뇨 우리가 다 하나님의
심판대 앞에 서리라 기록되었으되 주께서 가라사대 내가 살았노니 모든
무릎이 내게 꿇을 것이요 모든 혀가 하나님께 자백하리라 하였느니라
이러므로 우리 각인이 자기 일을 하나님께 직고하리라(14:7-12).

사도는 "먹는" 문제(2-3)와, "날을 중히 여기는"(5-6) 문제를 다루다가, "우리 중에 누구든지 자기를 위하여 사는 자가 없고 자기를 위하여 죽는 자도 없도다"(7) 하고, "인생의 목적"(7-8)이라는 중대한 문제로 비약을 하고 있습니다. 왜냐하면 "먹느냐? 먹지 않느냐" 하는 "아디아포라", 즉 하찮은 일은 다를 수가 있어도, "살아도, 죽어도 주를 위하여" 라는 중대한 목적(目的)에 있어서는 동일하다는 점을

일깨워줌으로, 판단하거나 업신여기지 못하게 하기 위해서인 것입니다. 그러므로 본 문단이 14장의 중심부분인 것입니다.

① "우리 중에 누구든지 자기를 위하여 사는 자가 없고 자기를 위하여 죽는 자도 없도다"(7) 합니다.

㉠ 왜 이렇게 말씀하고 있을까요? 사도는 교회 내에서 일어나기 쉬운 "대수롭지 않은 것들"(아디아포라)을 해결하는데 있어서 원리(原理)가 되는 말씀을 하려는 것입니다.

㉡ 본문에는 "위(爲)하여" 라는 말이 강조되어 있습니다. 6-8절 안에 7번이나 등장합니다. "자기(自己)를 위하여 사는 자도 없고 자기(自己)를 위하여 죽는 자도 없도다" 하고 말씀합니다. 전에는 로마 형제들이나 우리 모두는, "자기를 위하여 살고, 자기를 위하여 죽는", 그런 삶을 살던 사람들이었습니다.

② 그런데 이제는, "살아도 주를 위하여 살고 죽어도 주를 위하여 죽나니 그러므로 사나 죽으나 우리가 주의 것이로라"(8) 합니다.

㉠ 이 말씀은 그가 복음을 알고 믿고 있는가? 그가 진정한 그리스도인인가, 아닌가를 분별하는 시금석이 되는 말씀인 것입니다. 만일 "우리 중에, 자기를 위하여 살고, 자기를 위하여 죽는", 그런 사람이 있다면 그런 사람은 그리스도인이 아니라는 말씀이 됩니다. 아무리 좋게 생각한다 하여도 그런 사람은 아주 어린 그리스도인이라는 것이 됩니다.

㉡ 이는 그리스도인이 된다는 것은 삶의 목적(目的)이, 자기중심에서 하나님중심으로 바뀌는 것이라는 점을 나타냅니다. 그러면 어찌하여 그리스도인은 인생의 목적이 바뀌게 되었다는 것인가?

③ "이를 위하여 그리스도께서 죽었다가 다시 살으셨으니 곧 죽은 자와 산 자의 주가 되려 하심이니라"(9) 하고 대답합니다.

㉠ 사도는 고린도후서 5:14-15절에서도, "우리가 생각건대 한 사람이 모든 사람을 대신하여 죽었은즉 모든 사람이 죽은 것이라 저가 모든 사람을 대신하여 죽으심은 산 자들로 하여금 다시는 저희 자신을 위하여 살지 않고 오직 저희를 대신하여 죽었다가 다시 사신 자를 위하여 살게 하려 함이니라" 하고 말씀합니다.

㉡ 사도는 이점에 있어서 확고한 사람이었습니다. "죽은 자와 산 자의 주(主)가 되려 하심"(9하)이라 말씀하는데, 이제는 내가 주인(主人)이 아니라, 나의 주인은 그리스도시라는 말씀입니다. 그래서 고린도전서에서는, "너희는 너희 것이 아니라 값으로 산 것이 되었으니 그런즉 너희 몸으로 하나님께 영광을 돌리라"(고전 6:20) 하는 것입니다. 갈라디아서에서도, "이제 내가 육체 가운데 사는 것은 나를 사랑하사 나를 위하여 자기 몸을 버리신 하나님의 아들을 믿는 믿음 안에서 사는 것이라"(갈 2:20) 말씀합니다. 얼마나 확고부동합니까?

㉢ 이는 사도 바울에 국한된 인생관이 아니라, "예수는 우리 범죄함을 위하여 내어줌이 되고 또한 우리를 의롭다 하심을 위하여 살아나셨다"(4:25)는 복음진리를 믿는 그리스도인이라면 누구에게나 적용이 되는 표지(標識)가 되는 말씀인 것입니다. 그래서 그리스도인은 "살아도 주를 위하여 살고 죽어도 주를 위하여 죽나니 그러므로 사나 죽으나 우리가 주의 것이로다" 하는 것입니다.

④ 사도가 이처럼, "살아도 주를 위하여, 죽어도 주를 위하여"라는 극단적인 말씀을 하는 의도가 어디에 있는가? "네가 어찌하여 네 형제를 판단(判斷)하느뇨 어찌하여 네 형제를 업신여기느뇨"(10상)

하는 말씀을 하기 위해서입니다.

㉠ "판단하느뇨" 하는 말은, 먹는 자들을 판단하는 보수(保守)주의자들을 향해서 하는 말이고, "어찌하여 네 형제를 업신여기느뇨" 하는 말은, 먹지 않는 자들을 비웃는 자유(自由)주의자들을 염두에 두고 하는 말씀입니다.

㉡ 10절에는 "너"라는 말이 3번 나오고, "우리"라는 인칭이 한 번 등장합니다. 무슨 뜻이야 하면, "너와, 나"가 방법(方法) 면에서는 다를 수가 있다는 것입니다. 그러나 "우리"는 . 원리적으로, "살아도 주를 위하여 살고, 죽어도 주를 위하여 죽는" 목적(目的)은 하나요, 그러므로 "우리"는 한 형제라는 것이 바울의 증거입니다.

㉢ 사도는 방법적(方法的)인 문제를 다룰 때는 인칭을, "네가 어찌하여 네 형제를 판단하느뇨, 네가 어찌하여 네 형제를 업신여기느뇨"(10) 하고, "너"라고 말씀합니다. 그러나 원리적(原理的)인 면을 말씀할 때는, "우리 중에 누구든지 자기를 위하여 사는 자가 없고"(7) 하고, "우리"라는 표현을 쓰고 있습니다. "우리가 살아도 주를 위하여 살고…… 그러므로 사나 죽으나 우리가 주의 것이로다"(8) 하고 말씀합니다.

⑤ 반면 6-9절 안에는, "주"라는 말이 7번이나 나옵니다. "하나님과, 그리스도"까지 합하면 10번이나 됩니다.

㉠ 지엽적(枝葉的)인, 즉 "아디아포라"에 집착하다보면, 큰 것을 잃고 감정에 치우치기가 쉽습니다. 원 줄기와 같은 주님 중심으로 바라보아야만 한다는 말씀입니다. 주님중심으로 그 형제를 바라보게 되면, "그리스도께서 대신하여 죽으신 형제"(15)임을 깨닫게 됩니다.

㉡ 하나님중심으로 그 형제를 바라보게 되면, "하나님이 저를

받으셨음"(3)을 인식하게 됩니다. 이를 알았기에 사도는, "그러므로 우리가 이제부터는 아무 사람도 육체대로 알지 아니 하노라 비록 그리스도도 육체대로 알았으나 이제부터는 이같이 알지 아니하노라"(고후 5:16) 하는 것입니다. 형제도 그러합니까?

⑥ 이렇게 말씀한 사도는, "우리가 다 하나님의 심판대 앞에 서리라"(10하) 하는 경고를 합니다.

㉠ 너는 "남의 하인을 판단"(4)할 심판자가 아니라는 것입니다. 그러므로 다시는 판단하거나, 업신여기지 말라는 경계인 것입니다. 방법 면에서는 다를 수도 있고, 아직은 연약(軟弱)할 수도 있습니다. 그러나 목적은 분명하고 하나라는 것입니다.

㉡ 이처럼 인생의 목적이 하나님중심으로 바꾸어지게 되면, 주님이 보시는 안목(眼目)으로 바라보게 되고, 형제를 업신여기거나 판단함이 옳지 않음을 인식하게 됩니다. 그런데 문제는 "나"라는 자아가 살아있기 때문에 자신의 의견과 주장만을 고집하다가, 주님중심의 신앙이 자신도 모르는 사이에 자기중심의 고집으로 변질되어 버리는데 있습니다. 이런 사람은 자신의 주장이 관철되지 아니하면 굴욕과 패배감에 빠져 버립니다.

㉢ 그래서 교회 내에는 불화와 분쟁의 싹이 트게 됩니다. 그러면서도 스스로는 하나님을 위한다고 생각합니다. "우리가 다 하나님의 심판대 앞에 서리라"(10) 하는 엄숙한 경고를 명심하십시다. 우리가 심판대 앞에 섰을 때에, 형제를 비판하고 업신여겼던 일들이 정당화 될 수가 있다고 생각 하느냐는 말씀입니다.

⑦ 본 문단은, "이러므로 우리 각인이 자기 일을 하나님께 직고하리라"(12) 하는 결론으로 끝맺고 있습니다.

㉠ 형제여, "하나님중심"의 신앙은, 교회 내에서 일어나기 쉬운 불화와 분쟁을 하나로 만드는 원리임을 명심하십시다.

> **묵상해 봅시다.**
>
> 1. "날과, 먹는" 문제를 다루다가 죽고 사는 문제(7-8)로 비약하는 의도가 무엇입니까?
> 2. 인칭대명사 "너와, 우리"(7, 10)가 어떻게 사용되고 있는 지에 대해서 말씀해 보십시오.
> 3. 아디아포라를 해결하는 원리가 무엇입니까?

셋째 단원(13-23) **네 믿음을 가지고 있으라**

139
사랑으로 행하라

> 그런즉 우리가 다시는 서로 판단하지 말고 도리어 부딪힐 것이나 거칠 것으로 형제 앞에 두지 아니할 것을 주의하라 내가 주 예수 안에서 알고 확신하는 것은 무엇이든지 스스로 속된 것이 없으되 다만 속되게 여기는 그 사람에게는 속되니라 만일 식물을 인하여 네 형제가 근심하게 되면 이는 네가 사랑으로 행치 아니함이라 그리스도께서 대신하여 죽으신 형제를 네 식물로 망케 하지 말라 그러므로 너희의 선한 것이 비방을 받지 않게 하라 하나님의 나라는 먹는 것과 마시는 것이 아니요 오직 성령 안에서 의와 평강과 희락이라 이로써 그리스도를 섬기는 자는 하나님께 기뻐하심을 받으며 사람에게도 칭찬을 받느니라(14:13-18).

　본문의 중심점은 그리스도인의 자유(自由)가 사랑에 의해서 제한(制限)을 받는다는데 있습니다. 믿음이 강한 자들은 아무 식물이나 거리낌이 없이 먹을 수가 있습니다. 그러나 "만일 식물을 인하여 믿음이 연약한 네 형제가 근심하게 되면 이는 네가 사랑으로 행치 아니함이라"(15) 말씀합니다.

　그렇게 되면 어떻게 되는가? "그리스도께서 대신하여 죽으신 형제를 식물로 망케"(15)하는 결과를 가져오게 된다는 것입니다. 나는 자유(自由)하나, 그 자유가 사랑에 의해서 행해져야 한다는 것입니다. 이 관계를 "자유와 사랑 간의 긴장"이라고 말합니다. 자유와 사랑이 조화를 이루어 나가야 함을 의미합니다.

① "그런즉 우리가 다시는 서로 판단하지 말고 도리어 부딪힐 것이나 거칠 것으로 형제 앞에 두지 아니할 것을 주의하라"(13) 합니다.

㉠ 이는 크게 두 마디로 되어 있는데 첫째는, "그런즉 우리가 다시는 서로 판단하지 말고"(13상) 합니다. 이제까지는 혹 서로 판단(判斷)하고 비난했다 하더라도 "다시는" 그렇게 하지 말라고 다짐합니다. 그런데 "판단"은 말로 하는 것입니다. 그러나 입으로 판단하지 않는 것만으로는 부족하다는 것입니다.

㉡ 그러므로 둘째로, "도리어 부딪힐 것이나 거칠 것으로 형제 앞에 두지 아니할 것을 주의하라"(13하), 즉 형제를 실족(失足)케 할만한 행동(行動)도 하지 말라 하고, 한 걸음 더 나아가는 것입니다. "부딪힐 것이나 거칠 것"을 형제 앞에 둔다면 형제가 걸려 넘어질 염려가 있기 때문에 "판단"만 안하는 것이 아니라, 걸려 넘어질 "행동"(行動)까지 하지 않도록 주의하라는 것입니다.

㉢ 이점을 고린도교회에 보낸 서신에서는, "지식 있는 (강한 자) 네가 우상의 집에 앉아 먹는 것을 누구든지 보면 (지식이 없는) 그 약한 자들의 양심이 담력을 얻어 어찌 우상의 제물을 먹게 되지 않겠느냐 그러면 네 지식(知識)으로 그 약한 자가 멸망하나니 그는 그리스도께서 위하여 죽으신 형제라"(고전 8:10-11) 합니다.

② 물론 사도 바울 자신은, "내가 주 예수 안에서 알고 확신하는 것은 무엇이든지 스스로 속(俗)된 것이 없으되 다만 속되게 여기는

그 사람에게는 속되니라"(14) 하고 말씀합니다.

　㉠ 이런 뜻입니다. 무슨 음식이든지 음식 자체는 부정한 것이 없고, 다만 부정하다고 여기는 그 사람에게는 부정하다는 것을 알고 확신하고 있다는 것입니다. 그런데 문제는 나는 자유(自由)하나, 내가 먹는 행동으로 인하여 형제가 상처를 입게 되고, 걸려 넘어지는 일이 생긴다면 어떻게 되는가?

　③ "만일 식물을 인하여 네 형제가 근심하게 되면 이는 네가 사랑으로 행치 아니함이라"(15상) 합니다.

　㉠ 하나님의 아들 그리스도께서는 그를 사랑하시어 목숨까지 주셨는데, 너의 행동은 사랑으로 한 것이 아니라고 말씀합니다. "그리스도께서 대신하여 죽으신 형제를 네 식물로 망케 하지 말라"(15하) 합니다. "그러므로 만일 식물이 내 형제를 실족케 하면 나는 영원히 고기를 먹지 아니하여 내 형제를 실족(失足)치 않게 하리라"(고전 8:13) 하는 것입니다.

　④ 이 문제를 갈라디아서 5장에서는, "형제들아 너희가 자유(自由)를 위하여 부르심을 입었으나 그러나 그 자유로 육체의 기회로 삼지 말고 오직 사랑으로 서로 종노릇하라"(13) 하고 말씀합니다.

　㉠ 그리스도인이란 예수 그리스도 안에서 자유자이면서, 동시에 사랑의 노예가 되어야 한다는 말씀입니다. 고린도전서 8장에서는, "우상의 제물에 대하여는 우리가 다 지식(知識)이 있는 줄을 아나 지식은 교만하게 하며 사랑은 덕을 세우나니"(1) 합니다. "진리를 알지니 진리가 너희를 자유케 하리라"(요 8:32) 하신, 복음진리에 대한 지식이 있는 자는 자유 할 수가 있습니다. 그러나 지식은 교만하게 한다는 것입니다. 교회 생활에 있어서는 지식(知識)이 전부가 아닙

니다. "네가 사랑으로 행했느냐" 하고 그 동기를 묻고 있는 것입니다.

ⓒ 이를 생각한다면 그까짓 식물로 그토록 소중한 형제를 망하게 하지 말라는 말씀입니다.

나 때문에 상처를 입고 걸려 넘어진 사람이 누구입니까? 바로 예수 그리스도께서 대신 죽으신 형제라는 것입니다. 너는 자유하다 해서 이렇게 행동을 해도 너에게는 책임이 없다는 말이냐 묻고 있는 것입니다.

ⓒ 지식을 내세워 자신의 자유만을 고집한다면, 그 사람은 이미 교만하여진 것이요, 교회는 쉽게 분열되고 말 것입니다. 그러나 사랑은 덕을 세웁니다. "이 모든 것 위에 사랑을 더하라 이는 온전하게 매는 띠니라"(골 3:14) 하고 말씀합니다.

⑤ "그러므로 너희의 선한 것이 비방을 받지 않게 하라"(16) 하고 말씀합니다.

㉠ "너희의 선한 것"이라 말씀하는데, "너희"는 누구를 가리키며, "선한 것"이란 무엇을 의미하는가? 이를 문맥적으로 보면 "너희"는 강한 자를 가리키고, "선한 것"이란 성도들이 그리스도 안에서 누리게 된 "자유"를 가리키는 것이 됩니다. 사도는 자유하지 못해서 먹지 못하는 자들을 분명히 "믿음이 약한 자"(1)라 말씀하고, 먹을 수 있는 자유 한 자를 "우리 강한 자"(15:1) 라고 표현하고 있는 것입니다.

㉡ 다만 그 자유 함이 비난의 대상이 되지 않게 하라는 것입니다. 교회는 영적으로 여러 계층이 공존하는 공동체인 것입니다. 그러므로 나의 신앙양심에 옳으면 그것이 전부가 아니라, 이 일이 교회라는 공동체(共同體)에 어떤 영향을 미치느냐를 고려해야 한다는 말씀입니다. "그리스도께서는 자기를 기쁘게 하지 아니하셨다"(15:3) 하고 말씀합니다. 주님은 자신이 좋을 대로 행하시기는커녕 그 형제를 위하

여 목숨을 버리셨습니다.

⑥ 사도는 17절에서, "하나님의 나라"는 하고, 우리의 근시안적(近視眼的)인 시야(視野)를, "먼저 그의 나라와 그의 의"(마 6:33)를 바라보도록 넓혀주고 있습니다.

㉠ 어찌 보면 1-16절까지는 우리를 "하나님의 나라"라는 중심주제로 이끌기 위한 준비였다고 해도 과언이 아닙니다. "하나님의 나라"는 그리스도의 초림으로 이미 임하였고, 확장되어가고 있으며, 주님의 재림으로 완성이 될 나라입니다. 그러므로 "하나님의 나라"란 장소(場所)적인 개념이 아니라, 통치(統治)개념으로 인식해야만 합니다.

㉡ 하나님의 통치가 시행(施行)이 되는 곳이라면 그곳이 어느 곳이든 하나님의 나라가 임하여 있는 것입니다. 형제의 마음이 하나님의 통치하심에 순응하고 있습니까? 그렇다면 하나님의 나라가 형제의 마음속에 임하여 있는(눅 17:21) 것입니다.

㉢ 하나님의 주권이 형제의 가정에서 시행이 되고 있습니까? 그렇다면 하나님의 나라가 형제의 가정에 임하여 있는(눅 19:9) 것입니다. 교회란 머리되시는 그리스도의 통치를 받고 있는 하나님의 나라인 것입니다. 하나님의 나라란 하나님께서 다스리시며 보호하시며 인도하시며 양육하심을 의미합니다.

⑦ 그런데 사도가, "하나님의 나라는 먹는 것과 마시는 것이 아니요"(17상) 하는, "하나님의 나라"는, 교회(敎會)를 염두에 두고 하는 말씀입니다.

㉠ 이는 "무엇을 먹을까 무엇을 마실까"를 구하는 이방(마 6:32) 나라와의 대조(對照)에서 하는 말씀입니다. 그런데 이를 문맥적으로 보면, "먹는 자는 먹지 못하는 자를 업신여기고, 먹지 못하는 자는

먹는 자를 판단하는"(3), 이것이 하나님의 나라, 즉 교회가 아니라는 말씀입니다.

ⓛ 교회란, "오직 성령 안에서 의와 평강과 희락이라"(17하) 하고 말씀합니다. 이것이 교회가 추구해야할 최고의 목표요, 가치라는 것입니다. 그런데 "성령 안에서" 하는 것은, 이는 인간의 힘으로 되는 것이 아니라 "너희와 함께 거하심이요 또 너희 속에 계시겠음이라"(요 14:17) 한, "성령 안에서"만이 가능하여진다는 점을 드러내기 위해서입니다.

㉮ 첫째로 꼽은 "의"란, 하나님과의 교제(交際)가 바른 관계로 회복되었음을 의미합니다.

㉯ "평강"이란 하나님과의 관계가 회복된 자들이 누리게 된 평화(平和)요,

㉰ "희락"은 구원 얻은 성도들이 맛보게 되는 내적인 기쁨을 말합니다.

ⓒ 이렇게 적용시킬 수도 있습니다. 하나님과의 관계에는 "의"가 있고, 형제와의 관계에는 "화평"이 있으며, 자기 자신과의 관계에는 "기쁨"이 있다면 그것이 곧 하나님의 나라라는 말씀입니다.

⑧ 이것이 "하나님의 나라" 곧 교회인데, 이러한 공동체 안에서 서로 판단하고 업신여기는 행위는 용납될 수가 없다는 말씀입니다.

㉠ 그러므로 "먹을 수 있느냐? 먹을 수 없느냐" 하는, 대수롭지 않은 것들로 왈가왈부할 것이 아니라, 너희 가운데 의가 있느냐? 평강이 있느냐? 희락이 있느냐? 하고 묻고 있는 것입니다. 사도는 교회가 추구해야할 최고의 목표가 무엇이며, 우선순위를 어디에 두어야하는가를 일깨워 주고 있는 것입니다.

ⓛ 이 말씀은 "먹는 것, 날을 지키는" 문제 등으로 갈등하고 있던 로마 형제들을 부끄럽게 만들었을 것입니다. 보다 더 현대교회

로 하여금 머리를 들 수 없게 만듭니다. 무엇을 먹을까 무엇을 마실까 아래만 내려다보면서 판단하고 업신여기던 우리들의 눈을 위로 향하게 해주고 있습니다.

⑨ "이로써 그리스도를 섬기는 자는 하나님께 기뻐하심을 받으며 사람에게도 칭찬을 받느니라"(18) 합니다.

㉠ 이렇게 "그리스도를 섬기는 자"는 하나님을 기쁘시게 해드릴 뿐만 아니라, 사람들에게도 칭찬을 받는다는 말씀입니다. 목회서신에는 집사의 자격으로, "또한 외인(外人)에게서도 선한 증거를 얻은 자라야 할지니"(딤전 3:7) 하는 조항이 있습니다. 이웃이나 직장에서 지탄을 받으면서도, 하나님을 기쁘시게 해드리고 있다고 착각할 수도 있습니다. 교회 내에서 불화하게 하고, 자신 속에는 희락이 없으면서도 하나님과의 관계에 아무 문제가 없는 줄로 여길 수도 있습니다.

㉡ "하나님의 나라"가 임한 곳에는, "의와 평강과 희락"이 있다고 말씀합니다. 그리고 15절에 나오는 "사랑"이 있습니다. "그런즉 우리가 다시는 서로 판단하지 말고 도리어 부딪힐 것이나 거칠 것으로 형제 앞에 두지 아니할 것을 주의"(13)해야만 합니다. 왜냐하면 이것은 하나님의 나라를 파괴(20)하려는 행위이기 때문입니다. 그렇게 하기 위해서는 "사랑으로 행해야" 한다는 말씀입니다.

묵상해 봅시다.

1. 부딪힐 것, 거칠 것을 형제 앞에 두지 않도록 주의하라는 의미에 대해서,
2. 자유와 사랑의 긴장관계에 대해서,
3. 하나님의 나라의 요소에 대해서 설명해 보십시오.

140
스스로 믿음을 가지고 있으라

> 이러므로 우리가 화평의 일과 서로 덕을 세우는 일을 힘쓰나니 식물을 인하여 하나님의 사업을 무너지게 말라 만물이 다 정하되 거리낌으로 먹는 사람에게는 악하니라 고기도 먹지 아니하고 포도주도 마시지 아니하고 무엇이든지 네 형제로 거리끼게 하는 일을 아니함이 아름다우니라 네게 있는 믿음을 하나님 앞에서 스스로 가지고 있으라 자기의 옳다 하는 바로 자기를 책하지 아니하는 자는 복이 있도다 의심하고 먹는 자는 정죄되었나니 이는 믿음으로 좇아 하지 아니한 연고라 믿음으로 좇아 하지 아니하는 모든 것이 죄니라(14:19-23).

앞 문단에서 "하나님의 나라는 먹는 것과 마시는 것이 아니요"(17) 하고 경계한 사도는, 본문 20절에서는 "하나님의 사업(事業)을 무너지게 말라"(20) 하고 엄숙히 경고합니다. "하나님의 나라건설, 하나님의 사업"을 생각하지 않는다면 나의 믿음, 나의 자유대로 행할 수 있으나, 하나님의 나라건설이라는 "그의 나라와 그의 의"를 위해서 나의 자유(自由)가 사랑에 의해서 제한을 받는 다는 것입니다. "이러므로 우리가 화평의 일과 서로 덕을 세우는 일을 힘쓰나니"(19) 합니다.

이점에서 조심해야할 점은 사도가 "믿음이 연약한 자"(1)의 편에

서서 그들을 옳다하거나, 그들을 두둔하고 있는 것이 결코 아니라는 점입니다. 그래서 강한 자를 향해서, "네게 있는 믿음을 하나님 앞에서 스스로 가지고 있으라 자기의 옳다 하는 바로 자기를 책하지 아니하는 자는 복이 있도다"(22) 하고 격려해주고 있는 것입니다.

① "이러므로 우리가 화평의 일과 서로 덕을 세우는 일을 힘쓰나니"(19) 합니다.

㉠ "이러므로" 라는 접속사는 근접문맥으로는, "하나님의 나라는 의와 평강과 희락"(17)이라한 말씀과 접속하고 있으나, 1-18절까지의 모든 말씀들을 받고 있다 하겠습니다. 왜냐하면 19-23절의 내용이 요약과 같은 말씀이기 때문입니다. 그 중에서도 특히,

㉮ "그리스도께서 대신하여 죽으신 형제를 네 식물로 망케 하지 말라"(15),

㉯ "하나님의 나라는 먹는 것과 마시는 것이 아니요 오직 성령 안에서 의와 평강과 희락이라"(17),

㉰ "그리스도를 섬기는 자는 하나님께 기뻐하심을 받으며 사람에게도 칭찬을 받느니라"(18)는 말씀 등을 염두에 두고 하는 말씀입니다.

② "이러므로" 즉, 이를 생각한다면, "화평의 일과 서로 덕을 세우는 일을 힘쓰지" 않을 수가 없다는 말씀입니다.

㉠ 통찰력을 가지고 관찰을 하면, 19-23절 안에는 "자유(自由)자와, 보수(保守)자"에게 경계하는 두 방면의 말씀이 있는 것을 파악하게 됩니다.

㉮ "화평(和平)의 일"을 힘쓰라는 말은, 형제를 판단하여 분열을 일으키는 보수(保守)자들에게 경계하는 말씀이고,

㉯ "덕(德)을 세우는 일"을 힘쓰라는 말은, 약한 자를 배려하지 않는 자유자들에게 조심하라는 뜻으로 볼 수가 있습니다.

③ 20절의, "식물을 인하여 하나님의 사업을 무너지게 말라 만물이 다 정하되 거리낌으로 먹는 사람에게는 악하니라"(20) 한 말씀은, 자유자에게 하는 경계입니다.

㉠ "식물을 인하여 하나님의 사업을 무너지게 말라"는 말씀은, 사랑으로 행하지 않고 자신의 자유만을 내세우는 자들에게 하는 경계입니다. 여기서 "하나님의 사업을 무너지게 말라"는 말은, 좁은 의미로 한 말입니다. 한 영혼을 구원하는 것은 하나님의 나라를 그만큼 세우는 것이요, 주께서 구속하신 성도 한 사람을 실족시킨다면 그만큼 하나님의 사업을 무너지게 하는 것이 된다는 말씀입니다.

㉡ 그런데 "만물이 다 정(淨)하되"(20중) 한 것은 분명히 14절에서 언급한, "무엇이든지 스스로 속된 것이 없으되 다만 속되게 여기는 그 사람에게는 속되니라" 한, 약한 자들을 염두에 두고 하는 말씀입니다. 약한 사람이 강한 자들이 먹는 것을 보고 따라서, "거리낌으로 먹는 사람에게는 악하니라"(20하) 한, "악함"이란, 거리낌으로 먹은 후에 "정죄감"에 빠지는 것을 가리킵니다.

④ 그래서 "고기도 먹지 아니하고 포도주도 마시지 아니하고 무엇이든지 네 형제로 거리끼게 하는 일을 아니함이 아름다우니라"(21) 하는 것은, 강한 자들에게 하는 경계인 것입니다.

⑤ 그런데 사도는 여기서 끝이는 것이 아니라, "네게 있는 믿음을 하나님 앞에서 스스로 가지고 있으라"(22상) 하고 말씀합니다.

㉠ 이는 반대로 강한 자들을 향해서 하는 격려(激勵)입니다. 왜냐하면 사도는 14장 전체를 통해서 자유 한 자들에게 집중적으로 권면

을 하고 있음을 보게 됩니다. 그렇다고 사도가 믿음이 약한 자들을 두둔하고 있는 것은 아니고, 강한 자 쪽에서 연약한 자들을 받아주라는 뜻에서였습니다. 그것은 마치 형과 동생이 싸우면 어머니가 형을 야단을 치듯이, 자유한 자들을 심하다 할 정도로 일방적으로 야단을 쳤던 것입니다. 그렇게 하다보니 "믿음이 강한 자", 즉 믿음 안에서 자유 함을 누리고 있던 자들이 위축될 염려가 있었을 것입니다.

㉡ 그래서 "네게 있는 믿음을 하나님 앞에서 스스로 가지고 있으라" 하고 격려하는 것입니다. 믿음이 약한 자들 앞에서가 아니라, "하나님 앞에서" 말입니다. 어찌하여 "하나님 앞에서" 라고 말씀하는 것일까요? 교회 내의 약한 자들을 배려하여 외적(外的)인 자유는 억제하되, 내적(內的)인 믿음의 확신(確信)은 그대로 간직하고 있으라는 의미에서입니다. 다시 말하면 하나님 앞에서는 자유 함을 누리되, 형제들 앞에는 사랑으로 행하라는 말씀입니다.

⑥ 이점이 "자기의 옳다 하는 바로 자기를 책하지 않는 자는 복이 있도다"(22하) 하는 축복에 나타납니다. 이는 분명 강한 자들을 향해서 하는 축복입니다.

㉠ 바울은 고린도전서에서, "너희에게나 다른 사람에게나 판단 받는 것이 내게는 매우 작은 일이라 나도 나를 판단치 아니하노라"(고전 4:3) 합니다.

⑦ 그런 후에, "의심하고 먹는 자는 정죄되었나니 이는 믿음으로 좇아 하지 아니한 연고라 믿음으로 좇아 하지 아니하는 모든 것이 죄니라"(23) 하고 명쾌한 결론을 내립니다. 이는 분명 약한 자들을 염두에 두고 하는 말씀입니다.

㉠ 같은 음식이라도 믿음으로 먹을 때에는 괜찮지만, 의심하면

서 먹으면 죄가 된다는 것입니다. 이처럼 19-23절 안에는 "자유자와, 보수자"에게 번갈아가면서 언급하는 두 방면의 경계가 있는 것입니다. 만일 사도가 이렇게 한 마지막 격려의 말을 빼놓았다면 "약한 자를 강하게 하는 것이 아니라, 강한 자를 약하게 만드는" 결과를 가져왔을 뻔했을 것입니다.

⑧ 그래서 사도는 결론 부분(22-23)에서, "믿음"을 강조하고 있는 것입니다.

㉠ 이제까지 받아주어라, 사랑으로 행하라고 권면했던 강한 자들에게,

㉮ "네게 있는 믿음을 하나님 앞에서 스스로 가지고 있으라, 자기의 옳다 하는 바로 자기를 책하지 아니하는 자는 복이 있도다"(22),

㉯ "의심하고 먹는 자는 정죄되었나니 이는 믿음으로 좇아 하지 아니한 연고라"(23상),

㉰ "믿음으로 좇아 하지 아니하는 모든 것이 죄니라"(23하) 합니다. 이 말씀을 듣고야, "믿음이 강한 자"들은 비로소 안위(安慰)를 받았을 것입니다.

⑨ 초대교회는 구약교회에서 신약교회로 "개혁"(히 9:10)이 일어나고 있는 과정에 있었습니다.

㉠ 그래서 몇 가지 문제로 진통을 겪고 있었는데,

㉮ 첫째가 할례를 받아야 하느냐? 안 받아도 되느냐 하는 문제였고,

㉯ 레위기 11장에서 금한 식물들을 먹어도 되느냐? 안 되느냐 하는 결례(潔禮) 문제였고,

㉰ 날과 달과 절기를 지켜야 하느냐? 지키지 않아도 되느냐 하는 "날을 중히 여기는" 문제 등입니다.

㉡ 이점이 얼마나 심각한 문제였는가 하는 점이 목회서신에 나타

납니다. 디모데에게 보낸 서신에서는, "혼인을 금하고 식물을 폐하라 할 터이나 식물은 하나님이 지으신 바니 믿는 자들과 진리를 아는 자들이 감사함으로 받을 것이니라 하나님이 지으신 모든 것이 선하매 감사함으로 받으면 버릴 것이 없나니 하나님의 말씀과 기도로 거룩하여 짐이니라"(딤전 4:3-5) 하고 지도합니다.

ⓒ 디도에게도, "깨끗한 자들에게는 모든 것이 깨끗하나 더럽고 믿지 아니하는 자들에게는 아무 것도 깨끗한 것이 없고 오직 저희 마음과 양심이 더러운지라"(딛 1:15) 하고 말씀합니다. 이런 의식법적인 문제로 갈등을 빚고 있는 것은 현대교회 내에도 아직도 남아 있습니다.

⑩ 이점에서 중요한 요점을 언급해야만 하겠습니다. 그것은 "네게 있는 믿음을 하나님 앞에서 스스로 가지고 있으라" 한, "믿음"이 어떤 믿음인가 하는 점입니다. 왜냐하면 오늘날은 거짓 확신(確信)이 기승을 부리고 있기 때문입니다.

㉠ "의심하고 먹는 자는 정죄되었나니"(23상) 한, "의심"(疑心)은 확신(確信)이 없는 상태를 가리킵니다. 그런데 "열심이나, 확신"으로 말하면 유대인들의 열심(10:2)에서 보는 바와 같이, 이단에 속한 자가 더욱 뛰어난 것이 사실입니다. 그러나 그 믿음은 "지식을 좇은"(10:2) 바른 믿음이 아닌 위험천만한 거짓 확신인 것입니다. 그런데 본문에서 "믿음을 좇아 하지 아니하는 모든 것이 죄니라"(23하) 한 "믿음"은, 무조건적인 믿음을 가리키는 것이 아닙니다.

㉡ 그래서 12:1절의, "그러므로 형제들아" 한, "그러므로"를 놓쳐서는 아니 된다고 역설했던 것입니다. 사도가 말씀하는 "믿음"이란 1-11장에 근거한 "믿음"을 가리킵니다.

㉮ "그리스도 예수 안에 있는 구속으로 말미암아 하나님의 은혜로 값없이 의롭다 하심을 얻은 자 되었느니라"(3:24)를 믿는 믿음,

㈏ "이는 그리스도 예수 안에 있는 생명의 성령의 법이 죄와 사망의 법에서 너를 행방하였음이라"(8;2)를 믿는 믿음을 가리키는 것입니다.

⑪ 14장을 마치기 전에, "화평(和平)의 일과 덕(德)을 세우는 일을 힘쓰면서", 내 믿음은 믿음대로 가지고 있을 수가 있을까를 좀더 생각해 보고자 합니다. 왜냐하면 이것이 신앙생활에서 당면하게 되는 실제적인 문제이기 때문입니다.

㉠ 기독교 윤리에 있어서 이와 같은 신앙 양심에 관한 문제들을 "아디아포라", 즉 성도 자신의 판단과 신앙 양심의 자유에 맡겨야할 문제라고 말합니다. 그렇다고 아무에게나 판단(判斷)할만한 지각이 있는 것은 아닙니다. 그러하기 위해서는 신앙적으로 성숙해져야만 하는 것입니다. 여기에는 세 가지 기준이 있다고들 말합니다.

㉮ 첫째는, 이것을 성경이 무엇이라 말씀하고 있는가 하는 점입니다. 최우선적으로 성경에 근거를 두어야 한다는 말씀입니다. 예를 들어 요즘 사회문제로 대두되고 있는 낙태하는 것이 죄가 되는가? 물었을 때 그것은 단연 "예" 가 되어야 하는 것입니다.

㉯ 둘째는, 그것 자체는 죄가 아닐지라도 그로 인하여 유혹과 시험에 빠져들 여지가 있는가를 생각해 보아야만 합니다. 예를 들면 기혼남성이 묘령의 여성과 단 둘이 영화관에 가는 행위를 들 수가 있을 것입니다.

㉰ 셋째로, 나의 이 행위가 믿음이 약한 형제를 자극하거나 실족시키지는 아니하는가를 검토해 보아야만 합니다. 14장의 말씀은 특히 세 번째 조항에 해당된다고 말할 것입니다.

⑫ 이 세 가지 기준들을 적용하는데 있어 필요한 것은 무엇입니까?

㉠ 첫째로 중요한 것은 성경을 아는 지식입니다. "성경은 하나님의 감동으로 된 것으로 교훈과 책망과 바르게 함과 의로 교육하기에 유익"(딤후 4:16)하기 때문입니다. "우상의 제물에 대하여는 우리가 다 지식이 있는 줄 아나"(고전 8:1) 하고 말씀합니다. 분별할 만한 성경지식이 있어야만 합니다.

㉡ 두 번째로 양심의 소리를 들을 수 있어야만 합니다. 사도는 9:1절에서 "내 양심이 성령 안에서 나로 더불어 증거하노니" 하고 말씀했습니다. 성령님께서는 양심을 통하여 말씀하십니다. 양심의 소리를 대수롭지 않게 여기고 무시하다 보면, 점점 양심의 소리에 둔감해지고 말 것입니다. 이렇게 되면 "성령을 소멸"(살전 5:19)하는 결과를 가져오게 될 것이요, "성령의 교통"(고후 13:13)은 기대할 수 없게 되고 맙니다.

㉢ 그러므로 세 번째로 마음에 거리끼는 것이나 기쁨이 없는 일은 하지 말아야만 합니다. 주일에 예배드리지 않고 드라이브를 떠나는데도 마음에 거리낌이 없다면 그의 신앙은 문제가 있는 것입니다. 에베소서 4:30절에서, "성령을 근심하게 하지 말라"하십니다. 성령을 근심시켜 드리는 것인지 여부를 어떻게 하면 알 수가 있을까요? 내주하시는 성령께서 근심하시게 되면 내 속에 기쁨이 없어집니다. 형제 속에 기쁨이 없습니까? 그렇다면 내주하시는 성령께서 근심하고 계신다는 증거입니다. 어디서 좁아지고 무엇에 막혔는지 반성해보아야만 합니다.

⑬ 사도는 14장을 끝마치기 전에 믿음을 강조하고 있습니다. 이제까지는 어떻게 행할 것인가 하는 "행함"을 강조했다고 말할 수가 있습니다.

㉠ 형제의 믿음은 성경에 입각한 "하나님 앞에서"(22)의 믿음입니까? 그렇다면 아무도 그 믿음을 간섭할 수는 없는 것입니다. 23절에

는 "믿음과, 의심"이 함께 있음을 주목하십시오. 의심은 정죄를 가져오나, 믿음은 해방과 자유를 선언합니다. 그러므로 "믿음으로 하지 아니하는 모든 것이 죄"(23)라고 말씀합니다. "믿음이 없이는 하나님을 기쁘시게 못한다"(히 11:6)고 말씀합니다.

ⓒ 형제에게 있는 믿음의 자유가 비록 연약한 형제를 위하여 사랑에 의해 제한을 받을 수도 있습니다. 형제에게 있는 믿음이 교회의 화평과 덕을 세우기 위하여 다 행사할 수 없을지도 모릅니다. 그러나 형제여!

ⓒ 형제에게 있는 믿음을 하나님 앞에서 스스로 가지고 계십시오. 형제에게 있는 자유는 예수 그리스도의 피로 사셔서 형제에게 주신 고귀한 자유인 것입니다.

> **묵상해 봅시다.**
>
> 1. 하나님의 사업을 무너지게 하는 일과, 세우는 일에는 어떤 것들이 있습니까?
> 2. 네게 있는 믿음을 스스로 가지고 있으라의 뜻은 무엇입니까?
> 3. 믿음으로 좇아 하지 않는 모든 것이 죄니라를 설명해 보십시오.

로마서 15장 개관도표

주제 : 주님의 받아주심과 제사장 직무

너희도 서로 받으라		1-13
	1 ①	우리 강한 자가 마땅히 연약한 자의 약점을 담당하고 자기를 기쁘게 하지 아니할 것이라
	2	우리 각 사람이 이웃을 기쁘게 하되 선을 이루고 덕을 세우도록 할지니라
	3 ②	그리스도께서 자기를 기쁘게 하지 아니하셨나니
		기록된바 주를 비방하는 자들의 비방이 내게 미쳤나이다 함과 같으니라
	4 ③	무엇이든지 전에 기록한 바는 우리의 교훈을 위하여 기록된 것이니
		우리로 하여금 인내로 또는 성경의 안위로 소망을 가지게 함이니라
	5	이제 인내와 안위의 하나님이 너희로 그리스도 예수를 본받아 서로 뜻이 같게 하여 주사
	6	한 마음과 한 입으로 하나님 곧 우리 주 예수 그리스도의 아버지께 영광을 돌리게 하려 하노라
	7 ④	이러므로 그리스도께서 우리를 받아 하나님께 영광을 돌리심과 같이 너희도 서로 받으라
	8	내가 말하노니 그리스도께서 하나님의 진실하심을 위하여 할례의 수종자가 되었으니
		이는 조상들에게 주신 약속들을 견고케 하시고
	9	이방인으로 그 긍휼하심을 인하여 하나님께 영광을 돌리게 하려 하심이라
		기록된바 이러므로 내가 열방 중에서 주께 감사하고 주의 이름을 찬송하리로다 함과 같으니라
	10	또 가로되 열방들아 주의 백성과 함께 즐거워하라 하였으며
	11	또 모든 열방들아 주를 찬양하며 모든 백성들아 저를 찬송하라 하였으며
	12	또 이사야가 가로되 이새의 뿌리 곧 열방을 다스리기 위하여 일어나시는 이가 있으리니
		열방이 그에게 소망을 두리라 하였느니라
	13 ⑤	소망의 하나님이 모든 기쁨과 평강을 믿음 안에서 너희에게 충만케 하사
		성령의 능력으로 소망이 넘치게 하시기를 원하노라
복음의 제사장 직무		14-21
	14 ⑥	내 형제들아 너희가 스스로 선함이 가득하고 모든 지식이 차서 능히 서로 권하는 자임을 나도 확신하노라
	15	그러나 내가 너희로 다시 생각나게 하려고 하나님께서 내게 주신 은혜를 인하여
		더욱 담대히 대강 너희에게 썼노니
	16 ⑦	이 은혜는 곧 나로 이방인을 위하여 그리스도 예수의 일군이 되어 하나님의 복음의 제사장 직무를 하게 하사
		이방인을 제물로 드리는 그것이 성령 안에서 거룩하게 되어 받으심 직하게 하려 하심이라
	17	그러므로 내가 그리스도 예수 안에서 하나님의 일에 대하여 자랑하는 것이 있거니와
	18	그리스도께서 이방인들을 순종케 하기 위하여 나로 말미암아 말과 일이며 표적과 기사의 능력이며
		성령의 능력으로 역사하신 것 외에는 내가 감히 말하지 아니하노라
	19 ⑧	이 일로 인하여 내가 예루살렘으로부터 두루 행하여 일루리곤까지 그리스도의 복음을 편만하게 전하였노라
	20	또 내가 그리스도의 이름을 부르는 곳에는 복음을 전하지 않기로 힘썼노니
		이는 남의 터 위에 건축하지 아니하려 함이라
	21	기록된바 주의 소식을 받지 못한 자들이 볼 것이요 듣지 못한 자들이 깨달으리라 함과 같으니라
앞으로의 선교 계획		22-33
	22 ⑨	그러므로 또한 내가 너희에게 가려 하던 것이 여러 번 막혔더니
	23	이제는 이 지방에 일할 곳이 없고 또 여러 해 전부터 언제든지
		너희에게 가려는 원이 있었으니
	24	이는 지나가는 길에 너희를 보고 / 서바나로 갈 때에 / 먼저 너희와 교제하여 / 그리로 보내줌을 바람이라
		약간 만족을 받은 후에 너희의
	25 ⑩	그러나 이제는 내가 성도를 섬기는 일로 예루살렘에 가노니
	26	이는 마게도냐와 아가야 사람들이 예루살렘 성도 중 가난한 자들을 위하여 기쁘게 얼마를 동정하였음이라
	27	저희가 기뻐서 하였거니와 또한 저희는 그들에게 빚진 자니
	⑪	만일 이방인들이 그들의 신령한 것을 나눠 가졌으면 육신의 것으로 그들을 섬기는 것이 마땅하니라
	28	그러므로 내가 이 일을 마치고 이 열매를 저희에게 확증한 후에 너희에게를 지나 서바나로 가리라
	29	내가 너희에게 나갈 때에 그리스도의 충만한 축복을 가지고 갈줄을 아노라
	30 ⑫	형제들아 내가 우리 주 예수 그리스도로 말미암고 성령의 사랑으로 말미암아 너희를 권하노니
		너희 기도에 나와 힘을 같이하여 나를 위하여 하나님께 빌어
	31	나로 유대에 순종치 아니하는 자들에게서 구원을 받게 하고
		또 예루살렘에 대한 나의 섬기는 일을 성도들이 받음직하게 하고
	32	나로 하나님의 뜻을 좇아 기쁨으로 너희에게 나아가 너희와 함께 편히 쉬게 하라
	33	평강의 하나님께서 너희 모든 사람과 함께 계실 지어다 아멘

첫째 단원(1-13) 너희도 서로 받으라

141
예수 그리스도로 본을 삼으라

> 우리 강한 자가 마땅히 연약한 자의 약점을 담당하고 자기를 기쁘게 하지 아니할 것이라 우리 각 사람이 이웃을 기쁘게 하되 선을 이루고 덕을 세우도록 할지니라 그리스도께서 자기를 기쁘게 하지 아니하셨나니 기록된바 주를 비방하는 자들의 비방이 내게 미쳤나이다 함과 같으니라 무엇이든지 전에 기록한 바는 우리의 교훈을 위하여 기록된 것이니 우리로 하여금 인내로 또는 성경의 안위로 소망을 가지게 함이니라(15:1-4).

"믿음이 연약한 자"를 받아주어라(14:1) 하는 권면을, 14장에서 끝마치나 싶었는데 사도는 15:1절에서 또다시, "우리 강한 자가 마땅히 연약한 자의 약점을 담당하고 자기를 기쁘게 하지 아니할 것이라"(15:1) 하고, 이점을 재차 다짐을 하고 있습니다. 바울은 훌륭한 목회자이기도 합니다. 그에게는 한번 언급하고 슬쩍 지나가는 일이란 없습니다. "너희에게 같은 말을 쓰는 것이 내게는 수고로움이 없고 너희에게는 안전(安全)하니라"(빌 3:1) 하고 말씀합니다.

그런데 사도는 그냥 반복을 하고 있는 것이 아니라, "그리스도께서 우리를 받아 하나님께 영광을 돌리심과 같이" 하고, 그리스도를 본으로 내세우면서, "너희도 서로 받으라"(7) 하고 더욱 전진(前進)을 하고 있습니다.

그렇습니다. 교회 공동체에서 "서로 받아줌"으로, "성령 안에서 의와 평강과 희락"(14:17)을 이루는 것보다 더 중요하고 긴급한 일이란 없다 하겠습니다. 세상 원리는 양육강식(弱肉强食)의 "힘"의 원리가 지배하고 있지만, 교회 공동체에 있어서는 강한 자가 마땅히 연약한 자의 약점을 담당하는 "사랑"의 원리가 시행이 되어야 하는 것입니다.

① "우리 강한 자가 마땅히 연약한 자의 약점을 담당하고 자기를 기쁘게 하지 아니할 것이라"(10) 합니다.

㉠ 사도는 "우리 강한 자가" 하고, 자신까지를 포함시키면서, "마땅히 연약한 자의 약점을 담당하고" 라고 말씀합니다. 그러면 "연약한 자의 약점을 담당"하라는 구체적인 방법이 무엇인가? 약한 자들더러 "먹으라" 할 것이 아니라, 강한 자들이 "먹지 않으면" 될 것이 아니냐는 것입니다. 이런 뜻이 "자기를 기쁘게 하지 아니할 것이라"(1하) 한 말씀에 함의되어 있습니다.

② "담당하라"는 말은, 갚아야 할 빚이라는 강한 책임을 나타내는 표현입니다. 약한 자가 연약하여 감당 못하는 짐은, 마땅히 강한 자가 담당해야할 몫이라는 것입니다. 이점을 갈라디아 6:2절에서는, "너희 짐을 서로지라 그리하여 그리스도의 법을 성취하라" 하고 말씀합니다.

㉠ "담당하라" 말씀하는 사도는, "우리 무리의 죄악을 그에게 담당시키셨도다"(사 53:6) 한, 주님을 생각했을 것입니다. 그래서 "그리스도께서 자기를 기쁘게 하지 아니하셨나니"(3상) 하고, 주님을

본으로 제시하는 말씀이 뒤따라 나오고 있습니다.

㋀ 자기를 기쁘게 하지 아니하신 것만이 아니라 적극적으로, "그는 실로 우리의 질고를 지고 우리의 슬픔을 담당"(사 53:4) 하셨습니다. "우리는 다 양 같아서 그릇 행하여 각기 제 길로 갔거늘 여호와께서는 우리 무리의 죄악을 그에게 담당 시키셨던"(사 53:6) 것입니다.

㋁ 우리는 이미 3:25절을 상고할 때에, 하나님은 우리들의 무거운 죄 짐을 들고 오래 참고 계시다가 "곧 이 때에" 하고, 자기 아들에게 담당시키시는 것을 보았습니다. 하나님의 아들 그리스도께서 우리의 죄악을 이렇게 담당해주셨다면, "우리 강한 자가 마땅히 연약한 자의 약점을 담당하고 자기를 기쁘게 하지 아니"(1) 해야 함은 너무나 당연하다는 말씀입니다. 이점이 "기록된바 주를 비방하는 자들의 비방이 내게 미쳤나이다 함과 같으니라"(3하) 한 인용(시 69:9)에 나타나 있습니다.

③ 그러므로 "우리 각 사람이 이웃을 기쁘게 하되 선을 이루고 덕을 세우도록 할지니라"(2) 합니다.

㉠ 이는 세 마디로 되어 있는데 여기에 약한 자를 "받아주어야"만 하는 중요한 당위성이 있는 것입니다.

㉮ 첫째로 "이웃을 기쁘게 하라"는 말씀인데, 사람의 기분이나 맞추어주고 영합하라는 그런 뜻이 절대로 아닙니다. 그렇게 하는 것은 오히려 그 형제를 해롭게 하고 죽이는 일입니다. 사도는 갈라디아서에서, "이제 내가 사람들에게 좋게 하랴 하나님께 좋게 하랴 사람들에게 기쁨을 구하랴 내가 지금까지 사람의 기쁨을 구하는 것이었더면 그리스도의 종이 아니니라"(갈 1:10) 하고 말씀합니다. 그러면 "이웃을 기쁘게 하라"는 뜻이 무엇인가?

㉯ 이점이 둘째로, "선을 이루고"(2중) 합니다. 믿음이 약한 자에게 "이루어져야할 선"이 무엇이겠습니까? "연약한 자가, 강한 자"

로 성장하는 것입니다. 그렇게 되도록 도와주어야 할 의무가 강한 자들에게는 있다는 말씀입니다.

　　㉰ 셋째로 "덕을 세우도록 할지니라"(2하) 합니다. "선을 이루는" 것은 내적(內的)으로 성숙해지는 것이고, "덕을 세우도록 하라"는 것은 외적(外的)으로, 성도 상호간에 아름다운 교제를 나눔으로 교회에 "덕을 세우도록" 하라는 것입니다. 이것이 "이웃을 기쁘게 하는" 일이라는 말씀입니다.

　④ 요약을 하면, 믿음이 연약한 형제의 약점을 담당하되 언제까지나 그렇게 하고만 있을 것이 아니라, 그로 하여금 또 다른 약한 형제의 약점을 담당해 줄 수 있도록 강한 자로 세워주는 일이, "선을 이루고 덕을 세우는" 일이라는 것입니다.

　　㉠ 14:19절에서도, "이러므로 우리가 화평의 일과 덕을 세우는 일을 힘쓰나니" 합니다. 이런 맥락에서 사도가 말씀하는, "세우도록 하라"는 말은, 윤리적인 단순한 말이 아닌 것입니다. 왜냐하면 "세운다"는 말은, 14:20절에서 "하나님의 사업을 무너지게 말라" 한 말씀과 날카롭게 대조되는 표현이기 때문입니다. 사탄의 역사는 "넘어지게"(마 16:23) 하나, 하나님은 "세우시는" 역사를 하십니다.

　　㉡ 사도는 에베소서 4:12절에서, "이는 성도를 온전케 하며 봉사의 일을 하게하며 그리스도의 몸을 세우려 하심이라" 하고 말씀합니다. "믿음이 약한 자" 한 사람을 강한 자로 세워준다면 하나님의 나라는 그만큼 세워지는 것이요, 반대로 약한 자 한 사람을 실족시킨다면 그만큼 무너지게 하는 것이란 말씀입니다.

　⑤ "무엇이든지 전에 기록한 바는 우리의 교훈을 위하여 기록된 것이니 우리로 하여금 인내(忍耐)로 또는 성경의 안위(安慰)로 소망(所

望)을 가지게 함이니라"(4) 합니다.

　㉠ "전에 기록한바"란, 구약성경을 가리킵니다. 우리의 교훈을 위하여 기록된 것이라 말씀하는데, 그렇다고 성경이 교훈(敎訓)집이라는 뜻이 아닙니다. 6:17절에서는 복음을 "교훈의 본"이라 말씀하고 있습니다. "성경의 안위로 소망을 가지게 함이니라"(4하) 말씀하는데, 무엇이 인류에게 "안위와 소망"을 가져다주는가? "조상들에게 주신 약속들"(8), 즉 메시아언약입니다. 그리스도를 떠나서는 위로도 소망도 달리는 없는 것입니다.

　㉡ 연약한 자의 약점을 담당해 주며, 자기를 기쁘게 하지 아니하고, 이웃을 기쁘게 하는 삶이란 말처럼 그렇게 쉬운 일은 아닌 것입니다. 그래서 사도는 "우리로 하여금 인내(忍耐)로 또는 성경의 안위(安慰)로 소망(所望)을 가지게 함이니라" 하고, "인내, 안위, 소망" 세 가지 중에 "인내"를 맨 먼저 내세우고 있는 것입니다.

　⑥ 4절에서 "인내와, 안위"라는 말을 하게 되자 사도는 다음 절에서 곧바로 하나님을, "인내와 안위의 하나님"(6상)이라고 부르고 있습니다. 어떤 의도에서인가?

　㉠ 우리가 "사랑의 하나님, 능력의 하나님"에 대해서는 자주 말하지만 "인내의 하나님"에 대해서는 얼마나 모르고 있는가? 구속의 역사를 조금이라도 아는 사람이라면 하나님께서 인류를 구원하시기 위해서 얼마나 인내(忍耐)하시면서 이루어 오셨는가를 깨닫게 될 것입니다.

　㉡ 형제는 인내의 하나님께서 형제를 구원하시기 위해서 얼마나 오래 참고 기다리셨는가를 생각해보신 적이 있으십니까? 그렇다면 연약한 형제가 성숙한 그리스도인이 되도록 그의 약점을 담당하면서 기다려주지 못할 것입니까?

　㉢ 파괴하는 것은 순식간이나, 세우는 데는 시간이 걸립니다.

그래서 인내(忍耐)가 필요합니다. 뿐만 아니라 연약한 자의 약점을 담당하며 이웃을 기쁘게 하는 삶이, 사람들에게 환영을 받는 것만은 아닙니다. "주를 비방하는 자들의 비방이 내게 미쳤나이다"(3) 함과 같이, 비난과 조소를 받을 수도 있다는 것입니다. 그래서 더욱 인내가 필요한 것입니다.

⑦ 사도는 궁극적으로 "소망(所望)을 가지게 함이니라"(4하) 하고, "소망"을 말씀합니다.

㉠ 부모가 자식을 양육을 하듯, 연약한 자의 약점을 담당할 수 있는 것은, 그가 강한 자가 되리라는 소망이 있기 때문입니다. 이처럼 주의 일을 하는 데는 소망을 가지고 임해야만 합니다. 많은 주의 종들이 선을 행하다가 낙심하고 피곤하여 좌절하게 되는 것은, 소망을 잃게 될 때입니다.

㉡ 목회 현장에서, "저 사람은 정말 가망이 없다" 하고 절망할 때가 있습니다. 그러나 주님께서는 결코 포기하시지 않으십니다. 남편을 다섯이나 두었던 여인도, 간음 현장에서 끌려온 여인도, 세 번씩이나 주님을 부인한 베드로도, 의심 많은 도마도, 그리고 형제와 저도 포기하시지 않고 오래 참아주셨기 때문에 오늘이 있게 된 것입니다.

㉢ 형제여, 연약한 자의 짐을 대신 지되 인내(忍耐)로 대합시다. 사람의 위로가 아닌 성령님의 안위(安慰)만을 기대하십시다. 그리고 소망(所望)을 가지고 결코 낙심하거나 포기하지 마십시다. 예수 그리스도께서 우리의 죄 짐을 담당하시고 오래 참고 기다려주심처럼 말입니다.

묵상해 봅시다.

1. 연약한 자의 약점을 담당하는 목적(1-2)이 어디에 있습니까?
2. 이일에 그리스도로 본을 삼는 의도(3)를 설명해 보십시오.
3. 이를 어떤 자세로 임해야만(4) 합니까?

142
인내와 안위의 하나님

> 이제 인내와 안위의 하나님이 너희로 그리스도 예수를 본받아 서로 뜻이 같게 하여 주사 한 마음과 한 입으로 하나님 곧 우리 주 예수 그리스도의 아버지께 영광을 돌리게 하려 하노라 이러므로 그리스도께서 우리를 받아 하나님께 영광을 돌리심과 같이 너희도 서로 받으라(15:5-7).

    사도는 5-6절을 통해서 간절한 소원을 말씀합니다. 그러니까 비록 형태가 뚜렷하게 나타나 있지는 않습니다만 내용으로 보면 하나님께서 자신의 바라는 바를, 이루어 주시기를 간구하는 기도라 할 수가 있습니다.

    형제는 기도의 첫 머리에서, 기도의 대상이 되시는 하나님을 무엇이라 부르고 있습니까? 사랑과 은혜가 풍성하신 하나님, 자비하시고 은혜로우신 하나님 등 여러 가지로 표현할 것입니다. 사도는 "인내와 안위의 하나님"이라고 부르고 있습니다. 13절에서는, "소망의 하나님"으로 부르고 있고, 33절에서는 "평강의 하나님께서 너희 모든 사람과 함께 계실지어다 아멘" 합니다. 이로 보건대 사도는 하나님을 부르는 호칭 하나에도 신중을 기하면서 때에 맞는 표현을 사용하고 있음을 보게 됩니다.

① "이제 인내와 안위의 하나님이 너희로 그리스도 예수를 본받아 서로 뜻이 같게 하여 주사"(5) 합니다.

㉠ 사도는 어찌하여 이 시점에서 하나님을, "인내와 안위의 하나님"으로 부르고 있을까요? 먼저 사도가 로마서 전체를 통해서 하나님을 어떤 하나님으로 증거하고 있는가 하는 것부터 살펴보아야만 합니다. 복음을 말씀하는 부분(1-8장)에서는,

㉮ "하나님의 사랑이 우리 마음에 부은바 됨이니"(5:5, 8) 하고, "사랑의 하나님"으로,

㉯ "하나님의 은혜로 값없이 의롭다 하심을 얻은 자 되었느니라"(3:24) 하고, "은혜의 하나님"으로 증거하고 있습니다.

㉡ 그런데 몸으로 산 제사를 드리라 하는 윤리(倫理) 부분(12-16장)에서는,

㉮ "인내와 안위의 하나님"(15:5),

㉯ "소망의 하나님"(15:13),

㉰ "평강의 하나님"(16:20),

㉱ "지혜로우신 하나님"(16:27) 등으로 부르고 있는 것입니다.

② 우리를 구원하여 주신 하나니은 "사랑과, 은혜"의 하나님이십니다. 그런데 구원하여 자녀 삼으신 성도들의 삶의 현장에서는 때를 따라, "인내의 하나님으로, 안위의 하나님으로, 소망의 하나님으로, 평강의 하나님"으로, 처지와 형편을 따라 우리에게 다가오신다는 말씀입니다.

㉠ 그러면 이 시점에서, "인내와 안위의 하나님"이라고 부르는 사도의 의중이 무엇이겠습니까? 그것은 "강한 자가 마땅히 연약한

자의 약점을 담당"하기 위해서는 위로부터 임하시는, "인내(忍耐)와, 안위"(安慰)가 필요하기 때문입니다. 연약한 형제가 성숙한 그리스도인이 되는 것은 하루아침에 되어지는 것은 아닙니다. 오래 참고 기다려줌이 필요합니다.

ㄴ 그것은 마치 "진자리 마른자리 갈아 뉘시며 손발이 다 닳도록 고생하시는" 어머니의 인내에 비할 만합니다. 바울은 자신이 사도라는 증표로, "내가 너희 가운데서 모든 참음과"(고후 12:12) 하고, "인내"를 첫손에 꼽고 있습니다. 그리하여 "오직 우리가 너희 가운데서 유순한 자 되어 유모가 자기 자녀를 기름과 같이 하였으니"(살전 2:7) 합니다. 인내가 없다면 그는 참 목자가 아니라 해도 과언이 아닌 것입니다.

③ 또한 사도가, "인내와 안위의 하나님"이라고 말씀하는 의중에는, 오늘의 "내가" 있기 까지 하나님께서 얼마나 오래 참고 기다려주셨는가를 일깨워주고 싶어서일 것입니다.

ㄱ 형제가 찾고 있는 하나님은 능력의 하나님입니까? 축복의 하나님입니까? 인내와 안위의 하나님입니까? 우리에게 향하신 하나님의 인내(忍耐)를 가지고, 너도 연약한 자의 약점을 담당해 주라는 의미가 들어있는 것입니다.

ㄴ 실수에 실수를 거듭하고, 넘어짐에 넘어짐을 되풀이하며, 죄에다 죄를 반복하는 나약한 우리가 바라고 의지할 하나님은, "인내의 하나님, 안위의 하나님", 그래서 인내와 안위의 하나님이신 것입니다. 일곱 번씩 일흔 번이라도 참고 용서해 주시는 하나님은, 종래는 독생자를 내어 주시기까지 인내하셨습니다.

④ 3:25절에, "이는 하나님께서 길이 참으시는 중에" 라는 말씀이

있습니다.

　㉠ 길이 참으심이란 무거운 짐을 들고 참고 있는 모습을 나타내는 말입니다. 구약시대에 범한 모든 무거운 죄 짐을 들고 하나님께서는 길이 참고 계셨습니다. 그 기간이 얼마 동안이나 될까요? 그래서 구약의 역사가 회개하고 돌아온 것으로 끝나고 있습니까? 참고 기다리시던 하나님께서는 그 배은망덕한 자들의 죄 짐을 자기 아들에게 담당시키셨던 것입니다.

　㉡ 하나님의 인내는 우리에게 무서운 심판으로 주어진 것이 아니라, 그리스도로 말미암아 용서와 받아주심과 자녀삼아 주심으로 임하였던 것입니다. 그러므로 죄인의 입장에서는 하나님을, "인내와 안위의 하나님"이라고 부르는 것보다 더욱 감격스러운 호칭은 달리는 없다 하겠습니다.

　⑤ 바울은 자신이, "내가 전에는 훼방자요 핍박자요 포행자"(딤전 1:13)였다고 말합니다.

　㉠ "그러나 내가 긍휼을 입은 까닭은 예수 그리스도께서 내게 먼저 일체 오래 참으심을 보이"(16)셨기 때문이라고 고백합니다. "인내와 안위의 하나님"이라고 부르고 있는 바울의 마음에는 만감이 서려 있었을 것입니다. 형제의 가슴도 감사와 감격으로 벅차오르고 있습니까? 지금도 우리는 실수하고 넘어질 때마다 하나님의 인내를 깨달으면서, 측량 못할 안위를 거듭 거듭 맛보고 있는 것입니다.

　⑥ 그러나 패역한 인간은 하나님의 인내와 안위를 도리어, "혹 네가 하나님의 인자하심이 너를 인도하여 회개케 하심을 알지 못하여 그의 인자하심과 용납하심과 길이 참으심의 풍성함을 멸시하느뇨"(2:4) 하고, 멸시하고 있다고 말씀합니다.

㉠ 하나님께서 인내와 안위의 하나님이 아니셨다면 오늘까지 살아남아 있을 자가 누구이겠습니까? 하나님은 "순종치 아니하고 거스려 말하는 백성에게 내가 종일 내 손을 벌렸노라"(10:21) 하고 말씀하십니다.

　⑦ 하나님의 인내와 안위를 온전히 실천하신 분은 예수 그리스도이십니다. 그래서 "인내와 안위의 하나님이 너희로 그리스도 예수를 본(本)받아"(5상), 이렇게 말씀합니다.

　㉠ 주님의 일생은 인내와 안위의 삶 바로 그것이었습니다. "믿음의 주요 또 온전케 하시는 이인 예수를 바라보자 저는 그 앞에 있는 즐거움을 위하여 십자가를 참으사 부끄러움을 개의치 아니하시더니 하나님 보좌 우편에 앉으셨느니라 너희가 피곤하여 낙심치 않기 위하여 죄인들의 이같이 자기에게 거역한 일을 참으신 자를 생각하라"(히 12:2-3) 합니다.

　㉡ 이 "예수를 바라보자, 예수를 생각하라, 이 예수를 본받으라" 하고 성경은 말씀합니다. 예수 그리스도를 본받는다는 것은 곧 인내와 안위의 하나님을 본받은 것이 됩니다.

　⑧ "너희로 그리스도 예수를 본받아서 서로 뜻이 같게 하여 주사"(5하) 합니다.

　㉠ "주사"라는 말이 중요합니다. 그렇습니다. 이런 마음은 하나님께서 공급해주셔야만 가능해진다는 말씀입니다. 연약한 자의 약점을 담당하는 데는 인간의 노력만으로는 한계가 있기 마련입니다. 우리에게 향하신 하나님의 인내심(忍耐心)이 나에게 부은 바가 되고, 하나님의 안위를 나에게 채워주시게 될 때에, 그 채움 받은 인내와 안위를 가지고 형제에게 나누어 줄 수가 있는(고후 1:3-6) 것입니다.

ⓒ 그리하여 "한 마음과 한 입으로 하나님 곧 우리 주 예수 그리스도의 아버지께 영광을 돌리게 하려 하노라"(6) 합니다. "강한 자가 마땅히 연약한 자의 약점을 담당"(1)해야 하는 목적이 무엇입니까? "한 마음과 한 입으로" 하나님께 영광을 돌리게 하려 함이라고 말씀합니다. 찬송하는 입은 하나인데, 마음이 다를 수도 있지 않습니까? 그렇다면 이것은 얼마나 슬픈 일입니까?

⑨ 5절에서 "인내와 안위의 하나님"이라고 부른 사도는 6절에서는, "하나님 곧 우리 주 예수 그리스도의 아버지" 라고 부르고 있습니다.

㉠ 사도는 어찌하여 "하나님"이라 했다가 얼른, "하나님 곧 우리 주 예수 그리스도의 아버지께 영광을 돌리게 하려 하노라" 하고, 고쳐서 말씀하는 것일까요?

㉮ "나의 원대로 마옵시고 아버지의 원대로 하옵소서"(마 26:39),

㉯ "그러나 내가 이를 위하여 이 때에 왔나이다 아버지여 아버지의 이름을 영광스럽게 하옵소서"(요 12:27하-28상) 하신, 십자가의 의미를 생각했기 때문일 것입니다.

⑩ 이것이 "이러므로 그리스도께서 우리를 받아 하나님께 영광을 돌리심 같이 너희도 서로 받으라"(7) 하신 의미입니다.

㉠ 3-8절 안에는 "그리스도"라는 말이 5번 등장합니다. 그런 중에 "우리 주 예수 그리스도"(중)라는 6절의 호칭은 우리 주님께 돌려야할 가장 완전하고 영광스러운 호칭입니다. 사도는 하나님의 영광을 위하여 십자가를 참으시고 죽기까지 복종하신 우리 주님을 가장 존귀한 이름으로 부르고 있는 것입니다.

ⓒ 3절에서는 "그리스도께서 자기를 기쁘게 하지 아니하셨나니"

하고, 소극적인 본을 말씀한 사도는 7절에서는, "그리스도께서 우리를 받아 하나님께 영광을 돌리심과 같이" 하고 적극적인 본을 말씀합니다. 이렇게 하는 의도는, 연약한 자의 약점을 담당하는 목적도 하나님께 영광을 돌리기 위해서임을 말씀하기 위해서입니다.

⑪ 14:3절에서는 "하나님이 저를 받으셨음이니라" 말씀했는데, 15:7절에서는 "그리스도께서 우리를 받아"주셨다고 말씀합니다.

㉠ 하나님께서, 그리고 그리스도께서 나 같은 죄인을 받아주셨는데, 우리가 형제를 받아주지 않아도 된단 말입니까? 그래서 "너희도 서로 받으라"(7하) 하십니다.

㉡ 6-9절 안에는, "하나님께 영광을 돌림"이라는 말씀이 3번(6, 7, 9) 등장합니다.

㉮ 그리스도께서 우리를 받아 하나님께 영광을 돌리심과 같이 너희도 서로 받으라(7) 하십니다.

㉯ "한 마음과 한 입으로 하나님 곧 우리 주 예수 그리스도의 아버지께 영광을 돌리게 하려 하노라"(6) 하십니다.

㉰ "이방인으로 그 긍휼하심을 인하여 하나님께 영광을 돌리게 하려 하심이라"(9) 말씀합니다.

㉢ 14:1절에서 "믿음이 연약한 자를 너희가 받되" 하고 시작된 권면은, 15:7절에서 끝을 맺고 있는데, "하나님께 영광을 돌리라"는 말씀으로 절정을 이루는 구조입니다. 인내도, 안위도, 이웃을 기쁘게 함도, 연약한 자의 약점을 담당함도, 먹는 자와 먹지 않는 자도 하나님의 영광을 위한 것이 아니라면 아무런 의미가 없는 것입니다.

⑫ 만일 나로 인하여 소자 하나를 실족시키게 되면, "그리스도께서 대신하여 죽으신 형제를 망케"(14:15)하는 것이요, "하나님의 사업

을 무너지게"(14:20) 하는 것으로, 하나님께 영광을 돌리는 것과는 반대로, 하나님의 나라를 파괴하는 것이 되고 맙니다.

㉠ 그러므로 마지막으로 유념해야할 점은, "서로"라는 말입니다.

㉮ "다시는 서로 판단하지 말라"(14:13) 합니다.

㉯ "너희도 서로 받으라"(7) 합니다.

㉰ 12:10절에서는, "형제를 사랑하여 서로 우애하고 존경하기를 서로 먼저 하며" 합니다. 나와 다를 뿐 틀린 것이 아니라면 서로 받아주십시다. 내가 먼저 받아주십시다. 이것이 하나님을 기쁘시게 해 드리는 일입니다. 이것이 하나님께 영광을 돌리는 일입니다.

묵상해 봅시다.

1. 하나님을 왜 어떤 하나님으로 부르고 있습니까?
2. 주님의 어떤 점을 본 받아야 합니까?
3. 서로 받아야할 궁극적인 목적이 무엇입니까?

143

감사와 찬양으로 충만한 열방교회

내가 말하노니 그리스도께서 하나님의 진실하심을 위하여 할례의 수종자가 되셨으니 이는 조상들에게 주신 약속들을 견고케 하시고 이방인으로 그 긍휼하심을 인하여 하나님께 영광을 돌리게 하려 하심이라 기록된바 이러므로 내가 열방 중에서 주께 감사하고 주의 이름을 찬송하리로다 함과 같으니라 또 가로되 열방들아 주의 백성과 함께 즐거워하라 하였으며 또 모든 열방들아 주를 찬양하며 모든 백성들아 저를 찬송하라 하였으며 또 이사야가 가로되 이새의 뿌리 곧 열방을 다스리기 위하여 일어나시는 이가 있으리니 열방이 그에게 소망을 두리라 하였느니라 소망의 하나님이 모든 기쁨과 평강을 믿음 안에서 너희에게 충만케 하사 성령의 능력으로 소망이 넘치게 하시기를 원하노라(15:8-13).

로마교회 성도들에게, "강한 자가 마땅히 연약한 자의 약점을 담당하라"(1) 하고 권면하던 사도는 그의 시선(視線)을 로마에서, "열방"(列邦)으로 향하고 있습니다. 본문에는 "열방"이라는 말이 5번이나 등장합니다. 그런데 열방만을 언급하고 있는 것이 아니라 열방 안에, "감사, 찬송, 즐거움, 기쁨" 등으로 충만하게 될 것을 바라보고 있는 것입니다.

이것이 어떻게 가능하게 된다는 것인가? "이새의 뿌리 곧 열방을 다스리기 위하여 일어나시는 이가 있으리니 열방이 그에게 소망을 두리라"(12) 하고, 그리스도로 말미암아 가능하여진다고 말씀합니다. 사도는 로마교회라는 좁은 울타리 안에서 서로 잘났다고 판단하고 업신여기는 저들의 시야를, "감사와 찬양으로 충만한 열방교회"를 바라보도록 해주고 있는 것입니다. 왜 이렇게 하고 있는가? 그리스도의 죽으심으로 말미암아, "그는 우리의 화평이신지라 둘로 하나를 만드사 중간에 막힌 담을 허시고"(엡 2:14) 한, 유대인과 이방인을 하나로 만드셨다는 점을 드러내기 위해서인 것입니다.

① "내가 말하노니 그리스도께서 하나님의 진실하심을 위하여 할례의 수종자가 되셨으니 이는 조상들에게 주신 약속들을 견고케 하시고"(8) 합니다.

㉠ 8절은 "내가 말하노니", 이렇게 시작하고 있는데 이는, 중요한 교리나 권면을 말씀하려고 할 때 주의를 환기시키기 위해서 사도가 즐겨 사용하는 어법(7:1, 9:1, 11:1)입니다. 그렇다면 무엇을 말씀하려는 것입니까? 바로 앞 절에서, "그리스도께서 우리를 받아 하나님께 영광을 돌리심 같이"(7상) 라고 말씀했습니다.

㉡ 이와 같이 행해주신, "그리스도와, 하나님" 앞에서, "먹어도 되느냐? 먹어서는 아니 되느냐?" 하는 하찮은 문제로 성도 상호간에 "판단하고 업신여기고" 있다는 것이 얼마나 한심한 일인가? 얼마나 부끄러운 모습인가? 그래서 사도는 14:1절부터 시작된 "아디아포라", 즉 하찮은 일이라는 주제를 7절에서 일단 끝내고, "내가 말하노니"(8상) 하고 주의를 환기시킨 다음에 우리의 시야(視野)를 "감사와 찬양과 기쁨"으로 충만하게 될 열방(列邦)으로 향하게 하고 있는 것입니다. 8절 안에는,

㉮ "하나님의 진실하심",

㉯ "할례의 수종자가 되신 그리스도",

㉰ "견고케 하신 조상들에게 주신 약속" 등이 있습니다. 이는 참으로 중요한 주제들입니다.

② 중심은 "그리스도께서 하나님의 진실하심을 위하여 할례의 수종자가 되셨으니"(8상) 한, "그리스도"에 있습니다.

㉠ "할례의 수종자가 되셨다"는 말은, 하나님의 아들 그리스도께서 육신을 입고 이 땅에 오신 것을 나타냅니다. 왜 그렇게 하셔야만 했는가? 한 번 언약(言約)하신 것은 반드시 지켜주신다는 "하나님의 진실(眞實)하심"(8중)을 위해서라는 것입니다.

㉡ "내가 나의 거룩함으로 한번 맹세하였은즉 다윗에게 거짓을 아니할 것이라"(시 89:35) 하신대로 성취하여주심으로 조상들, 즉 아브라함과 이삭과 야곱에게 세워주신 "약속을 견고(堅固)케"(8하), 즉 어김이 없이 지켜주셨다는 말씀입니다.

㉢ 이제까지는 로마라고 하는 지역교회 안에서 일어나고 있는, 믿음이 강한 자와 약한 자 사이에 서로 업신여기고 판단하는 문제를 다루고 있었습니다. 이는 한 주님의 몸 된 교회 안에서 새로운 담을 쌓으려는 잘못인 것입니다. 이제 사도는 로마 교회라고 하는 한 지역 교회의 차원을 넘어서, 우주적인 교회를 바라보고 있는 것입니다

③ 그러면 "할례의 수종자가 되셨으니"(8중) 하는 말은 무슨 뜻인가?

㉠ 누가복음 2장에는 "할례 할 팔 일이 되매(21), 모세의 법대로 결례의 날이 차매 아기를 데리고 예루살렘에 올라가니"(눅 2:22) 하는 말씀이 있습니다. 또한 세례요한에게, "이제 허락하라 우리가 이와 같이 하여 모든 의를 이루는 것이 합당하니라"(마 3:15) 하고 말씀하셨습니다. 주님께서 이런 의식에 "수종자"(隨從者)가 되셔야할 분이 전연 아니십니다. 그런데 이를 행하심으로 우리의 대표자(代表者)로서 취하

셔야할 "모든 의"를 이루셨다는 말씀입니다. 이것이 "할례의 수종자가 되셨다"는 뜻입니다.

④ 그리스도는 유대인으로 오셨습니다. 그러나 구원이 유대인에게서 나오지만 유대인에게 국한된 것이 아니라, "이방인으로 그 긍휼하심을 인하여 하나님께 영광을 돌리게 하려 하심이라"(9상) 하고, 말씀합니다.

㉠ 이는 일찍이 아브라함에게, "네 씨로 말미암아 천하 만민이 복을 얻으리니"(창 22:18) 하고 언약하신 바의 성취였던 것입니다. 사도는 이를 입증하기 위하여 구약성경을 네 곳이나 인용하고 있습니다.

㉮ 9절은 시편 18:49절의 인용이고,
㉯ 10절은 신명기 32:43절의 인용이고,
㉰ 11절은 시편 117:1절의 인용이고,
㉱ 12절은 이사야 11:10절의 인용입니다.

㉡ 부활하신 주님께서 의심하는 제자들에게, "내가 너희와 함께 있을 때에 너희에게 말한바 곧 모세의 율법과 선지자의 글과 시편에 나를 가리켜 기록된 모든 것이 이루어져야 하리라 한 말이 이것이라"(눅 24:44) 하고 말씀하셨는데, 사도도 모세의 율법(신명기)과 선지자의 글(이사야)과 시편에서 골고루 인용하고 있는 것을 보게 됩니다.

⑤ 그리고 인용문의 내용을 관찰해 보면 공통점(共通點)이 있는데,

㉠ 첫째는 "열방"이라는 말입니다. 열방이라는 말이 5번(9, 10, 11, 12, 12)이나 나옵니다. 이는 유대인과 이방인이 하나가 되어 하나님께 영광을 돌리게 될 것을 가리킵니다.

㉡ 둘째로 "찬송, 감사, 즐거워함, 소망" 등입니다. "찬송"이 3번

이나 나옵니다. 이상 말씀드린 것을 요약하면, 구원이 유대인에게서 나와서 열방에 미칠 것을 성경 전체가 증거하고 있다는 것입니다.

⑥ 사도가 인용한 시편 117편은 전부가 두 절 밖에 안 되는 성경 1189개 장 중에서 가장 짧은 장입니다.

㉠ 그런데 첫 절에서는, "너희 모든 나라들아 여호와를 찬양하며 너희 모든 백성들아 저를 칭송할 지어다" 말씀함으로, 가장 작은 장으로 알고 있는 그 속에는 "모든 나라들과, 모든 백성들"이 다 들어있는 엄청나게 크고도 넓은 장(章)인 셈입니다.

㉡ 그리고 둘째 절에서는, "우리에게 향하신 여호와의 인자하심이 크고 진실하심이 영원(永遠)함이로다 할렐루야" 함으로, "크신 인자(仁慈)와, 영원(永遠)하신 진실"이 들어있는 크고도 영원한 장인 것입니다.

⑦ 어떻게 해서 이처럼 유대인과 이방인들이 하나가 되어서, 구원을 감사하며 찬양하며 즐거워하며 하나님께 영광을 돌리게 된다는 것입니까?

㉠ 8-12절의 핵심은, "이새의 뿌리 곧 열방을 다스리기 위하여 일어나시는 이가 있으리니 열방이 그에게 소망을 두리라"(12) 한, "이새의 뿌리" 곧 그리스도에 있습니다. 이는 이사야 11:10절의 인용인데 이 말씀은, "이새의 줄기에서 한 싹이 나며 그 뿌리에게 한 가지가 나서 결실할 것이요"(사 11:1)와 함께 다윗의 자손으로 오실 그리스도에 대한 명백한 예언입니다.

㉡ 주님이 오시기 전까지는 유대인과 이방인 사이의 담은 너무나 높고 견고하였습니다. 그런데 주님께서 중간에 막힌 담을 자기 육체로 폐하시고 둘로 하나를 만드셨다고 말씀합니다. 그렇다면 묻습니다. 둘로 하나를 만든 그들은 유대인이 된 것입니까? 이방인이 된

것입니까? 성경은 "이 둘로 자기 안에서 〈한 새 사람〉을 지어"(엡 2:15)라고 말씀합니다. 그들은 더 이상 유대인도 이방인도 아닌, "새로운 피조물이요, 천국시민이요, 하나님의 권속"인 "그리스도인"들인 것입니다.

ㄷ) "그 때에 너희는 그리스도 밖에 있었고 이스라엘 나라 밖의 사람이라 약속의 언약들에 대하여 외인이요 세상에서 소망이 없고 하나님도 없는 자이더니", 이런 상태에 있던 이방인들이, "이제는 멀리 있던 너희가 그리스도 예수 안에서 그리스도의 피로 가까워 졌느니라 그는 우리의 화평이신지라 둘로 하나를 만드사 중간에 막힌 담을 허시고, 둘로 한 새 사람을 지어 화평하게"(엡 2:12-15) 하셨다고 말씀합니다.

⑧ 사도는 이미 14:17절에서, "하나님 나라는 먹는 것과 마시는 것이 아니요" 하고, 〈하나님의 나라〉를 언급한 바가 있습니다. 사도의 관심은 로마교회에 한정되어 있는 것이 아니라, 하나님의 나라 건설과 확장에 집중되어 있는 것입니다.

ㄱ) 사도는 로마 성도들이 이 엄청난 영광스러움을 깨닫기를 원하고 있습니다. 그런데 하찮은 먹는 문제 따위로 몸 된 교회를 분열시켜서야 되겠느냐는 것입니다. 고린도전서 6장에서는, "성도가 세상을 판단할 것을 너희가 알지 못하느냐?, 우리가 천사를 판단할 것을 너희가 알지 못하느냐?"(고전 6:2-3) 하고 묻고 있습니다. 이를 알았다면 우물 안 개구리들처럼 왈가왈부하지 말고, "그리스도께서 우리를 받아 하나님께 영광을 돌리심과 같이 너희도 서로 받으라"(7) 하는 말씀입니다.

⑨ 끝으로 사도는, "소망의 하나님이 모든 기쁨과 평강을 믿음 안에서 너희에게 충만케 하사 성령의 능력으로 소망이 넘치게 하시기를 원하노라"(13) 하고 말씀합니다.

㉠ 13절 안에는, "소망, 기쁨, 평강, 믿음, 성령의 능력, 넘치는 소망, 충만" 등이 있습니다. 이것이 지금 건설해나가고 계시는 하나님의 나라요, 영광스러운 교회입니다. 그러하건만 근시안(近視眼)이 되어 같은 교회 안에서 서로 판단하고 업신여기고 있는 것이 아닌가! 13절은 사도의 간절한 간구입니다. 이를 요약을 하면,

㉮ "모든 〈기쁨과 평강〉을 믿음 안에서 너희에게 충만케 하시기를" 기원하고 있습니다.

㉯ 그런데 중심점은, "소망의 하나님이, 성령의 능력으로 〈소망〉이 넘치게 하시기를 원하노라" 하는, "소망"(所望)에 있는 것입니다.

㉡ 우리는 5장에서 "더욱, 넘친다"(15, 17, 20)는 말씀을 받은 바 있습니다. 우리가 믿는 하나님은,

㉮ "넘치는 기쁨"(고후 7:4),

㉯ "넘치는 감사"(골 2:7),

㉰ "넘치는 은혜"(고후 9:8),

㉱ "넘치는 사랑"(살전 3:12)을 우리에게 주시는 하나님이십니다.

⑩ 이 시점에서 사도가, "소망이 넘치게 하시기를 원하노라" 하는 의중이 무엇일까요? 4절에서도 "인내로 또는 성경의 안위로 소망(所望)을 가지게 함이니라" 말씀하고, 12절에서도 "열방이 그에게 소망(所望)을 두리라" 하고, "소망"이 강조되어 있습니다.

㉠ 그것은 우리의 과거(過去)는 각각 다를 수가 있습니다. 민족도, 출신도, 신분도, 성장과정도, 문화적 배경도, 성격도 각각 다를 수가 있습니다. 이런 다르다는 것들이 한 마음 한 뜻이 되는데 장애 요인이 될 수가 있습니다. 그러나 형제여, 우리의 과거는 달라도 장래(將來)에 주어질, 우리의 소망(所望)은 하나라는 말씀입니다.

⑪ 사도는 결론 부분에서 "그리스도 안에서 통일된"(엡 1:10) 영광스러운 교회를 바라보고 있는 것입니다.

㉠ 에베소서에서는, "몸이 하나요 성령이 하나요 소망이 하나요 주도 하나요 믿음도 하나요 세례도 하나요 하나님도 하나이시니"(엡 4:4-6) 하고, 교회의 일체(一體)를 말씀하는 속에 "하나의 소망(所望)"이 들어 있습니다. 우리는 같은 목표와 동일한 목적과 한 소망을 바라고 나아가고 있는 것입니다.

㉡ "그러므로 형제들아"(12:1) 하고 시작된 실천윤리는 15:13절에서, "소망이 넘치게 하시기를 원하노라"는 말씀으로 끝을 맺고 있습니다. 남은 부분은 앞으로의 계획과, 문안 등을 말씀하는 내용입니다. 저도 여러분이 섬기시는 교회 위에, 하나님의 모든 기쁨과 평강과 소망이 충만하시고 넘치게 되시기를 기원합니다. 이것이 "감사와 찬양으로 충만한 열방교회"입니다.

⑫ 교리부분(1-11장)을, "영광이 그에게 세세에 있으리로다 아멘"(11:36) 하고 끝맺은 사도는, 실천윤리(實踐倫理) 부분도,

㉠ "한 마음과 한 입으로 하나님 곧 우리 주 예수 그리스도의 아버지께 영광(榮光)을 돌리게 하려 하노라"(6),

㉡ "그리스도께서 우리를 받아 하나님께 영광(榮光)을 돌리심과 같이 너희도 서로 받으라"(7),

㉢ "이방인으로 그 긍휼하심을 인하여 하나님께 영광(榮光)을 돌리게 하려 하심이라"(9) 하고, "하나님의 영광"으로 마치고 있습니다. "하나님께 영광"! 이것이 궁극적인 목적입니다. "하나님께 영광, 하나님께 영광, 하나님께 영광", 아멘! 아멘! 아멘!

묵상해 봅시다.

1. 조상들에게 주신 약속(8)은 무엇이며 어떻게 견고하여졌습니까?
2. 우리의 시선을 어디로 향하게(9-12) 하고 있습니까?
3. 소망의 하나님(13)이라고 말씀하는 의도가 무엇입니까?

둘째 단원(14-21) 복음의 제사장 직무

144
바울의 선교 정신

내 형제들아 너희가 스스로 선함이 가득하고 모든 지식이 차서 능히 서로 권하는 자임을 나도 확신하노라 그러나 내가 너희로 다시 생각나게 하려고 하나님께서 내게 주신 은혜를 인하여 더욱 담대히 대강 너희에게 썼노니 이 은혜는 곧 나로 이방인을 위하여 그리스도 예수의 일군이 되어 하나님의 복음의 제사장 직무를 하게 하사 이방인을 제물로 드리는 그것이 성령 안에서 거룩하게 되어 받으심직 하게 하려 하심이라 그러므로 내가 그리스도 예수 안에서 하나님의 일에 대하여 자랑하는 것이 있거니와 그리스도께서 이방인들을 순종케 하기 위하여 나로 말미암아 말과 일이며 표적과 기사의 능력이며 성령의 능력으로 역사하신 것 외에는 내가 감히 말하지 아니하노라 이 일로 인하여 내가 예루살렘으로부터 두루 행하여 일루리곤까지 그리스도의 복음을 편만하게 전하였노라 또 내가 그리스도의 이름을 부르는 곳에는 복음을 전하지 않기로 힘썼노니 이는 남의 터 위에 건축하지 아니하려 함이라 기록된바 주의 소식을 받지 못한 자들이 볼 것이요 듣지 못한 자들이 깨달으리라 함과 같으니라(15:14-21).

로마서는 1장-11장까지는 교리편이고, 12장 이하는 실천편입니다. 그런데 교리와 실천적인 말씀은 15:13절까지에서 모두 끝마친 셈입니다. 그 이하에서는 마무리 말씀과 문안 등으로 이루어져 있습니다.

본문은 사도가 자신의 사역을 돌이켜 보고 있는데 이를 통해서 그의 선교(宣敎)정신을 엿볼 수가 있습니다.

① "내 형제들아 너희가 스스로 선함이 가득하고 모든 지식이 차서 능히 서로 권하는 자임을 나도 확신하노라"(14) 하고 말씀합니다.
㉠ 사도는 "내 형제들아"하고 다정하게 부릅니다. 이는 지금까지 권면하던 경색된 국면을 친근(親近)한 분위기로 전환하려는 의도에서였을 것입니다. 그런 후에, ㉮ "너희가 스스로 선함이 가득하고, ㉯ 모든 지식이 차서, ㉰ 능히 서로 권하는 자임을 나도 확신하노라" 합니다.
㉡ 이는 당시 로마 성도들의 신앙의 성숙도를 말해주고 있습니다만, 그 보다는 더욱 전도자 바울의 겸손한 자세를 나타낸다 하겠습니다. 사도 바울이 생각할 때에 로마 성도들에게는 부족한 점이 많이 있었을 것입니다. 이점이, "내가 너희 보기를 심히 원하는 것은 무슨 신령한 은사를 너희에게 나누어주어 너희를 견고(堅固)케 하려 함이니"(1:11) 하는 말씀에 나타납니다. 그러나 사도는 자신만이 신령한 자인 것처럼 그들 위에 군림하려 하지 않았습니다.

② 그렇다고 사도는 겸손만으로 대하고 있는 것이 아닙니다. 15절은 "그러나"로 시작하고 있습니다. "그러나 내가 너희로 다시 생각나게 하려고 하나님께서 내게 주신 은혜를 인하여 더욱 담대히 대강 너희에게 썼노니"(15) 하고, 권위 있게 말씀합니다.
㉠ 이처럼 "겸손과, 담대함"은 서로 모순(矛盾)되는 것이 아닙니다. 복음 전도자가 취해야만 하는 조화로운 양면성입니다. 어떤 젊은 목회자가 너무 경박하게 설교를 하더랍니다. 예배 후에 한 늙은 성도가 그에게 다가가서, "당신은 보내서서 왔소, 아니면 스스로 왔소" 하고 물었다고 합니다. 그런가 하면 어떤 설교자는 "제 생각에는

이렇게 생각합니다만" 하는 식으로 말을 합니다. "아니 여보시오, 지금 우리가 당신의 생각이나 들으러 온 줄로 아시오?" 아시겠습니까? 지금 사도는 겸손함과 담대함으로 로마서를 기록하고 있는 것입니다.

③ "서로 권하는 자"라는 점이 중요합니다. "권하는 일"은 목회자나 하는 것으로 생각하기가 쉽습니다만 그렇지가 않습니다. 그리스도인이란 "서로 권하는 자"여야 합니다.

㉠ 데살로니가교회에 보낸 편지 중에서도, "형제들아 권면하노니 규모 없는 자들을 권계(勸戒)하며 마음이 약한 자들을 안위(安慰)하고 힘이 없는 자들을 붙들어 주며 모든 사람을 대하여 오래 참으라"(살전 5:14) 하고, 평신도의 사역에 대해서 말씀하고 있습니다. 어떻게 하면 서로 권하는 일을 감당할 수가 있습니까? "선함이 가득하고 모든 지식이 차야"만 할 수 있는 것입니다.

㉮ "선함이 가득함"이란 선한 행실로 본을 보여줌을 뜻합니다. 그래야만 그의 말에 영향력이 있게 됩니다.

㉯ 그 위에 "지식이 차야만" 합니다. 즉 하나님의 말씀으로 훈련되어 있어야만 합니다. 우리도 "선함이 가득하고 모든 지식이 찬" 성숙한 그리스도인이 되기를 사모하여 이 로마서를 상고하고 있는 것입니다.

④ 바울에게 주신 은혜 곧 그에게 맡겨주신 사명이 무엇이었습니까? "이 은혜는 나로 이방인을 위하여 그리스도 예수의 일꾼이 되어"(16상) 합니다.

㉠ 베드로를 유대인의 사도(갈 2:7)로 세우신 주님은 바울을, "이방인의 사도"(11:13)로 세우신 것입니다. 그래서 이방의 대표 격인 로마교회에 대해서 남다른 관심이 있었을 것입니다.

⑤ "하나님의 복음의 제사장 직무를 하게 하사"(16중) 합니다.

㉠ 구약시대는 선민 이스라엘을 "제사장 나라"(출 19:6)로 삼으셨습니다. 즉 이스라엘을 통해서 천하 만민이 구원에 이르게 하시려는 계획을 갖고 계셨습니다. 그런데 신약시대에는 발전하여 그리스도인들을 가리켜, "오직 너희는 택하신 족속이요 왕 같은 제사장"(祭司長)이라 말씀하면서, "이는 너희를 어두운데서 불러내어 그의 기이한 빛에 들어가게 하신 자의 아름다운 덕을 선전(宣傳)하게 하려 하심이라"(벧전 2:9) 말씀합니다.

㉡ 그러므로 사도는 자신의 선교사역을 "제사장 직무"를 수행하는 것이라고 말씀합니다. 고린도후서 5장에서는, "그리스도를 대신(代身)하여 사신(使臣)이 되어"(20)라고 말씀합니다.

㉮ 그리스도를 대신한 사신(使臣)의 직분으로는 이방인들에게, "하나님과 화목하라" 하고 복음을 전하고,

㉯ 이방인의 여러 교회들을 대신(代身)하여 서는 하나님께 쉬지 않고 기도와 간구함을 올리는 일을, 사도는 "제사장 직무"로 보았던 것입니다.

⑥ 제사장이란 드릴 제물이 있어야 하는데 사도는, "이방인을 제물로 드리는 그것이 성령 안에서 거룩하게 되어 받으심 직하게 하려 하심이라"(16하) 합니다.

㉠ 12:1절에서는, "너희 몸을 하나님이 기뻐하시는 거룩한 산 제사로 드리라" 하고 말씀했는데, 이것이 제사장 직무요, 복음을 전파하여 구원 얻은 자들을 하나님께 드리는 것을 제물(祭物)이라고 말씀합니다.

㉡ 사도는 "받으심 직하게 하려하심"(16하)이라고 말씀하고 있는데, 여기에 제사장으로서의 올바른 인식이 있는 것입니다. 레위기

22장에는 "드리라"는 말이 12번, "열납하시도록"이라는 말이 7번 등장합니다. "드림"은 제사장에게 있지만, "받으심"은 하나님께 있기 때문에 제사장에게는 "열납하시도록"이라는 두렵고 떨림이 있어야만 하는 것입니다.

⑦ 16절 속에는 성삼위 하나님이 다 관계하고 계심을 보게 됩니다.
  ㉠ 바울은 "그리스도 예수의 일꾼"이요,
  ㉡ 바울이 전한 복음은 "하나님의 복음"이요,
  ㉢ 그의 사역은 "성령 안에서" 행하여 졌다는 것입니다. 얼마나 영광스러운 직분입니까? 사도는 이 제사장 직무에 대해 자랑과 긍지를 가지고 있었습니다.

⑧ "그러므로 내가 그리스도 예수 안에서 하나님의 일에 대하여 자랑하는 것이 있거니와"(17) 합니다.
  ㉠ 사도는 18절에서 그리스도께서 이방인들에게 복음을 전도하기 위해서 자신을 어떻게 들어 쓰셨는가를 설명합니다.
    ㉮ 첫째는 "나로 말미암아 말과 일이며" 합니다. 복음은 말을 통해서 전해집니다만, 또한 말씀을 전하는 사역자의 삶(일)을 통해서 전해지는 것입니다. 데살로니가에 보낸 편지에는, "우리 복음이 말로만 너희에게 이른 것이 아니라⋯⋯우리가 너희 가운데서 너희를 위하여 어떤 사람이 된 것은(일) 너희가 아는 바와 같으니라" (살전 1:5) 하고, "말과, 일"로 행하였음을 상기시키고 있습니다.
    ㉯ 둘째로 "표적과 기사의 능력"으로 역사하셨다고 말씀합니다. 표적이란 바울과 바나바가 총독 서기오 바울에게 전도할 때에 이를 대적하던 박수 엘루마가 즉시 소경이 된 것(행 13:7-12)을 들 수가 있습니다. 이것이 표적이 되어 서기오 바울은 예수를 영접하게

되었습니다. 기사의 능력이란 빌립보 옥중에서 옥문이 열리고 결박이 다 풀려진 것(행 16:25-26)을 들 수가 있습니다. 이로 인해 옥사장의 가정이 구원을 얻었습니다.

㉰ 세 번째로 "성령의 능력"으로 역사하였다고 말씀합니다. 복음 전도는 전적인 성령님의 사역입니다. 그래서 "이는 우리 복음이 말로만 너희에게 이른 것이 아니라 오직 능력과 성령과 큰 확신으로 된 것이니"(살전 1:5) 하고 말씀하는 것입니다.

㉡ "말과 일이며 표적과 기사의 능력"은 다 성령의 능력에 속하는 것입니다. 그런데 성령의 능력하면, "표적과 기사"만을 생각해서는 아니 됩니다. 성령의 궁극적인 능력은, "믿는 자를 구원하시는 복음의 능력" 곧 "허물과 죄로 죽었던" 심령들을 소생시키는, 중생(重生)의 역사이기 때문입니다.

㉢ 이방인들이 바울의 전하는 복음을 듣고 예수를 믿어 하나님이 받으심 직한 제물이 될 수 있었던 것은 성령의 능력이 아니고는 불가능함을 말씀하고 있습니다. 그래서 "성령의 능력으로 역사하신 것 외에는 내가 감히 말하지 아니하노라"(18) 하는 것입니다.

⑨ 19절에 의하면 사도가 지금까지 선교한 범위는, "예루살렘으로부터 두루 행하여 일루리곤까지 그리스도의 복음을 편만하게 전하였노라" 하고 말씀합니다.

㉠ "예루살렘에서 일루리곤까지", 사도는 주님의 지상명령인, "예루살렘과 온 유대와 사마리아와 땅 끝까지 이르러 내 증인이 되리라"(행 1:8) 하신 말씀을 이루려고 평생을 헌신했음을 말씀하고 있는 것입니다.

㉡ "편만하게 전하였노라" 하고 술회합니다. 편만(遍滿)이란, "채우다, 두루 퍼치다"는 뜻입니다. 바울은 외모가 왜소하고 말도 시원치

않았던 것(고후 10:10) 같습니다. 거기다 건강도 좋지 않았던 것(갈 4:13, 고후 12:7)으로 여겨집니다. 그러한 바울이 이토록 큰 업적을 남긴 것에 대해 많은 것을 생각하게 합니다.

⑩ 복음 전도자 바울에게는 한 가지 원칙이 있었는데, "그리스도의 이름을 부르는 곳에는 복음을 전하지 않기로 힘썼노니 이는 남의 터 위에 건축하지 아니하려 함이라"(20) 하고 말씀합니다. 이것은 목회 윤리에 속하는 일입니다.

㉠ 형제여, 자신의 선교정신을 점검해 볼 필요가 있습니다.

㉮ 첫째는 자세입니다. 겸손과 담대함으로 섬기십시다.

㉯ 둘째로 정체성입니다. 자신의 직분이 제사장 직무임을 명심하십시다.

㉰ 셋째로 나에게도 하나님께 드릴 제물이 있는가 하는 점입니다.

㉱ 넷째로 선교 범위입니다. 자신은 어디서 어디까지 편만하게 퍼치고 있습니까?

㉲ 다섯째로 교회와 목회자 간에 지켜야할 윤리문제입니다.

㉳ 마지막으로 자신은 이 직무에 대해 자랑으로 여기며, 성령의 능력만을 의지하고 있는가 하는 점입니다. 이것이 "바울의 선교 정신"입니다.

> **묵상해 봅시다.**
>
> 1. 전도자의 자세에 대해서 말씀해(14-15) 보십시오.
> 2. 자신의 직무에 대해서 말씀해(16) 보십시오.
> 3. 주님께서는 사도 바울을 어떻게 들어(18) 쓰셨습니까?

셋째 단원(22-33) 앞으로의 선교계획

145
바울의 선교 계획

그러므로 또한 내가 너희에게 가려 하던 것이 여러 번 막혔더니 이제는 이 지방에 일할 곳이 없고 여러 해 전부터 언제든지 서바나로 갈 때에 너희에게 가려는 원이 있었으니 이는 지나가는 길에 너희를 보고 먼저 너희와 교제하여 약간 만족을 받은 후에 너희의 그리로 보내줌을 바람이라 그러나 이제는 내가 성도를 섬기는 일로 예루살렘에 가노니 이는 마게도냐와 아가야 사람들이 예루살렘 성도 중 가난한 자들을 위하여 기쁘게 얼마를 동정하였음이라 저희가 기뻐서 하였거니와 또한 저희는 그들에게 빚진 자니 만일 이방인들이 그들의 신령한 것을 나눠 가졌으면 육신의 것으로 그들을 섬기는 것이 마땅하니라 그러므로 내가 이 일을 마치고 이 열매를 저희에게 확증한 후에 너희에게를 지나 서바나로 가리라 내가 너희에게 나갈 때에 그리스도의 충만한 축복을 가지고 갈 줄을 아노라(15:22-29).

사도는 본문을 통해서 앞으로의 선교 계획을 말씀하고 있습니다. 로마에는 이미 교회가 설립되어 있었는데, 그럼에도 불구하고 사도는 어찌하여 로마에 가기를 그토록 원하고 있으며 이제도 왜 로마서를 기록하여 보내려고 하는가? 그것은 자신이 이방인의 사도라는 사명감과, 로마를 거점으로 하여 미개척 지역인 서바나로 가기를 원했기 때문입니다. 사도의 가슴 속에서 활활 타오르는 선교의 열정을 보게 됩니다.

① "그러므로 또한 내가 너희에게 가려 하던 것이 여러 번 막혔더니"(22) 합니다.

㉠ "여러 해 전부터 서바나로 갈 때에 너희에게 가려는 원이 있었으냐"(23), 그 계획이 "여러 번 막혔다"는 것입니다. 어떤 이유로 막혀 있었을까요? "이제는 이 지방에 일할 곳이 없고"(23) 한 말씀에서 빛을 받을 수가 있는데, 고린도, 마게도냐, 에베소 지방에 계속적으로 전도의 문이 열려 있었던 것으로 여겨집니다. 이를 포기하고 서둘러 로마로 가기가 선뜻 마음 내키는 일은 아니었을 것입니다.

㉡ 이제도 바울의 마음 같아서는 로마서를 기록하고 있는 고린도에서, 로마로 직행하고 싶었을 것입니다. 그러나 사도는 "보라 이제 나는 심령에 매임을 받아 예루살렘으로 가는데 저기서 무슨 일을 만날는지 알지 못하노라"(행 20:22) 하고 말씀합니다. 말하자면 로마로 가는 길이 다시 한 번 막힌 셈입니다.

② 지금 바울은 3차 전도여행을 마치고, 4차 전도여행 계획을 세워놓고 있습니다.

㉠ 그 계획은 예루살렘에 올라가 구제금을 전달한 후에, 로마로 가서 교회를 돌아보고, 로마 제국의 서쪽 끝인 스페인으로 가려는 것입니다. 당시로 보면 스페인은 땅 끝으로 여겨졌을 것입니다. 사도는 로마에 가서 오래 머물 계획은 아니었던 듯합니다. "지나가는 길에 너희를 보고 먼저 너희와 교제하여 약간 만족을 받은 후에 너희

의 그리로 보내줌을 바람이라"(24) 하고 말씀하기 때문입니다.

ⓒ 사도는 로마 성도들에게 솔직한 요구를 하고 있는 것으로 여겨집니다. "너희가 그리로 보내줌을 바람이라"(24), 즉 로마교회가 자신을 스페인으로 파송하는 비용을 감당해 주어야 하겠다는 것입니다. 바울은 본래 안디옥교회에서 파송(행 13:1-3)을 받았습니다. 그래서 아시아, 마게도냐, 아가야 지방을 무대로 하여 선교하였습니다.

③ 그러나 앞으로는 유럽 쪽으로 선교 지역을 확장하려는 꿈을 가지고 있습니다. 바울은 로마 시민권을 가지고 있었기 때문에 누구보다도 이 일에 적격자였습니다.

㉠ 모든 길은 로마로 통한다는 말처럼, 이 사역을 감당하려면 로마교회의 후원이 절대적으로 필요하였던 것입니다. 로마를 거점으로 하여, 로마 성도들의 후원으로 이 사명을 감당하기를 원하고 있는 것입니다.

④ "그러나 이제는 내가 성도를 섬기는 일로 예루살렘에 가노니 이는 마게도냐와 아가야 사람들이 예루살렘 성도 중 가난한 자들을 위하여 기쁘게 얼마를 동정하였음이라"(25-26) 합니다.

㉠ 바울은 마게도냐 아가야 성도들이 예루살렘 성도 중 가난한 자들을 위하여 기쁘게 연보한 구제금을 전달하기 위하여 예루살렘으로 올라가고 있는 것입니다. 마게도냐 아가야 형제들도 넉넉한 것은 아니었습니다. 고린도후서 8:1-2절에 보면, "환난의 많은 시련 가운데서 저희 넘치는 기쁨과 극한 가난이 저희로 풍성한 연보를 넘치도록 하게 하였다" 하고 기록되어 있습니다.

ⓒ 이방교회들이 왜 이렇게 하였는가? "이방인들이 그들의 신령한 것을 나눠가졌으면 육신의 것으로 그들을 섬기는 것이 마땅하니라"(27) 하고 말씀합니다. 사도는 고린도전서에서, "우리가 너희에게

신령한 것을 뿌렸은즉 너희 육신의 것을 거두기로 과하다 하겠느냐"(고전 9:11) 합니다.

ⓒ 사도행전 21:19절에는 바울이 예루살렘에 올라가서, "하나님이 자기의 봉사로 말미암아 이방 가운데서 하신 일을 낱낱이 고하니 저희가 듣고 하나님께 영광을 돌렸다"고 기록되어 있습니다.

⑤ 사도는 로마 성도들에게, "내가 너희에게 나갈 때에 그리스도의 충만한 축복을 가지고 갈 줄을 아노라"(29) 하고 말씀합니다.

㉠ 사도가 예루살렘으로 올라갈 때에는 이방인들로부터 모금한 물질(物質)이라는 축복을 가지고 갔지만, 예루살렘에서 로마로 갈 때에는 "내가 너희에게 나갈 때에 그리스도의 충만한 축복을 가지고 갈 줄을 아노라"(29), 즉 신령한 축복을 갈 것을 기대하라고 말씀합니다. 얼마나 풍성하고 듣기만 해도 충만해지지 않습니까?

㉡ 모든 그리스도인들은, "가난한 자 같으나 많은 사람을 부요하게 하고 아무 것도 없는 자 같으나 모든 것을 가진 자"(고후 6:10)인 것입니다. 그리스도인들은 심방이나 전도할 때뿐만이 아니라, 심지어 자녀들이나 친척을 방문할 때에도 빈손으로 가는 자들이 아닙니다. "그리스도의 충만한 축복"을 가지고 가는 것을 믿으시기 바랍니다. "은과 금은 내게 없거니와 내게 있는 것으로 네게 주노니"(행 3:6) 하고, 나누어 줄 것이 있는 사람들입니다. 이것이 바울의 "선교 계획"입니다.

> **묵상해 봅시다.**
>
> 1. 바울의 선교계획(22-24)과, 형제의 계획을 말씀해 보십시오.
> 2. 신령한 것을 나눠가짐과, 육신의 것으로 섬기는(27) 점에 대해서,
> 3. 29절이 형제에게도 주어졌음을 믿으십니까?

146
기도로 함께 싸우자

형제들아 내가 우리 주 예수 그리스도로 말미암고 성령의 사랑으로 말미암아 너희를 권하노니 너희 기도에 나와 힘을 같이하여 나를 위하여 하나님께 빌어 나로 유대에 순종치 아니하는 자들에게서 구원을 받게 하고 또 예루살렘에 대한 나의 섬기는 일을 성도들이 받음 직하게 하고 나로 하나님의 뜻을 좇아 기쁨으로 너희에게 나아가 너희와 함께 편히 쉬게 하라 평강의 하나님께서 너희 모든 사람과 함께 계실지어다 아멘(15:30-33).

본문은 사도 바울이 로마 형제들에게 간곡한 기도를 부탁하는 내용입니다. 사도는 "우리 주 예수 그리스도로 말미암고 성령의 사랑으로 말미암아"(30) 기도를 부탁하고 있습니다. 이처럼 엄숙하게 부탁하고 있다는 것은, 의례적이거나 습관적인 것이 아닌 위급하고 심각한 상황임을 말해주고 있습니다.

사도행전 20-21장을 통해서 그의 상황과 심정을 엿볼 수가 있습니다. 밀레도에 도착한 바울이 에베소 장로들을 청하여 행한 고별설교에서, "오직 성령이 각 성에서 내게 증거하여 결박과 환난이 나를 기다린다 하시나 나의 달려갈 길과 주 예수께 받은 사명 곧 하나님의 은혜의 복음 증거하는 일을 마치려 함에는 나의 생명을 조금도 귀한 것으로 여기지 아니하노라 보라 내가 너희 중에 왕래하며 하나님 나라를 전파하였으나 지금은 너희가 내 얼굴을 다시 보지 못할 줄을 아노라"(행 20:23-25) 하고 말씀하는 것을 보게 됩니다.

바울이 가이사랴에 도착하자, 예루살렘으로 올라가지 말라고 권하는 형제들에게, "너희가 어찌하여 울어 내 마음을 상하게 하느냐 나는 주 예수의 이름을 위하여 결박 받을 뿐 아니라 예루살렘에서 죽을 것도 각오하였노라"(행 21:13) 하고 말씀합니다. 이제 바울은 이런 각오를 하고 예루살렘으로 올라가려는 것입니다.

① "형제들아 내가 우리 주 예수 그리스도로 말미암고 성령의 사랑으로 말미암아 너희를 권하노니 너희 기도에 나와 힘을 같이하여 나를 위하여 하나님께 빌어"(30), 즉 기도해 달라고 부탁을 합니다.

㉠ 앞에서 상고한 대로 바울의 예루살렘 행은, "결박과 환난"이 기다린다는 성령의 지시에도 불구하고 심령에 매임을 받아 강행하고 있는 비장(悲壯)한 발걸음인 것입니다. 그렇다면 사도 자신은 물론, 사도를 보내는 형제들이 할 수 있는 일이 무엇이란 말인가? 기도(祈禱) 외에는 다른 방도가 없는 것입니다.

② "우리 주 예수 그리스도로 말미암고 성령의 사랑으로 말미암아 너희를 권하노니"(30상) 합니다.

㉠ 30절에는 "말미암아"라는 연결고리가,

㉮ "우리 주 예수 그리스도로 말미암고",

㉯ "성령의 사랑으로 말미암아" 하고, "그리스도와, 성령"에 연결이 되어 있습니다.

㉰ 그리고 "나를 위하여 하나님께 빌어" 하고, 삼위 하나님을

다 거론을 하면서 기도를 부탁하는 구조입니다. 이 말씀에 실려 있는 무게와, 사도의 심정을 짐작하게 합니다.

ⓒ 사도는 로마 성도들에게 주 예수 그리스도의 이름과 성령의 사랑으로 기도를 요청하고 있는 것입니다. 얼마나 엄숙하면서도 비장한 각오로 하는 부탁입니까? 사도는 고린도후서에서도, "너희도 우리를 위하여 간구함으로 도우라" 하고 요청을 합니다. 왜냐하면, "이는 우리가 많은 사람의 기도로 얻은 은사를 인하여 많은 사람도 우리를 위하여 감사하게 하려 함이라"(고후 1:11) 말씀합니다. 사도는 "기도"의 귀중성과, 중요함을 확신하고 있었다는 증거입니다.

③ 그래서 "너희 기도에 나와 힘을 같이 하여", 즉 합심(合心)기도를 하자는 것입니다.

㉠ 사도가 예루살렘에 올라가서 무사히 임무를 마친 후에 계획대로 로마를 거쳐 서바나로 갈 수 있도록 로마 형제들이 도울 수 있는 일이 무엇인가? 기도입니다. 기도라는 강력한 무기로 함께 싸우는 일이라는 것입니다. 이런 의미에서 "나와 힘을 같이 하여"라는 원어(原語)적인 의미는, "함께 투쟁(鬪爭)하자"는 의미입니다. 이것은 예사말이 아닙니다. 생사를 같이 하는 전투를 의미합니다.

㉡ 그렇다고 로마 형제들에게 무장을 하고 예루살렘으로 올라가 바울의 신변을 보호해 달라는 말이 아닙니다. 우리의 싸움은 혈과 육에 대한 것이 아닙니다. 오직 기도로 투쟁하고, 기도로 승리할 수 있음을 말씀하고 있습니다.

㉢ 밑져야 본전이라는 식으로, "기도나 좀 해 달라"는 그런 뜻이 아닙니다. 기도의 능력을 그렇게 여겨서는 아니 됩니다. 이 장면은 마치 야곱의 얍복강 나루의 기도와, 주님의 겟세마네의 기도를 연상케 합니다. 정성구 목사님이 쓰신 책 중에, "기도는 전투다"라는 책이

있는데, 그야말로 일사각오로 하는 비장한 부탁인 것입니다.

④ 사도가 부탁한 기도 제목은 세 가지인데,

㉠ 첫째로, "나로 유대에 순종치 아니하는 자들에게서 구원을 받게 하고"(31상), 즉 믿지 아니하는 유대인들에게서 안전하게 보호 받게 되기를 기도해 달라 합니다. 사도행전에 의하면, "바울을 죽이기 전에는 먹지도 아니하고 마시지도 아니 하겠다" 하고 동맹한 자가 40여명이나 있었으며, 그들은 길에 매복하였다가 바울을 죽일 작전을 세워놓고(행 23:12-15) 있었습니다.

⑤ 둘째로, "또 예루살렘에 대한 나의 섬기는 일을 성도들이 받음직 하게", 즉 구제금을 기쁨으로 받아 주기를 기도해 달라고 합니다. 이는 믿는 유대인들에게 영접되게 해 달라는 것입니다. 예루살렘 성도들 가운데는 이방인들과 교제하는 것을 못마땅하게 생각하고, 이방인의 사도인 바울을 배척하는 사람들도 있었기 때문입니다.

㉠ 이방인 형제들의 구제헌금에는 사랑이 담겨져 있었습니다. 바울의 중심에는 이를 통해서 예루살렘 성도들과 이방인 성도들이 친근(親近)하게 되기를 바라는 마음도 있었을 것입니다. 그런데 도리어 이방인들에게 무시와 모욕을 당한 듯이 반감을 일으키지나 아니할까 하는 염려도 있었을 것입니다. 참으로 사도 바울이, "밖으로는 다툼이요 안으로는 두려움이라"(고후 7:5) 한 말씀의 뜻을 알 듯 합니다.

⑥ 셋째로, "나로 하나님의 뜻을 좇아 기쁨으로 너희에게 나아가 너희와 함께 편히 쉬게 하라"(32) 하고, 기도해 달라는 것입니다.

㉠ "너희와 함께 편히 쉬게 하라"는 말씀을 통해서, 사도의 피곤하고 지친 모습을 연상하게 합니다. 역시 이방인의 사도인 바울은

예루살렘보다는, 이방인들 가운데 있을 때에 안식을 느꼈던 것 같습니다.

ⓒ 사도의 동족에 대한 사랑은, "나의 형제 곧 골육의 친척"(9:3)을 위하여 자신이 저주를 받아 그리스도에게서 끊어질지라도 원하는 바로라 말씀하고 있으나, 예루살렘은 이러한 바울을 평안히 쉬도록 받아주지를 않았던 것입니다.

⑦ 바울은 예루살렘에 올라가서 각오한 대로 체포를 당하게 되고, 그토록 가기를 갈망했던 로마를 자유인이 아닌 쇠사슬에 매인 죄인의 몸으로 압송(押送)을 당하게 됩니다. 사도행전은, "바울이 온 이태를 자기 셋집에 유하며 자기에게 오는 사람을 다 영접하고 담대히 하나님 나라를 전파하며 주 예수 그리스도께 관한 것을 가르치되 금하는 사람이 없었더라"(행 28:31) 하는 말씀을 끝을 맺고 있습니다.

㉠ 사도는 "나로 하나님의 뜻을 좇아 기쁨으로 너희에게 나아가 너희와 함께 편히 쉬게 하라"(32) 하고, "하나님의 뜻"에 의탁하고 있습니다. 바울은 로마에 가게 되었으나, 그가 바라던 대로 편히 쉬지는 못했습니다. 그래도 로마에서의 "이태 동안"이 그에게는 가장 행복한 시기가 아니었겠는가 싶습니다.

ⓒ 1:10절에서도, "하나님의 뜻 안에서 너희에게 나아갈 좋은 길 얻기를 구하노라" 하고 말씀했습니다. "하나님의 복음을 위하여 택정함을 입은"(1:1) 바울에게는 의지할 이는 하나님 밖에는 없었고, 의탁할 것은 "하나님의 뜻" 뿐이었습니다.

⑧ "평강의 하나님께서 너희 모든 사람과 함께 계실 지어다 아멘"(33) 하고, 15장을 마치고 있습니다.

㉠ "인내와 안위의 하나님(5), 소망의 하나님"(13)이라고 고백적

으로 부르던 사도가, 이 시점에서는 "평강의 하나님"(33)이라고 부르고 있습니다. 왜 그랬을까? 지금 바울의 처지에서는, "그리하면 모든 지각에 뛰어난 하나님의 평강이 그리스도 예수 안에서 너희 마음과 생각을 지키시리라"(빌 4:7) 한, "평강의 하나님"이 절실했기 때문일 것입니다. 이것이 "기도로 함께 싸우자"입니다.

ⓒ 로마서 강해를 상고하고 있는 형제에게도, "평강의 하나님께서 함께 계시기를" 간절히 기원합니다. 아멘.

> **묵상해 봅시다.**
>
> 1. 바울은 누구로 말미암아(30) 기도 요청을 하고 있습니까?
> 2. 기도의 제목들(31-32)은 무엇입니까?
> 3. 어찌하여 사도는 "평강의 하나님"(33)이라고 부르고 있을까요?

로마서 16장 개관도표

주제 : 사탄을 발아래서 상하게 하시리라

	1-16
뵈뵈천거와 바울의 문안	1 ① 내가 겐그레아 교회의 일군으로 있는 우리 자매 **뵈뵈를 너희에게 천거하노니**
	2　　　너희가 주 안에서 성도들의 합당한 예절로 그를 영접하고 무엇이든지
	그에게 소용되는 바를 도와줄지니 이는 그가 여러 사람과 **나의 보호자가 되었음이니라**
	3 ② 너희가 그리스도 예수 안에서 **나의 동역자들인** **브리스가와 아굴라에게 문안하라**
	4　　　저희는 내 목숨을 위하여 자기의 목이라도 내어놓았나니 나 뿐 아니라
	이방인의 모든 교회도 저희에게 감사하느니라
	5　　　또 **저의 교회에게도 문안하라** 나의 사랑하는 에배네도에게 **문안하라**
	저는 아시아에서 그리스도께 처음 익은 열매니라
	6 ③ 너희를 위하여 많이 수고한 마리아에게 **문안하라**
	7　　　내 친척이요 나와 함께 갇혔던 안드로니고와 유니아에게 **문안하라**
	저희는 사도에게 유명히 여김을 받고 또한 나보다 먼저 그리스도 안에 있는 자라
	8　　　또 주 안에서 내 사랑하는 암블리아에게 **문안하라**
	9 ④ 그리스도 안에서 **우리의 동역자인** 우르바노와 나의 사랑하는 스다구에게 **문안하라**
	10　　그리스도 안에서 인정함을 받은 아벨레에게 **문안하라** 아리스도불로의 권속에게 **문안하라**
	11　　내 친척 헤로디온에게 **문안하라** 나깃수의 권속중 주 안에 있는 자들에게 **문안하라**
	12　　주 안에서 수고한 드루배나와 드루보사에게 **문안하라**
	주 안에서 많이 수고하고 사랑하는 버시에게 **문안하라**
	13 ⑤ 주 안에서 택하심을 입은 루포와 그 어머니에게 **문안하라** 그 어머니는 곧 내 어머니니라
	14　　아순그리도와 블레곤과 허메와 바드로바와 허마와 저희와 함께 있는 형제들에게 **문안하라**
	15　　빌롤로고와 율리아와 또 네레오와 그 자매와 올름바와 저희와 함께 있는 모든 성도에게 **문안하라**
	16 ⑥ 너희가 거룩하게 입맞춤으로 서로 **문안하라** 그리스도의 모든 교회가 다 너희에게 **문안하느니라**

	17-20
거짓 교사에 대한 경계	17 ⑦ 형제들아 내가 너희를 권하노니 **너희 교훈을 거스려 분쟁을 일으키고**
	거치게 하는 자들을 살피고 **저희에게서 떠나라**
	18　　이 같은 자들은 우리 주 그리스도를 섬기지 아니하고 다만 자기의 배만 섬기나니
	공교하고 아첨하는 말로 순진한 자들의 **마음을 미혹하느니라**
	19 ⑧ 너희 순종함이 모든 사람에게 들리는지라 그러므로 내가 너희를 인하여 기뻐하노니
	너희가 선한데 지혜롭고 악한데 미련하기를 원하노라
	20 ⑨ 평강의 하나님께서 속히 **사단을 너희 발아래서 상하게 하시리라**
	우리 주 예수의 은혜가 너희에게 있을 지어다

	21-27
하나님께 영광	21 ⑩ 나의 동역자 디모데와 나의 친척 누기오와 야손과 소시바더가 너희에게 문안하느니라
	22　　이 편지를 대서하는 나 더디오도 주 안에서 너희에게 문안하노라
	23　　나와 온 교회 식주인 가이오가 너희에게 문안하고 이 성의 재무 에라스도와
	형제 구아도도 너희에게 문안하느니라
	25 ⑪ 나의 복음과 예수 그리스도를 전파함은 영세 전부터 감추었다가
	26　　이제는 나타내신바 되었으며 영원하신 하나님의 명을 좇아 선지자들의 글로 말미암아
	모든 민족으로 믿어 **순종케 하시려고** 알게 하신바 그 비밀의 계시를 좇아 된 것이니
	이 복음으로 너희를 능히 견고케 하실
	27 ⑫ 지혜로우신 하나님께 예수 그리스도로 말미암아 **영광이 세세무궁토록 있을 지어다 아멘**

첫째 단원(1-16) 뵈뵈 천거와 바울의 문안

147
뵈뵈를 천거하노니

> 내가 겐그레아 교회의 일군으로 있는 우리 자매 뵈뵈를 너희에게 천거하노니 너희가 주 안에서 성도들의 합당한 예절로 그를 영접하고 무엇이든지 그에게 소용되는 바를 도와줄지니 이는 그가 여러 사람과 나의 보호자가 되었음이니라(16:1-2).

　로마서의 마지막 장인 16장으로 접어들게 되었습니다. 16장은 로마서를 전달한 뵈뵈를 추천하는 말과, 로마에 있는 여러 형제와 동역자들에게 문안을 전하고, 마지막 교훈과 축복으로 끝맺고 있습니다.

　그러하기 때문에 피상적으로 대하다 보면 그다지 중요한 것 같지 않아 대충 훑어보고 끝마치려는 경향이 있습니다. 그렇지가 않습니다. 16장은 한마디로 "만남의 광장"입니다. 로마서를 최초로 받았던 신실한 형제와 자매들을 많이 만나볼 수가 있기 때문입니다. 바울은 로마에 좋은 친구들과 충성스러운 동역자들을 많이 갖고 있었습니다.

이제까지 강단에 서서 말씀을 강론하던 사도는, 말씀을 마치고 나서 하단(下壇)하여 다정한 벗들과 충성스러운 동역자들을 만나 일일이 돌아가면서 악수를 나누는 장면을 연상케 합니다. 그러므로 16장에 등장하는 인물들을 거울삼아 나 자신의 모습을 비추어 볼 수가 있습니다.

① "내가 겐그레아 교회의 일꾼으로 있는 우리 자매 뵈뵈를 너희에게 천거하노니"(1) 합니다.

㉠ "겐그레아"는 고린도의 남쪽에 있는 항구 도시로 바울이 고린도를 떠날 때에 서원이 있어서 머리를 깎은 곳(행 18:18)이기도 합니다. 뵈뵈는 그 겐그레아 교회의 여자 집사였습니다. 그리고 뵈뵈는 본 서신을 로마교회에 전달한 사람으로 인정받고 있습니다.

㉡ 그를 "너희에게 천거하노니", 즉 추천한다고 말씀합니다. 어떤 분들은 뵈뵈가 다른 용무로 로마에 가는 길에 이 편지를 전했을 것이라고 생각합니다. 그러나 로마서의 성격이나 비중으로 볼 때에 뵈뵈는 로마서를 전달하기 위하여 특별히 선택된 사람으로 보아야 할 것입니다.

② 이점이 "너희가 주 안에서 성도들의 합당한 예절로 그를 영접하고 무엇이든지 그에게 소용되는 바를 도와줄지니 이는 그가 여러 사람과 나의 보호자(保護者)가 되었음이니라" 하고 말씀하는 2절이 이를 뒷받침해 줍니다.

㉠ "성도들의 합당한 예절(禮節)로 그를 영접"하라고 말씀합니다. 이것은 비공식적인 인편(人便)을 의미하는 것이 아니고, 공식적(公式的)인 사신(使臣)으로 파송함을 의미합니다. 그래서 뵈뵈가 로마에

도착하면 마치 승리하고 돌아오는 개선장군(凱旋將軍)을 맞이하듯 그렇게 합당한 예절로 그를 영접하라는 것입니다.

ⓛ 왜냐하면 당시의 교통 사정과, 교회가 처했던 형편으로 볼 때에 연약한 여인의 몸으로 밀서(密書)와 같은 로마서를 가슴에 품고 고린도로부터 로마까지 여행한다는 것은 많은 위험이 따랐을 것이기 때문입니다.

ⓒ "무엇이든지 그에게 소용되는 바를 도와줄지니" 합니다. 그에게 필요한 것은 요구하기 전에 잘 보살펴서 도와주라는 말씀입니다. 만일 뵈뵈가 다른 용무로 로마에 가는 길이었다면, "무엇이든지 그에게 소용되는 바를 도와줄지니"와 같은 전적인 부탁은 하지 않았을 것입니다.

③ "그가 여러 사람과 나의 보호자가 되었음이니라"(2하) 하고 말씀합니다.

㉠ "보호자"란 위급할 때 도와주는 "구원자, 은인, 어떤 공동체의 대변인" 등의 뜻이 있습니다. 그런데 뵈뵈가 "여러 사람과 나의 보호자(保護者)가 되었다"는 말은, 첫 절에서 언급한 "겐그레아 교회의 일군"이라는 말과 결부해서 생각해야만 합니다. "겐그레아"는 항구도시로 무역과 상업의 중심지로서 유동인구가 많은 곳이었습니다. 이런 겐그레아에서 뵈뵈는 섬기는 일을 하고 있었는데, 나그네 된 성도들과 순회전도자는 물론, 바울 자신도 그의 섬김을 받았다는 것입니다.

ⓛ 이처럼 뵈뵈 자매는 하나님께 헌신된 성숙한 성도로 여겨집니다. 사도는 옥중서신에서, "디모데를 속히 너희에게 보내기를 주 안에서 바람은 너희 사정을 앎으로 안위를 받으려 함이니 이는 뜻을 같이 하여 너희 사정을 진실히 생각할 자가 이 밖에 내게 없음이라"(빌 2:19-20) 말씀하고 있는 것을 보게 됩니다. 로마서를

전달할 자로 보낼만한 사람은 그다지 많지가 않았을 것입니다. 그런 중에 뵈뵈를 로마서를 전달할 가장 적격자로 여겨서 택한 것으로 볼 수가 있습니다.

④ 바울은 사람을 보내거나 추천할 때에 적당히 하는 것이 아니었습니다. 연단을 통한 시험을 거치고야 그 일을 맡겼습니다.

㉠ "저희가 다 자기 일을 구하고 그리스도 예수의 일을 구하지 아니하되 디모데의 연단을 너희가 아나니"(빌 21-22) 합니다. 목회서신에서는, "이에 이 사람들을 먼저 시험하여 보고 그 후에 책망할 것이 없으면 집사의 직분을 하게 할 것이요"(딤전 3:10) 하고 말씀합니다.

㉡ "겐그레아 교회의 일꾼으로 있는 우리 자매 뵈뵈"는 영광스러운 로마서를 책임 있게 전달하라는 막중한 사명을 감당하기 위하여 심사숙고 끝에 선택된 사람이었을 것입니다.

⑤ 사도는 그를 "주 안에서"(2상) 영접하라고 말씀합니다. 다음 절에서 브리스가와 아굴라에게는 "그리스도 예수 안에서" 문안하라고 말씀하고 있습니다.

㉠ "그리스도 예수 안에"란, 예수를 "그리스도"로 고백한 사람들이요, "주 안에서"란, 예수를 주로 고백한 사람, 즉 "우리가 살아도 주를 위하여 살고 죽어도 주를 위하여 죽나니 그러므로 사나 죽으나 우리가 주의 것이로라"(14:8) 하고 목숨을 내어놓은 사람이라는 뜻이 있는 것입니다.

⑥ 형제여, "내가 겐그레아교회의 일군으로 있는 우리 자매 뵈뵈를 너희에게 천거하노니"(1) 하는 말씀 앞에 서게 되면, 우리들 각자는 이러한 질문에 직면하게 됩니다.

㉠ 나 자신은 과연, "내가 ○○교회 일꾼으로 있는 우리 형제 아무개를 너희에게 천거하노니" 하는 인정을 받을만한 사람인가 하는 물음입니다. 주님께서 어떤 특수한 임무를 맡기시기 위해 나를 천거하실 수 있는 신실한 종인가 하는 점입니다. 하나님께서는 "내가 누구를 보내며 누가 우리를 위하여 갈꼬"(사 6:8) 하실 때에, 형제는 "내가 여기 있나이다 나를 보내소서" 응답할 준비가 되어 있습니까?

㉡ 또한 섬기시는 교회 내에는 오늘의 뵈뵈가 몇 분이나 있는가 하는 물음입니다. 있다면 그 분이 누구일까 하는 점입니다. 그분들의 이름이 생각이 나십니까? 그 얼굴들이 떠오릅니까? "주 안에서" 사명을 맡길 만한 일꾼을 몇 분이나 세우셨습니까?

㉢ 뵈뵈 집사는 나약한 여인의 몸으로도 이 역사적인 사명을 훌륭하게 완수하였습니다. 로마 성도들은 뵈뵈 자매를 "주 안에서", 성도의 합당한 예절로 영접했을 것입니다. 그런데 형제여, 보다 귀한 것은 주님께서 친히 그를 영접해 주셨을 것이며, "주 곧 의로우신 재판장이 그 날에" 뵈뵈에게 의의 면류관을 씌워주실 것(딤후 4:8)이라는 사실입니다.

"내가 겐그레아 교회의 일군으로 있는 우리 자매 뵈뵈를 너희에게 천거하노니", 아멘.

묵상해 봅시다.

1. 뵈뵈 자매에 대해서 말씀해 보십시오.
2. 형제에게도 추천할 만한 뵈뵈가 있습니까?
3. 형제 자신이 추천받을 뵈뵈라고 생각하십니까?

148

브리스가와 아굴라

> 너희가 그리스도 예수 안에서 나의 동역자들인 브리스가와 아굴라에게 문안하라 저희는 내 목숨을 위하여 자기의 목이라도 내어놓았나니 나뿐 아니라 이방인의 모든 교회도 저희에게 감사하느니라 또 저의 교회에게도 문안하라 나의 사랑하는 에배네도에게 문안하라 저는 아시아에서 그리스도께 처음 익은 열매니라(16:3-5).

사도는 서신을 마치기 전에 많은 분들의 이름을 거론하면서 문안을 합니다. 무려 26명의 이름이 등장합니다. 문안하는 중에 제일 먼저 "브리스가와 아굴라"를 언급합니다. 그렇다면 이들 부부를 통해서 오늘 우리들에게 하시고자 하는 교훈이 무엇인가를 생각해 보고자 합니다.

① "너희가 그리스도 예수 안에서 나의 동역자들인 브리스가와 아굴라에게 문안하라"(3) 합니다.

㉠ 바울이 브리스가와 아굴라 부부를 만난 것은 2차 전도여행 때 고린도에서였습니다(행 18:2). 이들 부부는 원래 로마에 살고 있었

으나, 로마 황제 글라우디오가 유대인을 추방함에 따라 고린도에서 살게 된 것입니다.

　ⓛ 유대인들은 신분(身分)의 높고 낮음이나 학문의 많고 적음을 막론하고, 자녀들에게 일인일기(一人一技) 교육을 철저히 시켰습니다. 만일 한 가지 기술을 가르치지 않는다면 그것은 도적질을 가르치는 것이나 다름이 없다고 여기고 있었습니다. 바울과 이들 부부는 장막을 만드는 기술자로 업이 같았습니다.

　ⓒ 브리스가와 아굴라가 바울을 만나기 이전에 이미 그리스도인이었는지의 여부는 확인할 길이 없습니다만, 분명한 것은 바울을 만나 동업하면서 바울에게서 신앙적인 영향을 많이 받은 것은 확실합니다. 그들은 바울이 고린도를 떠날 때에 같이 떠나 선교 여행에 동참했으며 에베소까지 동행하였습니다. 바울은 그들 부부를, "에베소에 머물러 두고" 자신은 안디옥으로(행 18:18-19) 돌아갔습니다.

　② 성경은 이들 부부를 말할 때 대부분은, "브리스가와 아굴라"라고 해서 부인의 이름을 먼저 말하고 있습니다. 그것은 남편 아굴라보다 부인 브리스가가 신앙적으로 보다 더 성숙했기 때문인 것 같습니다.

　㉠ 사도행전 18장에는 학문이 많고 성경에 능한 아볼로가 에베소에 와서 말씀을 전하는 장면이 있습니다. 아볼로는 "일찍 주의 도를 배워 열심히 예수에 관한 것을 자세히 말하며 가르치나 요한의 세례만 알 따름이라"(행 18:25) 합니다.

　ⓒ 브리스가와 아굴라가 그의 설교를 듣는 중에 결함을 발견하게 되었습니다. 그래서 "브리스가와 아굴라가 듣고 데려다가 하나님의 도를 더 자세히 풀어 이르더라"(행 18:26) 하고 말씀합니다. 그만큼 이들 부부는 성숙하고 훈련된 그리스도인이었습니다. 이때도 아굴라

보다 브리스가를 먼저 언급하고 있습니다.

③ 사도 바울은 "동역"을 중요시하였습니다.

㉠ 16장에서만도 브리스가와 아굴라(3), 우르바노(9), 디모데(21)를 동역자로 부르고 있습니다. 뿐만 아니라 바울은 자신을, "하나님의 동역자"(고전 3:9)라고 말합니다. "하나님과 함께 일하는 자"(고후 6:1)라는 확신이 그에게는 있었습니다. 사도 바울의 담대함과 능력의 원동력은 바로 여기에 있었던 것입니다.

㉡ 우리도 동역의 귀중함과 아름다움을 인식하여야만 합니다. 한 교회 안에서의 동역은 물론, 이웃 형제 교회 간의 동역과, 무엇보다도 성령님과 동역하고 있음을 확신해야만 합니다. 그리하여 성령님께 여쭈어 보고 인도하심에 민감하며, 의뢰하고 의탁해야만 합니다. 내가 아니면 아니 되고, 내가 해야만 안심이 된다는 우를 범하지 말아야만 합니다.

④ 사도가 로마교회에 보낸 편지에서, 브리스가와 아굴라에게 문안하고 있는 것을 보면 글라우디오 황제가 사망하자 이들 부부는 다시 로마로 돌아간 듯합니다.

㉠ 사도는 4절에서 이들 부부가 바울 자신에게 어떻게 섬겼는가를 말씀합니다. "저희는 내 목숨을 위하여 자기의 목이라도 내어놓았나니" 합니다. 이 말씀을 문자적으로 해석하면 사형 집행자가 바울의 목을 내려치려는 순간, 그 도끼 밑에 자신들의 목을 대신 내어놓았다는 것입니다.

㉡ 브리스가와 아굴라가 이렇게 바울을 섬긴 것은, 바울을 위해서가 아니라 곧 그리스도 예수를 위한 것이었습니다. 사도 바울이 목숨을 내 놓고 그리스도의 복음을 증거하였기에, 브리스가와 아굴라

도 그를 위하여 목숨을 내놓은 것입니다. 목숨까지 내어놓은 그들이라면 내어놓지 못할 무엇이 있었겠습니까? 물질로, 몸으로, 기도로 돕는 좋은 동역자였을 것입니다. 언제 이런 일이 있었을까요?

ⓒ 고린도후서 1:8절에 바울은 에베소(아시아)에서 당한 환난에 대해서 말씀하고 있습니다. "힘에 지나도록 심한 고생을 받아 살 소망까지 끊어지고 우리 마음에 사형 선고를 받은 줄 알았으니" 말씀하고 있는데, 이때에 브리스가와 아굴라 부부는 바울과 함께 있었습니다. 이때가 아니었을까 싶습니다.

⑤ "또 저의 교회에게도 문안하라"(5) 하고 말씀합니다.

㉠ 그의 가정을 교회(敎會)의 집회 장소로 제공하였음을 알 수가 있습니다. 그들은 에베소에 있을 때에도 자기 집을 교회로 개방하였던(고전 16:19) 것입니다. 교회가 자체적인 건물을 갖게 된 것은 2세기 이후에서나 확인이 되고 있습니다. 그러므로 그 이전에는 몇 개의 가정 교회들이 모여서 하나의 지역 교회를 이루었던 것입니다.

⑥ 로마교회도 16장을 통해서 볼 때에, 여러 개의 가정교회들이 모여서(5, 14-15) 한 지역교회를 이룬 것을 볼 수가 있습니다.

㉠ 사도 바울이, 이제까지 그의 사역 중에 잊을 수 없는 사람들 가운데 첫 손가락에 꼽고 있는 브리스가와 아굴라 부부에 대해서 상고해 보았습니다. 그렇다면 이들 부부를 통해서 우리에게 주는 교훈은 무엇입니까?

ⓒ 첫째로 어느 시대에나 하나님께서 필요로 하시는 일꾼들은 성숙하고 훈련된 소수의 헌신된 자들이라는 것입니다. 하나님께서는 공의를 행하며 진리를 구하는 한 사람(렘 5:1)을 찾고 계셨습니다. 주님은 "적은 무리여 무서워 말라 너희 아버지께서 그 나라를 너희에

게 주시기를 기뻐하시느니라"(눅 12:32) 하고 말씀하십니다.

ⓒ 한국교회가 하나님의 은혜로 세계가 부러워하는 양적인 성장을 이룩한 것은 감사한 일입니다. 그러나 몸집에 비해 존경을 받지 못하고 있음에 대해서 우리는 뼈아픈 반성이 있어야 할 것입니다. 그것은 대형 교회가 없어서가 아니라, 브리스가와 아굴라와 같은 성숙한 그리스도인들이 많지 않기 때문입니다.

⑦ 둘째로 주안에서 가정의 역할과, 동역자로서의 부부 사역에 대한 재인식입니다.

㉠ 하나님께서는 교회보다 가정을 먼저 세우셨습니다. 좀더 정확히 말씀드린다면 가정이 곧 교회였습니다. 훌륭한 교회란 훌륭한 가정(家庭)들이 모여서 이루어지는 것입니다. 한국 교회가 사람들을 가정에서 끌어내는 데는 성과를 올렸으나, 그들을 양육하고 훈련하여 가정으로, 사회로 돌려보내는 데는 소홀하지 않았는지 겸허히 반성해야 할 시점에 이른 것입니다.

㉡ 수만 명이 모여서 예배를 드리고 돌아가는 그들을 뒤쫓아가보았을 때에, 그들 가정에 교회가 있느냐가 문제입니다. 무엇을 위한 신앙입니까? 그들의 신앙이 가정생활에 있어서 부부관계나 고부간에나 또는 자녀 교육과 나아가 이웃 간에 아무런 영향을 끼칠 수 없다는 것이라면, 그것은 이미 맛 잃은 소금이요, 생명력을 잃어버린 신앙인 것입니다.

㉢ 한국 교회가 기복신앙이나 신비주의에 치우쳐져 있지 아니한가 하고 걱정하는 이유는, 그 후유증이 당장에 나타나지 않지만, 10년 후 혹은 20년 후에 반드시 심은 대로 나타나게 될 날이 올 것을 내다보았기 때문입니다. 그리고 그 결과는 맛 잃은 소금처럼 외면을 당하는 것으로 이미 나타나고 있는 것입니다.

ⓖ 그리스도인의 모든 가정들이 브리스가와 아굴라의 가정처럼 자기 집을 열어서 이웃을 초청하여 복음을 전하고 친교를 나누는, 작은 교회 역할을 감당할 수 있도록 그들을 양육하고 훈련시켜야 할 것입니다.

㉠ 이처럼 가정들이 하나님의 나라 확장을 위한 기도처가 되기 위해서는 동역자적인 부부사역이 절대적으로 필요합니다. 우리나라 그리스도인의 가정들이 이 점에 있어 취약하지 않은가 싶습니다. 이에 대한 문제점으로는 근원적으로 유치부, 유초등부, 중고등부, 대학부, 청년부의 교육이 재검토되어야만 합니다. 육적인 나이만 차면 결혼적년이 되는 것이 아니라 남편, 아내, 아버지, 어머니의 역할을 감당할만한 신앙성숙이 이루어져야만 하나님이 기대하시는 한 가정을 이룰 수가 있기 때문입니다.

㉡ 바울→디모데→충성된 사람→또 다른 사람들(딤후 2:2)로 이어지는 조직적이고도 철저한 양육과 훈련이 요청됩니다. 훈련된 이들의 만남(결혼)을 통해서 브리스가와 아굴라와 같은 하나님이 기대하시는 믿음의 가정들이 건설되어 나가야 할 것입니다.

> **묵상해 봅시다.**
>
> 1. 브리스가와 아굴라에 대해서 말씀해 보십시오.
> 2. 그리스도인의 가정이 담당해야 할 역할에 대해서 말씀해 보십시오.
> 3. 그리스도인 부부의 사역에 대해서 말씀해 보십시오.

149

숨은 일꾼들

> 나의 사랑하는 에배네도에게 문안하라 저는 아시아에서 그리스도께 처음 익은 열매니라 너희를 위하여 많이 수고한 마리아에게 문안하라 내 친척이요 나와 함께 갇혔던 안드로니고와 유니아에게 문안하라 저희는 사도에게 유명히 여김을 받고 또한 나보다 먼저 그리스도 안에 있는 자라(16:5-7).

16장에는 사도 바울이 이름을 들어서 문안한 사람들만 26명이나 됩니다. 그 외에 "교회에게도 문안하라"(5), "저희와 함께 있는 모든 성도들에게 문안하라"(15) 등 이름을 밝히지 아니한 부지기수의 형제들이 들어 있습니다.

그러므로 본문을 이해하기 위해서는 바울의 심정이 되어야만 합니다. 그것은 신학자의 관점이 아니라 목회자의 입장에서입니다. 다시 말씀드리면 로마교회에는 이러이러한 사람들도 있었구나 하는 주석적인 방법이 아니라, 16장에 등장하는 유명, 무명의 신실한 그리스도인들은 어느 시대 어느 교회에나 있었으며, 세월은 지나고 변할지라도 오늘도 여전히 주님의 몸 된 교회 이곳저곳에서 수고하며 헌신하고 있다는 믿음 안에서 바라보자는 것입니다.

한 사람의 이름이 나올 때마다 그를 무엇이라 불러 주고 있는가를 생각하면서, 눈을 지그시 감은 채 내가 섬기고 있는 교회에서 이 사람에 해당되는 형제는 누구일까를 찾아보자는 것입니다. 자신에게도 많은 동역자들은 있을 것이며 알게 모르게 수고하고들 있는데 나는 그들을 얼마나 "인정"(10)해 주었으며 위로해 주었던가? 나 자신도 그들을 바울처럼 사랑의 품에 안아 주었으며 다정한 눈빛을 던졌는가 하고 반성해 보자는 것입니다. 만일 그토록 신실한 동역자들과 권속들이 생각나지 아니하고 찾을 수가 없다면, 자신의 목회를 겸허하게 반성해 보자는 것입니다.

이 말씀을 대하는 성도의 입장에서라면 자신은 등장인물 중 누구를 닮았다고 말할 수가 있을 지를 생각할 수도 있을 것이며, 주님께서 나에게 문안하신다면 무엇이라 말씀하실 것인가를 반성해 보자는 것입니다.

① "에베네도에게 문안하라 저는 아시아에서 그리스도께 처음 익은 열매니라"(5하) 하고 말씀합니다.

㉠ 아시아라면 에베소를 가리킵니다. 에베네도는 에베소에서 첫 그리스도인이 된 사람입니다. 브리스가와 아굴라의 집에 있는 교회에게 문안하면서(5) 말씀한 후에 이어서 에베네도를 언급한 것을 보면 바울이 아굴라 부부와 함께 에베소에서 전도할 때에 맺어진 열매인 것 같습니다. 브리스가와 아굴라는 그를 전도해서 데려왔고, 바울은 말씀을 전해주어 믿게 되었으며 그리스도인으로 태어났을 것입니다.

② "익은 열매"라고 말씀합니다.

㉠ "익은 열매"라는 표현으로 보아 지금은 성숙한 그리스도인으

로 성장한 것 같습니다. 사도는 그에게, "나의 사랑하는 에베네도"라고 불러주고 있습니다. 남다른 애정이 갈 것이 짐작할 만합니다. 사도는 첫 열매에 대해서 남다른 애정을 가지고 있었습니다. "형제들아 스데바나의 집은 곧 아가야(고전도)의 첫 열매요"(고전 16:15) 하고 말씀합니다.

ⓛ 형제에게도 "에베네도"가 있습니까? 형제의 전도로 그리스도를 영접하게 되었고, 이제 "익은 열매", 즉 성숙한 그리스도인이 되어서 귀하게 쓰임을 받고 있는 형제의 에베네도는 누구입니까?

ⓒ 아파트 단지 내에 그물을 쳐놓고 이사 오는 신자들을 몰아가려는 그런 전도 방법 말고, "그리스도 안에서 일만 스승이 있으되 아비는 많지 아니하니 그리스도 예수 안에서 복음으로써 내가 너희를 낳았음이라"(고전 4:15) 하고 말할 수 있는 나의 에베네도가 교회 내에는 몇 사람이나 있느냐 하고 묻고 있는 것입니다.

③ "너희를 위하여 많이 수고한 마리아에게 문안하라"(6) 하고 말씀합니다.

㉠ "마리아"란 이름은 유대인에게 흔한 이름이므로(신약에 6사람이 나옴) 유대인 자매로서 유력한 인물이었을 것입니다. 그렇다면 그 자매가 로마교회를 위하여 많이 수고한 것이 무엇이었을까 하는 점입니다. 사도는 그 내용을 말하지 않고 있지만 로마 성도라면 다 알고 있었을 것입니다.

㉡ "많이 수고한"이라는 동사가 과거시제인 것으로 보아, 마리아의 수고는 특별히 로마교회의 설립을 위해서 지난날에 수고를 많이 한 사실을 가리키는 것이 아닌가 싶습니다. 빌립보교회는 루디아라는 여 성도를 통하여 개척되었던(행 16:14) 것입니다.

㉢ 어느 교회를 막론하고 주님의 몸 된 교회에는 한 알의 밀알처

럼, "너희를 위하여 많이 수고한" 마리아는 있게 마련입니다. 그에게 "문안하라"고 말씀합니다. 문안하라는 말은 단순한 인사가 아니라, "주 예수 그리스도를 좇아 은혜와 평강"이 있기를 기원하는 사랑의 표현인 것입니다. 개척 당시부터 많이 수고한 성도들을 잊지 않고 축복하는 기도를 드림은 아름다운 성도의 교제입니다.

④ "내 친척이요 나와 함께 갇혔던 안드로니고와 유니아에게 문안하라 저희는 사도에게 유명히 여김을 받고 또한 나보다 먼저 그리스도 안에 있는 자라"(7) 하고 말씀합니다.

㉠ "친척"이라는 말이 11절, 21절에도 나오는데 개인적인 친척을 말하는 것이 아니라, 같은 동족을 일컫는 표현일 것입니다. 9:3절에서도 동족 유대인을, "나의 형제 곧 골육의 친척을 위하여" 라고 말씀하고 있는 것을 보게 됩니다.

㉡ 안드로니고와 유니아는 부부지간으로 보이는데 바울과 함께 옥에 갇힌 적이 있는 감방 동창생이었습니다. "저희는 사도에게 유명히 여김을 받는" 분들이라고 말씀합니다. 이것이 무엇을 의미하는 것일까? 이점을 "나보다 먼저 그리스도 안에 있는 자라" 한 말에서 구할 수가 있습니다. 그러니까 바울이 다메섹 도상에서 주님을 만나기 이전에 그들은 이미 그리스도인이었습니다.

㉢ 그렇다면 안드로니고와 유니아는 오순절 성령 강림 때에 참석했던 120문도 중에 들어있던 분으로 볼 수가 있습니다. 즉 신약교회의 창립 멤버라는 것입니다. 이것이 "사도에게 유명히 여김을 받는" 자라는 뜻으로 여겨집니다. 아무튼 이 분들은 앞 절에서 말씀한 마리아와 함께 로마교회 개척 멤버였을 것입니다. 그로 인해 사도들에게도 널리 알려진 사람이 되었을 것입니다.

⑤ 본 문단에서는 아시아에서 처음 익은 열매가 된 에베네도와, 로마교회를 위하여 많이 수고한 마리아와, 사도들에게까지 유명히 여김을 받는 안드로니고와 유니아를 만난 것으로 멈추어야만 하겠습니다. 형제여, 성경을 읽다가 이름들이 쭉 나오면 눈살을 찌푸리거나 건너뛰고 있지는 아니합니까?

㉠ 생각해 보십시오, 그들의 이름이 성경에 오르게 되기까지는 얼마나 주안에서 수고하고 목숨까지 바쳤는가를……. 더욱 영광스러운 것은 우리의 이름이 그들과 함께 생명책에 녹명되어 있다는 사실입니다. 그들을 불연 듯 만나보고 싶지는 않으십니까?

㉡ 그러나 형제여, 에베네도와, 마리아와, 안드로니고와 유니아는 우리 주변에도 있음을 잊지 마십시다. 형제의 교회 내에도 있습니다. 그들과 더불어 아름다운 교제와 문안을 나누시기를 바랍니다. 그리고 중요한 것은 형제 자신이 이들의 사역을 담당하는 일입니다.

묵상해 봅시다.

1. 에베네도에 대해서(5) 말씀해 보십시오.
2. 마리아에 대해서(6) 말씀해 보십시오.
3. 안드로니고와 유니아에 대해서(7) 말씀해 보십시오.

150

그리스도의 심장으로

> 또 주 안에서 내 사랑하는 암블리아에게 문안하라 그리스도 안에서 우리의 동역자인 우르바노와 나의 사랑하는 스다구에게 문안하라 그리스도 안에서 인정함을 받은 아벨레에게 문안하라 아리스도불로의 권속에게 문안하라 내 친척 헤로디온에게 문안하라 나깃수의 권속 중 주 안에 있는 자들에게 문안하라 주 안에서 수고한 드루배나와 드루보사에게 문안하라 주 안에서 많이 수고하고 사랑하는 버시에게 문안하라 주 안에서 택하심을 입은 루포와 그 어머니에게 문안하라 그 어머니는 곧 내 어머니니라 아순그리도와 블레곤과 허메와 바드로바와 허마와 저희와 함께 있는 형제들에게 문안하라 빌롤로고와 율리아와 또 네레오와 그 자매와 올름바와 저희와 함께 있는 모든 성도에게 문안하라 너희가 거룩하게 입맞춤으로 서로 문안하라 그리스도의 모든 교회가 다 너희에게 문안하느니라(16:8-16).

사도 바울의 문안은 계속되고 있습니다. 그런데 어찌하여 "그리스도의 심장으로"라는 제목이 가능한 것이겠습니까? 이는 형식적인 문안이 아니라, "내가 예수 그리스도의 심장으로 너희 무리를 어떻게 사모하는지 하나님이 내 증인이시니라"(빌 1:8) 한, 그런 심정으로 문안하고 있기 때문입니다.

① "또 주안에서 내 사랑하는 암블리아에게 문안하라"(8) 하고 말씀합니다.

㉠ 암블리아라는 이름은 당시 로마에서 종들이나 노예들에게 흔한 이름이었다고 합니다. 그런데 "내 사랑하는" 암블리아라고 불러서 특별하고도 개인적인 애정을 표시하고 있습니다. 사도 바울과 암블리아는 지난날에 개인적인 교제관계가 있었던 것 같습니다.

② "그리스도 안에서 우리의 동역자인 우르바노와 나의 사랑하는 스다구에게 문안하라"(9) 하고 말씀합니다.

㉠ 우르바노를 "우리의 동역자"라고 부르고 있는데 비해, 브리스가와 아굴라에게는 "나의 동역자"라고 말씀합니다. 한 교회 안에서 함께 섬기고 있는 교역자들은 "나의 동역자"이고, 모든 목회자들은 "우리의 동역자"라고 말할 수가 있겠습니다.

㉡ 스다구에게도 "나의 사랑하는 스다구"라고 부르고 있어서 바울과 개인적인 접촉이 있었던 것으로 여겨집니다.

③ "그리스도 안에서 인정함을 받은 아벨레에게 문안하라"(10상) 하고 말씀합니다.

㉠ "인정함을 받은"이란 뜻이 무엇일까? 아벨레가 그리스도를 위하여 극심한 고난이나 박해를 받았으나 믿음으로 끝까지 참고 견디고 승리함으로, 그의 신앙이 인정함을 받은 믿음(약 1:12)이 되었다는 것입니다.

④ "아리스도불로의 권속에게 문안하라, 내 친척 헤로디온에게 문안하라 나깃수의 권속 중 주안에 있는 자들에게 문안하라"(10하-11) 하고, "권속"이란 말이 나옵니다.

㉠ "권속"이란 가족이라는 뜻으로도 볼 수 있고 그에게 속한

노예로도 볼 수 있습니다만, 노예일 가능성이 더 많습니다. 나깃수의 권속 중에도 "주 안에" 있는 자와 그렇지 아니한 자가 있었음을 보게 됩니다. 그렇다면 "주 안에 있는 권속"이란 그 가정에 있는 교회라는 것이 됩니다.

ⓒ 아리스도불로는 전하는 말에 의하면 헤롯의 손자였다고 합니다. 헤롯 자신은 신자가 아니었으나 그 권속 중에는 그리스도인이 많이 있었다고 전해집니다.

⑤ "주안에서 수고한 드루배나와 드루보사에게 문안하라, 주 안에서 많이 수고하고 사랑하는 버시에게 문안하라"(12) 하고 말씀합니다.

㉠ 드루배나와 드루보사는 자매일 것으로 여겨지는데, 그들을 지금도 주 안에서 수고를 계속하고 있다는 뜻으로 현재시제로 말씀하고 있습니다. 그런데 버시에게는, "주 안에서 많이 수고 했다"는 과거시제로 말씀하고 있는 것으로 보아, 전에는 수고를 많이 했으나 지금은 활동을 하지 못하는 연세가 많은 노자매인 것 같습니다. 재미있는 것은 사도가 "사랑한다"는 말을 5절, 8절, 9절에서 사용했는데 모두 남자들에게만 그런 표현을 쓰고 있다는 점입니다.

ⓒ 그런데 연로한 버시에게만은, "사랑하는 버시"라고 유일하게 여자에게도 사용하고 있는 것입니다. 평생토록 충성한 버시 자매에게 "많이 수고한, 사랑하는" 등의 표현으로 극진히 위로해 주고 있음을 보게 됩니다.

⑥ 13절에서 "주 안에서 택하심을 입은 루포와 그 어머니에게 문안하라 그 어머니는 곧 내 어머니라" 하고 말씀합니다.

㉠ 여기 등장하는 루포가 예수님의 십자가를 대신 지고 간 구레네 시몬의 아들 루포와 동일 인물인가 하는 점입니다. 다른 복음서에

서는 시몬의 아들들에 대해서 침묵하고 있는 반면에, 로마인들을 위해 기록한 마가복음에서만은 "알렉산더와 루포의 아비인 구레네 사람 시몬"(막 15:21)이라고 자녀의 이름을 밝히고 있다는 점과, 로마서가 로마교회에 보내진 서신이라는 점 등을 감안할 때 두 인물은 같은 사람으로 보입니다.

ⓒ 그렇다면 구레네 시몬은 예수님의 십자가를 대신 진 것이 인연이 되어 그의 아내와 아들까지 구원 얻게 하였다는 것이 됩니다. 그런 특별한 인연으로 해서 그리스도인 모두가 택하심을 입은 사람들임에도 불구하고 그에게 특별히, "택하심을 입은 루포"라고 말했을 것입니다.

⑦ 사도 바울은 "그 어머니는 곧 내 어머니라" 하고 말씀합니다. 어떤 의미에서 일까요?

㉠ 믿음의 어머니라는 의미에서 사용했을 것입니다. 루포의 어머니는 사도 바울을 위해 기도와 간구로 밀어주고 있는 기도의 어머니일지도 모릅니다. 어떤 분은 생각하기를 바울이 선을 행하다가 낙심하고 있었을 때에 그의 격려를 통해서 용기를 얻은 경험이 있었을지도 모른다고 추측합니다. 또한 루포의 어머니는 언제인가 바울에게 모성애적인 돌봄을 베푼 적이 있었지 않나 싶습니다.

㉡ 이런 이유에서만이 아니라 사도는 그의 목회 서신에서, "늙은 여자에게 어미에게 하듯 하라"(딤전 5:2) 말씀하고 있습니다. 바울의 가족관념, 나아가 기독교의 가족개념을 생각한다면 루포의 어머니를 "내 어머니니라" 하고 말씀하는 뜻을 이해할 수 있을 것입니다.

⑧ 14절에는 "아순그리스도와 블레곤과 헤메와 바드로바와 허마"라는 이름을 열거하면서, "저희와 함께 있는 형제들에게 문안하라"

하고 말씀합니다.

㉠ 또 15절에서도 "빌롤로고와 율리아와 또 네레오와 그 자매와 올름바"라는 이름을 거론하면서, "저희와 함께 있는 모든 성도들에게 문안하라" 하고 말씀하는 것을 봅니다. 이로 보건데 여기에 열거된 사람들은 로마에 있는 여러 가정 교회의 지도자들로 보입니다.

㉡ 14절에서는 "저희와 함께 있는 형제들"이라고 말씀한데 비해, 15절에서는 저희와 함께 있는 "모든 성도들"이라고 표현한 것으로 보아 15절에 나오는 가정교회가 보다 교세가 컸던 것으로 생각이 됩니다.

⑨ 사도는 "너희가 거룩하게 입맞춤으로 서로 문안하라 그리스도의 모든 교회가 다 너희에게 문안하느니라"(16) 함으로, 장문의 문안을 마치고 있습니다.

㉠ "너희가 거룩하게 입맞춤으로 서로 문안하라"는 말씀에서 초대교회의 성도우애가 어떠했는가를 엿볼 수가 있고, "그리스도의 모든 교회가 다 너희에게 문안하느니라"는 말씀을 통해서는 지역교회 간의 연대감과 사랑의 줄로 연결되어 있음을 확인하게 됩니다.

⑩ 이상 말씀드린 문안과 등장인물들은 지나간 역사의 한 페이지가 결코 아닙니다.

㉠ 이 말씀을 통해서 우리도 바울처럼 넓은 마음이 되어 사랑하며 인정해주고 격려해주어야 함을 배우게 됩니다. 무엇보다도 성도들의 소중함과 동역의 중요성을 깨닫게 해줍니다.

㉡ 그들에게도 많은 허물과 단점이 있었을 것입니다만, 한결같이 그들을 사랑하고 인정해 주며 동기를 부여해주고 기대를 걸고 있음을 봅니다. 또한 이 말씀은 나 자신을 비추어 보는 거울인 것입니다.

ⓒ 나의 모습은 여러 등장인물 중 누구를 닮았을까? 주님께서 나에게 문안하신다면 무엇이라 말씀하실 것인가를 생각하게 해줍니다. 형제여, 이처럼 주 안에서 신실한 종들은 오늘날 우리 주변에도 많이 있음을 잊지 맙시다. 그들을 사랑합시다. 그들을 인정해 줍시다. 그들과 교제를 나눕시다. 그들과 동역하십시다. 아멘.

> **묵상해 봅시다.**
>
> 1. 바울의 애정 어린 문안에서 느낀 점을 말씀해 보십시오.
> 2. 형제는 여러 등장인물 중 누구와 닮은 것 같습니까?
> 3. 형제는 지금 누구들에게 문안하고 싶은 마음이 드십니까?

둘째 단원(17-20) 이런 자에게서 떠나라

151
거짓 교사에 대한 경계

> 형제들아 내가 너희를 권하노니 너희 교훈을 거스려 분쟁을 일으키고 거치게 하는 자들을 살피고 저희에게서 떠나라 이 같은 자들은 우리 주 그리스도를 섬기지 아니하고 다만 자기의 배만 섬기나니 공교하고 아첨하는 말로 순진한 자들의 마음을 미혹하느니라 너희 순종함이 모든 사람에게 들리는지라 그러므로 내가 너희를 인하여 기뻐하노니 너희가 선한데 지혜롭고 악한데 미련하기를 원하노라 평강의 하나님께서 속히 사단을 너희 발아래서 상하게 하시리라 우리 주 예수의 은혜가 너희에게 있을 지어다(16:17-20).

본문은 거짓 교사에 대한 경계입니다. 사랑과 우정이 넘치던 문안 부분(3-16)의 분위기와는 달리 갑자기 주제(主題)가 바뀌기 때문에 당황하게 되기도 합니다만, 이것은 바울 서신의 정석과도 같은 순서입니다.

사도는 서신을 끝마치기 전에 주님의 피로 사신 교회 내에 이단과 거짓 교사와 사탄의 침투를 막기 위해 엄한 경계를 하고 있는 것입니다. 에베소서에서도 말씀을 마치기 전에, "종말로 너희가 주 안에서와 그 힘의 능력으로 강건하여지고 마귀의 궤계를 능히 대적하기 위하여 하나님의 전신갑주를 입으라"(엡 6:10) 하고 경계합니다. 고린도전서에서도, "너희는 거룩하게 입맞춤으로 서로 문안하라" 하고 다정한 말씀을 한 다음에, "나 바울은 친필로 너희에게 문안하노니 만일 누구든지 주를 사랑하지 아니하거든 저주를 받을 지어다"(고전 16:20-21) 하고 엄한 교훈을 하고 있습니다.

밀레도에서 행한 고별 설교에서도, "내가 떠난 후에 흉악한 이리가 너희에게 들어와서 그 양떼를 아끼지 아니하며 또한 너희 중에서도 제자들을 끌어 자기를 좇게 하려고 어그러진 말을 하는 사람들이 일어날 줄을 내가 아노니"(행 20:29-30) 하고 경계를 늦추지 않고 있습니다. 이것은 바울만 그러했던 것은 아닙니다. 사도 베드로도, "근신하라 깨어라 너희 대적 마귀가 우는 사자같이 두루 다니며 삼킬 자를 찾나니"(벧전 5:8) 하고 경계하고 있습니다. 심지어 구약성경 아가서에서도 사랑을 노래하다가, "우리를 위하여 여우 곧 포도원을 허는 작은 여우를 잡으라 우리의 포도원에 꽃이 피었음이니라"(아 2:15) 하고 말씀하는데, 사도는 지금 포도원에 침입하는 여우를 경계하고 있는 셈입니다.

① "형제들아 내가 너희를 권하노니 너희 교훈을 거스려 분쟁을 일으키고 거치게 하는 자들을 살피고 저희에게서 떠나라"(17) 합니다.

㉠ 17절은 "형제들아 내가 너희를 권하노니" 이렇게 시작하고 있습니다. 사도는 로마서를 끝마치기 전에 마치 길 떠나는 부모가 자녀들에게 문단속, 불조심을 잘 하라고 당부하듯 하고 있는 것입니다. 교회 내에는 화평이 있지만, 교회 밖에는 이 평화를 파괴하려는 사탄의 음모가 틈을 엿보고 있기 때문입니다.

② "너희 교훈을 거스려 분쟁을 일으키고 거치게 하는 자들을 살피고 저희에게서 떠나라" 하고 말씀합니다.

㉠ 여기서 말씀하는 "교훈"이란 복음진리인데, "거스려 분쟁을 일으키는 자"란, "다른 복음"을 가르치는 자들을 말합니다. 초대교회에 침투했던 거짓 교사들을 보면 영지주의자, 도덕 폐기론자, 그리고 유대주의자들이 있었습니다.

㉡ 이런 자들은 교회 밖에 있는 자들이 아니라, 교회 안에 침입한 거짓 교사들입니다. 고린도교회, 갈라디아교회, 골로새교회 등이 "분쟁"하게 된 원인이 여기에 있었던 것입니다. 이는 현대교회가 직면한 문제이기도 합니다. 그리고 이 문맥에서, "평강의 하나님께서 속히 사단을 너희 발아래서 상하게 하시리라"(20) 말씀함으로 분쟁을 일으키는 배후 조종자는 사탄임을 지적하고 있습니다. 하나님의 동산 에덴에서는 뱀을 통하여 침투했던 것입니다.

③ 그래서 "분쟁을 일으키고 거치게 하는 자들을 살피고"(17중) 합니다.

㉠ "살피라"는 헬라어 스코페인은 "주시하라, 경계하여 보라"는 말로 우리는 대뜸 주님께서 경계하신 산상 수훈을 상기하게 됩니다. "거짓 선지자들을 삼가라 양의 옷을 입고 너희에게 나아오나 속에는 노략질하는 이리라 그의 열매로 그들을 알지니 가시나무에서 포도를 또는 엉겅퀴에서 무화과를 따겠느냐… 이러므로 그의 열매로 그들을 알리라"(마 7:15-20) 하십니다.

④ "저희에게서 떠나라"(17하) 합니다.

㉠ "너희가 거룩하게 입맞춤으로 서로 문안하라"(16)는 말씀은 참 형제지간의 아름다운 교제요, "저희에게서 떠나라"는 말씀은 거짓

형제에 대해 단호한 절교를 의미합니다. 목회서신에서도, "이 같은 자들에게서 네가 돌아서라"(딤후 3:5) 하고 단호하게 말씀합니다.

ⓒ 이단에 대한 성경적인 경계는 우리가 생각하는 이상으로 단호한 바가 있는데, 왜냐하면 "독한 창질의 썩어져감"(딤후 2:17)과 같기 때문입니다. 그래서 디도서 3:10절에서는, "이단에 속한 사람을 한두 번 훈계한 후에 멀리 하라" 말씀하고, 요한이서에서는 "누구든지 이 교훈을 가지지 않고 너희에게 나아가거든 그를 집에 들이지도 말고 인사도 말라 그에게 인사하는 자는 그 악한 일에 참여하는 자임이니라"(요이 1:10) 하고 경계합니다.

⑤ 왜냐하면 "이런 자들은 "공교하고 아첨하는 말로 순진한 자들의 마음을 미혹"(18) 하기 때문입니다.

㉠ 이점에서 유념해야할 점은 이단 사상은 "말"로만 전해지는 것이 아니라는 점입니다. 계시록 16:13절에는, "개구리 같은 세 더러운 영이 용의 입과 짐승의 입과 거짓 선지자의 입에서 나오니" 합니다. 영적 전쟁은 "말과, 영"이 함께 역사하는 전쟁입니다. 그러므로 당장 미혹하는 말에 넘어가지 않았다 해도, "공교한 말, 아첨하는 말"에는 악령이 함께 함으로 듣지 않은 것만 못한 것입니다. 그렇습니다. 하와는 뱀의 유도하는 질문에(창 3:1) 대꾸하지 말았어야 했습니다. 상대해 주다 보니까 그럴듯한 말과 감언이설에 순진한 자들이 미혹당하고 말았던 것입니다.

⑥ "이 같은 자들은 우리 주 그리스도를 섬기지 아니하고"(18상) 합니다.

㉠ 이런 뜻입니다. 형식적(形式的)으로는 "우리 주 그리스도"를 믿는 것 같이 보인다는 것입니다. 그래서 미혹을 당하게 되는 것입니

다. 그러나 내용적(內容的)으로는 사도가 1-11장까지에서 증거한 "그리스도의 영광의 복음"(고후 4:4)을 알지도 못하고 믿지도 않는다는 것입니다. 그런데 문제는 자기들이야 말로 그 누구보다도 주 예수 그리스도를 잘 섬기는 사람들인 줄로 착각을 하고 있다는 것입니다.

⑦ 이 같은 자들은, "다만 자기의 배만 섬기나니 공교하고 아첨하는 말로 순진한 자들의 마음을 미혹하느니라"(18하) 합니다.

㉠ 빌립보 교회에 보면 편지에서도, "내가 여러 번 너희에게 말하였거니와 이제도 눈물을 흘리며 말하노니 여러 사람들이 그리스도 십자가의 원수로 행하느니라 저희의 마침은 멸망이요 저희의 신은 배요 그 영광은 저희의 부끄러움에 있고 땅의 일을 생각하는 자라(빌 3:18-19) 하고 개탄을 합니다. "배만 섬긴다"는 말은 물질적인 욕심을 가리킵니다. 사도는 눈물을 흘리며 말씀을 하고 있습니다.

㉡ 목회서신에서도, "저희의 입을 막을 것이라 이런 자들이 더러운 이를 취하려고 마땅치 아니한 것을 가르쳐 집들을 온통 엎드러치는 도다(딛 1:11), 진리에 관하여는 저희가 그릇되었도다, 어떤 사람들의 믿음을 무너뜨리느니라"(딤후 2:18) 합니다.

⑧ 이점에서 참 목자와 거짓 목자가 무엇에 의하여 분별(分別)이 되는가를 말씀드려야만 하겠습니다. 왜냐하면 이런 경계가 자신과는 상관이 없는 것인 양 여기는 경향이 있기 때문입니다. 사도는 목회서신에서, "네가 진리(眞理)의 말씀을 옳게 분변(分辨)하며 부끄러울 것이 없는 일군으로 인정된 자로 자신을 하나님 앞에 드리기를 힘쓰라"(딤후 2:15) 하고 말씀합니다.

㉠ 첫째가 "진리의 말씀을 옳게 분변하느냐" 여부에 있는 것입니다. 참 교회와 거짓 교회의 표지도 하나님의 말씀이 바르게 선포되느

냐 여부에 있는 것입니다. 사도는 "우리는 수다(數多)한 사람과 같이 하나님의 말씀을 혼잡(混雜)하게 하지 아니하고 곧 순전함으로 하나님께 받은 것같이 하나님 앞에서와 그리스도 안에서 말하노라"(고후 2:17) 합니다. 사도 당시에 벌써 "수다한 사람이 하나님의 말씀을 혼잡하게" 하였다면, 그로부터 2천년이 경과한 현대교회는 어떠하겠는가? 이점을 부지런히 "살펴야" 하는 것입니다.

⑨ 사도는 "너희가 선한 데 지혜롭고 악한 데 미련하기를 원하노라"(19하) 하고 말씀합니다.

㉠ 이 세상 풍조는 정반대입니다. 악을 행하기에는 지혜가 최고도로 발달하고 있습니다만, 하나님을 아는 진리에 대해서는 점점 미련해가고 있는 것입니다. 문제는 그리스도인들은 어떠한가 하는 점입니다. 다윗은 시편 12:1절에서, "여호와여 도우소서 경건한 자가 끊어지며 충실한 자가 인생 중에 없어지도소이다" 하고 탄식을 하고 있습니다. 오늘날은 어떠합니까? 순진하고 순수한 성도와 목회자가 점점 끊어지고 없어져서, 만나기가 어려워가고 있지는 아니합니까?

⑩ "평강의 하나님께서 속히 사단을 너희 발아래에서 상하게 하시리라"(20상) 하고 말씀합니다.

㉠ 사도는 "사탄"을 거론합니다. 마귀에 대한 경계를 가장 많이 하고 있는 사도가 바로 바울입니다. 왜냐하면 그 누구보다도 사탄에게 속은 뼈저린 경험이 있기 때문입니다. 그런데 현대인들이 듣기 싫어하는 말 중에 하나가 "마귀"라는 말입니다. 불신자들만이 아니라 교회 내에서도 그러합니다. 아예 마귀의 존재를 인정하려 하지를 않습니다. 그런데 사도는 로마교회를 향해서 "사단을 너희 발아래에서 상하게 하시리라" 하고 선언하고 있는 것입니다.

ⓛ "분쟁을 일으키고 거치게 하는 자들을 살펴서", 저희에게서 떠나야하는 것은 로마 성도들이 행해야할 책임이요, 배후 조정자 사탄을 발등상 만드시는 일은 하나님께서 하실 일입니다. 하나님께서는 사탄이 인류의 시조를 미혹하여 타락케 한 현장에서, "여자의 후손은 네 머리를 상하게 할 것이요"(창 3:15) 하고 선언하신 바가 있으십니다.

ⓒ 사망의 권세를 잡은 사탄은 십자가 사건, 즉 주님께서 죽으시고 다시 사신 사건을 통해서 이미 상한 바가 되었습니다. 그런데 시편 110:1절에는, "내가 네 원수로 네 발등상 되게 하기까지 너는 내 우편에 앉으라" 하고 예언되어 있습니다. 그러므로 사탄이 완전히 발등상이 되는 날은 주님의 재림의 날인 것입니다. "속히 상하게 하시리라", 즉 속히 오시리라는 말씀입니다.

ⓔ 사도는 또다시 "평강의 하나님"(20, 15:33)이라고 부르고 있습니다. 왜냐하면 "평화의 왕"이 오시기 전까지는 죄와 전쟁이 끝이지 않을 것이기 때문입니다. 대적자 사탄이 발등상 되는 날, "모든 눈물을 그 눈에서 씻기시매 다시 사망이 없고 애통하는 것이나 곡하는 것이나 아픈 것이 다시 있지 아니하리니 처음 것들이 다 지나갔음이러라"(계 21:4) 한, 진정한 평화는 올 것입니다. 이것이 "거짓 교사에 대한 경계"입니다.

> **묵상해 봅시다.**
>
> 1. 사도가 갑자기 경계의 말씀을 하는 이유가 어디에 있을까요?
> 2. 거짓 교사와 이단에 대한 성경적인 교훈은 무엇입니까?
> 3. 자신이 사탄에게 이용당하고 있음을 모를 수도 있다는 데 대해서 어떤 느낌이 듭니까?

셋째 단원(21-27) **복음이 너희를 견고케 하시리라**

152

지혜로우신 하나님께 영광을

나의 동역자 디모데와 나의 친척 누기오와 야손과 소시바더가 너희에게
문안하느니라 이 편지를 대서하는 나 더디오도 주 안에서 너희에게
문안하노라 나와 온 교회 식주인 가이오도 너희에게 문안하고 이 성의 재무
에라스도와 형제 구아도도 너희에게 문안하느니라 24(절 내용 없음) 나의
복음과 예수 그리스도를 전파함은 영세 전부터 감취었다가 이제는
나타내신바 되었으며 영원하신 하나님의 명을 좇아 선지자들의 글로
말미암아 모든 민족으로 믿어 순종케 하시려고 알게 하신바 그 비밀의 계시를
좇아 된 것이니 이 복음으로 너희를 능히 견고케 하실 지혜로우신 하나님께
예수 그리스도로 말미암아 영광이 세세무궁토록 있을 지어다
아멘(16:21-27).

로마서 강해 마지막 문단으로 대단원의 막을 내리게 되었습니다. 본문의 내용은 바울과 함께 있는 일행들의 인사를 전하고, 송영으로 마치고 있습니다.

① "나의 동역자 디모데와 나의 친척 누기오와 야손과 소시바더가

너희에게 문안하느니라"(21) 합니다.

　㉠ 바울은 디모데에게 개인적으로 말할 때에는, "믿음 안에서 참 아들 된 디모데에게 편지하노니, 또는 아들 디모데야"(딤전 1:2, 18) 하고 아들로 불렀습니다. 그러나 공적으로는 "나의 동역자 디모데"라고 부르고 있습니다. 디모데는 바울에게 아들 같았으나, 오른팔과 같은 동역자이기도 했습니다.

　㉡ "누기오와 야손과 소시바더가 너희에게 문안하느니라" 하고 전합니다. 이 사람들은 로마 성도들도 잘 알고 있는 사람들인 것 같습니다. 그렇다면,

　㉮ 누기오는 바울과 함께 안디옥의 교사로 있던 구레네 사람 루기오(행 13:1)와 같은 사람이고,

　㉯ 야손은 데살로니가에서 바울을 대신하여 고난을 받은 야손(행 17:5-7)이고,

　㉰ 소시바더는 바울이 고린도를 떠나 에베소로 가려고 할 때 동행했던(행 20:4) 동일 인물로 보는 것이 유력합니다. 이들은 바울의 3차 전도여행에도 동참하고 있는 중입니다.

　② "이 편지를 대서(代書)하는 나 더디오도 주 안에서 너희에게 문안하노라"(22) 합니다.

　㉠ 무심히 볼 수도 있는 내용이지만 조금만 주의를 기울이면 사도 바울의 또 다른 면모를 엿볼 수 있는 대목입니다. 바울 서신은 대부분 바울이 불러준 것을 다른 사람이 받아쓴(고전 16:21, 갈 6:11, 골 4:18, 살후 3:17) 것입니다. 로마서는 더디오가 대서(代書)를 했는데, "이 편지를 대서하는 나 더디오도 주 안에서 너희에게 문안하노라" 하고, 문안하도록 허락했다는 사실입니다. 그것도 일인칭으로 "나 더디오"라고 말입니다.

㉡ 이것은 아무나 할 수 있는 일이 아닙니다. 동역을 중시하고 상대방을 인정해주며 존중하는 데서만 가능한 일입니다. 오늘날 교회 내에서 부교역자의 위상이 어떠한가를 생각해보면 짐작이 갈 것입니다. 도량이 넓은 바울의 신앙적인 그릇을 엿보게 합니다.

③ "나와 온 교회 식주인 가이오도 너희에게 문안하고 이 성의 재무 에라스도와 형제 구아도 너희에게 문안하느니라"(23) 합니다.

㉠ 바울과 일행은 가이오의 집에 머물고 있는 중입니다. 그래서 "나와 온 교회 식주인 가이오"라고 말씀합니다. "온 교회 식주"라고 한 것으로 보아 가이오의 집에서 교회로 모이고 있었으며, 나그네와 순회 전도자들을 대접하였던 것 같습니다.

㉡ "이 성의 재무 에라스도와 형제 구아도"의 문안도 전하고 있는데, 고린도 시의 재무를 맡았던 에라스도가 신자였다는 점으로 보아, 고린도교회에는 유력한 인사들도 있었음을 알 수가 있습니다.

④ 사도는 다른 서신에서는 성도들에게 하는 축도(祝禱)로 마치고 있습니다만, 로마서에서는, "지혜(智慧)로우신 하나님께 예수 그리스도로 말미암아 영광이 세세 무궁토록 있을 지어다 아멘"(27) 하고, 하나님께 영광을 돌리는 장엄한 송영(誦詠)으로 마치고(25-27) 있는데, 이는 로마서의 내용과 부합하는 결말이라 하겠습니다.

㉠ 어찌하여 사도는 로마서를 마치면서 하나님을, "지혜로우신 하나님"으로 부르고 있을까요?

㉡ 그 이유가 25-26절에 나타나 있습니다.

㉮ 그것은 사도가 이제까지 증거한 "나의 복음과 예수 그리스도"는, "영세(永世) 전부터 (하나님 속) 감추었다가(25),

㉯ 이제는 나타내신바 된, 비밀(秘密)의 계시"(26)이기 때문입니

다. 복음의 비밀은 성부 성자 성령 삼위 하나님 사이에, "영세 전"(25)에 고안해 내신 "하나님의 지혜"였던 것입니다.

ⓒ 이점을 고린도전서 2:6-7절에서는, "그러나 우리가 온전한 자들 중에서 지혜를 말하노니 이는 이 세상의 지혜가 아니요 또 이 세상의 없어질 관원의 지혜도 아니요 오직 비밀한 가운데 있는 하나님의 지혜를 말하는 것이니 곧 감추었던 것인데 하나님이 우리의 영광을 위하사 만세 전에 미리 정하신 것이라" 말씀하고 있습니다.

⑤ 그리스도인이란 이 지혜를 깨닫고, 자기 안에 이 비밀(秘密)을 간직한 사람들인 것입니다.

㉠ "이 비밀은 너희 안에 계신 그리스도시니 곧 영광의 소망이니라"(골 1:27) 하고 말씀합니다. 로마서를 상고한 형제도 성령님에 의해 이 오묘한 지혜를 깨닫게 되었고, 이 비밀을 마음에 간직하게 되었다는 점을 믿으시기 바랍니다. 오! 꽃씨 속에 신비가 포장되어 있듯이 형제 속에 "영광의 소망"이 간직되어 있다는 감격이 어떠하십니까?

ⓒ 주님께서 다시 오시는 날 우리의 낮고 천한 몸이 영화될 때에, 꽃이 활짝 피듯이 그 비밀은 만발(滿發)하게 될 것입니다. 이보다 더 큰 비밀이 또 어디 있겠습니까. 이 보다 더 큰 지혜가 어디 있겠습니까.

⑥ 그러므로 복음의 지혜와 비밀을 깨닫고, 그 은총을 입게 된 자로써는, "지혜로우신 하나님께 영광이 세세 무궁토록 있을 지어다" 하고 송영을 돌리지 아니할 수가 없는 것입니다.

㉠ 복음이 성도들에게는 더 이상 비밀인 채 감추어져 있지 않습니다. "이 비밀은 만세와 만대로부터 옴으로 감추었던 것인데 이제는

그의 성도들에게 나타났다"(골 1:26) 하고 말씀합니다. 그러나 불신자들에게는 여전히 닫혀져 있습니다.

⑦ 하나님께서는 이를 증거케 하시기 위하여 바울을 택정(1:1)하셨습니다. 그래서 "나의 복음"(25상)이라 말씀하는 것입니다.
  ㉠ "모든 성도 중에 지극히 작은 자보다 더 작은 나에게 이 은혜를 주신 것은 측량할 수 없는 그리스도의 풍성을 이방인에게 전하게 하시고 영원부터 만물을 창조하신 하나님 속에 감추었던 비밀의 경륜이 어떠한 것을 드러내게 하심"(엡 3:8-9)이라고 말씀합니다. 바울은 이 복음을 증거하다가 죽어도 좋다는 뜻에서 "나의 복음"이라 하는 것입니다.

⑧ 로마서를 기록한 목적은 크게 두 가지를 들 수가 있습니다.
  ㉠ 첫째는 복음의 비밀을 드러내고 증거하여 "모든 민족으로 믿어 순종케"(26) 하려는데 있습니다. 사도는 1:5절에서도, "모든 이방인 중에서 믿어 순종케 하나니" 하고 말씀했습니다. "믿음과, 순종"은 둘이 아니요 하나입니다. 믿는다는 것은 곧 순종을 의미함이요, 믿어 순종케 될 때 구원에 이르게 되는 것입니다.
  ㉡ 두 번째는 "너희를 능히 견고(堅固)케"(26) 하기 위해서였습니다. 바울이 로마에 가기를 그토록 갈망했던 목적도, "신령한 은사를 너희에게 나눠주어 너희를 견고케 하려 함이니"(1:11)에 있었던 것입니다. 사도는 이 로마서를 통해서 로마 성도들의 신앙이 견고케 되기를 바라고 있습니다.

⑨ 사도는 로마서를 끝마치면서, ㉮ "믿어 순종케 하는 일"과, ㉯ "견고케 하는" 이 두 가지 목적을 상기시키며 강조하고 있는 것입니다.

㉠ 저도 감히 "로마서 파노라마"를 통해서,

  ㉮ 많은 형제들이 구원의 확신을 얻게 되고,

  ㉯ 복음으로 능히 견고케 되어,

  ㉰ 믿어 순종케 되는 삶을 살아가게 되기를 간절히 기원할 뿐입니다.

㉡ 형제여, 묻습니다. 형제도 로마서를 통해 "믿어 순종케" 되셨습니까? 형제도 "능히 견고케" 되셨습니까.

㉢ 우리 다 함께 "지혜로우신 하나님께 예수 그리스도로 말미암아 영광이 세세 무궁토록 있을 지어다" 하고 송영을 돌리십시다. 그리고 우리도 사도와 함께 큰 소리로 아멘, 아멘 하십시다. 아멘.

묵상해 봅시다.

1. "지혜로우신 하나님"이라 부르는 의도가 무엇입니까?
2. 로마서를 기록하게 된 두 가지 목적이 무엇입니까?
3. 로마서 강해를 끝마치면서 형제의 소감을 말씀해 주십시오.

구속사의 관점에서 본
신약성경 파노라마
로마서(하)

초판 1쇄 발행 2001년 12월 15일
증보 1쇄 발행 2011년 07월 18일
증보 4쇄 발행 2019년 03월 01일

    지은이 유도순
    펴낸이 유효성
    펴낸곳 도서출판 머릿돌

등록번호 제17-240호
등록일자 1997년 5월 20일
    주소 경기도 성남시 분당구 구미로 100
          Mobile. 010-94728327
          http://cafe.daum.net/gusoksa
  E-mail yoodosun@hanmail.net / yoohs516@hanmail.net

    총판 기독교출판유통
         경기도 고양시 일산동구 장대길 74-6
         (031) 906-9191

      ISBN : 978-89-87600-20-8 (03230)

＊저작권법에 의하여 보호를 받는 저작물이므로 무단전재와 복제를 금합니다.
＊정가는 뒷표지에 있습니다.
＊잘못되거나 파손된 책은 구입하신 서점에서 교환하여 드립니다.